Joseph Lassberg

Briefwechsel zwischen Joseph Freiherrn von Lassberg

und Johann Caspar Zellweger

Joseph Lassberg

Briefwechsel zwischen Joseph Freiherrn von Lassberg
und Johann Caspar Zellweger

ISBN/EAN: 9783744671934

Hergestellt in Europa, USA, Kanada, Australien, Japan

Cover: Foto ©ninafisch / pixelio.de

Weitere Bücher finden Sie auf **www.hansebooks.com**

Briefwechsel

zwischen

Joseph Freiherrn von Lassberg

und

Johann Caspar Zellweger.

Herausgegeben

von

Dr. C. Ritter.

St. Gallen.
Verlag von Huber & Comp. (E. Fehr).
1889.

BURDACH

Frau Ratsherr

Ernestine Tobler-Fehr

in **Trogen**

in Hochachtung und Verehrung

zugeeignet

vom Herausgeber.

VORWORT.

Jene Epoche unseres Jahrhunderts, die fast unmittelbar auf die Zeit der deutschen Befreiungskriege folgt, wird von einer grossen Zahl der heutigen Politiker und Geschichtsschreiber nicht gerade günstig beurteilt. „Reaktion auf allen Gebieten des staatlichen und geistigen Lebens, neues Emporkommen feudaler und hierarchischer Bestrebungen, in der Litteratur anstatt der hellen Leuchte klassischer Dichtung die Dämmerung mittelalterlicher Romantik," — diese und ähnliche Schlagwörter hört man bei der Beurteilung des zweiten und dritten Jahrzehntes unseres Jahrhunderts noch immer. Man kann den Anklägern jener Zeit vieles zugeben, nur darf man darüber das, was die Zeit Rühmenswertes hervorgebracht, nicht übersehen, nicht unterschätzen. Der nationale Gedanke, der seit der Reformation und durch die Zeiten der Renaissance vielfach zu einem Schemen verblasst war, hat damals eine kräftige Auferstehung erlebt auf Gebieten, die ihm lange verschlossen waren, auf dem Gebiete der Dichtung und der Wissenschaft. Denn das Wesen der echten romantischen Dichtung ist doch in erster Linie die Betonung des Vaterländischen; und der Beginn der eingehenden Erforschung und Darstellung vaterländischer Geschichte fällt in jene Zeit.

Freiherr Joseph von Lassberg und Johann Caspar Zellweger sind typische Gestalten jener Epoche; in Beiden glüht das heilige Feuer der Begeisterung für die Vorzeit des Volkes, dem sie angehören. Lassbergs Tätigkeit für die Geschichte der mittelalterlichen Litteratur ist wesentlich eine sammelnde. Aber, wer da weiss, in welche Vergessenheit die Geisteserzeugnisse des deutschen Mittelalters durch die Jahrhunderte der Renaissance geraten waren, der wird das Verdienst dieses eifrigen und unermüdlichen Sammlers zu schätzen wissen. Zellweger war kein Gelehrter, seine Arbeit bewegt sich zum grössten Teile auf dem Gebiete der Geschichte seines engern Heimatlandes; das Ergebniss seiner Forschungen blieb oft hinter seinem Wollen zurück. Seine eifrige, uneigennützige Arbeit aber sichert ihm unsere Anerkennung, wie sein ausgezeichnetes Wirken auf dem Gebiete vaterländischer gemeinnütziger Bestrebungen jedem Vaterlandsfreunde die höchste Achtung vor diesem Manne abnötigen muss.

Ausführlicher auf den Lebensgang beider Männer einzugehen, kann hier unterlassen werden; wir besitzen von Beiden verschiedene Biographien[1]). Immerhin mögen einige kurze Hinweise auf die Hauptmomente ihres Lebens hier Platz finden.

---

[1]) Eine ausführliche, nach den Quellen dargestellte Biographie Lassbergs, die sein Verdienst um die Erforschung der deutschen Litteratur des Mittelalters eingehend würdigte, fehlt uns noch. Doch finden sich an verschiedenen Orten biographische Skizzen über sein Leben und Wirken. Zu nennen sind die „Erinnerung an Joseph Freiherrn von Lassberg auf der alten Meersburg" (Historisch-politische Blätter für das katholische Deutschland, 1864, Bd. 53), der Aufsatz von Franz Munker im 17. Bande der „Allgem. deutschen Biographie", die biographische Skizze von Wilhelm Scherer in den „Badischen Biographien", 2. Teil, 1881, herausgegeben von Weech, ferner der Nekrolog in der Augsburger Allgemeinen Zeitung vom 13. Juli 1855. Auch Briefe von Lassberg und an ihn sind schon mehrfach herausgegeben worden, so in Pfeiffers „Germania", Neue Folge, 1868, Briefe von Benecke, Jakob und Wilhelm Grimm, Lachmann, Schmeller und Meusebach an Lassberg; Briefwechsel zwischen Lassberg und Uhland von Franz Pfeiffer, Wien 1870; Briefe von Lassberg an Fräulein L. von Haxthausen (in den Freundesbriefen

Joseph Freiherr von Lassberg, aus oberösterreichischem Geschlecht, wurde am 10. April 1770 in Donaueschingen geboren; sein Vater war dort Oberjägermeister des Fürsten von Fürstenberg. Nach kurzer Dienstzeit in einem Husarenregimente und zweijähriger Studienzeit in Freiburg i. B. (Jurisprudenz und Nationalökonomie) trat er in den Forstdienst desselben Fürstenbergischen Hauses und wurde 1804 Landesoberforstmeister in Donaueschingen. Als solcher trat er in nähere freundschaftliche Beziehungen zu der Fürstin Elisabeth von Fürstenberg, die von 1805 bis 1817 ihren unmündigen Sohn Karl Egon vertrat. Er begleitete die hochgebildete, besonders der romantischen Litteratur und den aufklärerischen Ideen des friedericianischen Zeitalters zugetane Fürstin auf ihren Reisen durch die Schweiz, durch Frankreich und England und an den Wiener Kongress. 1817, als der junge Fürst mündig wurde, zog sich Lassberg zurück auf das von ihm erworbene Schloss Eppishausen im Kanton Thurgau, um hier ganz seinen litterarischen Beschäftigungen zu leben. Die damals neu erwachte Forschung auf dem Gebiete des deutschen Altertums und Mittelalters zog ihn mächtig an; schon auf seinen Reisen als Begleiter der Fürstin hatte er eifrig nach alten Membranen und Codices gespäht; die Sammlung und litterarische Verwertung älterer deutscher Schriftwerke machte er nun zur Hauptaufgabe seines Lebens. Unablässig war er auf seinen kleineren und grösseren

---

von Jakob und Wilhelm Grimm, herausgegeben von A. Reifferscheid, Heilbronn, 1878); Briefwechsel zwischen Joseph von Lassberg und Joh. Adam Pupikofer (in Birlingers „Alemannia", XV. Jahrg. 1887). Ueber Joh. Casp. Zellweger finden wir einen Nekrolog in der Appenzeller-Zeitung Nr. 30 vom 5. Februar 1855, ein Lebensbild im Neujahrsblatt der Hülfsgesellschaft Zürich vom Jahr 1856, und eine biographische Skizze in der „Gallerie berühmter Schweizer der Neuzeit"; 6. Lieferung, 1865.

Wanderungen und Reisen im Thurgau, im Rheinthal, in Schwaben und Baiern tätig im Aufsuchen von Denkmälern deutscher Sprache und Dichtung. Und welche helle Freude hatte er, wenn er wieder einen noch unbekannten Codex fand, oder auch nur einer alten Handschrift auf der Spur war. „Aber eben bin ich wieder einem neuen Pergament-Codex auf der Spur, welcher ebenfalls ein pictoratus sein soll und in einer alten Burg meiner Nachbarschaft gelegen hat, von wo er auf die Büne eines Rebmannes gewandert ist. Wer weiss, ob uns nicht ein wichtiger Fund bevorstehet?" (Briefwechsel pag. 116.) So und ähnlich schreibt er oft an Zellweger. Und das Glück war ihm günstig bei seinen Nachforschungen; manches Pergament, das Jahrhunderte lang verborgen gelegen, zog er an's Licht, sodass Zellweger einst ihm schrieb: „Sie sind glücklich, alte Manuscripte zu entdecken, wie Pfarrer Frey (in Trogen) fünfblätterigen Klee. Es scheint, als ob das Glück erkennte, die alten Handschriften seyen bei Ihnen am rechten Ort aufbewahrt, und, gegen seine Gewohnheit, die Binde von den Augen wegwerfe, um auch einmal vernünftig zu handeln." (Briefwechsel, pag. 75.) Die Erforschung der Autoren seiner Lieder führte Lassberg auf das historische Gebiet, und er genoss bald den wohlverdienten Ruf eines ausgezeichneten Kenners der schwäbischen Geschichte. Dieser Ruf führte Zellweger mit dem Freiherrn zusammen.

Johann Caspar Zellweger war geboren den 4. März 1768 in Trogen, als Sohn des Landesfähnrichs Joh. Zellweger, eines unternehmenden Handelsherrn. Da die Schule des Heimatortes dem Vater nicht genügte, wurde der Knabe durch Privatlehrer unterrichtet. Obwohl er schon früh zum Kaufmannsstande bestimmt war, sollte seine Bildung doch eine allgemeine und gründliche sein und zum Mindesten das Studium des Lateinischen in sich schliessen. Seine kaufmännische Laufbahn begann er im September 1782 in Lyon, in einem Filialgeschäfte seines Vaters, und setzte sie nach einem kurzen Besuch in der Heimat 1786 in Genua fort. 1790 übernahm er die Leitung der Geschäfte und verheiratete sich mit Dorothea Gessner von Zürich, der Tochter des Idyllendichters Salomon Gessner. Bis 1799 blieb er mit seiner Familie in Genua, von da an nahm er seinen Wohnsitz in Trogen. 1808 zog er sich ganz von den kaufmännischen Geschäften zurück.

Zellweger war nicht dazu geschaffen, nun die Hände in den Schoss zu legen; er suchte und fand Befriedigung in litterarischer Beschäftigung. Anfänglich physikalischen und astronomischen Studien zugetan, wandte er jedoch bald sein Interesse fast ausschliesslich der Geschichte zu. Ursprünglich hatte er die Absicht, eine Geschichte seiner Familie zu schreiben; die vielfache Verknüpfung der Schicksale seines Geschlechtes mit den Geschicken des Kantons bewog ihn indessen zu dem Entschlusse, nicht eine Familiengeschichte, sondern eine möglichst getreue, aus den Quellen geschöpfte Geschichte seines Heimatlandes Appenzell zu schreiben. Zu diesem Zwecke begann Zellweger zunächst die Archive seines Landes und die historischen Schätze der Stiftsbibliothek in St. Gallen zu durchforschen. Wahrscheinlich vernahm er hier durch Vonarx von den reichen Sammlungen des Freiherrn von Lassberg auf Eppishausen und richtete in Folge dessen jenen Brief vom 6. Jan. 1820 an denselben, der den Briefwechsel eröffnet.

Zellweger war damals nahezu 52, Lassberg nahezu 50 Jahre alt. Der Briefwechsel, der sich zwischen Beiden nun entspann und der ihr gegenseitiges Verhältnis im Laufe der Zeit zur herzlichen Freundschaft gestaltete, enthält in erster Linie Erörterungen über historische und litterarische Fragen. Nachrichten und Urteile über neue Erscheinungen auf dem Gebiete der historisch-germanistischen Litteratur, Nachrichten über ihr eigenes Arbeiten, über ihre Pläne und ihre Erfolge füllen die Bogen. Interessant ist es dabei zu beobachten, wie der hochgebildete Freiherr den eifrigen und begeisterten Autodidakten auf den Appenzeller Bergen in feiner Weise korrigirt und seine oft scharfen Urteile zu mildern sucht. In zweiter Linie stehen sodann die Nachrichten über die zahlreichen gemeinsamen Freunde und Bekannten. Da sind es aus der Schweiz besonders der von Beiden hochverehrte Berner Schultheiss von Mülinen, ferner die Pfarrherrn und Historiker Pupikofer in Bischofszell und Kirchhofer in Stein a. Rh., sodann die zeitgenössischen zürcherischen und bernischen Gelehrten, von denen sie sich Nachricht geben. Von den deutschen Zeitgenossen treten vor Allem die Gebrüder Grimm, Gustav Schwab, Ludwig Uhland und Jos. Albert von Ittner in den Kreis ihrer Unterhaltung und ihres Interesses. In den Briefen der Dreissiger- und Vierzigerjahre geben auch die politischen Vorgänge in der Schweiz und in den Nachbarländern häufig Stoff zu längern Mitteilungen. Beide sind den Neuerungen und Umwälzungen abgeneigt und möchten gern den Rest ihrer Tage in Frieden und Ruhe beschliessen. „Dabit Deus his quoque finem!" ist Lassbergs oft wiederholter Spruch. Beide erreichten ein sehr hohes Alter, Lassberg, der seit 1838 die alte Meersburg am Bodensee bewohnte, starb auf dieser seiner alten Burg am 15. März 1855; anderthalb Monate vorher, am 31. Januar desselben Jahres, war ihm Zellweger in die ewige Ruhe vorangegangen.

Der nachfolgende Briefwechsel umfasst die Jahre 1820 bis 1849 und zählt 121 Nummern; nur wenige kurze Briefe, die nicht von allgemeinerem Interesse waren, sind weggelassen worden. Kleinere Aenderungen der Interpunktion und der Orthographie ausgenommen wurde überall möglichst getreu der Wortlaut der Briefe gedruckt, auf Lassbergs vereinfachte Orthographie ist Seite 67 hingewiesen. Soweit es dem Herausgeber möglich war, sind in den Anmerkungen Hinweise auf die Biographien der in den Briefen erwähnten Zeitgenossen und litterarische Notizen enthalten; einzelne Nachträge und Berichtigungen finden sich am Schlusse des Briefwechsels.

Es ist meine Pflicht, an dieser Stelle den geehrten Besitzerinnen der Briefe, Freifräulein **Hildegard von Lassberg** auf Meersburg und Frau **Anna Zellweger-Tobler** in Trogen meinen herzlichen Dank auszusprechen für das Zutrauen, das sie durch die freundliche Ueberlassung der Manuscripte mir bewiesen. In gleicher Weise danke ich den zahlreichen Mitarbeitern, die durch briefliche Auskunft mir ihre Unterstützung geliehen, insbesondere aber Herrn Prof. Dr. **Joh. Dierauer** in St. Gallen, der mir bei der Herausgabe des Briefwechsels in liebenswürdigster Weise mit seiner reichen Erfahrung zur Seite stand.

Trogen, im Mai 1889.

Der Herausgeber.

1. Zellweger an Lassberg.

Woledelgeborner Herr!

Der Ruf, den Sie geniessen, gerne beyzutragen, was zur Beleuchtung der Geschichte beytragen kann, macht mich dreist, Ew. Woledelgeboren mit diesen Zeilen zu belästigen. Ich fülle meine Musse aus mit Nachforschungen über die Geschichte dess kleinen Cantons, welchem ich angehöre, und obschon es kaum möglich scheinet, dass die Geschichte eines so kleinen Fleks einiges Interesse gewähren könnte, so scheinet es mir für die Geschichte der Menschheit wichtig, just die dieses kleinen Flekes so genau als möglich zu beschreiben, weil es vielleicht der Einzige ist, von welchem man die Geschichte kennt vom Anbeginn seiner Bevölkerung, da sie grossen Theils erst nach der Erbauung dess Klosters zu St. Gallen ihren Anfang nahm, und da seit dem Ende dess 14. Jahrhunderts das Volk handelte, so kann gezeigt werden, wie sich die gröste moralische Kraft eines Volkes irrend herum taumelt und ohne Nuzen sich erschöpft, wenn nicht Wissenschaften und Kentnisse es leiten.

Da nun die verschiedenen Zweige dess Hauses Montfort und das Haus Hohen-Embs in vielen Verhältnissen waren mit Appenzell, Nachbaren, die Jene interessirten, so wünschte ich zu vernehmen, ob in Ihren Archiven oder Handschriften nichts vorhanden seye, welches die Geschichte dess Kantons Appenzell insbesondere oder den Bund ob dem See, wovon Appenzell das Haupt war, beleuchten oder berichtigen könte.

In diesem Fall würde ich mir die Gnade ausbitten um Einsendung solcher Schriften, gegen Caution, die ich erbötig bin zu leisten, für unversehrte Zurüksendung, oder wo Dieses nicht seyn könte, so würde ich mir die Erlaubniss ausbitten, künftigen Sommer bey Ihnen diese Papiere benuzen zu dürfen.

Ich bitte mir meine Dreistheit zu verzeihen, und zu erlauben, dass ich mit vorzüglicher Hochachtung unterschreibe

Ew. Woledelgeboren!

unterthänigster Diener
Joh. Casp. Zellweger.

Trogen, d. 6. Jänner 1820.

2. Lassberg an Zellweger.

Wolgeborner Herr!

In Erwiederung auf Dero verehrliches, erst gestern erhaltenes Schreiben vom 6. dieses habe ich die Ehre Euer Wolgeboren vorläufig für das mir geschenkte Zutrauen zu danken und zunächst zu erklären, dass es mir zum aufrichtigen Vergnügen gereichen würde, Ihnen den Wunsch, bei Ihren vaterländisch literarischen Arbeiten, durch eigene Beiträge, beförderlich zu sein, betätigen zu können. Über die Geschichte der Häuser Montfort und Hohenembs besize ich keine Sammlungen oder diplomatische Aktenstüke; jedoch dürfte ich vielleicht im Stande sein, Euer Wolgeboren! über einzelne Geschichtsgegenstände dieser Häuser und ihrer Mitglieder gründliche Auskunft zu geben oder wenigstens zu verschaffen; wenn Sie mir jene Punkte, um deren Aufhellung es Ihnen vorzüglich zu tun ist, näher bestimmen und bezeichnen wollten. Am füglichsten dürfte solches durch besonders zu sezende Fragen geschehen. So wie ich glaube, dürften Sie in den weitläuftigen handschriftlichen Sammlungen des grossen Gilg Tschudi, welche sich in der Stifts-Bibliotek zu St. Gallen befinden, eine reiche Fundgrube für die Geschichte Appenzells finden. Auch befindet sich in Ihrer Nachbarschaft, zu Bregenz, ein unermüdeter und eifriger Geschichtsforscher, Herr Abbé v. Weizenegger[1]), welcher schon seit mehreren Jahren die mit der Ihrigen so nahe verwandte Geschichte Vorarlbergs und des Montfortschen Hauses bearbeitet, und wie ich ihn kenne, sich ein Vergnügen daraus machen wird, Euer Wolgeboren seine Geschichtsquellen zufliessen zu lassen, besonders, da auch Sie in dem Falle sein dürften, ihm manches zu seinen Zweken taugliches mitzuteilen. Recht sehr erfreulich sollte es mir sein, durch persönliche Bekanntschaft mit Euer Wolgeboren in nähere Verbindung zu kommen, und Dero mir zugedachter Besuch würde mir zu jeder Jareszeit, so wie an jedem Orte, besonders auf

---

[1]) F. J. Weizenegger, mit dem Zellweger in der Folge viel verkehrte, ist geboren zu Bregenz 1784, starb als Beneficiat 1822. Vergl. Bergmann, Landeskunde von Vorarlberg, Innsbruck und Feldkirch 1868, pag. 31. Weizenegger arbeitete damals an einer Geschichte Vorarlbergs, dieselbe erschien 1839 unter dem Titel: Vorarlberg, aus den Papieren des in Bregenz verstorbenen Priesters Franz Joseph Weizenegger. In 3 Abteilungen. Bearbeitet und herausgegeben von M. Merkle, Präfekt des k. k. Gymnasiums zu Feldkirch. Innsbruck 1839.

meinem Ihnen so nahen Landsiz dahier, recht herzlich willkommen sein. Vielleicht dass bei näherer Besprechung und Eröffnung Ihres Geschichtsplanes mir sich dann neue und bestimmtere Aussichten öffnen würden, Ihnen in Ihrem Unternehmen nüzlich zu sein. Mir kann nichts Angenehmeres begegnen, als die Bekanntschaft eines gebildeten Mannes, der sein Vaterland aufrichtig liebt und demselben wahrhaft nüzlich zu sein strebt, und welches Geschenk kann unsern Zeitgenossen nüzlicher und wichtiger sein, als jenes, welches wir ihnen mit Vorhaltung des Spiegels der Geschichte machen. Inspicere tanquam in speculum in vitas omnium, atque ex aliis sumere exemplum sibi!

Genehmigen Sie, Hochgeehrter Herr! den Ausdruk der vollkommenen Hochachtung, mit welcher ich die Ehre habe zu sein
Euer Wolgeboren!

gehorsamer Diener
Joseph v. Lassberg, Freiherr.

Eppishausen bei Erlen, im Kanton Thurgau,
am 16. Januar 1820.

3. Zellweger an Lassberg.

Hochwolgeborner Herr!

Sie äussern mit Ihrem verehrtesten Brief vom 16. diess so viele Güte, dass ich mich bewogen finde, allervoderst Ew. Hochwolgeboren meinen verbindlichsten Dank zu bezeugen, vorzüglich auch über die Nachricht, dass in Bregenz Herr Abbé von Weizenegger sich mit Nachforschungen beschäftige über die Geschichte Vorarlbergs und dess Hauses Montfort. Ich habe ungesäumt unter Dero hohen Auspizien ihm Fragen vorgelegt, über die Zeit der Erbauung der bestehenden oder ruinirten Schlösser, über die Gränzen Rhäziens im 9. Jahrhundert oder früher gegen Trogen, ob keine Kunde von Trogen oder seinen alten Beherrschern, keine alten geschriebenen Chroniken von den Gefechten, dem Treiben der Appenzeller im 15. Jahrhundert, keine Details der Gesandtschaft dess Grafen von Embs 1403, dess östreichischen Hofs 1442, das Haupt-Instrument dess Bundes ob dem See, zu finden seyen.

Es ergibt sich deutlich aus Documenten, dass das Appenzeller-Land im 9. Jahrhundert aus vier fremdartigen Theilen bestand. Die Gegend von Herrisau, Waldstatt, Schwellbrunn gehörte Edlen und war vor Gallus' Zeiten ganz in dem Lehens-System einverleibt, wovon viele Zeugen auch noch in dem Sprach-Gebrauch aufzuzählen sind. Dort standen die Schlösser Rosenberg, Schwänberg, Urstein, der jezige Kirchenthurm von Herrisau, alle von gleicher Bau-Art, ähnlich der dess Schlosses Rheineck, der alten Thürme in der Statt und an den Statt-Mauren Zürichs, von welch letzteren die Chroniken uns sagen, dass sie anno 880 erbaut wurden. Das Schloss Mamertshofen zeiget die nehmliche Bau-Art in der Kindheit, das Schloss Habsburg, der Kirchthurm zu Appenzell, die im 11. Jahrhundert gebaut worden, eine vervollkommnetere Bau-Art.

Kennten wir nun mit historischer Gewissheit die Epoche der Erbauung von Schlössern nehmlicher Bau-Art, so könten wir beym Abgang schriftlicher Documente die steinernen benuzen, um das Alter jener Bevölkerung, jener Einrichtung, zu erwahren. Schenkungen von Zweyen von Schwänberg an das Kloster von 820 geben zwar Anzeigen dessen Alters, aber da damals noch keine Geschlechter waren, im Document nur von Schwänberg, nicht aber von Castrum die Rede ist, so ist es nur ein halber Beweis.

Appenzell, Hundwyl, (vielleicht Urnäsch), Gaiss und Teufen gehörten zur Vogtei St. Gallen, waren vor Altem ein Kammer-Gut, und derjenige Theil, welcher dem Kloster solle geschenkt worden seyn.

Luzemberg, Heyden und Wolfhalden gewiss, wahrscheinlich auch Walzenhausen, Reuthi und Oberegg, gehörten grösten Theils zum Rheinthal, folglich vor Altem zu Rhätien und dem Hause Montfort. Ob über diese Gränzen etwas zu finden, wäre wichtig. In den Ansprachen dess Grafs Friedrich von Toggenburg finde ich deutlich, was zu Rheinegg gehörte.

Was war die alte Rood Trogen? Wem gehörte sie an? Die alten Chroniken sagen, den Freyherrn von Trogen. Bis jezt fand ich folgende sichere data:

Ein Conventual von Trogen, in einem Jahrzeiten-Buch von St. Laurenz, ein Her Heinrich von Trogen.

Ein bald 90jähriger Mann zeigte mir die Stelle, wo man beym Aufsuchen eines Stein-Bruches Gemäuer fand, ohngefehr in der Gegend, wo die Tradition das Schloss der Freyherrn von Trogen hinstellt.

Ein Verzeichniss, wo die Priester für die Kirche den Haber-Zehenden einziehen musten, lehrt, dass die Gegend um das Schloss die mehrst bewohnte war.

Die Loskäufe von Trogen zeigen an, dass diese Rode bey weitem nicht in dem Verhältniss stand mit dem Kloster wie Andere.

Aber alles das erhellet sein Verhältniss noch nicht, selbst das, dass Trogen eine abgesonderte Reichs-Steuer bezahlte, beweist zwar sein eigenes Verhältniss, nicht aber, wie es war. Nun vermuthete ich, dass vielleicht in den Schriften dess Hauses Montfort darüber einige Auskunft zu finden seyn möchte, da dieses als Besizer dess Rheinthals Anstösser war.

Noch ein Punkt wäre mir interessant zu erörteren, ohne Hoffnung es in der Schweyz thun zu können: Durch welche Verhältnisse der schwäbische Stätte-Bund bewogen wurde, 1377 einen Theil dess Appenzellerlandes in seinen Bund aufzunehmen. War nun St. Gallen Schuld daran, oder waren es Waffen-Thaten, da aus dem Jahrzeiten-Buch erhellet, dass auch Appenzeller anno 1372 bey der Schlacht zu Alt-Hain bey Ulm waren, welche der Stätte-Bund gegen den Graf Eberhard von Wirtemberg lieferte.

Solche Sachen wären wohl noch Viele zu erörteren, und allerdings wären Aufschlüsse darüber von einem Mann sehr wichtig, der durch seinen Wahl-Spruch schon beweiset, dass er den wahren Geist, die erste Erforderniss dess Geschichtschreibers, Wahrheit, aufgefasset habe; ein Beweggrund für mich, mehr in Documenten selbst, als in den Geschichtschreibern die Wahrheit aufzusuchen, ohne jedoch die erprüft wahrhaften Geschichtschreiber, wie unser Tschudi, unbenuzt zu lassen.

Da Ew. Hochwolgeboren so nahe bey unseren Bergen sich aufhalten, möchte vielleicht die Lands-Gmeinde am ersten Sonntag May's Sie erinnern an die alte Sitte der Deutschen, wo das Volk durch Emporheben der rechten Hand gen Himmel die Königs-Wahl bestätigte. Mir würde es zum grösten Vergnügen gereichen, bey diesem Anlass die Ehre zu haben, die persönliche Bekanntschaft Ew. Hochgeboren zu machen.

Verzeyhen Sie die Eilfertigkeit dieses Briefes, den ich mir nicht erlauben wollte, auf gelegnere Zeit zu schreiben zu versparen; weil mir daran gelegen war, bald Ihnen meinen warmen

Dank zu bezeugen für die gütige Aufnahme meiner Anfrage, und Ew. Hochwolgeboren der vollkommensten Hochachtung zu versichern, mit welcher ich mir die Ehre gebe mich zu zeichnen
Ew. Hochwolgeboren!

gehorsamster Diener
Joh. Casp. Zellweger.

Trogen, d. 22. Jänner 1820.

4. Zellweger an Lassberg.

Hochwolgeborner Herr!

Wenn mein langes Stillschweigen auf Euer Hochwolgeboren so schäzbares Schreiben vom 24. Febr.[1]) bey Denselben Vermuthungen erregt hätten, die für mich kränkend wären, müste ich es geduldig ertragen, in der Zuversicht, dass diese Eindrüke ausgewischt werden, sobald Sie wissen, dass Krankheit daran Schuld war, wovon die zitternde Hand und der Styl Ihnen so gut als Beweise dienen können, wie sie Ihnen auch anzeigen, dass meine erste Arbeit die ist, Ihnen meinen herzlichsten wärmsten Dank zu bezeugen für Ihr schönes Geschenk[2]), das ich schnell zum Buchbinder sandte, da ich doch weder lesen noch schreiben konte. Ich habe dessnahen noch weder die Vorrede noch die Lieder selbst gelesen, aber nun bald verspreche ich mir diesen Genuss und werde ihnen die gröste Aufmerksamkeit widmen, denn Sie haben gewiss Recht, dass alte Poesien auch zur Geschichte gehören, wenn man zu dieser die Denkungs-Art und die Bildung dess Geistes rechnet, nicht trokner Annalist seyn will.

Die Geschichte dess Mittel-Alters bietet allen Forschern Lüken dar, die nicht auszufüllen sind, und in den mehrsten Annalisten unserer Gegend ist so wenig Geist, dass es beynahe unmöglich ist, den Zeit-Geist daraus recht zu entnehmen; Documente helfen diese Lüke auszufüllen, aber doch nur theilweis, da ihre Sprache in Formeln eingeengt ist; Briefe wären die beste Hilfe, aber man schrieb wenig, und viele Briefe wurden nicht aufbehalten. So sind aus dem 14. und 15. Jahrhundert im Archiv der Statt St. Gallen kaum 200 Briefe vorrüthig, ältere keine. Hier sah ich gar keine. Also sind Poesien jener Zeit sehr

---

[1]) Fehlt.
[2]) Lassbergs „Liedersaal", Bd. I.

wichtig, weil, wenn sie uns auch nichts geschichtliches lehren, sie wenigstens uns bekant machen mit den Gefühlen jener Zeiten, mit ihren Kentnissen, die ihnen Vergleichungen darboten, mit Sitten, wovon doch Eint und Anderes hervorschimmern muss.

Sie sind so gütig und nennen mir den von Embs, der 1403 nach Ihnen von den Reichs-Stätten nach Appenzell abgeordnet wurde, Rudolf von Embs Ritter. Hingegen Vadian sagt: Als nun der Frühling anbrach, schikte Abt Cuno seinen treuen Freund, Herrn Jörg von Embs, zu den Appenzellern etc. Hartmann[1]) in seiner Geschichte der Statt St. Gallen 1818, p. 95 sagt: Endlich schikte der Abt seinen Rath Georg von Embs an die Appenzeller etc.

Dürfte ich wohl Sie bitten gelegenheitlich nachzusehen, welche von denen Angaben die richtige seye, und mir Ihren Gewährsmann anzuzeigen.

In der Beschreibung der Sempacher-Schlacht, welche jährlich in Sempach vorgelesen wird, werden unter den Todten zwey von Embs angeführt, ohne deren Namen anzuzeigen; daher vielleicht, dass Sie ihn Egenolph, Leu aber Ulrich nennt, welches Ihnen sage, weil diese Familie Sie so sehr interessirt.

Anno 1437 und 38 hatten die Appenzeller einen Streit mit Hanss Ulrich von Emptz, wegen einer Reichs-Steuer; in diesen Documenten nennet er sich bald Hanuss, bald Hanness Ulrich, bald Hanss Ulrich von Emptz ohne irgend ein Prädikat. Das ist Alles, was ich bis jezt aufgefunden habe in meinen Documenten von dem Haus von Emptz.

Im Codex traditionum dess Klosters St. Gallen erscheint schon 817 Chadaloh Graf von Montfort. Ob er mit Recht so betitelt werde, lasse ich hingestellt, da in dem Document selbst von Montfort keine Rede ist, nur auf der Überschrift der Tradition.

Wann Sie mir näher entwikeln, was Sie von den adelichen Geschlechtern interessirt, werde ich mit Vergnügen Ihnen mittheilen, was in meinen Nachforschungen mir vorkömt, welches nun oft geschehen könte, da ich im Begriff bin, meine Nachforschungen im Archiv dess Klosters St. Gallen wieder zu beginnen. Nomenclaturen habe ich mehrere in meinen Documenten,

---

[1]) G. L. Hartmann von St. Gallen, geb. 1764, gest. 1828, Schulmann, Historiker und Naturforscher. Vergl. Dierauer, Briefwechsel zwischen Steinmüller und Escher v. d. Linth, pag. 82 und die dort genannten Quellen.

wie z. B. in dem erwähnten Todten-Verzeichniss von Sempach, in dem Bund der Ritter gegen Appenzell etc., welche Sie aber vielleicht schon besizen.

Es ist für mich fatal, dass der Herr von Embs nicht ein Mehreres aufgezeichnet hat von seiner Gesandtschaft nach Appenzell; denn da bleibt mir durch den Brand dess Rathhauses von Appenzell eine Lüke über die ersten Einrichtungen der Regierungsform, die ich mit Mühe doch nur stükweise ausfüllen kann. Der St. Gallische Codex Trad. giebt mir eine Ansicht, die wahrscheinlich für ganz Allemanien wichtig ist und Nachforschungen verdiente.

Der Unfug der Traditiones fing an mit 720 und nahm zu bis 919, von da an aber nahm er sehr stark ab, so dass bis 981 nur noch 36 gemacht wurden. Auffallend ist Dieses Wirkung dess Einfalls der Hungarn, welche das Kloster verbranten, aber ob sie von der Verarmung durch Verheerungen, durch veränderten Sinn, durch kleinern Einfluss dess Klosters und grösseren der Besizer der Allodial-Güter entstanden seye, wage ich noch nicht zu entscheiden, und müste in dem Zusamenhang der allemanischen Geschichte gesucht werden, worüber mir noch kein genügendes Werk bekant ist; denn unsere schweyzerischen Schriftsteller haben bis jezt Allemanien viel mehr vernachlässigen müssen als den Burgundischen Theil der Schweyz, weil bis anhin die Urkunden-Sammlungen geschlossen waren. Tschudi hat zwar die Bahn sehr ruhmvoll eröffnet; aber unabgerechnet dass der Erste, welcher eine Bahn bricht, nie Alles auffinden kann, hat er auch nicht alle Schäze benuzen können, und bey Joh. v. Müller ist die Geschichte der östlichen Schweyz weitaus der schwächste, denn weder die Archive dess Klosters noch der Statt St. Gallen, noch unsers Cantons hatte er jemals benuzt, und die gehaltvollen Arbeiten eines Anton, Hüllmann, Eichhorn, Henke etc. waren noch unbekant, die gleichsam das grosse Nez der Geschichte dess Mittel-Alters bilden, in welches der Geschichts-Forscher einzelner Theile Deutschlands die kleinern Drey-Eke zu liefern hat.

Wenn schon nicht direkte auf die Geschichte Appenzells sich beziehend, so haben doch indirekte einen wichtigen Einfluss jene Momente, welche auf die Denkungs-Art der Menschen vorzüglich wirkten, und Diese aufzusuchen bemühe ich mich. So scheinet jener Einfall der Hungarn Einer zu seyn, so müssen die Veranlassungen zum Bau der Burgen auch wichtige Epochen seyn, welchen nachzuspüren nicht unwichtig seyn möchte.

Ich bin sehr geneigt mit Ihnen die Erbauung der ältesten Burgen, die Sie anführen, und zu welchen Mamertshofen auch gehört, in das 5. Jahrhundert zu versezen, in jene Zeit, als die Franken Allemanien eroberten, und diese Bau-Art, welche ich die älteste nenne, zeichnet sich aus durch sehr grosse runde Kugel-Steine, durch ein kaum bemerkbares gehauenes Ek, welches anstatt der Bleywaage dem Baumeister zur Richtschnur diente, und durch gothische Wölbungen bey den Thür- und Fenster-Öffnungen.

Eine zweyte Epoche bilden die Burgen, welche aus weniger grossen Steinen gebaut sind, deren Eke schon die Spuhren grösserer Steinhauerkunst anzeigen und deren Öffnungen beynahe rund gewölbet sind. Über die Epoche der Erbauung dieser Burgen bin ich noch nicht im Reinen, will aber, wenn es möglich ist, künftigen Sommer die Ruinen von Glattburg und Wasserburg untersuchen, da ich nun aus dem Cod. Trad. weiss, dass Ersteres 788, Letzteres 806 schon stand.

Die dritte Epoche der Burgen, wo die Fehde-Sucht die Ursache deren Erbauung war, fällt in das 11. Jahrhundert, wo sich schon die Spuhren zeigen, dass die Baumeister es verstanden die Bleywage zu gebrauchen, wo die Steinmezen-Kunst Fortschritte gemacht hatte, und die Gilde der Stein-Mezen bestand.

Diese drey Haupt-Abtheilungen, welche manche Unter-Abtheilungen haben mögen, scheinen mir in Allemanien sich aufzufinden und den wahren Zeitpunkt der zweyten Abtheilung aufzusuchen, wichtig; denn solche allgemeine Bauten hatten immer eine wichtige politische Ursache, oder bezeichnen einen neuen Ideen-Gang, ein neues Bedürfniss der Nation. Herr von Arx[1]) will gar alle Burgen erst nach dem Einfall der Hungarn erbaut wissen, und will desswegen Glattburuc mit Glattbrugg übersezen, obschon kein Ort Glattbrugg heist, und Svazzarburuc doch nicht mit Wasserbrugg übersezt werden kann, auch deutlich Bruck mit brucco gegeben ist in Stainigun brucco, Steinernenbruck 859, Germaresprucca 835. Aber ich könte viele Beyspiele anführen, dass dieser Schriftsteller eine falsche Geistes-Richtung hat, a priori sich Ideen macht und die Beweise prest und verfälscht, bis sie scheinen seine Meynung zu bestätigen.

---

[1]) P. Ildefons von Arx, geb. 1755, gest. 1833, der Verfasser der „Geschichten des Kantons St. Gallen." 3 Bde. 1810—13. Vergl. Meyer v. Knonau im Neujahrsblatt des hist. Vereins St. Gallen 1874.

Der Mensch kann sich schwer eines Urtheils enthalten, aber wenn dem Geschichtschreiber oder dem Naturforscher sich Eines aufdrängt, so solle er nur ad interim annehmen, bis er besser belehrt ist, sonst verfällt er in Unwahrheiten, welcher Fehler in einem gewissen, vielleicht löblichem Grad, selbst unserem Joh. von Müller vorzuwerfen ist, da seine Tendenz, den Sinn der Schweyzer zu erheben, ihn manchmal zu poetischen Darstellungen verleitete. Sein Nachfolger Glutz[1]) ist neben Tschudi der wahrhafteste Geschichtschreiber, den ich kenne; auch dürfen diese Zwey und Obmann Füssli[2]) in Zürich ruhig als Quellen benuzt werden.

Meine beynahe gänzliche Unkunde der lateinischen Sprache (denn 40 Jahre lang übte sie nicht mehr) hat mich bis jezt abgehalten mir ein Glossarium zu verschaffen, und doch werde ich noch dazu gezwungen. Aber noch weiss ich nicht, welches für Allemanien das Beste seye, und ob es im Buchhandel zu finden. Vielleicht wollten Sie mir hierüber mit einem guten Rath beystehen. Ich finde bis jezt in meinen deutschen Schriftstellern keine Erklärung dess Wortes Ebdomada, welches vorzüglich in einem Steuer-Rodel dess Klosters St. Gallen von 1360 vorkömt, z. B. „Troge per 7 ebdomadas 7 casei, per 5 autumnales 7, alpini casei 90, qui secantur in sex partes[3])". Scouponza halte ich für eine Abteilung eines mansus, so wie dieser ein Theil einer Silla ist.

Könten und wollten Hochdieselben bey Anlass der Lands-Gemeinde, welche laut Schluss des grossen Rathes den 30. April gehalten wird, mir ein paar Tage Ihren Besuch gönnen, so würde ich mir sehr viel Erläuterung versprechen über manche Sache, die mir dunkel oder nur halb deutlich ist, und vielleicht, dass Sie in meiner Sammlung Manches finden, das auch Sie interessiren würde, obschon sie vorzüglich Appenzellerisch ist.

Geruhen Euer Hochwolgeboren die Versicherung meiner Dankbarkeit und der ausgezeichneten Hochachtung zu genehmigen, mit welcher ich die Ehre habe mich zu zeichnen

Euer Hochwolgeboren!

gehorsamsten Diener

Trogen, d. 11. März 1820.   Joh. Casp. Zellweger.

[1]) U. R. J. Glutz-Blozheim, der Fortsetzer von J. v. Müllers Schweizergeschichte, geb. 1786, gest. 1818.

[2]) Joh. Heinrich Füssli (1745—1832) veröffentlichte eine Reihe historischer Arbeiten in dem von ihm begründeten „Schweizerischen Museum", 1783—1790, sowie im „Neuen Schweizerischen Museum", 1793—96.

[3]) Vergl. Wartmann, Urkundenbuch der Abtei St. Gallen III., 783.

5. Zellweger an Lassberg.

Hochwolgeborner!

Hochverehrtester Herr!

Wenn das Glük, Ihre persönliche Bekandtschaft zu machen, mir auch nur auf sehr kurze Momente vergönnet war, so schäze ich doch diese Augenblike, da sie vollkommen die Meynung rechtfertigten, die mir Ihre Briefe schon einflösten, an Ihnen den Mann zu finden, welcher die Einfachheit und Geradheit unserer Vor-Ältern mit der Humanität und den Kenntnissen dess jezigen Zeit-Alters in den schönsten Einklang zu bringen weiss. Diese Überzeugung erhebt nun meinen Wunsch, Sie länger bey mir zu sehen, beynahe zur Leidenschaftlichkeit, denn je mehr ich durch Lage und Gesundheit isolirt bin, je mehr ich durch Schwächlichkeit und Alter dazu bewogen meinen Blik jenseits dess Grabes richte, desto mehr Intensität gewinnt mein Sinn für alles Wahre, Schöne und Grosse, das ich nur da finde, wo das Streben nach dem Guten und Schönen mit ausdauernder Kraft angewendet wird.

Diese Tendenz meines Denkens (jeder Mensch hat die Seinige) muss Ihnen begreiflich machen, dass, während ich keine Nachforschungen der details der Geschichte verabsäume, doch das Wesentlichste für mich ist, den Geist jeder Zeit, seine Fortschritte zu bemerken, und in dieser Hinsicht muste mir das Geschenk, welches Sie der Welt machen mit Ihren alten Liedern, von unendlicher Wichtigkeit seyn. Erlauben Sie mir Ihnen dasjenige Urtheil mitzutheilen, welches ich daraus von jenen Zeiten fällte, damit Sie es gütigst berichtigen, wo ich den rechten Gesichtspunkt verfehle, da Sie während dem mühsamen Abschreiben und dem Auffassen dess Haupt-Inuhalts jedes Liedes ungleich besser in deren Geist eingedrungen sind als ich.

In poetischer Hinsicht scheinen mir gute Anordnung und geistreiche Intriken das vorzüglichste Verdienst; der Mangel an reichen Bildern mag den der Kenntnisse anzeigen, und geringes Gefühl für Natur-Schönheiten, die zwar von Einigen beobachtet wurden, aber nur die starken Eindrüke dess Gesamten mochte auf jene starken Nerven Eindruk machen, die einzelnen zartern Schönheiten verschwanden. Die Allegorien und Gleichnisse zeugen eben so wenig von hohem Schwung dess Geistes, sie bleiben bey dem wahren alltäglich vorkommenden, darum aber sind sie interessanter für den Geschichtsforscher. So gibt „die Minne vor

Gericht" das Gemälde dess Ganges der Rechts-Formen ganz so, wie sie bey uns im 16., zum Theil im 17. Jahrhundert noch waren. Interessant wäre es zu wissen, wann und wo „Der Minner und die Minne" gedichtet worden seye, um zu wissen, in welchen Gegenden die allgemeine Sitte der Deutschen, 7 Zeugen haben zu müssen, auch in unserer Umgegend herrschend gewesen seye. „Der Traum" mag wohl als Gedicht eines der Schönsten seyn.

Das Sitten-Gemäld, welches sich aus diesen Liedern abstrahiren lässt, ist nicht ruhmvoll für jene Zeiten, aber übereinstimmend mit der Geschichte. Sinnlicher Genuss, eine Art Cicisbeage, wo jeder Ritter eine Geliebte, jede Frau ihre Intrike haben wollte, Druk der Geistlichkeit und dess Adels auf die niederern Classen, die im Verhältniss stehende grössere Rohheit Dieser, Mangel an Kenntniss dess feinern körperlichen und dess geistigen Genusses, Jagen, Fischen, Essen und Weiber machten das Glük jenes Menschen aus. Der Dichter von „Frauenliebe" macht eine sehr schöne Ausnahme; auch der von „Selbstrache" und „Die Gesellschaften" schienen über das Zeit-Alter erhaben, zu fühlen, wie elend jene Sitten seyen. So noch mehrere Andere, welche das Kloster-Leben züchtigen.

Die Religiosität bestand in eiteln Formen, und Forcht, das Bedürfniss sich zu veredeln, die Liebe, welche Christus lehrte, waren unbekandt. Die Geistlichen waren sehr unsittlich, benuzten ihre Kenntnisse der Bibel, den Einfluss der Religion, ihre sinnlichen Gelüste zu befriedigen. Einer der strengsten Moralisten Ihrer Lieder möchte wohl der Dichter seyn, welcher die Lieder „Was Gross seye", „Kloster-Sitten", „Von der Selbst-Rache", „Ob Wahrheit schädlich seye", „Vom Lügen und Verraten", „Von Zorn und Krieg", „Von Ehestand und Klosterleben", „Die alte und die neue Welt", „Der Feind seiner selbst", „Der Weg zum Himmel", „Von den Freystätten", „Das schlimme Zeichen", „Von der Reue", „Von Gottes Güte und Gerechtigkeit", „Von den falschen Rühmern" immer endet: „also sprach der Lichtnär."

Politische Ansichten waren noch Keine da, sondern noch bestand jenes Gefühl der Selbstsucht (möchte ich eher als der Freyheit sagen), dass Jeder wollte als Eigenthümer von Boden und Leuten damit handeln, ohne irgend einer Einschränkung von Oben oder von Unten sich zu unterwerfen, und über so viele herrschen als möglich.

Anmuthig sind viele dieser Lieder durch ihre Einfachheit, durch den ungeschminkten Ausdruk dess Herzens.

Sehr veredelt ist dann die alte Sprache in Ihrer anmuthigen Vorrede, die ein redender Beweis ist, wie kräftig und einfach die hochteutsche Sprache wäre, wenn sie, durch die neueren Kenntnisse vermehrt, übergegangen wäre in die Schriften neuerer Zeit.

Über die von Ramswag, von Singenberg, von Embs, von Sax, von Altstetten, von Landegge, von Klingen und von Montfort werde ich nach und nach Ihnen noch manche Notiz mittheilen können; aber da alle meine Notizen noch ungeordnet sind, so werden sie am reichlichsten ausfallen, wenn sie einmal zum ordnen geeignet sind. Da aber indessen ich sterben könte, so will ich lieber Ihnen nach und nach mittheilen, was mir vorkömt, die Gefahr laufen, Wiederholungen zu machen.

In der Handschrift, die im Archiv von Appenzell liegt und von den Sachen Feldkirchs spricht, werden die Zwei von Embs, welche 1405 an der Schlacht am Stoss umkamen, Clos wein und Wilhelm genant. Ferner meldet sie, dass 1195 Kayser Heinrich VI etliche Edelleute von Neapel und dess Königs Conrads jungen Sohn, dem er die Augen ausstechen lassen, in Embs sein Lebenlang gefangen gelassen. Die von Embs seyen durch Kayser Ferdinand I und Papst Pio IV in den Grafen-Stand erhoben worden. Wolff Dietrich von Embs Vogt zu Bludenz und Sonnenberg, hatte sich vermählt mit Clara Medici, der Schwester dess Papst's Pio IV, und nach Leu einen Sohn Wolfgang Dietrich gezeuget, welcher den 18. August 1533 geboren wurde, Kriegs-Dienste nahm, sich mit einer Genueserin vermählte, mit ihr einen Sohn Robert zeugte (von welchem der in Rom lebende Stamm herrührt). Als in Rom bei einem Fall ihm der Degen zerbrach, sahe Wolfgang Dietrich es als einen göttlichen Wink an, den geistlichen Stand zu ergreifen, erhielt dann von seinem Oheim dem Papst bald das Bistum Cassano, 1561 den Cardinals-Hut und in dem gleichen Jahr anstatt obigem Bistum das von Constanz, welches er 1589 resignirte, er war auch Gross-Pœnitentiario, Erz-Priester der Kirchen St. Johann im Lateran, Nuntius an den Kayser und Legat beim Trientiner Concilium.

Nach dem älteren Wolff Dietrich, war sein Sohn Marquard Sittich Vogt zu Bludenz, und Märk Sittich ist in der Schlacht von Pavia umgekommen. Graf Heinrich, Bruder dess Cardinals, war Vogt zur Feldkirch.

Anno 1372, bey der den 4. April zu Alt-Hain bei Ulm vorgefallenen Schlacht, waren auch Appenzeller; aber es ist ungewiss, ob sie als Söldner der Statt St. Gallen oder als freywillige Krieger dabey waren; eben so ungewiss ob Dieses Einfluss darauf gehabt habe, dass die Ländchen Appenzell, Hundwyl, Urnäschen, Gaiss und Tüffen den Samstag vor St. Michelstag 1377 beytretten konten mit Bewilligung dess Abts Georg dem Bund, welchen die Stätte Ulm, Costenz, Rotwyl, Wil, Rütlingen, Überlingen, Memmingen, Biberach, Ravenspurg, Lindau, St. Gallen, Kaufbeuren, Leutkirch, Wangen und Issni mit einander in dem gleichen Jahr geschlossen hatten. Es ist auffallend, dass dieser Bund ausschliesslich nur diese 4 kleine Landschaften, sonst einzig Stätte zu Bunds-Genossen aufnahmen, und lässt sich vermuthen, dass etwas Besonderes ihn dazu müsse bewogen haben. Wäre dieser Grund in den Protokollen von Ulm, oder in dem Briefwechsel zwischen Ulm und Statt St. Gallen in den Jahren 1372 bis 1377 aufzufinden, so wäre es für mich wichtig, und würden Sie mir dadurch eine sehr grosse Gefälligkeit erweisen.

Bis zu der Zeit, wo Sie mir die Ehre Ihres Besuches gönnen wollen, werden Sie von Herrn Weizenegger Aufschluss erhalten über das räthselhafte Lied, welches Sie die Güte hatten mir mitzutheilen, und dann will ich mit vielem Vergnügen vernehmen, worinn das Resultat bestehe, wozu ich beygetragen habe, was ich wuste, ohne einen Werth darauf zu sezen.

Genehmigen Ew. Hochwolgeboren, dass ich mich ehrfurchtsvoll zeichne

Euer Hochwolgeboren!

ergebenster Diener

Joh. Casp. Zellweger.

Trogen, den 4. April 1820.

6. Zellweger an Lassberg.

Ew. Hochwolgeboren!

.... Wegen Walther von der Vogelweyde schrieb ich an Herrn Hartmann und begehrte von ihm seine Antwort auf Heute, wo ich rechnete bey der Versammlung der Naturforschenden Gesellschaft ihn zu sprechen, aber ein Anfall meiner Krankheit, den ich lezte Woche erlitt, hat mich wieder so geschwächt, dass ich darauf verzichten muss, um wenigstens künftigen Montag meine vorhabende Reyse nach Hofwyl und Baden antretten zu können, dort Stärkung für Geist und Leib zu suchen. Gestärkt zurükkehrend hoffe ich einige Monate mich in St. Gallen mit geschichtlichen Nachforschungen zu beschäftigen, und wann Sie im Herbst wieder in Eppishausen Ihren Wohnsiz werden bezogen haben, so werde ich von Ihrer gütigen Einladung Gebrauch machen, und Ihre literarischen Schäze besehen.

Dass Vogelweider ein Geschlecht der Statt St. Gallen war, ist unstreitig, da 1430 Johannes, von Abt Egolf den Berg „die Bernegg" erkaufte, 1436 Zunftmeister war, sowie 1447 Andreas. Ein anderer Andreas war 1440 Rathsherr und 1447 Burgermeister, Ludwig war 1465 und 1483 Zunftmeister, 1486 Burgermeister, auch 1482 Gesandter zu Berichtigung eines Streites zwischen Zürich und Strassburg, aber Beweise, dass der Minne-Sänger ein Glied dieser Familie gewesen, habe ich bis jezt keine, ehe man aber ihm ein anderes Vaterland geben könte, müste eben so gut geschichtlich erwiesen werden können, dass diese Familie an einem anderen Ort auch blühete, wie es erwiesen werden kann, dass sie in St. Gallen blühete.

Erlauben Sie mir Ihnen auch einen Zweifel aufzuwerfen, über das, was Sie in Ihrer Vorrede von den Mayern von Altstädten sagen, dass sie Mayer dess Abbts von St. Gallen gewesen seyen; denn schon 1299 geschah zwischen Abbt Wilhelm und Walther dem Mayer von Altstetten ein Tausch, vermittelst welchem Lezterer die Mühle zu Altstetten, das Futter, die Hühner und den Mist in der Statt dem Abbt überliess, sich 2 ℔pf., 18Vtl. Kernen etc. vorbehaltende, dagegen übergab ihm der Abbt das Gericht in der Statt, das ein Mayer haben soll, mit dem Versprechen dess Mayers, dass er selbst oder sein Sohn Richter seyn sollen, oder keinen Anderen als einen Gottshausmann sezen wollen.

Mir scheinet hieraus zu erhellen, dass damals Mayer das Geschlecht, nicht das Amt war, sonst hätte der Abbt ihm nicht das Richter-Amt, welches dem Mayer zugehört, übergeben, sondern er hätte es als Amtmann bekleidet. Wirklich scheint aus spätern Documenten, dass das Mayer-Amt zu Altstädten als Eigenthum denen Mayern zugehörte, da die Äbbte es nach und nach an sich kauften.

Freylich erhellet aus diesem Document auch, dass die mit dem Mayer-Amt verbundene Richter-Stelle dem Abbt gehörte, und er selbige dem Mayer überliess, woraus gefolgeret werden könte, das Mayer-Amt habe ursprünglich den Äbbten gehört; aber da in den frühesten Zeiten wo Geschlechts-Namen vorkommen, in den Urkunden dess Codex Trad. die Mayer von Altstädten, wenn sie als Zeugen vorkommen, genant werden: N. genant Mayer von Altstädten, so scheinet mir, dass sie damals nicht mehr Mayer waren, sondern diesen Namen angenohmen hatten, vielleicht noch unter den Grafen von Montfort, welche einen grossen Theil dess Rheinthals in älteren Zeiten besassen.

Doch da diese Erörterung nicht eigentlich in die Gränze meiner Nachforschungen gehört, so überlasse es Ihnen, den Zweifel genauer zu lösen. Ich habe mir nur eine Copie genohmen obbemelter Urkunde, weil sie Auskunft giebt über den richterlichen Gewalt der Mayer; kann sie aber in anderer Hinsicht für Sie wichtig seyn, so steht Ihnen eine Copia davon zu Diensten.

In der Bibliothek der Statt St. Gallen, genant die Vadianische, verdienet das Original der Chronik dess Kristan Küchimaisters[1]) auch einige Aufmerksamkeit. Zwar ist sie gedruckt, aber sie verdiente doch wohl mit der Druk-Schrift verglichen zu werden; Ich habe das Original excerpirt, welches durch seine einfache ungekünstelte Erzählung einen grossen Werth hat, wenn auch ihm wegen der Schreib-Art und oft wegen Mangel an Anzeige der data Vieles abgeht.

Über die Reformations-Geschichte von St. Gallen und Appenzell sind Kesslers Sabbata[2]) sehr zu beherzigen, da dieser vor-

---

[1]) Kuchimeisters „Nüwe Casus Monasterii sancti Galli" sind zuerst von Joh. Jac. Breitinger in der „Helvetischen Bibliothek" 5. Stück (Zürich 1763) abgedruckt worden. Vergl. die Einleitung zu der neuen Ausgabe von J. Meyer von Knonau, in den St. Galler Mitteilungen zur vaterländ. Geschichte XVIII (1881), Seite LVI.

[2]) Die „Sabbata" hat seither E. Götzinger in den St. Galler Mitteilungen V—X (1866—68) veröffentlicht.

treffliche Mann eine Einfachheit und einen edlen Wahrheits-Sinn äusseret, der ihm muss den Glauben und die Zuversicht dess Lesers gewinnen.

Schon weniger unbedingten Glauben scheinet mir Vadian zu verdienen, da er ziemlich deutlich zu erkennen giebt, dass er die Reformation und den Abfall der Appenzeller von dem Abbt darstellen wollte als Folge der Verschlimmerung der Kloster-Zucht und der ursprünglichen Bestimmung des Mönchs-Standes, sonst in der Erzählung der Thatsachen fand ich ihn immer wahr, wo nicht etwa die Ehre seiner Statt oder seine Leidenschaften darunter leiden, in diesen Fällen scheint er etwas partheyisch, und in der Chronologie nicht immer richtig. Zur Bearbeitung einer Geschichte dess 15. Jahrhunderts würde sein Briefwechsel in 12 Theilen viel wichtige Beyträge liefern, da er mit den angesehensten Männern seiner Zeit in Verbindung stand.

Obschon seine Geschichte dess Thurgäues vieles enthält, welches in seiner Geschichte der Äbte schon enthalten ist, so verdienet sie doch damit verglichen zu werden, und Beide scheinen mir schäzbare Beyträge zu liefern für die Kenntniss der früheren Feudal-Verhältnisse, da er ihnen noch näher war als wir, noch mehrere damals bestanden als jezt, und ein Mann von so grosser Gelehrsamkeit, welchem die im Kloster vorhandenen Quellen und die in der Statt vorhandenen zu Gebote standen, manchen richtigeren Begriff haben muste, als wir, die wir wieder um 300 Jahre davon entfernter sind.

Bis ich wieder von meiner Cur und meinen literarischen Nachforschungen zurük, meinem häuslichen Zirkel mich widmen kann, werde ich schwerlich im Fall seyn, Ihnen etwas Nüzliches mittheilen zu können; dann aber werde ich es mir sehr gerne zur angenehmen Pflicht machen, und indessen empfiehlt sich Ihrem gütigen Andenken

Euer Hochwolgeboren!

ergebenster Diener

Joh. Casp. Zellweger.

Trogen, den 24. May 1820.

7. Zellweger an Lassberg.

Hochwolgeborner Freyherr!

Ich hatte das Vergnügen, in Zürich den schönen und so schäzbaren Codex der Nibelungen zu sehen, den Sie zum Besten der Wissenschaften der Welt mittheilen, aber zugleich hörte ich über Euer Hochwolgeboren klagen, mit Bedauren sich Stimmen erheben, dass Ihr interessantes Werk nicht im Buchhandel seye, und ich möchte recht gerne meine Bitte mit denen dess Publikums vereinigen, dass Sie Ihrem Werk eine grössere Publicität geben.

Mit Herrn Hartmann sprach ich wegen Walthern von der Vogelweyde, aber auch er weiss nichts von ihm persönlich als was allgemein bekandt ist, wohl aber was ich die Ehre hatte Ihnen zu melden vor meiner Abreyse auf Baden, dass die Familie zwey Jahrhunderte lang in St. Gallen blühete, und dieser Statt zwey Bürgermeister gab.

Obschon die Haupt-Sache durch die Allg. Zeitung schon bekandt ist, möchte doch beygelegte Copia[1]) eines Briefes von Neapel nicht ohne Interesse seyn.

Künftige Woche hoffe ich im Archiv dess Kantons St. Gallen meine Arbeiten beginnen zu können, wo ich hoffe vieles zu finden, was die Geschichte meines Cantons beleuchten kann. In Kurzem erwarte ich den Besuch eines jungen Waadtländers, der eine Schweyzer-Geschichte zu schreiben sich vornimmt. Kein leichtes Beginnen nach Joh. von Müllern.

Hochachtungsvoll empfiehlt sich

Ew. Hochwolgeboren!

ergebenster Diener

Joh. Casp. Zellweger.

Trogen, d. 24. July 1820.

---

[1]) Fehlt.

8. Zellweger an Lassberg.

Hochwolgeborner!

Insonders hochverehrtester Herr!

.... Ich gratulire Ihnen von Herzen zu dem neuen Erwerb der sehr bekannten Chronik Jacobs v. Königshoven[1]) und wünschte, dass Sie auch das Lied über den Appenzeller-Krieg (NB. das Original) und Alles, was schön und gut ist, an sich bringen könten, denn nur in Händen, die sie der Welt mittheilen, nur bey Menschen, welche die Sachen unverstümmelt hergeben, sind die Alterthümer wohl bewahret; nur solche eignen sich zu Priestern dess Heiligthums alter Zeiten.

Euer Hochwolgeboren, durch eigne Erfahrungen, können sich vorstellen, mit welchem Vergnügen ich die Archive in St. Gallen durchstöbert habe; wahrlich, bey dem Reichthum der vorhandenen Materialien bedauerte ich nur, dass meine Kräfte mir gebieten, mich einzuschränken auf die Geschichte meines kleinen Cantons, indessen fand ich doch noch Manches, das zu meiner Geschichte gehört und über das Mittel-Alter Aufschluss geben wird.

Ich wünschte sehr in Ew. Hochwolgeboren reicher Bücher-Sammlung nachsuchen zu können was Holtaus, Schilter und Scherzius über das Wort Wun sagen, da ich aus dem Buchhandel bis jezt nur den Ducange mir verschaffen konte, und ich doch Willens bin, eine kleine Abhandlung über die Bedeutung dieses Wortes zu machen, da die Erklärung Antons mir nicht genügend scheint.

Neben meinen geschichtlichen Beschäftigungen habe ich jezt noch eine, die mir sehr am Herzen liegt. Es ist die Errichtung eines Erziehungs-Institutes für die reicheren Leute unsers Landes, welches bestimt ist, mit der verbesserten Erziehung der niedersten Classe, die ich zu erzweken suche, zu hinderen, dass nicht ein seichtes viel Wissen der aller Orten aufstrebenden Aufklärung eine falsche, vielleicht gar irreligiöse Richtung gebe.

Ich hatte das Glük, bey den vermöglichsten Männern dieses Dorfes den gleichen Sinn und den uneigennüzigsten Willen, Zeit

---

[1]) Jacob Twinger von Königshofen, Strassburger Chronist, seit 1382 Priester am Münster in Strassburg, starb 1420. Neueste und beste Ausgabe seiner Chronik von Hegel in den Strassb. Chron. Vergl. über ihn O. Lorenz, Deutschlands Geschichtsquellen im Mittelalter, I. pag. 45 ff.

und Geld aufzuopfern, zu finden, noch mehr aber, zwei vorzügliche Landes-Kinder zu Bekleidung der ersten Stellen zu finden, nähmlich einen Erzieher, der in 14jähriger pädagogischer Laufbahn sich so viel Gutes angeeignet hatte, dass Herr von Fellenberg ihn ungerne entliess, und einen jungen Geistlichen, reformirten Pfarrer in Bergamo, der in der Philologie und dem Vortrag der Geschichte zur Veredlung und Bekräftigung der zarten Gemüther sehr geeignet zu seyn scheinet. Einen dritten Lehrer suchen wir noch und schränken den Pensions- und Lehr-Preys auf 28 Napol.-d'ors ein, damit minder begüterte Menschen Antheil daran nehmen können[1]).

Möge Gott dieses Unternehmen segnen, damit durch vereintes lehren und üben dess Guten der reine Sinn für Freyheit und Vaterland den Neuerungs-Sinn verdränge!

Hochachtungsvoll und mit vollkommener Ergebenheit
zeichnet sich
Ew. Wolgeboren!
gehorsamster Diener
Joh. Casp. Zellweger.

Trogen, d. 18. November 1820.

9. Lassberg an Zellweger.

Wolgeborner!

Hochzuverehrender Herr!

.... Mit Vergnügen habe ich, hochverehrter Herr! aus Ihrem lezten Schreiben Ihre fortdauernde Liebe und Beharrlichkeit in Erforschung vaterländischer Geschichten ersehen, und Herr Prof. Rud. Wyss[2]), der die Güte gehabt hat, mir seinen Tschachtlan

---

[1]) Zellweger im Verein mit andern Trogener Bürgern (Oberst Honnerlag, Michael Tobler u. A.) gründete damals die Kantonsschule in Trogen als Realschule und Lehrerbildungsanstalt; die obengenannten zwei Lehrer sind Zuberbühler, der von Fellenberg kam, und Michael Bänziger von Lutzenberg; als dritter kam bald hinzu J. C. Egli von Hittnau.

[2]) Johann Rudolf Wyss (der jüngere), Sohn des Pfarrers Joh. Dav. Wyss († 1818), geb. 1781, von 1806—1830 Professor der Philosophie an der Akademie in Bern. Bekannt als Dichter, gab „Idyllen und Volkssagen" und den „Schweizerischen Robinson" heraus; er ist auch der Herausgeber der „Alpenrosen", 1811—1830. Als Historiker hat er sich verdient gemacht durch die Redaktion des „Schweizerischen Geschichtsforschers",

zu senden, hat in seinem Buche ehrenhafte Erwähnung Ihres patriotischen Eifers gemacht. Ich nehme daran den lebhaftesten Anteil, und hoffe, dass das Resultat Ihrer Forschungen eine aus den Quellen hervorgehende Geschichte Appenzells sein werde, an welcher es bisher noch immer gemangelt hat. Mit nicht weniger herzlicher Teilnahme habe ich die Errichtung Ihres Erziehungs-Instituts vernommen. Die Erziehung macht uns zu Menschen und es ist eine traurige Verirrung unserer Zeit, dass man glaubt, Studium und Gelartheit mache uns dazu, was in der Praxis ganz falsch ist; denn unter 10 Gelerten ist oft nicht ein guter Weltbürger. Allerdings machen die Wissenschaften die Menschen milde; aber man muss das Ding zu gebrauchen wissen, und das lehrt allein eine natürliche und kluge Erziehung. Gott segne Ihre diesfälligen Bemühungen! Ich habe lezten Sommer eine Reise durch einen Teil Schwabens und in die Heimat der Hohenstaufen gemacht; dabei sind mir einige sehr interessante Bekantschaften schwäbischer Geschichts- und Kunst-Freunde zu teil geworden. Da ich nun mit dem Herrn Prälaten S c h m i d in Ulm[1]), welcher eine der reichsten Urkundensammelungen in Schwaben besizt und wirklich im Begriffe ist, ein schwäbisches Idioticon heraus zu geben, in Briefwechsel stehe, so könnte ich Ihnen nun alles den ehemaligen schwäbischen und teutschen Städtebund betreffende abschriftlich verschaffen, wenn Sie die Güte haben wollen, mir die Gegenstände namentlich anzugeben. Meine Handschrift des Nibelungen-Liedes ist nun vollständig abgedrukt, und ich bin wirklich mit der Vorrede dazu beschäftiget, auch ist das Titelkupfer und die Schriftprobe noch ausständig; sobald ich Alles beisamen habe, werde ich die Ehre haben, Euer Wolgeboren ein Exemplar zu übermachen. An dem zweiten Bande meines Liedersaales wird wirklich gedrukt, auch bin ich im Begriffe, mit einigen anderen Literaturfreunden eine Zeitschrift in zwanglosen Heften herauszugeben, welche der Ge-

---

die er mehrere Jahre führte, durch die Herausgabe der Chroniken von J u s t i n g e r, T s c h a c h t l a n und A n s h e l m, die er gemeinschaftlich mit D e k a n S t i e r l i n besorgte, durch seinen Anteil an der Beschreibung des Kantons Bern im Helvet. Almanach und andere Arbeiten. Vergl. Berner Taschenbuch vom Jahr 1853 und die dort genannten Quellen.

[1]) Joh. Christoph Schmid, geb. 1756, seit 1780 in Ulm als Diaconus und Professor am Gymnasium, seit 1811 Prälat und Generalsuperintendent in Ulm, gestorben 1827. Gründlicher Historiker, hat sich besonders um die Geschichte Ulms verdient gemacht.

schichte, Dichtung und Kunst des teutschen (vorzüglich Alemanischen) Mittelalters gewidmet ist. Könnten und wollten Sie mir nicht auch aus Ihrem literarischen Vorrate Etwas dazu steuren? Ein Lied, einige noch unbekannte urkundliche Anekdoten, oder einen kurzen geschichtlichen Aufsaz über einen noch unerörterten Gegenstand, Beschreibung eines merkwürdigen Ortes, Denkmales, Kirche, Stiftung, Volks- oder anderen Festes u. s. w. Sie würden mir damit eine wahre Freude machen! Wenn es auch nur so viel wäre, um einen Drukbogen damit zu füllen.

Möge dieser Brief Sie in bester Gesundheit antreffen! Empfelen Sie mich Ihrer verehrungswürdigen Frau Gemalin auf das freundlichste und erhalten Sie mir stets Ihre mir so schäzbaren wolwollenden Gesinnungen.

Mit vollkommenster Hochachtung Dero

gehorsamer Diener

Joseph v. Lassberg, Freiherr.

Eppishausen, den 1. Hornung 1821.

10. Zellweger an Lassberg.

Hochwoledelgeborner!
Hochverehrtester Herr!

.... Wie Sie leicht denken, hat meine Krankheit in meinen literarischen Arbeiten eine Stöhrung hervorgebracht, indessen wenn ich Brüllisowers Chronicon Monast. St. Galli und noch ein paar Necrologia excerpirt haben werde, so ist dann mein Forschen im St. Gallischen Archiv beendiget, und kann ich dann nach Zürich gehen, sie dort fortzusezen, nachdem ich jedoch vorher die data meiner Urkunden werde verifizirt haben, eine eben so geistlose als anstrengende Arbeit. Ich sehne mich sehr darnach, weil jener Zeitpunkt hoffentlich mich zu Ihnen führen soll, wenn meine Gegenwart Euer Hochwolgeboren dann nicht ungelegen komt, worüber mich zu erkundigen ich mir vorher die Ehre geben werde.

Wenn nicht unüberwindliche Hindernisse eintretten, so werde ich mir dann die Ehre geben, Ihnen einen kleinen Beytrag zu Ihrer Zeitschrift zu liefern, bitte Sie aber, mir noch vorher zu sagen, ob nach dem Plan derselbigen die Documente, worauf die zu liefernde Geschichte sich gründet, besser in extenso, oder auszugsweise in der Geschichte verwebt, angeführt werden.

Die Geschichte, die ich Ihnen zu liefern gedenke, betrifft Graf Albrecht von Montfort-Werderberg, wahrscheinlich die erste Gründung der Vor-Arlbergischen Landstände von 1391.

Ich bin zwar schüchtern, etwas dem Druk zu übergeben, aber sobald Ihnen etwas angenehm ist, so will ich mich überwinden. Mehrere Arbeiten als höchstens jährlich eine darf ich nicht versprechen, bis ich mit meiner Appenzeller-Geschichte im Reinen bin; da ich schon früher Herrn Prof. Wyss versprochen habe, in den „Geschichtsforscher" dann und wann eine kritische Abhandlung zu liefern, die zu meiner Geschichte gehört, da ich mir vorgenommen habe, jede meiner Meinungen, die von Andern abweicht, in der Geschichte selbst nur anzuführen, aber für mich Jede zu begründen, und Einige davon zur Beurtheilung dem Publicum zu übergeben[1]). So habe ich unlängst ihm meine Erklärung dess Wortes „Wun und Weyd" zugeschikt, ihm überlassend, sie aufzunehmen oder nicht. Meine Meynung ist, dass Wun, wenn es in Verbindung mit Weide steht, das Recht bedeute zum Behuf der Nuzung der Weide, in dem Wald, der dazu gehört, zu holzen.

Meine Meinung gründet sich auf Documente, deren ich zum Behuf dieser Untersuchung über die 1000 durchsucht habe.

Sie haben die Güte, mir Ihre Verwendung zu anerbieten, um von Ulm mir die mangelnde Auskunft zu verschaffen. Über das Verhältniss von Appenzell mit den Reichs-Städten mangelt mir gar Vieles[2]).

Mit inniger Freude vernehme ich, wie Ihre Arbeiten vorrüken, und aus dem Journal für Geschichts-Kunde, dass Sie überdiess noch die Bearbeitung eines Werks übernomen haben,

---

[1]) Im Geschichtsforscher (vergl. Seite 20 Anm.) erschienen von Zellweger folgende Arbeiten: „Einkünftenrodel des Bisthums Chur", Bd. IV, Seite 169; „Versuch, die Chronologie der Aebte von St. Gallen urkundlich und kritisch zu bestimmen", Bd. V, Seite 1; „Abhandlung über die Zeit, wann der Canton Appenzell wahrscheinlich bevölkert ward, zu welchen Königreichen das Thurgau im 6 und 7. Jahrhundert gehört habe, und welches seine Grenzen gegen Rhätien, inner denen des jetzigen Cantons waren", Bd. V, Seite 135. „Beschreibung und kritische Bemerkungen über den Zug nach Bellenz und die Schlacht bei Irniss (Giornico) von 1478", Bd. VIII, Seite 386.

[2]) Z. fügt an dieser Stelle eine lange Reihe von Fragen ein, die sich sämtlich auf den Bund der Appenzeller mit den schwäbischen Städten beziehen und nicht von allgemeinerem Interesse sind.

für die grosse Geschichtsforschende Gesellschaft. Wahrlich der beste Beweis der blühendsten, kraftvollsten Gesundheit, und einer Thätigkeit, die Sie sehr ehret.

Wer wird wohl die Zeitschrift redigiren, welche Sie und Ihre Freunde dem Publikum übergeben wollen? Doch nicht etwa Sie selbst wollen diese mühsame Besorgung noch übernehmen?

Das hier gestiftete Institut hat nun begonnen, und findet weit über meine Erwartung im Land Beyfall. Schon sind 19 Appenzeller-Zöglinge in demselbigen, und noch mehrere sind angesagt. Ich hoffe aber, es werde dem Zutrauen auch entsprechen, da die Lehrer in jeder Hinsicht vortreffliche Männer sind.

Mit vollkommenster Hochachtung

Euer Hochwoledelgeboren!

gehorsamer Diener

Joh. Casp. Zellweger.

Trogen, d. 7. Februar 1821.

11. Zellweger an Lassberg.

Hochwolgeborner Herr!

... Da ich nicht weiss, wie bald Sie Ihrem geschichtlichen Journal den Anfang geben wollen, beeile ich mich, Ihnen eine kleine Abhandlung beyzufügen, die demüthig sich um Ihren Schuz bewirbt, und mit jungfräulicher Bescheidenheit sich gerne Ihrem Urtheil unterziehen wird, zurük geschikt zu werden, und wegen Ihrer Unbedeutung in die Nacht der Vergessenheit zu glitschen[1].

Nicht nur Brüllisower[2], sondern auch Jodocus Metzler[2], Beides gelehrte Klostergeistliche von St. Gallen, behaupten, dass

---

[1] Die Abhandlung ist betitelt: „Beiträge zur Geschichte des Hauses Montfort und des Landes Vor-Arlberg." Das Original liegt noch bei Zellwegers Briefen im Besitz der Fräulein von Lassberg. Die Abhandlung ist wohl nie gedruckt worden. Das Wesentlichste derselben findet sich in Zellwegers „Geschichte des Appenzellischen Volkes", Bd. I.

[2] Jodocus Metzler, seit 1604 Bibliothekar des Stiftes, starb 1639 im Alter von 65 Jahren. Er schrieb ein bis 1633 reichendes „Chronicon St. Galli." Magnus Brüllisauer (1582—1646) arbeitete dasselbe um, die Umarbeitung

das Haus Montfort von dem Graf Ulrich von Linzgau herstamme, und diese Behauptung gewinnt bey mir sehr an Wahrscheinlichkeit dadurch, dass alle Besizungen dieses Grafen an das Haus Montfort übergingen, und die Herstammung von Carl dem Grossen ziemlich wahrscheinlich wird, wenn wir auf- und abwärts schreiten.

Von Ulrich aufwärts. Dieser lebte 890, mag zwischen 860 bis 870 geboren seyn, könnte Enkel seyn des Chadaloh, der in dem Cod. Trad. schon Comes Monteforti betitelt ist, und dessen Vater Berchtoldi kann gar wohl von Carl dem Grossen herstammen.

Abwärts von Graf Ulrich finden wir seine Söhne Abt Burkard I und seinen Bruder Adelhardt, die bis 971 gewiss lebten, und 1079 finden wir den Graf von Bregenz, Marquard, nicht sehr entfernt von dem Adelhardt. Von da an gibt es eine Lüke, denn einstweilen finde ich dann keine Grafen von Montfort bis 1205 den Grafen Hugo, 1206 den Grafen Berchtold, Abt zu Einsiedlen, Freyherr zu Waldsee. Könnten Sie mir nicht auf die Spur verhelfen, ob bey Waldsee auch freye Leute gewesen seyen, ähnlich denen auf der Leutkircher Haide, die auch unter Montfort standen?

Das Datum der Schlacht bey Alt-Hain ist richtig nach dem Jahrzeiten-Buch von St. Gallen, selbst nach Pfister, der sich nur in der Angabe des Monattages geirrt.

Möge ich bald frohe Nachrichten von Ihrem Befinden vernehmen, indessen bitte Sie zu genehmigen, dass ich mich mit Hochachtung und Ehrerbietung zeichne

Ew. Hochwolgeboren!

ergebenster Diener

Joh. Casp. Zellweger.

Trogen, d. 12. May 1821.

---

geht jedoch nur bis zum Jahre 1442 und führt ebenfalls den Titel „Chronicon St. Galli." Metzlers Handschrift liegt auf dem Stifts-Archiv, Brüllisauers Manuscript auf der Stiftsbibliothek St. Gallen. Vergl J. v. Arx, III, S. 270.

12. Zellweger an Lassberg.

Hochwolgeborner!

Hochzuverehrender Herr!

Ich hatte die Ehre, Ew. Hochwolgeboren ein kleines Manuscript zu senden, als Beytrag zu Ihrem Journal, oder um es mir zurük zu senden, wenn es nicht in den Plan desselbigen passe. Da ich aber ohne Nachricht von Ihnen bleibe, so vermuthe, dass die Unpässlichkeit, welche früher Sie abhielt an der Beendigung Ihrer Vorrede für das Nibelungen-Lied, noch fortdauern möchte, und Ihnen ein kleiner Besuch lästig fallen möchte, den ich auf künftige Woche Ihnen zu machen mir vornahm.

Ein Wort hierüber, wäre es auch nur durch einen Sekretär geschrieben, wird meinen Entschluss leiten, indessen habe die Ehre, Sie meiner vollkommensten Hochachtung zu versichern.

Ew. Hochwolgeboren!

ergebenster Diener

Joh. Casp. Zellweger.

Trogen, den 6. Juni 1821.

13. Zellweger an Lassberg.

Hochwolgeborner!

Hochverehrter Herr!

Ihre gütige Zuschrift vom 15. corr.[1]) hat mich recht beschämt, da ich empfand, wie sehr ich gefehlt hatte, so lange zu zögern, Ihnen meinen Dank für Ihre gastfreundliche Aufnahme zu bezeugen, und Sie meine Schuld anhäufen, ehe ich mich einer Pflicht entlediget hatte.

Sie werden mir eher verzeyhen, wenn ich Ihnen sage, dass die ersten Besuche, welche nöthig waren, um den Zutritt zu dem Archiv zu erlangen, mich sehr beschäftigten, und seitdem wachsen meine Geschäfte stündlich, so dass ich schon vorsehe, meinen Aufenthalt künftiges Jahr wieder hier nehmen zu müssen,

---

[1]) Fehlt.

denn noch habe ich nur die Hälfte des Buchstaben A vom Register durchgangen, und schon zwei Folio-Bogen Nummern ausgezogen, die ich bearbeiten muss. Das ganze Register enthält über eine Million Gegenstände.

Verzeyhen Sie mir meine Kürze, und seyen Sie aber versicheret, dass ich nicht nur Ihnen recht herzlich dankbar bin, sondern mein näherer Umgang mit Ihnen auch meine Hochachtung sehr gesteigeret hat.

Ew. Hochwolgeboren!

ergebenster Diener
Joh. Casp. Zellweger.

Zürich, d. 20. Juni 1821.

14. Zellweger an Lassberg.

Hochwolgeborner Herr!

Vielzuverehrender Freund!

Besser spät als niemals! Diesen Entschuldungs-Grund muss ich Sie bitten auch zu meinen Gunsten anzuwenden, wenn ich erst Heute mein gegebenes Versprechen halte, und Ihnen die drei Hefte von Kruses Archiv[1]) für alte Geographie einsende, mit dem Wunsch, dass ihre Durchlesung Ihnen einiges Vergnügen mache, und Sie mit dem Ptolomäus in der Hand die Vermuthungen Kruses beurtheilen können.

Sehr schäzbar wäre es mir, wenn Sie künftigen 15. Septbr. mir Ihren Besuch gönnen und den 16. und 17. den Sizungen der gemeinnützigen Gesellschaft beywohnen wollten, und in diesem Fall bitte Sie, bis dann diese drei Hefte aufzubewahren und mir sie selbst dann wieder zu bringen.

Ein Verein edler Männer ist doch das beste Zerstreuungs-Mittel für Männer Ihrer Art, denen der lärmende Tand allein das Herz leer läst, und ein herzloses Geräusch versezt uns in eine schmerzhaftere Einsamkeit, als das Leben allein mit einem

---

[1]) F. K. H. Kruse, seit 1821 Professor der Geschichte in Halle, 1828 bis 1853 Professor in Dorpat. Gemeint ist das von ihm herausgegebene „Archiv für alte und mittlere Geschichte, Geographie und Alterthümer, insonderheit der germanischen Volksstämme."

lieben von uns geschiedenen Gegenstand uns je allein lassen kann, aber wo der Verstand zuerst beschäftiget, dann angezogen ist, so kann der Frohsinn biederer Menschen denn doch viel zu unserer Aufheiterung dienen, und derer bedürfen Sie wie ich. Wir haben Beide das Unersezliche verloren[1]). Beide danken wir aber Gott, so lange seine grosse Wohlthat genossen zu haben, und Beide wollen und können wir aufsuchen, wie nun unser Benehmen seyn müsse, damit wir dess Wiedersehens würdig werden. Wie unser Benehmen seyn soll, damit wir auch jenseits des Grabes die Billigung und Liebe der Verklärten verdienen! Diese unsere gemeinsame Stimmung wird unserem Wiedersehen eine Innigkeit geben, die nur gleich empfindende Menschen fühlen können.

Meine Wunde wird nie vernarben, aber der herbe Schmerz hat dem sanfteren Heimweh Plaz gemacht, welches mit Freuden mich auf meine grauen Haare hinweist, und mir die freudige Botschaft giebt: Kurz werde die Zeit seyn bis zu meiner Wiedervereinigung.

Könnte ich von Ihnen vernehmen, dass auch Sie nun liebevoll und dankbar auf das genossene Glük zurüksehen könnten, so wäre ich noch mehr getröstet, und reine Freude würde sich dann vereinigen mit meinen Gefühlen ausgezeichneter Hochachtung und wahrer Ergebenheit, womit ich die Ehre habe mich zu zeichnen

Ew. Hochwoledelgeboren!

ergebenster Diener und Freund

Joh. Casp. Zellweger.

Trogen, d. 23. August 1823.

---

[1]) Am 21. Juli 1822 starb Fürstin Elisabeth von Fürstenberg, die Wittwe des 1799 bei Stockach gegen die Franzosen gefallenen Fürsten Karl Aloys von Fürstenberg. Lassberg lernte sie im Jahre 1805 kennen; sie war ihm bis zu ihrem Tode in inniger Freundschaft verbunden. Ende April 1823 starb Zellwegers Gattin Dorothea, eine Tochter des bekannten Idyllendichters und Landschaftsmalers Salomon Gessner von Zürich.

15. Lassberg an Zellweger.

Wolgeborner Herr!

Hochverehrter Freund!

Ihren lieben Brief vom 23. dieses zusamt dem interessanten Archive von H. Kruse habe ich dankbar erhalten und werde, Ihrer freundschaftlichen Einladung zufolge, am 15. September gegen Abend bei Ihnen eintreffen und Kruses Archiv zurükbringen. Was Sie, verehrtester Freund! über unsere beidseitigen Schiksale sagen, ist aus meiner innersten Seele gesprochen! Allerdings habe ich Ursache und Pflicht, der Vorsehung meine noch übrigen Lebenstage hindurch für das Glük zu danken, das ich 17 Jahre hindurch genoss, dem vollkommensten unter den mir bekannt gewordenen erschaffenen Wesen so nahe zu stehen, und ich thue es auch von ganzem Herzen; das weiss der, dem auch der leiseste unserer Gedanken bekannt ist! ich klage auch nicht über das Schiksal, das mich aus dem glüklichsten zum unseligsten aller Menschen gemacht hat. Wenn bei Ihrem lezten Hiersein mein Schmerz unwillkürlich in Tränen, villeicht in zu laute Aeusserungen des innersten Gefühles ausbrach, so war es die durch Ihre Erscheinung zu plözlich hervorgerufene Erinnerung an jene Zeit, wo ich sie zulezt sah, wo ich glüklicher war als ich je in meinen künsten Jugendträumen zu werden hoffte. Die Menschen sind so verschieden konstituirt, dass es schwer wird, ein absolutes Urteil über sie zu fällen, und daher die natürlichsten oft am strengsten von ihren Mitlebenden beurteilt werden. Wie gesagt, ich klage nicht über mein Schiksal, denn mir wurde mehr wahres Glük zu Teil, als tausend Menschenleben zusammen aufweisen können; allein ich traure und kann mich dessen nicht erwehren. Ich habe nun 13 Monden mit meinem Schmerze ehrlich und redlich gerungen; ich habe gearbeitet und so viel über mich gewonnen, dass ich wieder arbeiten kann; allein gerade diese Arbeiten, bei denen sie stets gegenwärtig, denen sie so oft beförderlich und bei ihrem alles umfassenden Geiste stets hilfreich beistund, rufen mir sie unaufhörlich zurük; ich nehme mir vor, in meinem Streben zum Wahren und Besten männlich zu beharren, das Übrige stelle ich Gott anheim. Wiedersehen, ja wiedersehen werden wir die teuren Wesen, die unser Hiersein verschönerten und uns ahnen liessen, was die verheissene höhere Seligkeit jenseits uns gewähren wird. Das ist es, was mich tröstet und aufrecht erhält! Aber es war mir auch kein kleiner Trost, dass Sie, verehrtester Freund! in das Haus der Trauer kommen und, selbst so tief verwundet, mit aller Teilnahme eines edlen Gemütes sich nach dem Befinden eines bereits von so vielen Anderen vergessenen Mannes erkundigen wollten. Gott lone es Ihnen! so wie er es meinem guten Werner v. Haxthausen[1]) lonen mag, der mitten im lezten rauhen Winter von Köllen am Rheine herauf kam, um mich zu trösten, und wenn ich wollte, mich in die alte Stadt der Agrippina mit sich zu füren zu meiner Zerstreuung, was denn leider nicht sein konnte.

Leben Sie wol, aufrichtig verehrt von

Ihrem

Freund und Diener

Lassberg.

Eppishausen, am 31. August 1823.

16. Lassberg an Zellweger.

Zuerst, mein hochverehrter teurer Freund! wiederhole ich Ihnen meinen innigen Dank für den ebenso seltenen als erfreulichen Genuss, den Ihre freundschaftliche Güte mir durch die gefällige Einladung nach Trogen und die für mich so ehrenhaften Folgen derselben gewärt hat. Gewiss, die Bekanntschaft so vieler biederer und geistreicher Männer war schon ein grosser Gewinn für mich, welcher durch die unverdiente Aufname in ihren Verein²) über meine Erwartung erhöht worden ist. Wolwissend, dass ich auch diese einzig der wol zu guten Meinung, welche Sie, mein verehrter Freund! von meinen geringen Fakultäten haben, verdanken muss, will ich auch dafür den Ausdruk meiner tiefgefülten Erkenntlichkeit hier beifügen.

---

¹) Den Freiherrn Werner von Haxthausen, Oheim der Dichterin Anette von Droste-Hülshoff, hatte Lassberg 1815 in Wien kennen gelernt.

²) Lassberg wohnte der Versammlung der Schweiz. Gemeinnützigen Gesellschaft im September 1823 in Trogen bei und wurde Mitglied derselben.

Da Sie die Güte hatten, mir das **Spangenbergische Werk**[1]) über das teutsche Lehen-Recht zu zeigen, und mich über die Bedeutung einiger darin enthaltenen Bilder zu befragen, erinnerte ich mich eines Werkes, welches diesen Gegenstand eigens abhandelt, und da ich es in meiner kleinen Büchersammlung vorfand, so sende ich es Ihnen, mit der Bitte, es von mir als eine geringe Tessera hospitalitia anzunemen, und sich dabei der durch Ihre Güte genossenen angenemen Tage in Trogen zu erinnern.

In St. Gallen begegnete ich nochmals dem Herrn Staats-Rate v. **Pfyffer**[2]) und dem vortrefflichsten Herrn **Pfarrer Frey**[3]), zu welchem ich mich von allem Anfange so sehr hingezogen fülte. Nachmittags begleitete mich der würdige Herr **Pfarrer Kirchhofer**[4]) von Stein in meine Klause und schenkte mir gestern noch den ganzen Tag; diesen Morgen fuhr er wieder nach Hause, und mein Gemüte ist jezo mit der Recapitulation Alles dessen, was ich in Trogen gesehen und gehört habe, beschäftiget, und die Folgen Ihrer freundschaftlichen Güte für mich hören auch ausser Ihrem gastwirtlichen Dache nicht auf, woltätig auf mich zu wirken.

Empfangen Sie, verehrter Freund! nochmals meinen herzlichen Dank hiefür, empfelen Sie mich angelegenst den Ihrigen, denen ich ebenfalls meinen verbindlichsten Dank für die freundlichste Aufname zu entrichten bitte und erhalten Sie mir fortwährend Ihre mir so teuren freundschaftlichen Gesinnungen, die ich von ganzem Herzen erwiedere. Mit aufrichtiger Verehrung

Ihr

gehorsamer Diener und Freund

Joseph v. Lassberg.

Eppishausen, am 19. September 1823.

---

[1]) Spangenberg, Beitrag zu den deutschen Rechten des Mittelalters. Halle, 1822.

[2]) Rathsherr Eduard Pfyffer von Altishofen, später Schultheiss von Luzern; geb. in Rom 1782, starb in Olten 1834.

[3]) Joh. Jac. Frey, geb. 1789, damals Pfarrer in Schönengrund, seit 1824 Pfarrer in Trogen, 1830 Dekan, starb am 16. April 1852 in Trogen. Er war ein Freund Zellwegers und hat sich besonders um das Schulwesen in Trogen grosse Verdienste erworben.

[4]) Melchior Kirchhofer, geb. 1775, gest. 1853, war damals Pfarrer in Stein a. Rhein. Er ist bekannt als Historiker, besonders auch als Kirchenhistoriker. Vergl. über ihn A. D. Biographie XVI, 11, und Realencyclopädie für protest. Theologie VIII, Seite 19 ff.

17. Zellweger an Lassberg.

Hochverehrter, theurer Freund!

Briefe, wie der Ihrige vom 19. diess, sind für mich um so wichtiger, da nur die Achtung und Freundschaft von geschäzten Männern mir noch Freude macht, denn ich gewahre, dass, seitdem ich meine Gattin verlor, der Wunsch des Wiedersehens allen, auch den angenehmsten zeitlichen Gütern in meinen Augen den Werth gar sehr verkleinert. Gern will ich erfahren, ob, wenn ich wieder mit Ernst an meine Liebhaberei, die geschichtliche Forschung, gerathe, wenigstens diese Freundin noch für mich den alten Reiz habe. So wird der Mensch durch Aeusseres bestimmt, so wenig kann er auf sich selbst zählen!

Gott sey gelobt, dass er mir noch so manche Männer schenkt, die mit Wohlwollen sich an mich anschliessen, so treue Freunde, in deren Schooss ich meine Empfindungen ausschütten darf. Ihr schäzbares Geschenk nehme ich im römisch und griechischen Sinn, als das Zeichen an, welches unsere gegenseitige Gastfreundschaft bewähren soll, die noch enger sich dadurch knüpft, dass Sie sich auch durch meine Freunde, die Herren Pfarrer Frey und Kirchhofer, angezogen fühlen. Ich schäze Beide hoch, besonders ist mir der erstere wichtig als thätiger, geist- und kenntnissreicher Gehülfe zu Beförderung des Schönen und Guten. Lezterer ist ein edler Mann, ein heller Kopf und tüchtiger Geschichtsforscher, den Sie wohl auch werden besuchen können.

Ich bin stolz darauf und rechne es mir zum grösten Verdienst meines Präsidiums an, dass ich der Gesellschaft eine schöne Anzahl vortrefflicher Mitglieder gewonnen habe, vorzüglich auch Usteri[1]) zu der Präsidenten-Stelle, denn nun wird er gewiss mein begonnenes Werk vollenden, und nach und nach zu der Gemüthlichkeit und dem freundschaftlichen Sinn der Gesellschaft auch mehr wissenschaftliche Thätigkeit vereinigen.

Das Einzige, was bei der Versammlung der Gesellschaft unangenehm auf mich wirkte, war, dass ich die Freunde, vorzüglich Sie, nicht geniessen konnte. Der Strudel der Beschäftigungen, die Ermattung, welche darauf folgte, beraubte mich ganz dieses Vergnügens, welches ich aber hoffe in vollerem

---

[1]) Martin Usteri, der Zürcher Staatsrath u. Dialektdichter, 1763—1827.

Maasse zu geniessen, wenn Sie im Frühjahr ein paar Tage der Einsamkeit bei mir widmen können.

Ich vernehme soeben, dass nächstens wieder ein Heft des Schweizerischen Geschichtsforschers erscheinen soll, worin von mir eine critische Bearbeitung der Chronologie der Äbbte von St. Gallen erscheinen wird. Ich wünschte sehr, von Freundeshand eine Critik darüber zu erhalten, um die darin vorkommenden Fehler in folgenden Schriften vermeiden zu können.

Ich glaube, Sie halten sich dieses Werk und könnten vielleicht mir den Dienst erweisen; halten Sie es nicht, so gebe ich mir die Ehre, Ihnen dieses Heft zu schiken.

Mit der ausgezeichnetesten Verehrung habe ich das Vergnügen mich zu zeichnen

Ihr Verehrer und Freund

Joh. Casp. Zellweger.

Trogen, d. 29. September 1823.

18. Lassberg an Zellweger.

Ihr Schreiben vom 29. September, mein hochverehrter und teurer Freund! hat meinem Herzen wol getan und ich kann es nicht anstehen lassen, meinen herzlichen Dank dafür zu erstatten. Ja, wol ist die Achtung und Liebe wakerer Männer — nachdem wir Alles verloren haben, was den Aufenthalt hienieden zum Himmel machen kann — noch das Einzige, was uns das Leben mit Würde tragen hilft, und dass Sie mich unter jene zälen, ist mir der süsseste Lohn meines ununterbrochenen Strebens nach dem Schönen und Guten. Ich habe in meinem Leben mancher Vereins-Versammlung beigewont und bin oft über mein Verdienst gütig aufgenommen worden, aber nie hat mich eine derselben so gerürt und angezogen, wie jene herzliche und innige Vereinigung in Trogen und es ist, bei Gott! kein Kompliment, wenn ich sage, wie es mir aus tiefem Gefül klar wird, dass Ihre eigene Individualität, mein hochverehrter Freund! das Meiste dazu beigetragen hat. Gerne wäre ich noch länger bei Ihnen geblieben, ich hatte mich darauf eingerichtet; allein ich überzeugte mich, dass die Anstrengungen der vorigen Tage durchaus einen Ruhepunkt für Ihre nur zu sehr angegriffenen physischen Kräfte forderten. Von Herrn Pfarrer Frey kann ich Ihnen

aus meinem Innersten kein anderes Bild geben, als wenn ich
Ihnen sage: es war mir, als wenn ich ihm in meinem Leben
schon tausendmal begegnet und schon oft mit ihm zusammen
gelebt hätte. Von ganzem Herzen nehme ich Ihre freundschaftliche Einladung auf den kommenden Früling an, und freue mich
im voraus, einige Tage mit Ihnen in Gesprächen über die Vorzeit,
aber auch, nicht war? über unsere teuren Abgeschiedenen, zu
verleben.

Jenes Heft des „Geschichtsforschers", von dem Sie mir
sprachen, habe ich noch nicht erhalten. Ihre Abhandlung über
die Zeitfolge der Äbte von St. Gallen muss dem Freunde der
Geschichte um so willkommener sein, als Herr von Arx dieselbe etwas unordentlich behandelt hat. Meine Kritik hierüber
könnte nur sehr unvollkommen sein, da die Quellen, aus welchen
Sie geschöpft haben, mir, wenn gleich vielleicht nicht ganz fremde,
doch zum Teil warscheinlich zu entfernt sind, als dass ich dieselben mit Ihrem Texte conferiren könnte; auf alle Fälle sehe
ich Ihre Äusserung als eine freundschaftliche Bewilligung an,
wenn mir das Heft vorkömmt, Ihnen meine Ansicht darüber
mitzuteilen. Wirklich habe ich die Rezension einer Handschrift
unter der Hand, welche mir der als Herausgeber des Codex von
Colocza bekannte Graf Mailáth[1]) zugeschikt hat; es ist ein
noch unbekanntes Gedicht, worin Karl der Grosse öfters vorkömmt,
aber weder die Geschichte, noch die Poesie haben dabei Gewinn.
Ein anderes Werk von mehreren Abteilungen, über den Zustand
der Dichtkunst unter den Hohenstaufen, soll mir nächstens von
dem Verfasser Dr. Uhland[2]), Generalsekretair der Wirtembergischen Landstände, zugeschikt werden, ehe er es dem Druke
übergiebt; auch habe ich im Sinne, diesen Winter in Konstanz,
wo ich mir eine Wonung gemietet habe, den 3. Band meines
Liedersaales unter meinen Augen druken zu lassen, und dann mit
den ersten 4 Bänden zumal ins Publikum zu tretten. Dies, mein
verehrtester Freund! sind meine Vorsäze, die ich, wenn es anders
Gottes Wille ist, bis zum Früling in Vollfürung zu sezen hoffe.
Dann komme ich zu Ihnen, um in Ihrer reinen Alpenluft mich

---

[1]) Graf Johann Mailath, Schriftsteller, insbesondere Geschichtschreiber, geb. 1786 zu Pesth, starb 1855. Vergl. A. D. Biographie Bd. XX.

[2]) Ludwig Uhland, der Dichter, geb. 1787, geb. 1862. Vergl. Pfeiffer, Briefwechsel zwischen Lassberg und Uhland, Wien 1870, Seite 86 ff.

zu erholen, und in Ihrem freundschaftlichen Umgange mich wieder zu erwärmen; inzwischen hoffe ich, dass Sie mir hie und da einmal Nachricht von Ihrem Befinden geben, an dem ich gewiss den herzlichsten Anteil neme. Leben Sie wol, innig geliebt und verehrt von
Ihrem Freunde
J. v. Lassberg.

Eppishausen, am 13. October 1823.

19. Lassberg an Zellweger.

Hochverehrtester Herr und Freund!

Bei der Rükker von der Hochzeit meines zweiten Sones[1]) (Regierungsrat zu Sigmaringen) empfing ich durch meinen Freund Ittner[2]) zu Konstanz Ihre freundschaftlichen mir so lieben Zeilen vom 31. Jänner[3]). Ich bin sehr gerürt durch die so freundliche Wiederholung Ihrer gütigen Einladung auf den Früling, der ich mit wahrem Vergnügen folgen werde, wenn Sie einmal wieder von Ihrer ehrenvollen Reise[4]), zu welcher das Zutrauen des Vaterlandes Sie beauftraget hat, bei Ihren Penaten angelangt sein werden. Die gütige Teilnahme unserer Berner Freunde an meinem Wol macht mich ganz beschämt; denn ich bin gegen dieselben, besonders gegen den verehrungswürdigen Grafen v. Mülinen[5]), in einen kaum durch die traurigen Ereignisse,

---

[1]) Friedrich von Lassberg, geb. 1798, gest. 1838. Er trat später ebenfalls mit Zellweger in regen, brieflichen Verkehr. Bekannt ist er durch die Bearbeitung des „Schwabenspiegels", die Dr. Reyscher 1840 herausgab. Vergl. seine Biographie von Dr. Reyscher im „Schwabenspiegel", Tübingen 1840.

[2]) Jos. Albert von Ittner, geb. 1754, gest. 1825. Juristisch und literarisch gebildet, war er mehrmals in diplomat. Sendungen thätig, dazwischen längere Zeit Curator der Universität Freiburg; er lebte seit 1812 als Direktor des bad. Seekreises in Konstanz. Vergl. über ihn Weech, Bad. Biographien, Seite 427.

[3]) Fehlen.

[4]) Zellweger bereiste im Frühling 1824 in seiner Eigenschaft als eidgen. Zollrevisor in Zollangelegenheiten verschiedene Kantone der Schweiz.

[5]) Nic. Friedr. von Mülinen, der bekannte schweizerische Staatsmann und berner Schultheiss, geb. 1. März 1760, gest. 15. Januar 1833. Vergl. über ihn: Lebensgeschichte des Schultheissen der Stadt und Republik Bern, N. F. von Mülinen, abgedruckt im 9. Bande des „Schweizerischen Geschichtforschers", Bern 1837.

welche mich betroffen haben, zu entschuldigenden Rükstand geraten. Graf von Mülinen hatte mir einen Stammbaum der Grafen von Werdenberg zugesendet, über dessen Richtigkeit ich ihm meine Meinung sagen sollte. Sie kennen die Verworrenheit, in welcher diese Genealogie bei den Schriftstellern liegt. Ich hatte einige Hofnung, in Sigmaringen, dem lezten Size der Werdenberger, Etwas urkundliches zu entdeken, und da die Vermälung meines Sones einen mehrtätigen Aufenthalt daselbst verursachte, so stellte ich sogleich meine Forschungen an. Allein, da der schwedische Feldmarschall Gustav Horn[1]) im 30jährigen Kriege mit dem Städtchen auch die Burg und das ganze Archiv verbrannte, so war ich mit meiner Arbeit bald am Ende; denn es ist auch nicht eine Urkunde dort, die über die Mitte des 16. Jahrhunderts hinaufreichte.

Die schweizerischen Altertümer des Herrn Prof. Wyss[2]) kenne ich nicht, und fand sie leider noch in keinem Bücherverzeichnisse angezeigt. Die dreieckige Kirche zu Greifensee, welche Herr Inspektor Horner[3]) für mich aufnemen zu lassen versprochen, habe ich nie erhalten; ich weiss aber, dass die Risse davon sich in den Händen eines Zürcherischen Baumeisters befinden, dessen Namen Herr Horner Ihnen wol angeben wird. Die noch vorhandenen Werke des Tutilo in Elfenbein hat Herr v. Ittner in Gyps abgiessen lassen, und würde sie gerne mitteilen. Aber was Sie mir von der St. Gallischen Stiftsbibliothek erzälen, ist ganz und gar unbegreiflich und gränzt an Unsinn. Die ganze literarische Welt muss sich dagegen erheben. Ich hoffe aber doch, dass es so nicht bleiben wird, nicht bleiben kann. . . . O, neunzehntes Jahrhundert, wohin fängst du an deinen Gang zu nemen!

Sehr begierig bin ich, Ihre Arbeit über die abwechselnde Zuteilung des Thurgaues im Mittelalter, im Geschichtsforscher zu lesen, und für ebenso verdienstlich halte ich eine diplomatisch hergestellte Series Abb. St. Gallensium. Damit Sie in Bern zeigen können, dass ich in meiner Abgeschiedenheit nicht so ganz müssig

---

[1]) Gustav von Horn, schwed. General im 30jährigen Kriege, später schwed. Reichsmarschall u. Statthalter von Livland u. Schonen, geb. 1592, gest. 1659.

[2]) Vergl. Seite 20 Anmerkung.

[3]) Inspektor Horner in Zürich, der ältere Bruder von Zellwegers Schwiegersohn, Hofrath Horner, ein tüchtiger Philologe und Kunstkenner, starb 1831. Er war der Vater des 1886 in Zürich gestorbenen Stadtbibliothekar Horner. Ueber die genannte Kirche vergl. Rahn, Kunstgeschichte der Schweiz, S. 512.

gewesen bin, werde ich Ihnen einige Exemplare vom zweiten
Bande des Liedersaales für unsere dortigen Freunde mitgeben,
welche zugleich auch einigermassen mein langes Stillschweigen
entschuldigen mögen.

Dass Sie in der Feststellung des Planes der Geschichte
Appenzells der Ansicht gefolgt sind, welche allgemein für Par-
ticular-Geschichten gilt, wird Sie nicht gereuen; die Klarheit
und Konsequenz, welche Sie hiedurch in Ihre Chronologie bringen,
zusammen mit der erleichterten Übersicht des Ganzen, muss ent-
scheidend, für die allgemeine Brauchbarkeit des Werkes beförderlich sein; auf dem andern Wege, wenn Sie nämlich den Begebenheiten des Klosters gefolgt wären, würden Sie blos eine
Chronik zu Stande gebracht haben, da Sie nun eine Geschichte geben. Erlauben Sie mir hier eine Anfrage über eine
Stelle Ihres Briefes! Sie sagen: „Ich habe die fränkische
Epoche vollendet, und an den Auszügen für die Karolingische
Epoche angefangen." Die teutschen Geschichtsforscher begreifen
unter der Benennung fränkische Epoche sowol die Regenten
Merowingischen, als Karolingischen Stammes, und schliessen dieselbe gewönlich mit Karl III. dem Diken († 888), obschon einige
auch noch den unächten K. Arnulph dazu aufnehmen. Sind Sie
nicht auch dieser Meinung? Ad vocem Karl des Diken muss
ich Ihnen doch sagen, dass ich diese Tage in Konstanz eine
noch ganz unbekannte Reichenauische Original-Urkunde dieses
Kaisers (actum papia VII. Id. octobris 883) in die Hände bekam,
welche wegen vorzüglicher Erhaltung der Schrift und des Siegels
unter die schönsten diplomatischen Denkmale jener Zeit gehört.
Nun muss ich Ihnen auch sagen, dass in der Stadt Konstanz
von der Hand des Bürgermeisters Schultheiss mehrere
Folio-Bände (ich glaube 9—10) handschriftlicher chronikalischer
Nachrichten sich befinden, welche von ihm aus der Mitte bis
an das Ende des 16. Jahrhunderts, meist aus Urkunden, deren
mehrere angeführt sind, zusammen getragen wurden. Ittner will
mich versichern, dass vieles die Appenzellerkriege betreffendes
darin vorkomme. Sollten Sie sich entschliessen, diese Handschriften zu rekognosciren, so würde man sie Ihnen gerne zum
Gebrauche in Ihre Wonung geben, wozu ich auf den Fall, dass
Sie Lust dazu hätten, schon die vorläufige Einleitung treffen werde.
Ittner, der sich Ihnen vielmal empfielt, würde sich ein Vergnügen machen, hiezu beförderlich zu sein. Zu der Adquisition

des Cod. trad. St. Gallensium wünsche ich Ihnen von Herzen
Glük; denn es gehört wahrhaft Glük dazu, dieses Buch zu erlangen; sollte Ihnen in der Folge ein weiteres verkäufliches
Exemplar bekannt werden, so ersuche ich Sie, es um jeden
Preis für mich kaufen zu lassen. Dies Buch ist ein wahrer
Schaz für die ältere Geographie und Geschichte unseres Landes.
Ich hatte längere Zeit das dem Herrn von Arx gehörige Exemplar hier im Hause, und sahe aus seinen eigenhändigen Rand-
glossen, dass es einer Revision sehr bedarf. Die von Zachischen Hefte [1]) der interessanten Correspondance gehen hier, von
meinem verbindlichsten Danke begleitet, zurük. Die Charte von
Caramanien und Beaufort und Ruppels Charte vom Nil von
Wadi-Halfa bis oberhalb Dongola waren mir sehr angenehm zu
lesen. Billibald Pirkheimers [2]) Übersezung des Ptolomaios
besize ich selbst. Man hat in lezter Zeit den alten Ptolomaios
wieder zu Ehren sezen wollen, und besonders hat ein West-
phälischer Professor in Bezug auf die Geographie Teutschlands
hirüber den grünen Klee gelobt, was um so erstaunenswerter
ist, da der gute Alexandriner Teutschland nie sah; hat doch
Regiomontanus [3]) ein ganzes Buch geschrieben über die geo-
graphischen Böke, die Ptolomaios geschossen hat! Übrigens
bleibt die Zeitschrift des Herrn v. Zach immer eine der gehalt-
vollsten unserer schreibseligen Zeit, und wenn Sie dieselbe halten,
so würden Sie mich durch Mitteilung der Hefte sehr verbinden.
Nun aber ist es Zeit, dass ich meinen schon über die Gebür an-
gewachsenen Brief schliesse. Leben Sie also recht wol, mein
verehrungswürdiger Freund, und genemigen Sie den Ausdruk
aufrichtigster Hochachtung

         Ihres

           ergebensten

             Joseph v. Lassberg.

Eppishausen, am 12. Hornung 1824.

---

[1]) Freiherr Franz von Zach starb 1831. Er gab heraus: „Monatl. Cor-
respondenz zur Beförderung der Erd- und Himmelskunde", 1800—1813.
„Ephemeriden, allgemeine geographische", später fortgesetzt von Bertuch und
Hassel, 1817—1830.

[2]) Willibald Pirkheimer oder Pirkhaimer, Nürnberger Senator, geb. 1470,
starb 1530. Seine Schriften gab Goldast heraus (1710).

[3]) Regiomontanus, eigentlich Joh. Müller, geb. 1436 zu Königsberg in
Franken, Gelehrter, errichtete 1471 in Nürnberg eine durch ihre korrekte
Arbeit berühmte Druckerei, starb als Bischof von Regensburg 1476.

20. Zellweger an Lassberg.

Hochwolgeborner Herr!
Vielverehrtester Freund!

Ihren so lieben Brief vom 12. Hornung erhielt ich erst kurz vor meiner Abreise nach Bern, zu einer Zeit, wo er mir um so mehr willkommen war, da ich eben von einem Krankheits-Anfall genesend, noch nicht schreiben konnte, müssig meinen Geist mit denken beschäftigen muste. Da kam dann so erwünscht Ihr Brief, der meinem Herzen und Geist so wohl that, wie die Frühlings-Sonne der aufkeimenden Blume. Noch war ich bei meiner Abreise nach Bern so schwach, dass die erste dreistündige Tagereise mich sehr ermüdete, so dass ich Rasttag halten muste, aber die Reise, obschon bei ungünstigem Wetter, stärkte mich so, dass ich kraftvoll und munter in Bern ankam, dort meine Geschäfte besorgen, meine Freunde geniessen und noch einige Stunden der Geschichte widmen konnte, da unser Freund (der sich Ihnen vielmal empfiehlt), Herr Schultheiss v. M ü l i n e n, mir den zweiten Teil der Geschichte des Bistums Konstanz von T r u t p e r t N e u g a r t [1]) in Manuscript zu excerpiren gab. Ein Werk, das wegen der Reichhaltigkeit und diplomatischen Wahrheit, nicht aber wegen Plan oder Darstellungs-Kunst verdient gedrukt zu werden, wie Herr von Mülinen es im Sinn hat, aber ich fürchte es geschehe dennoch nicht, wenn er es nicht bald ins Werk sezt, da seine Beschwerden mir sehr bedenklich scheinen, und ich befürchte, wir werden einst mit der Nachricht seines Todes überrascht werden. Ein Ereigniss, an das ich gar nicht denken darf, da es so vielseitig nachtheilig auf mein liebes Vaterland einwirken würde, und in seinen wissenschaftlichen Bestrebungen würde er bestimmt nicht erszt; ein Gegenstand, der bei den Berner-Patriziern wichtiger als irgendwo ist, denn ihnen, die so viele Vorzüge haben, fehlt meistens die wissenschaftliche Bildung.

Kennen Sie das Gedicht R e i n b o t e s v o n T u r n e, den St. Georien aus Palestina besingend, welches M ö s e r von Osnabrük 1749 auf Subscription dem Druk übergeben wollte, aber

---
[1]) Trudpertus Neugart, Episcopatus Constantiensis Allemannicus sub Metropoli Moguntina. Gedruckt St. Blasien 1803 und Freiburg 1862.

unterliess aus Mangel genugsamer Subscribenten. Es ist ein Exemplar davon, im 14. oder 15. Jahrhundert geschrieben, auf der Stadt-Bibliothek in Zürich bei den Simmlerschen[1]) Handschriften sub. Nr. 430 mit Bemerkungen (es heisst von Bodmer), die diesem Gedicht keinen grossen Werth beilegen. Dessen ungeachtet, dachte ich, möchte Ihnen die Kunde nicht unwillkommen seyn.

.... Beikommend erhalten Sie nebst der versprochenen Arbeit über die Chronologie der Äbbte von St. Gallen und dem Chronicon breve, das ich in Zürich fand, denen ich Sie bitte eine kleine Stelle bei Ihren Büchern zu widmen, auch noch die Schweizerischen Alterthümer von Wyss und zwei Hefte der Correspondance astronomique, welche ich mir zurük ausbitte. Sie werden mit mir finden, dass sowohl die künstlerische Arbeit als auch die Beschreibung selbst der Alterthümer etwas flüchtig ist, dennoch sind sie mir lieb, weil durch sie wieder manches bekannt und der Vergangenheit entrissen wird. Bald wird nun des Tutilo Arbeit auch erscheinen, wozu ich die Zeichnungen lieferte.

Dass Sie den Plan meiner geschichtlichen Arbeiten billigen, freut mich, noch viel mehr aber Ihre gütige ganz richtige Bemerkung. Es entgeht so leicht etwas, und ich hätte sagen sollen: ich habe die Epoche der ersten fränkischen Gesezgebung bearbeitet die bis zu dem Tode Dagoberts gehe, und werde nun die folgende Epoche der zweiten fränkischen Gesezgebung bearbeiten, die von Dagobert bis zu dem Tod Karls des Diken die Geschichte umfast, aber leider bin ich in meiner Arbeit so vielfach gestört, dass ich fürchte, mein Leben werde vor dem Ende meiner Arbeit schwinden. Indessen ist das so ziemlich gleichgültig; die Welt wird nicht viel dabei verlieren, und meine Musse wird immerhin angenehm und nüzlich dadurch ausgefüllt werden.

Sie haben die Güte mir zu versprechen, sich zu verwenden, dass ich die Chronik der Stadt Constanz hier in meinem Hause benuzen könne, und geben mir die frohe Nachricht, Herr von Ittner wolle die Güte haben, sich dafür zu verwenden. Wäre es möglich, dass ich solche bis Ostern erhalten könnte, so geschähe mir eine sehr grosse Gefälligkeit. Mein Freund Pfarrer

---

[1]) Joh. Jac. Simmler, 1716—1788. Seine umfangreichen, auf der Stadtbibliothek Zürich befindl. Sammlungen enthalten Briefe, Aktenstücke in Copien u. Flugschriften, meistens auf d. Reformation bezügl. (Anf. XVI.—Anf. XVIII. Jahrh.)

Joh. Hanhart[1]) von Winterthur, der Dichter und Biograph Conrad Gessners, kommt den 20. dies zu mir, um etwa 10 Tage bei mir zu verweilen, und da er socben anfängt Sammlungen zu machen, um die Biographie der beiden Constanzischen Reformatoren Blaarer zu schreiben, so könnte er dann neben mir diese Chronik benuzen. Ich bin bereit, meinen Knecht mit einem Karren express nach Constanz zu schiken, diese Chronik abzuholen, wenn Herr v. Ittner sie nicht gerne dem Postwagen anvertraut. Sollte er aber vorziehen, sie durch diesen Weg zu senden, so würde ich ihn bitten, den Pak an Herrn Appellations-Rath und Doctor Zollikofer[2]) in St. Gallen zu adressiren, damit ich ihn dort könnte abholen lassen. Wäre aber Ihnen eine bessere Art bekannt, so ergreifen Sie die, so Ihnen am zwekmässigsten scheint, nur bitte ich Sie um einen kleinen Bericht über die Zeit und Art des Transports. Sie und Herr v. Ittner werden mir dadurch eine grosse Pflicht auferlegen, aber ich werde es süss finden, so schäzbaren Freunden meine ewige Dankbarkeit zollen zu dürfen.

Da unser alter Pfarrer resignirt, so nähre ich die Hoffnung, mein Freund Frey werde hieher berufen, und wenn Sie mich heimsuchen können, unsere Unterhaltung beleben. Möge indessen der Himmel Ihnen alle Freuden des Lebens in vollem Maasse geniessen lassen, und Sie bei müssigen Augenbliken sich erinnern

Ew. Hochwolgeboren!

Verehrers und Freundes

Joh. Casp. Zellweger.

Trogen, d. 7. April 1824.

---

[1]) Hanhart, Joh., 1773—1829. Von seinen Manuscripten sind auf der Stadtbibliothek Winterthur: 1. Versuch einer Biographie Conrad Gessners; 2. Züge aus dem Leben des Reformators M. A. Blaarer von Konstanz; 3. Konrad Gessners Briefwechsel. Vergl. Neujahrsblatt der Winterthurer Stadtbibliothek 1853. (Durch freundl. Mittheilung des Herrn Prof. Dr. Ziegler in Winterthur.)

[2]) Dr. Kaspar Tobias Zollikofer, geb. 1774, gest. 1843. Er war damals Mitglied des St. Gallischen Appellationsgerichtes.. Vergl. K. Wild, St. Gallische

21. Lassberg an Zellweger.

Hochverehrter Freund!

Heute, an meinem 54. Geburts-Tage, da ich dem Bilde meiner ewig teuren verklärten Gebieterin gegenüber in bittersüsse Erinnerungen versunken war, wie wir vor zwei Jaren diesen Tag in der köstlichen Hoffnung ihrer wiederaufblühenden Gesundheit gefeiert; brachte man mir Ihren so werten Brief vom 7. dieses samt seinen interessanten Beilagen. Ihr Bestreben, meine einsamen Stunden aufzuheitern, rührt mich innig und ich frage mich dann oft, ob ich so vieler Liebe und Güte wert sei? Eben so angenehm ward ich vor kurzem durch die zuvorkommende Gefälligkeit eines mir ganz unbekannten Mannes überrascht. Freiherr von Meusebach[1]) zu Berlin, der erfaren hatte, dass ich zu einer Arbeit gewisser Auszüge bedarf, die er besizt, hatte die Güte, einen alten Druk des 15. Jahrhunderts eigenhändig für mich abzuschreiben und mir zuzusenden. Ach, was sind das für erfreuliche Zeichen der Zeit, in der wir leben! Empfangen Sie zugleich meinen herzlichen Dank für das liebe Geschenk, welches Sie mir mit Ihren in dem Geschichtsforscher abgedruckten Aufsäzen machen; ich werde sie nun mit doppeltem Interesse lesen. Vor allem freut mich der Bericht, den Sie mir von Ihrer wiederhergestellten Gesundheit geben; möge sie recht lange nicht wieder gestört werden!

So willkommen mir immer die Grüsse des ehrwürdig biedern Schultheissen von Mülinen sind, so tief füle ich mich durch die Nachrichten betrübt, welche Sie, verehrtester Freund! mir von seinem Befinden geben. „Vitae summa brevis, spem vetat inchoare longam!" Wenn er doch nur den Episcopatus Constantiensis recht bald heraus gibt! ich fürchte mit Ihnen, dass nach seinem Tode keine Hoffnung dazu bleiben werde. Eine solche Unternehmung kostet Zeit und Geld. Es wäre jammerschade, wenn die Sache nicht zustande käme! Wäre ich nicht zu sehr mit eigenen Aufgaben überhäuft, ich würde mit Liebe und Lust diese Arbeit für Herrn v. Mülinen machen und den Druk in Konstanz besorgen.

Jahrbücher, 1843, S. 161—163; ferner s. Necrolog von D. Meyer, Verhandl. d. Schweiz. naturf. Gesellschaft 1844, S. 238—255.

[1]) K. H. G. v. Meusebach, deutscher Philolog, Sammler u. Literaturfreund; 1781—1847. Vergl. A. D. Biographie, Bd. XXI.

Ich danke Ihnen viel mal für die Nachricht, welche Sie die Güte haben mir von dem Gedichte des Reinboten von Doren zu geben, das sich handschriftlich auf der Wasserkirche zu Zürich befindet. Ich besize selbst einen Abdruk dieses Gedichtes, in von der Hagen's Sammlung a. t. Gedichte 4. Ts. Wollte Gott, dass ich statt dessen einmal eine Handschrift von dem heil. Gregor im Steine, des Hartmann von Aue, auftreiben könnte, der viele Reinboten von Doren aufwiegt; aber die einzige ehedem in Strassburg befindliche, ist leider von dort verschwunden.

Die „Schweizerischen Altertümer" haben, den Text abgerechnet, meinen vollen Beifall; was will man für so wenig Geld (12 Fr.) an Kunstwert fordern? Als Vergegenwärtigungs-Urkunden sind die Blätter hinreichend wie sie sind; schade, dass gerade das Erste, Freiburger Münster, am wenigsten geraten ist! Der Text aber entspricht der Würde des Gegenstandes nicht und der Herr Verfasser hat die Aufgabe offenbar zu leicht genommen.

(Lassberg bricht hier plötzlich ab, er nimmt den Brief am 5. Mai wieder auf.)

Eppishausen, am 10. April 1824.

22. Lassberg an Zellweger.

Hochverehrter Herr und Freund!

Sogleich nach Empfang Ihres Schreibens vom 7. dieses, vorgestern Abend, sezte ich mich hin, Ihnen zu antworten: allein, wie es zu gehen pflegt, guter Rat kommt über Nacht! Ich dachte nach, wie ich Ihnen die Historischen Handschriften des Bürgermeisters Schultheiss, aus dem 17. Jahrhundert, am schnellsten zur Benuzung verschaffen und überliefern könnte, da fiel mir ein, dass für Leute unseres Schlages der gerade Weg immer der beste seie! Ich liess meinen an Sie angefangenen Brief unvollendet liegen, sezte mich ein und fur gerade hieher; wendete mich gerade an den hiesigen Amtsburgermeister Dr. Burkhardt[1]), und die 8 Folio-Bände wurden mir one allen Anstand bewilligt.

---

[1]) Dr. Burckhard, seit 1802 erst Bürgermeisteramtsverweser, dann Bürgermeister von Konstanz. Die 8 Bde. der Schultheissischen Chronik enthalten: I. Bd. die Zeit vor 1500; II.—VIII. Bd. die Reformationszeit bis 1570, meist Abschriften der Aktenstücke jener Zeit.

Ich stellte einen Schein darüber aus, und da gerade morgen der Postwagen nach St. Gallen geht, so hielt ich es fürs Beste, si Ihnen durch das Mittel des mir von Ihnen bezeichneten Herrn Ober-Appellations-Rates Zollikofer zu übermachen.

Solches geschieht anmit durch besagte Gelegenheit, so dass Sie mit Ihrem Freund Hanhart (dem ich mich unbekannter Weise zu empfehlen und ihm für das hohe Vergnügen, welches mir sein Konrad Gessner gemacht, zu danken bitte) über die Osterferien Arbeit vollauf haben, ersparen alle Weitläuftigkeiten und brauchen Niemand Verbindlichkeit hiefür zu haben; denn ich bin des Glaubens, dass jener Freund dem andern verbindlich sei, der ihm Gelegenheit gab, ihm zu dienen. Wollte Herr Hanhart auf seiner Rükreise Eppishausen berüren, so würde es mich herzlich freuen, ihm meine Klause als Absteig-Quartier, so schlecht und recht, als mans im Thurgau hat, anzubieten.

Nun leben Sie wol, das Übrige von Hause aus! Mein Freund Ittner erwiedert Ihren Gruss auf's freundlichste; leider ist er nicht ganz wol. In Eile.

Dero
ergebenster Freund und Diener
J. v. Lassberg.

Konstanz, am 12. April 1824.

23. Zellweger an Lassberg.

Hochgeschäztester Herr und Freund!

Ich wage es nicht, auszudrüken, wie dankbar ich seye für die so freundschaftliche Entsprechung meiner Wünsche. Gestern erhielt ich richtig und wohlbehalten die acht Bände der Chronik der Stadt Constanz von Schultheiss, die ich nun schleunigst bearbeiten werde, um bäldest möglich solche zurük zu schiken, erbitte mir aber in der Zwischenzeit Ihre Weisung, an wen in Constanz ich bei der Rüksendung sie adressiren soll, da doch durch die Diligence die Sendung alle Sicherheit und Schleunigkeit gewähret.

Ihre gütige Einladung werde ich dem Freund Hanhart mittheilen, und ihn aufmuntern, den Weg über Eppishausen einzuschlagen. Oh wie gerne würde ich ihn begleiten, aber darauf muss ich nun Verzicht thun, da in der Woche seiner Rükreise das Capitel mir Besuche von Geistlichen zuzieht und wir dann Comité unsers vaterländischen Vereins haben, dem vorzustehen ich das Vergnügen geniesse. Dieser Verein besteht seit dem November; sein Zwek ist, gute Journale circuliren zu lassen, eine Cantonal-Bibliothek zu stiften, und die Mitglieder zu schriftlichen Arbeiten von beliebigem Gehalt aufzumuntern, um ein reges Streben zu geistiger Thätigkeit in unsern Geistlichen und Ärzten zu weken und zu erhalten.

Vermittelst Unterstüzung aus England, wo man sich so sehr für Conrad Gessner interessirt, dass eine Gesellschaft einen Preis für die beste Lebensbeschreibung dieses Mannes gesezt hat, wird sein Briefwechsel im Druk erscheinen. Sollte Herr Hottinger[1]), der schweizerische Geschichtschreiber, Herrn Hanhart begleiten, so bin ich so frei, auch ihn Ihnen auf den Hals zu schiken. Wenn Sie ihn noch nicht kennen, so werden Sie Freude haben, seine Bekanntschaft zu machen, da sein Geist wie sein Herz ihn liebenswürdig machen.

Was ich hoffte, ist geschehen. Mein Freund Pfarrer Frey von Schönengrund ist zum Pfarrer von Trogen so einhellig erwählt worden, dass ihm auch nicht eine Hand entgieng. Dieses Ereigniss, so freudig es ist, hat für mich doch auch seine Beschwerden, da es mir manche Stunde meiner Lieblings-Studien raubt, die ich zu Vorbereitungen auf seinen Empfang, und auf den Empfang selbst verwenden muss. Keine Rosen ohne Dornen!

Ich benuze jezt das hiesige Mineral-Bad und verspüre eben so gute Wirkung als von dem Bad in Baden, so dass ich hoffe, dessen entbehren zu können.

Leben Sie gesund und vergnügt, und denken Sie bisweilen daran, dass in den kalten Schnee-Regionen ein Freund lebt, dessen Herz um so viel wärmer für Sie schlägt, und mit Dankbarkeit und Hochachtung erfüllt ist.

Ihr ganz Ergebenster
Joh. Casp. Zellweger.

Trogen, den 17. April 1824.

---

[1]) Der Historiker Joh. Jac. Hottinger, Professor in Zürich, Fortsetzer von Joh. v. Müller, lebte vom 18. Mai 1783 bis 17. Mai 1860.

24. Lassberg an Zellweger.

Gestern Abend bin ich endlich von einer Reise nach Schwaben und einem Aufenthalte von beinahe 14 Tagen an dem heiligen Grabe zu Heiligenberg zurükgekommen....

.... Wie herrlich belonen Sie mich für den kleinen Dienst, den ich das Vergnügen hatte, Ihnen mit den Schultheisischen Handschriften zu leisten, durch das Vergnügen, welches Sie hierüber bezeugen! Wollen Sie nach gemachtem Gebrauche diese Schriften wieder an mich senden, so werde ich für ihre Zurükerstattung besorgt sein; es hat aber keine Eile damit. Ich wünsche Ihnen Glük zu der Eroberung des Herrn Pfarrer Frey, dem ich mich auf das herzlichste zu empfehlen bitte; es hat mich nicht bald ein Mann schon in den ersten Stunden so angezogen, wie dieser. Ihre grosse Tätigkeit in Stiftung und Beförderung vaterländischer und gemeinnüziger Anstalten erfreut mich ungemein; ich bilde mir ein, dass unsere teuren Vorangegangenen Dieses mit Wolgefallen sehen. Erfreulich war mir die Nachricht von der woltätigen Wirkung Ihres eigenen Bades auf Ihr körperliches Befinden, möge die Wirkung anhaltend sein! Ich hätte wol auch ein solches Bad nötig; aber ich kann mich nicht entschliessen, meine alten Membrane auf lange zu verlassen.

Gott mit uns! Leben Sie wol, aufrichtig verehrt von

Ihrem

ergebensten Freund und Diener

J. v. Lassberg.

Eppishausen, den 5. Mai 1824.

25. Zellweger an Lassberg.

Hochverehrter Freund!

.... Schade, dass Sie nicht Zeit haben, den Druk des Episcopatus Constantiensis zu besorgen! Ich hätte es gar so gerne unserem würdigen Freund[1] mitgetheilt, denn er kann nicht Zeit dazu finden. Er ist zu seiner schwächlichen Gesundheit, die, nach seinen neuesten Berichten, sich gleich bleibt, zu sehr beschäftiget, um ein ähnliches Geschäft selbst zu besorgen, und

---

[1] Mülinen in Bern.

seine Schützlinge in Bern sind nicht thätig genug, um es für ihn zu besorgen. Meine Chronologie der Äbbte ist ein lebendiger Zeuge, mit welcher Leichtigkeit die Herren die Correctur besorgen, und doch sind es gute, warme Freunde von mir. Jene Männer sind in Ihren eigenen Angelegenheiten träge, daher die Oberflächlichkeit des Textes der Schweizerischen Alterthümer, das langsame Vorrüken des Anshelms und des Registers über Müllers Schweizer-Geschichte. Die Züricher sind fleissigere Arbeiter und lassen sich weniger von Zerstreuungen aller Art hinreissen.

Herr Rosenlächer schrieb mir um zwei Bände der Schultheissischen Chronik, die der Magistrat bedürfe wegen einem Marchenstreit. Ich schike ihm nun heute alle acht Bände und bitte ihn, Ihnen Ihren Empfangschein wieder zu Handen zu stellen, Ihnen aber danke ich recht sehr dafür, dass Sie mir solche verschafft haben, da mein Freund Hanhart und ich manches darin fanden, das uns interessirte.

Dieser Freund hat die beste Hoffnung, dass die Engländer, welche grosses Interesse an Conrad Gessner nehmen, ihn unterstüzen und es möglich machen werden, dass er seinen Briefwechsel werde durch den Druk bekannt machen können. Ich bedaure, dass Sie diesen Mann nicht persönlich kennen lernen konnten, wegen seinem humanen und edlen Herzen. Sein Umgang, hätte er auch nur eine Stunde gedauert, hätte eine wohlthätige, angenehme Erinnerung in Ihrem Herzen zurükgelassen.

Gottfrieds von Strassburg Tristan und Isolt scheint mir eines der alten Gedichte, wo am meisten Einbildungskraft und poetischer Schwung zu finden ist. Dieses Gedicht steht allerdings hinter dem Nibelungen-Lied; es hat nicht den hohen Schwung dieses Gedichts, aber viel liebliche Schilderungen, wohl aber eine zu grosse Anhäufung von aventüren, und zu viel abentheuerliches. Ich lese es aber gerne.

Haben Sie auf einem Spaziergang in Ihrem Park, auf einem jener Size, deren Anblick Ihr Herz stets bewegt, einmal Lust, sich mit den Bewohnern der Berge zu beschäftigen, die einen Theil der Reize Ihres Schlosses ausmachen, so werfen Sie einen Blik in beiliegende Produkte des Geistes Ihrer Verehrer, und finden Sie darin eine Übereinstimmung mit Ihrem edeln Herzen, so widmen Sie dann ihnen ein freundschaftliches Andenken.

Ihr ganz ergebener Freund
Joh. Casp. Zellweger.

Trogen, d. 24. Mai 1824.

26. Zellweger an Lassberg.

Hochwolgeborner Herr!

Hochgeschäztester Freund!

Obschon ich von Herrn Lechleutner und von Ihnen ohne Anzeige bin, so hoffe ich dennoch, die Constanzer Chronik, welche Sie die Güte hatten mir mitzutheilen, werde richtig an Ort und Stelle eingetroffen seyn, welches ich gerne vernehmen werde.

Seit meinem lezten Brief an Sie bat mich Fellenberg[1]) um eine Zusammenkunft mit ihm in der Linth-Colonie, und bei diesem Anlass entdekte ich in Glarus merkwürdige historische Schäze. Zehn Folio-Bände Tschudischer Sammlungen, worunter viele Original-Urkunden, noch mehrere Copien und viele eigenhändige Arbeiten des Aegidius. Zudem ein Catalogus der Heiligen, Erzbischöffen und Bischöffen der Christenheit, ein Jahrzeitenbuch der Kirche zu Schwanden, und eine äusserst zahlreiche und vollständige Sammlung von Schriften, die neuere Geschichte betreffend, sodann eine Sammlung von Urkunden, gesammelt aus der Hallerschen und Tschudischen Sammlung.

Bei der Rükreise von Pfäffers erwarte ich Fellenberg bei mir, und in wenigen Tagen Herrn Hanhart, der bei mir die Molken-Cur brauchen will.

Beikommend erhalten Sie die Nrn. 3 und 4 des 10. Tomus der Correspondance astronomique, mit dem Wunsch, dass sie Ihnen zur Erholung von Ihrer mühsamen Arbeit dienen mögen.

Empfangen Sie die Versicherung ausgezeichnetester Hochachtung von

Ew. Hochwolgeboren!

ergebenstem Freund

Joh. Casp. Zellweger.

Trogen, den 26. Juni 1824.

---

[1]) Emanuel von Fellenberg auf Hofwyl, geb. 1771, gest. 1844.

27. Zellweger an Lassberg.

Vielverehrtester Freund!

Sind Sie auf jene Zeit zu Hause und ist es Ihnen gelegen, so wünschte ich den 22. dies nachmittags zu Ihnen zu kommen und den 23. bei Ihnen zuzubringen. Es verlangt mich gar sehr darnach, bis jezt aber wollten die Umstände es mir nie gestatten; bald hinderten Geschäfte, bald Besuche und bald das Wetter daran; da ich aber dann nach Schaffhausen zur Versammlung der naturforschenden Gesellschaft reise, so entreisse ich mich gerne ein paar Tage früher meinen Geschäften, um wieder einmal das Vergnügen Ihres Umganges zu geniessen, eines der reinsten die mir zu Theil werden können.

Lezten Sonntag und Montag hatte ich das Vergnügen, meinen lieben Freund Fellenberg bei mir zu haben. Ein Besuch, der mich um so mehr freute, da er dazu gedient hat, meine hiesigen Freunde für gute Erziehung, als das beste Mittel die Versittlichung des Volkes zu befördern, auf's Neue zu begeistern.

Herrn Hanhart, wenn nichts dazwischen kömmt, erwarte ich in der zweiten Woche Augusts bei mir, wo er eine Molken-Cur und das Bad zu gebrauchen denkt. Was diesem Freund an tiefer Gründlichkeit abgeht, ersezt er reichlich durch sein herrliches Gemüth und seine Lebhaftigkeit. In seiner Seele ist nichts unreines und die reinste Christenliebe übt er gegen alle Menschen aus; desswegen liebe ich ihn recht innigst.

Recht warm dankt Ihnen Herr Pfarrer Frey für Ihr Andenken und bittet Sie, ihn ferner in Ihrem guten Andenken zu bewahren, noch wärmer aber sehne ich mich Ihnen mündlich sagen zu können, wie sehr Sie hochschäzt und ehrt

Ihr

ganz ergebener

Joh. Casp. Zellweger.

Trogen, d. 10. Juli 1824.

28. Zellweger an Lassberg.

Mein sehr verehrter Freund!

Es ist, als verschwören sich die Götter, dass wir dieses Jahr uns nicht sehen sollten. Mein lieber Freund Hanhart, der für Ihr gütiges Andenken Ihnen herzlich dankt, ist hier seit 14 Tagen und hatte sich vorgenommen, von hier nach Constanz über Eppishausen zu reisen. Nun ist er aber davon abgehalten, weil meine Enkelin Horner mit ihm zurük reist.

Kommen Sie auch auf Zürich an die gemeinnüzige Gesellschaft, so werde ich wenigstens das Vergnügen haben, Sie dort zu sehen, und ich bin überzeugt, dass Sie Freude über diesen Ausflug haben würden. Es schliessen sich nun die besten Köpfe der Schweiz an diese Gesellschaft an, als Fellenberg, Laharpe[1]), Hanhart[2]) von Basel u. a. m., auch sollen so viel Arbeiten eingegangen seyn, dass es an geistiger Unterhaltung nicht fehlen wird, und da die Rapporte durch die Federn eines Wirz[3]), Hottinger etc. redigirt werden, so dürfen wir uns hohen geistigen Genuss versprechen, der durch den ganz verständigen und gewandten Präsidenten sehr erhöht werden wird.

.... Dass die von Schwangau Besizungen auf dem linken Ufer des Rheines im Rheinthal gehabt haben, bezweifle ich sehr, wenigstens ist mir noch nichts davon vorgekommen, da aber eine geraume Zeit lang das Rheinthal auch einen Theil des rechten Rhein-Ufers in sich begriff, so könnten diese Edelleute dort Besizungen gehabt haben. Da diese Familie eigentlich Allgauer waren, so könnte Ihnen vielleicht Herr Doctor Zör[4]), Kreis-Physicus in Immenstadt, einige Auskunft geben. Er stand in vertrautem Briefwechsel mit unserem Freund Weizenegger, von

---

[1]) Frédéric César Laharpe, Erzieher Alexanders I., Mitglied des helvet. Direktoriums 1798; geb. 1754, gest. 1838.
[2]) Rudolf Hanhart, geb. 1780, gest. 1856. Ein Schüler Wolfs in Halle, war er von 1817—31 Rektor des Gymnasiums in Basel.
[3]) Offenbar ist Pfarrer A. H. Wirz gemeint, ein Mann, der sich für Schulwesen und gemeinnüzige Anstalten sehr interessirte. Er starb 1834.
[4]) Dr. Bernhard Zör, geb. 1778, gest. 1855. Er hatte schon als Student der Medizin in Innsbruck historische Studien getrieben und setzte dieselben als Arzt in Sonthofen und als Kreisphysikus in Immenstadt fort. Er hatte leider das Unglück, dass seine Manuscripte, die reiches Material zur Geschichte des Allgaues enthielten, bei dem grossen Brande von Immenstadt 1844 mit verbrannten. Was er nachher wieder sammelte, ist zum Theil gedruckt

dem her ich mit ihm bekannt wurde, nun aber seit mehrern
Jahren in keiner Relation mehr stehe. Ist es Ihnen aber angenehm,
so schreibe ich ihm doch wieder. In meinen Materialien
habe ich von dieser Familie noch nichts finden können, ohne aber
versichern zu können, dass es später nicht noch geschehen könnte.

Mitkommend erhalten Sie die zwei Hefte V und VI des
Tomus X der Zachschen Correspondance, welche ich Sie ersuche,
gelegentlich mit denen zwei frühern Heften III und IV
mir zurük zu senden.

Mit meiner Geschichte geht es sehr langsam vorwärts. Eine
Menge verschiedenartiger Arbeiten störten mich bis im July,
jezt arbeite ich wieder daran, aber nun wird die Reise auf
Zürich wieder eine Störung, und die neu zu beginnenden Arbeiten
für die Eidgenossenschaft Hemmungen machen. Giebt aber
Gott Gesundheit und Leben, so soll dennoch jene Arbeit fortgesezt
werden.

Auf die Erscheinung Ihrer Arbeit verlangt mich sehr. Der
Gegenstand ist anziehend; wir werden von manchen wakern
Männern der Vorzeit mehr erfahren, als wir bis dahin wusten,
und wenn es auch unausfüllbare Lüken geben wird, so wird
doch das gründlich sein, was Sie uns sagen werden.

Möge dieses Studium alle Leere ausfüllen, welche Gott durch
seine Leitung in Ihr Gemüth gebracht hat! Möge Gesundheit
Ihre Leibes- und Geistes-Kräfte steigern, und wenn Sie die Gebirge,
die südlich Ihren Horizont begränzen, ansehen, so mögen
Sie daran denken, dass dort ein Herz seye, das mit warmer
Freundschaft für Sie schlägt, in dem Busen

Ihres

Joh. Casp. Zellweger.

Trogen, d. 21. August 1824.

---

worden, so „Die Burgen im Allgau", im „Kemptener Wochenblatt 1846/47;
„Die Herren von Laubenberg-Heimhofen", in den histor. Jahrbüchern von
Schwaben. (Nach einer freundlichen Mittheilung des Hrn. Stadtpfarrers Lederle
in Immenstadt.)

29. Lassberg an Zellweger.

Verehrter Freund!

Es ist wirklich wie Sie sagen, ein feindseliger Dämon, κακοδαίμον scheint sichs zum Geschäft zu machen, zu verhindern, dass wir diesen Sommer nicht zusammen kommen sollen.

.... Ich hätte Ihnen früher geschrieben, aber ich erwartete täglich die lezten Bogen vom II. Bande meines Liedersaales aus der Drukerei, und wollte Ihnen solchen übermachen, allein noch warte ich vergebens; statt dessen erhalte ich diesen Morgen einen lieben Brief von Ihrer Hand, und Sie werden nicht müde, zu meiner Belerung und Unterhaltung beizutragen, da Sie mir neuerdings von den interessanten Zachischen Heften übermachen. Empfangen Sie meinen herzlichen Dank hiefür. Auch das Vergnügen, die Versammlung der gemeinnützigen Gesellschaft zu besuchen, muss ich mir diesmal versagen. Da Sie dahin gehen, so bitte ich den Herrn Inspektor Horner, Martin Ustri des Rats, Staatsrat Vinsler[1]) und Prof. von Orelly[2]) recht viel mal von mir zu grüssen, auch Herrn Eduard von Pfiffer, wenn Sie in sehen sollten.

Was unsern guten Ittnerus betrifft, so sind die Nachrichten, welche er mir von seinem Befinden gibt, eben nicht tröstlich. Sein Bein will durchaus nicht heilen und zuweilen ist er gezwungen, merere Tage im Bette zuzubringen. Ich fürchte, dass dieser Zustand bleibend sein wird, wenn nicht in der Folge sich gar noch verschlimmert. Bei jedem Menschen zeigt sich am Ende ein Atrium mortis, oder ein Commencement de la fin.

Ich habe den Minne-Sänger Hiltbold von Swanegoci (Schwangau) diesmal nicht in mein Verzeichniss aufgenommen, weil ich keine diplomatische Beweise von seinem Besiztum in unserer Nachbarschaft vorfand. Es ist mir nicht unwahrscheinlich, dass er ein Dienstmann des Abtes Berthold v. Falkenstein war; ob aber mit Lehenbesiz, kann ich nicht sagen. Er zog in den Krieg König Konrads IV. oder seines Sones Konradin, wie er selbst in

---

[1]) Hans Konrad Finsler von Zürich, geb. 1765, gest. 1839.
[2]) Joh. Kasp. von Orelli, Philolog und Kritiker, geb. 1787 in Zürich, starb daselbst als Professor 1849. Unter seinen zahlreichen Werken sind ausser der „Inscriptionum Latinarum selectarum collectio" (2 Bde., Zürich 1828) besonders hervorzuheben die Ausgaben des Horaz, des Tacitus und der Werke des Cicero.

einem Liede zu verstehen gibt. Die von Schwangau trugen Lehen
der Grafen von Kirchberg, von denen Konrad selbst ein Minne-
Sänger war. Ich finde in Urkunden von 1255, 1278, 1295 einen
Conrad, Bartholomaeus und Georius de Swango. Der erste war
Castellan der Grafen von Kirchberg in Novo Castro, das ist doch
wol Neuenburg im Rheintal? Da Herr Dr. Zör im Nibelgau
wont, wo die Schwangauischen Stammbesizungen liegen, so wäre
wol möglich, dass er etwas hierüber anzugeben wüsste, und Sie
würden mich verbinden, wenn Sie an ihn schreiben wollten.
Vor allem wünschte ich sichere Kunde von dem S.-Wappen;
vielleicht liesse sich dieses durch Hiltibold auf einem Grabsteine
entdeken. Noch bin ich wegen eines Namens im Zweifel, es ist
Sevelen zwischen Werdenberg und Wartau. Ist Ihnen dies
Geschlecht nie urkundlich vorgekommen? Eine Burg war da,
ich habe sie gesehen; sie müssten Ministerialen der Grafen von
Werdenberg gewesen sein. Ich finde auch nirgend ein Wappen
von Sevelen. Können Sie mir hierüber Auskunft geben: magnus
mihi eris Apollo!

Ich lese wirklich Raumers: Geschichte der Hohenstaufen und ihrer Zeit; in den ersten zwei Bänden habe
ich noch nichts gefunden, das mir nicht schon bekannt gewesen
wäre; es sollen aber noch drei solche erscheinen. Das Werk
gehört Herrn Pfarrer Pupikofer[1]) zu Bischofzell, sonst würde
ich es Ihnen sogleich senden. Herr von der Hagen[2]) in
Breslau hat eine abermalige Bearbeitung des Nibelungen-Liedes
herausgegeben, worin er sich der alten Sprache mehr genähert
hat, sodass das Lied in dieser Gestalt weder alt noch neu Teutsch
erscheint. Ich sehe den Zwek dabei nicht wol ab; er sagt, es
sei für die Künstler und „pour charmer les loisirs des dames."

---

[1]) Johann Adam Pupikofer, geb. 17. März 1797, gest. 28. Juli 1882. Er
wurde 1817 in Zürich ordinirt, war erst Pfarrer in Göttingen, dann seit 1821
Diakon in Bischofzell. Schon in Göttingen begann er die Studien zu seiner
Geschichte des Thurgaues (2 Bde., 1828 und 1830), durch welche er mit Lassberg und mit Zellweger bekannt wurde. Vergl. Briefwechsel zwischen Lassberg
und Pupikofer, herausgegeben von J. Meyer in der Allemannia, XV. Jahrg.
(1847), 3. Heft; und XVI. Jahrg., 1. und 2. Heft; ferner s. Nekrolog in der
Thurgauer Zeitung 1882, August.

[2]) Heinrich von der Hagen, Professor der deutschen Sprache und Literatur
in Breslau und Berlin, Herausgeber einer grossen Zahl älterer deutscher und
nordischer Texte (Nibelungenlied, Heldenbuch, Minnesinger, Edda etc.), geb.
1780, gest. 1856.

Wollen Sie es lesen, so schike ich es Ihnen sogleich. Wie ich höre, ist auch die Schweizerische Sprüchwörter-Sammelung des Herrn Pfarrers Kirchhofer zu Stein im Druk heraus; ich habe sie noch nicht gesehen, verspreche mir aber viel gutes davon. Dass es mit Ihrer Appenzellergeschichte nicht schnell geht, ist Gewinn für das Werk und kömmt dem Publikum zu gute. Maturata durant. Mit meinem Studium der gothischen Sprache will es noch nicht recht vorwärts; es mangelt mir noch ser an Rüstzeug, und da ich mir in aus dem tiefen Norden verschaffen muss, so geht es unendlich langsam dabei her.

Recht ser würde es mich freuen, wenn Herr Pfarrer Hanhart mich auf seiner Heimreise besuchen wollte; ich sehe nicht ein, was die Anwesenheit der Jungfer Horner dabei hindern sollte, an Raum in meinem Hause gebricht es nicht. Gerne möchte ich ihm zu der Biographie des Ambrosius Blarer Beiträge liefern, oder doch Fundorte anzeigen können, allein die Reformationsgeschichte ist ein Gegenstand, mit dem ich mich nie befasst habe. Ich besize merere gemalte Fenster mit dem Blarer-Wappen, eines sogar von dem Bruder des Ambrosius, mit der Inschrift: „Augustein plarer diesers fensters gab her zu Leutmerk mit dem Hirten stab 1581."

Vielleicht ist es ihm zur Genealogie dieses Geschlechtes brauchbar.

Leben Sie wol, herzlich geliebt und verehrt von
Ihrem ergebensten
J. v. Lassberg.

Eppishausen, am 24. August 1824.

30. Zellweger an Lassberg.

Verehrter Freund!

Wenn ich lange zögerte, Ihren so lieben Brief vom 24. August zu beantworten, so war weder Nachlässigkeit noch Mangel inniger Verehrung und Freundschaft daran Schuld, sondern zuerst war es die Nähe meiner Abreise auf Zürich, sodann wollte ich die Antwort von Doctor Zör abwarten, um Ihnen über die Familie der Swangoi etwas mittheilen zu können. Nun beeile ich mich, Ihnen zu melden, was Sie am meisten interessiren wird. Doctor Zör schreibt mir: „Die Familie Schwangau hauste nicht im

„Nibelgau, sondern im Ammergau, eine Stunde von Füssen
„jenseits des Lechs, wo noch 3 Ruinen stehen, die ich als Student
„öfters besucht habe. Nachrichten über diese Familie können Sie
„in dem Intelligenzblatte des Illerkreises vom Jahre 1815, Kempten
„bey Josef Hösch, von Seite 524—534 und Seite 681 682 in
„von Lorys Geschichte des Lechrains, dann in den Monumentis
„boicis vorzüglich Steingadensibus, Raitenbuchensibus, Diessensibus,
„Benedictoburanis, Wessofontanis etc. finden. Es kommen mehrere
„Hiltebolti von Schwangau vor, anno 1116, 1139, 1170, 1256,
„1294. In der Pfarrkirche zu Waltenhofen sind ihre Be-
„gräbnisse; dieses Waltenhofen liegt am jenseitigen Ufer des
„Lechs. Sie führten einen Schwan auf dem Helm und in dem
„Schilde. In dem Archiv zu Sonthofen liegen 2 Urkunden,
„an denen ihre Sigille hängen; in dem Nürnbergischen Wappen-
„buche von Rudolf Johann Helmors 1705 II. Theil Nr. 91 finden
„Sie dieses Wappen ebenfalls, und in den Monumentis boicis.
„Welcher von den Hiltibolten der Minnesänger war, weiss
„ich nicht."

Alles obige bestätiget wohl, was ich vermuthete, dass das Novo Castro[1]), wovon der von Schwangau Castellan war, nicht das Neuburg im Vor-Arlberg sey, welches die Thumben besassen; es wird wohl eher das Neuburg an der Donau bei Ulm sein (s. Büsching T. VIII, pag. 1512), um so mehr, da die von Kirchberg ihre Grafschaft auch bei Ulm hatten (Lünigs Thesaurus der Grafen pag. 566), und da jenes Neustadt am Ausfluss des Lechs in die Donau liegt, so stimmt dieses mit den übrigen Angaben von Dr. Zör überein, und Sie sind nun über diesen Gegenstand im Klaren.

In unseren schweizerischen Schriftstellern erscheint kein Geschlecht von Sevelen, wohl aber sagt Stumpf[2]) Buch 10, cap. 29, in der Gemeind Sevelen habe ein Schloss gelegen, genannt Herrenberg, welches einem Zweig der Grafen von Werdenberg gehört habe, die ein eigenes Wappen führten, das bei ihm gezeichnet ist, und in dem Werdenberger-Wappen, weisse Fahne, besteht. Leu[3]) sagt unter dem Namen Herrenberg, der

---

[1]) **Anmerkung Lassbergs.** Das befragliche Novum Castrum ist nach näherer Erforschung im Tyrol.
[2]) Stumpf, Schweizerchronik, ed. Zürich 1606, Blatt 644 b.
[3]) Leu, Allgemeines Helvetisches, Eydgenössisches, oder Schweizerisches Lexikon, Zürich 1756, Band X, Seite 151.

Bischof Heinrich IV. oder V. habe es im 13. Jahrhundert erbaut, und dass ein Ast der Grafen von Werdenberg, dem es zu Theil worden, sich etwas Zeit davon geschrieben habe. Beide glauben, dieser Ast der Werdenberger habe sich später in das Württembergische gezogen und dort ein Schloss Herrenberg erbaut.

Eichhorn [1]) pag. 93 sub Henricus IV, comes de Monteforti 1251 ad 1272 sagt: et Herrenberg prope Sevolam in comitatu Werdenbergico e fundo extruxit. Diese Übereinstimmung mag wenigstens beweisen, dass man nichts besseres wisse.

Nun möchte ich Sie bitten, mir Ihre Meinung zu sagen über folgende geschichtliche Frage:

Ich soll eine neue Epoche in meiner Appenzeller-Geschichte feststellen und die innere Geschichte sowie die äussere weisen mich hin, sie von 888 bis 1097 oder 98 zu bestimmen, d. h. vom Auslaufen der Carolinger bis zu der Trennung des Thurgaues von dem Herzogthum Schwaben durch die Abtrettung Herzog Friedrichs von Schwaben an Berchtold II. von Zähringen, der Grafschaft Thurgau als erbliches, von dem Herzogthum unabhängliches Erb-Eigenthum. Nun aber ist für dieses Ereigniss kein Document vorhanden. Otto von Freisingen sagt nur: ut Berhtolfus Ducatum exfestucaret, sic tamen, quod Turegum nobilissimum Sueviæ oppidum a manu Imperatoris ei tenendum remaneret [2]). Ihm folgt Müller (Schweiz. Geschichte Tom. I, pag. 315, Leipzig), hingegen steht in Wegelins Bericht der Landvogteyen [3]) Tom. I, pag. 11: „Namque ex Judicio III ab Hertenstein d. l. pag. 25 is erat finis controversiæ inter Fridericum Hohenstaufensem et Berchtoldos Comites Zaringenses de Ducatu Sueviæ, ut Fridericus Ducatum hæreditario sed feudali tamen ut videtur jure, observato Primogeniturae ordine teneret, eundemque proprio jure administraret, ita tamen, ut majora regalia contra immediatos Sueviæ Ordines exercere non præsumeret, hi autem

---

[1]) Eichhorn, J. G., 1752—1827, Professor in Jena uud Göttingen, Theolog, Orientalist und Historiker. Gemeint ist: Antiqua historia ex ipsis veterum scriptorum Latinorum narrationibus contexta. 2 Bde., Göttingen 1811 u. 1813.

[2]) Gesta Friderici Imp. pag. 24 in Ottonis Episc. Frisingensis Opera, Tom. II. Hannover 1867. Zellweger benutzte wahrscheinlich die 1569 zu Basel erschienene Ausgabe.

[3]) Der genaue Titel von J. R. Wegelin († 1764) lautet: „Gründlich-historischer Bericht von der kaiserlichen und Reichs-Landvogtey in Schwaben." 2 Theile. Fol. 1755.

Ducis Majestatem comites venerarentur, illius Aulam statis temporibus visitarent, atque in expeditionibus bellicis castra illius sequerentur." Guillimann[1]) sagt: Obstitit Rudolfus fortiter Berchtoldo et Welfone Ducibus, quamdiu vita suppeditavit, ubi extinctus, eam tamen solum Alemanniæ partem tenuit, quam Suevi antiquitus insederant. Cetera Alemanniæ, Harciniam, Necargoviam, Turgoviam, Brisiacam, Mortnoviam frustra ipse posterique tentarunt.

Diesen Autoren nach behaupten Fäsi in seiner Geschichte des Thurgaues Msct., Pfister in seiner Geschichte von Schwaben II. Buch, II. Abschnitt, cap. I pag. 158 und Raumer Tom. I, pag. 293, dass nicht nur Zürich, sondern auch das Thurgau, die Reichsvogtei oder der Grafentitel darüber abgetretten worden sey, welches durch die That bewiesen scheint, da von Berchtold an die Grafschaft Thurgau stets erblich in den Händen derer von Zähringen blieb, und durch Erbe von ihnen an die Grafen von Kyburg, von diesen aber an die von Habsburg kam.

Darf ich nun diese Trennung des Thurgaues von Schwaben, von wo an merkliche Veränderungen in der innern Geschichte von St. Gallen sich zeigen, als gewiss annehmen und zu der Epoche eines Abschnittes meiner Geschichte annehmen?

Sie sehen daraus, dass ich Raumern selbst besize, wovon der 3. und 4. Theil Ihnen zur Aufwart stehen, da ich noch geraume Zeit keine Musse finden werde, sie zu lesen.

Ich liebe so Zwitterdinge, wie Sie mir die neue Ausgabe von Hagens Nibelungen beschreiben, gar nicht, und möchte meine Zeit damit nicht verkürzen, da ich die Nibelungen in der Ursprache geniessen kann.

Da Sie die Gothische Sprache studiren, so berichte ich Ihnen doch zum Überfluss, dass ich glaube den Ulfilas auf der Stadt-Bibliothek in Zürich gesehen zu haben. Ich sollte und wollte Salomons Glossarium[2]) durchgehen; es ist interessant für die Kenntniss der Gelehrsamkeit des 10. Jahrhunderts.

Herr Hanhart nimmt sich vor, von Constanz aus Ihnen einen Besuch zu machen, aber l'uomo propone e Dio dispone.

---

[1]) Guillimanni Habsburgiaca pag. 51. Abgedruckt in Thesaurus Historiæ Helveticæ. Turicum 1735.

[2]) Salomon III. († 920) Episc. Constant. Glossæ ex illustrissimis collectæ auctoribus. Fol. Augustæ Vindelicorum, ca. 1475. Salomon III. war 890—920 Abt von St. Gallen und zugleich Bischof von Konstanz.

Ich habe ein unmässiges Verlangen, Sie heimzusuchen, aber ich denke es auf ein anderes Jahr verschieben zu müssen, da der Herbst meiner Gesundheit nie zusagt, und ich mit Geschäften überladen bin. Die Epoche meiner Geschichte von 634 bis 888 habe ich in Zürich dem Staats-Rath Usteri und Prof. Escher[1]) gezeiget. Ersterer billiget Form und Plan; Lezterer wird nun näher in das Geschichtliche eintretten. Aber eine Geschichte schreiben ist eine schwere Aufgabe, deren Last ich immer mehr fühle, das ist aber gut, dass Schwierigkeiten mich mehr anspornen als abschreken. Es ist ein ganz eigenes Vergnügen, wenn man eine Schwierigkeit überwunden hat, deren Überwindung viel Anstrengung forderte.

Ihre Zürcher Freunde erwiedern herzlich Ihr freundschaftliches Andenken. Sie wissen schon aus den Zeitungen, dass die Versammlung interessant und angenehm war. Die Verhandlungen, welche bald erscheinen sollen, werden Ihnen ein Mehreres sagen, und entheben mich Ihnen eine Beschreibung der genussreichen Tage in Zürich zu machen. Auch auf die Versammlung vom künftigen Jahr in Luzern freue ich mich, denn Eduard Pfyffer wird nicht wollen hinter Usteri stehen.

Und was macht denn Ihr würdiger Freund Ittner? Ist es wirklich an dem, dass sein Leib an seiner Auflösung arbeitet, Sie einen Freund weniger um sich, und die edlern Menschen einen nachahmungswürdigen Mann weniger in ihrem Kreis werden zu zählen haben?

Sie erhalten hiemit wieder 2 Hefte von Zachs Correspondance und in Kurzem hoffe ich Ihnen noch interessanteres für Sie mittheilen zu können, nemlich die Fortsezung von Kruses Journal für deutsche Alterthümer, dessen Fortsezung in dem Mess-Katalog angekündiget ist. Indessen bitte Sie um die Fortsezung Ihrer freundschaftlichen Gewogenheit und versichert zu seyn, dass ich nie aufhören werde Sie hochzuachten und zu lieben.

Ihr ergebenster Freund

Joh. Casp. Zellweger.

Trogen, d. 13. Oktober 1824.

[1]) Dr. Heinrich Escher in Zürich, Professor und Historiker, geb. 1781, gest. 1860. Er gab gemeinsam mit J. J. Hottinger 1827—1830 2 Bände des Archivs für Schweiz. Geschichte und Landeskunde heraus. Vergl. A. D. Biographie VI., S. 353.

31. Zellweger an Lassberg.

Hochverehrtester Freund!

Was werden Sie wohl von mir denken, dass ich so lange es anstehen liess, Ihnen meinen herzlichsten Dank auszusprechen für das schöne Geschenk, welches Sie die Güte hatten mir zu schiken. Dass es mich nun lüstern macht nach dem Text, zu dem diese schöne Vorrede bestimmt ist, begreifen Sie wohl. Wenn ich es aber lange anstehen liess, Ihnen zu schreiben, so sind Sie doch der Erste, an den ich einige Zeilen richte, weil ich seit einiger Zeit wegen der Menge unaufschieblicher Geschäfte gar nicht zu Athem kommen konnte. Nun aber kann ich mich auch wieder der Freundschaft weihen, und mit wem lieber als mit Ihnen sollte ich mich unterhalten.

Ich danke Ihnen recht sehr für Ihre Belehrung wegen dem Abreissen des Thurgaues von dem Herzogthum Schwaben, und da nun meine Meinung über diesen Gegenstand von Ihnen bestärkt ist, so werde ich jene Epoche zu einer Abtheilung meiner Geschichte benuzen. In dieser Epoche von 888 bis 1097 findet sich aber eine neue Schwierigkeit, bei welchem Anlass ich glaube von Tschudi, Müller und Pfister[1]) abweichen zu müssen, obschon ich wohl weiss, mich nicht in die Reihe dieser Männer sezen zu dürfen, aber ich halte für das erste Erforderniss eines Geschichtforschers, nicht nach Autoritäten, wie gewichtig sie sonst auch seyn mögen, sondern nach Überzeugung zu sprechen.

Alle diese Autoren nehmen nach Ekkehard[2]) an, jener Burkhard, der 918 zum Herzog über Allemanien gesezt worden, seye der erste allemanische Herzog unter den deutschen Königen. Da aber durch die verworrene und in mehrern Theilen fehlerhafte Erzählung des Ekkehard seine innere Glaubwürdigkeit mir viel kleiner scheint, als die des sehr genauen Hermannus contractus[3]), der auch schon der Scene näher wohnte (in jenen Zeiten ein wichtiger Umstand), so glaube ich annehmen

---

[1]) Pfister, J. C., Geschichte von Schwaben. Heilbronn 1803. 3 Bde.
[2]) Ekkehard IV., Casus monasterii S. Galli. Neu herausgegeben von Prof. Dr. G. Meyer von Knonau. St. Gallen 1877.
[3]) Hermanni contracti Chronicon, ex codice Augiensi. S. Blas. 1790, 2 vols.

zu müssen, jener Burkhard, der 911 in der Volks-Versammlung umgebracht wurde, seye der erste Herzog von Allemanien gewesen, und das scheint mir nicht nur bestätiget durch die Urkunden bei Neugart pag. 492, 525, 554 und 572, worin der erste Burkhard als Dux und Marchio Rhaetie betitelt wird, und dadurch, dass der zweite Burkhard den Vorsiz in dem Gericht zu Sinona (in Rhätien) hatte, mir erwiesen scheint, Rhätien habe damals unter den allemanischen Herzogen gestanden.

Dieses kömmt mir durch die geschichtlichen Zusammenstellungen noch wahrscheinlicher vor. Wir bemerken schon seit den ältesten Zeiten der fränkischen Regierung ein Streben der deutschen Fürsten nach Unabhängigkeit, und wenn auch die Geschichte uns nur belehrt, dass mit der Wahl Arnulphs das Amt der Missi Regii aufhörte, und an ihre Stelle Missi Cameræ, auch Nuntii Cameræ und unter den Ottonen Camerarii genannt, traten, so zeiget sich deutlich, dass diese Beamten nicht die Gewalt der Missi Regii hatten, sondern nur bestimmt waren, die königlichen Einkünfte zu besorgen. Da wir zudem zu den Zeiten Arnulphs die herzogliche Würde in Bayern, Lothringen und Thüringen wieder hergestellt sehen, und die Trennung der Deutschen von den Franken, ihr partielles Benehmen gegen Carl und Wahl eines Königs ausschliesslich für Deutschland auf eine grössere Willenskraft hindeutet, so scheint mir die Abschaffung der den deutschen Grossen lästigen Würde der Missi Regii nicht so willkürlich vom König, viel mehr von dem Willen der Fürsten abhängig gewesen zu seyn, welche dann auch auf die Herstellung der herzoglichen Würde drangen. Dieses alles scheint mir die Angabe des Hermannus zu bekräftigen, und wohl möchte die Todesstrafe des Berchtold und Erchanger eher die Folge ihrer Usurpation der Allemanischen Herzogs-Würde gewesen seyn, als ihrer Fehde mit Abbt Salomon.

Was sagen Sie hiezu? Das Glossarium Salomoni beweist, dass die Mönche jener Zeit das Verdienst hatten, die alten Classiker zu sammeln und aufzubewahren, sonst aber erbärmlich unwissend waren, ja ihnen die Gabe zu beobachten ganz abging. Beschreiben sie eine Pflanze, so heist es, sie habe eine weisse Blume. Beschreiben sie ein Thier, so ist es grösser als das Einte, kleiner als das Andere. Hungarn lassen sie an die Apeninen und an den Ursprung der Donau grenzen. Ostindien ist jenseits des Kaukasus. Die Pfefferwälder werden von Schlangen bewacht etc.

Wenn Raumer[1]) mit Recht zu tadeln ist, bei den besten Quellen in Italien vorbei gereiset zu seyn, so möchte doch Perz[2]) selbst ihm zur Entschuldigung dienen, da er selbst gesteht, gar vieles auch nicht gesehen zu haben, und es scheint die Eröffnung solcher Schäze hange viel von der Laune der Particularen ab.

Ich habe übrigens selbst die Erfahrung gemacht, dass es unvermeidlich ist, bei grossen Quellen-Sammlungen Manches zu übersehen. So hatten in Zürich Muralt, Hottinger und ich ganz freien Zutritt, und doch hat Jeder von uns Sachen gefunden, die dem Andern entgiengen und wir einander darauf aufmerksam machen konnten.

Haben Sie Hottingers Fortsezung von Joh. v. Müller schon gelesen? Wollen Sie solche oder die Chronik von Anshelm oder beide lesen, so stehen sie Ihnen zu Diensten. Hottingers Arbeit ist sehr verdienstvoll; ich ziehe seinen Styl dem von Müller vor. Wenn er weniger poetisch ist, so bleibt er sich mehr gleichförmig und klarer; der Leser lebt in den Gegenden und mit den Menschen, die er beschreibt. Ich hätte gewünscht, bei der Reformations-Geschichte hätte er alsobald erzählend angefangen, und seine Übersicht weggelassen über die die Reformation herbeiführenden Ursachen. Sie kennen gewiss die Geschichte von Pfullendorf. Ist auch etwas darin, das auf meine Geschichte Bezug haben könnte?

Der junge Graf Clemens von Brandis[3]), Verfasser des Friedrichs mit der leeren Tasche (den ich Ihnen anerbiete, wenn Sie ihn nicht schon gelesen haben), wünschte die Geschichte derer von Montfort und Werdenberg zu bearbeiten, und hat hiezu alle Sammlungen unseres Weizenegger zur Benuzung. Sollte Ihnen das Schema der Stammtafel derer von Werdenberg, welches Ihnen Herr v. Mülinen zugeschikt hatte, in die Hände kommen,

---

[1]) Raumer, Fr. L. G. v., geb. 1781, gest. 1873. Bekannter deutscher Geschichtschreiber. Zellweger bezieht sich auf sein Werk: „Geschichte der Hohenstaufen und ihrer Zeit" (6 Bände, Leipzig 1823—25 und seitdem öfter).

[2]) Pertz, G. H., 1795—1876. Geschichtsforscher, bekannt durch die Herausgabe der „Monumenta Germaniæ historica."

[3]) Clemens Franz von Brandis, gest. 1863. Er war der Verfasser von: „Tyrol unter Friedrich von Oesterreich" (Wien 1823) und „Joh. Nep. Graf von Welsperg, ein Beitrag zur vaterländischen Geschichte in den letzten Jahren des vorigen und den ersten des gegenwärtigen Jahrhunderts."

und Sie es mir zugehen lassen, so würden Sie den Grafen, mich
und vorzüglich unsern Müllinen verpflichten, der es dann nicht
mehr copiren müsste. Dieser würdige Eidsgenosse hat bis jezt
den Winter recht gut durchlebt und ist munter.

Beikommend erhalten Sie die 3 Hefte 3, 4 und 5 vom
XI. Band von Zachs Correspondenz und die Hefte 1 und 2
von Kruses Alterthümer, die aber nicht so interessant sind,
wie seine frühern Hefte.

Enthält die handschriftliche Chronik der Nonnen von
Sigmaringen nicht unbekanntes oder abweichendes von dem
Bekannten über den Schwabenkrieg? Nichts von Appenzell?
Finden Sie so etwas, so würden Sie durch dessen Mittheilung
mir gar grosse Freude machen.

Empfehlen Sie mich ergebenst Ihrem hochschäzbaren Freund
von Ittner und geben Sie mir von ihm wieder tröstlichere Nachrichten.

Mögen Sie in dem neuen Jahr recht vergnügt alle Freuden eines
nüzlichen geistigen Lebens in hohem Grade geniessen, und bei
dem vollkommensten Genuss doch nicht vergessen, dass auf den
hohen Bergen Appenzells ein Freund wohnt, der oft mit Sehnsucht auf Ihren Wohnort herabsieht, immer mit den Gefühlen
reiner Hochachtung und Ergebenheit

Ganz der Ihrige

Joh. Casp. Zellweger.

Trogen, d. 25. Jänner 1825.

32. Lassberg an Zellweger.

Verehrtester Freund!

.... Dass Ihnen, mein verehrtester Freund! meine Vorrede
gefallen, freuet mich innig, denn solchen Männern zu gefallen,
ist ja der einzige erlaubte Lon, nach dem ein Mann streben soll,
hingegen wäre mir Tadel und Zurechtweisung eben so lieb, ja
vielleicht noch willkommener gewesen, denn ich bin mir nicht
nur mancher Unvollkommenheiten, sondern auch einiger Irrtümer
bei dieser Arbeit bewusst worden, leider, als es schon zu spät
war, dieselben zu verbessern. So habe ich z. B. den Minne-

sänger Meinloho von Sevelingen seitdeme in den Regestis rerum boicarum des Ritters von Lang, Tom. II, in einer Urkunde von 1240 gefunden, von welcher meine Animadversion wegen des Ortes Sevelen bei Wartau zusammenfällt u. s. w.

Hier, mein Verertester! sende ich Ihnen nun ein vollständiges Exemplar des II. Bandes von dem Liedersaal, den v. Arx in seiner Vorrede zur Reimchronik des Appenzeller Krieges Bildersaal nennt. Er ist reicher an guten Stüken als der erste. Heute hat man den ersten Correctur-Bogen des III. Bandes gebracht, und ich hoffe, dass es damit nun recht vorwärts gehen werde.

Die neue Frage über die beiden alemanischen Burkharde möchte ich, obschon ich längst eine Meinung hierüber habe, doch nicht gerne absolute beantworten, ehe ich nicht zu Hause noch einmal die Quellen nachgeschlagen habe. Darin bin ich mit Ihnen ganz einverstanden, dass Hermann der Lame in alemanischen Dingen mer Glauben verdiene als Ekkehard.

Statt B. Dux et Marchio Rhætiæ würde ich B. Dux Alemaniæ et Marchio Rhätiæ lesen, denn Unter-Rhätien gehörte damals freilich zu Alemanien. Die k. Kammerboten, welche, wenn etwas gegen den Kaiser zu unternemen war, sich bald auch mit den teutschen Fürsten zu vereinigen wussten, mussten den Ersteren allerdings ser lästig werden, sobald ire Tendenz, aus Beamten Fürsten zu werden, sich offenbarte; auf der andern Seite war der Wunsch der deutschen Reichsstände, das bedeutende Herzogtum statt mit fränkischen Edelleuten als Verwesern, mit Ihresgleichen aus teutschem Dynasten-Stamme besezt zu sehen, ganz natürlich und es mag beides zusammen geholfen haben, dieses Amt aufheben zu machen. Die Hinrichtung Erchanger und Bertholds ausschliessend als Strafe für den an Bischof Salomon III. begangenen Frevel ansehen wollen, hiesse die Nebensache zur Hauptsache machen, was man dem Mönche wol verzeihen konnte; allein sie wurden durch ein förmliches Gericht verurteilt, weil sie im wiederholten und offenbaren Aufstande gegen Kaiser und Reich waren.

Das Glossarium Salomonis, von welchem hier eine Handschrift im Dome lag und das wol mit mehr Rechte seinem Freunde und Lerer Yso zugeschrieben werden dürfte, war eine Art Encyclopedie und gibt allerdings kein ser erfreuliches Specimen über das Wissen jener Zeit. Dass aber darin Ostindien als jenseits des Kaukasus liegend angegeben wird, scheint mir nicht so gross gefehlt, denn eigentlich ist der Emaus, an dessen Fuss das alte Indien beginnt, nichts anderes, als ein Fortsaz der kaukasischen Gebirgs-Kette, und wir müssen doch hier billig das Indien der Alten und nicht unsere neuere Geographie im Auge behalten.

Ich lasse Herrn von Raumer gerne als einem Manne, der seine Aufgabe mit Lust und Liebe gelöset hat, Gerechtigkeit widerfahren; aber solche Unterlassungs-Sünden, wie z. B. das nicht aufsuchen von Conradins Grabschrift in S. Madonna de Carmi zu Neapel, sind doch kaum zu verzeihen.

Hottingers Arbeit, die ich mit hieher genommen und mit vieler Freude und Aufmerksamkeit gelesen habe, ist ein Werk von bleibendem Werte, ein näheres und detaillirteres Urteil darüber werde ich mir erst erlauben, wenn ich die Reform. bis zu ihrem Ende gelesen habe.

Was Sie mir von dem jungen Grafen Brandis sagen, erfreut mich über die Massen. Sein „Friedel mit der leeren Tasche" hat bei mir die schönsten Hoffnungen erwekt und ich verneme mit warem Vergnügen, dass er sich an die Geschichte der Grafen von Werdenberg machen will; es wird immer etwas gutes heraus kommen, obschon ich zweifeln muss, ob es je möglich werden wird, etwas vollständiges zu Wege zu bringen. Die besten Werdenbergischen Urkunden, die weisse Fahne betreffend, sind in dem Schloss zu Sigmaringen, welches der Schwedische Feldmarschall G. Horn samt dem Städtchen anzünden liess, verbrannt, und diejenigen von der roten Fane sind wol warscheinlich nach dem Tode des lezten Grafen Ernest nach Wien gekommen. Wissen Sie, wo dieser Graf Clemens von Brandis sich gegenwärtig aufhält, so bitte mir es kund zu geben; ich wünschte ser seine persönliche Bekanntschaft zu machen, und so bald ich wieder zu Hause komme, werde ich den von Herrn v. Mülinen erhaltenen Werdenbergischen Stammbaum aufsuchen, zweifle aber, ob es dem Grafen Brandis besser gelingen wird, als mir, einige ganz unleserliche Stellen zu entziffern, ich habe Verzicht darauf getan. Ich habe hier Akten eines Prozesses aufgefunden, welchen die Stadt 1358 gegen Heinrich von Brandis, iren Bischof (zuvor Abt zu Einsiedlen) vor dem Papste gefüret hat. Diese Acten enthalten zwar sehr unlöbliche, aber höchst interessante Notizen über das Leben dieses geistlichen Fürsten. Auch habe ich hier eine Papier-Handschrift von 1343 aufgefunden, welche ein vollständiges Verzeichnis der damals aus etwa 200 Bänden bestehenden Domcapitelschen Bibliothek und aller vorhandenen Kirchenschäze enthält und daher für Kunst- sowol als Literatur-Geschichte wichtig ist; allein unbegreiflich bleibt mir, wie diese 200 Codices verschwinden konnten, one dass auch nur der Sage eine Spur davon übrig geblieben ist!! — o Monachi — Stomachi.

Für die mitgeteilten Zachischen Hefte sage ich Ihnen, verehrtester Freund! verbindlichsten Dank; Kruse sende ich Ihnen zurük, weil ich ihn selbst habe. Ittner, welcher Ihre freundschaftliche Erinnerung auf das herzlichste erwidert, gab mir inliegende Geschichte von Pfullendorf[1]), wovon er 2 Exemplare bekam, um sie Ihnen in seinem Namen zu übermachen. Seine Gesundheit ist gut, aber der Geist fängt an zu altern. Die von Ihnen erwänte Handschrift der Nonnen zu Inzighofen[2]) enthält durchaus nichts, was für die Appenzeller-Geschichte zu brauchen wäre, sonst hätte ich sie Ihnen schon gesendet. Die guten Nachrichten, welche Sie mir von unserem lieben Gr. v. Mülinen geben, erfreuen mich ungemein, ich danke Ihnen dafür. Und nun Gott befolen, mein vererter Freund! mögen Sie im Neuen Jare wie im alten immer mit freundschaftlichem Wolwollen zugetan sein

Ihrem ergebensten
J. v. Lassberg.

Konstanz, den 27. Jan. 1825.

33. Lassberg an Zellweger.

Vorgestern frühe nach halb neun Uhr entschlief sanft und one es selbst zu ahnen unser guter, lieber Ittnerus, nachdem er seit dem November gekränkelt, und erst seit 17 Tagen eigentlich krank gelegen hatte. Ich begab mich gestern mit der Wittwe und Tochter hieher, wo sie die Beendigung der Funeralien abwarten wollen. Ich sage Ihnen nichts von meinem

---

[1]) Walchner, K., Geschichte der Stadt Pfullendorf, von 916 bis 1811. Constanz 1825.

[2]) Inzighofen, Dorf und ehemaliges Nonnenkloster im Regierungsbezirk Sigmaringen.

Schmerze, mein hochvererter Freund! Eine 37järige Bekanntschaft, die bald zur Freundschaft wurde und sich von beiden Seiten bis in die lezten Lebensstunden betätigte, rechtfertigt denselben vor allen fülenden Herzen. Ich füle mich ser allein, und möchte ein Herz haben, an dem ich weinen könnte; allein jezt gehöre ich den Hinterlassenen meines verklärten Freundes an und muss alles verbergen, was ihren heiligen Schmerz vermeren könnte.

Diese Zeilen, mein Freund! sollen Ihnen ein Zeichen sein, dass ich in allen wichtigen Ereignissen meines Lebens alsogleich an Sie denke, weil ich an Ihre aufrichtige Teilname glaube; glauben auch Sie an die ungeheuchelte Freundschaft

Ihres ergebensten

J. v. Lassberg.

Eppishausen, am 11. März 1825.

34. Zellweger an Lassberg.

Hochverehrtester Freund!

Als ich von einem kleinen Besuch von Herisau zurük kam, fand ich Ihre betrübende Botschaft. Die Welt ist eines edlen Menschen, und Sie sind Ihres treuesten Freundes beraubt. Mir kömmt immer es vor, wenn meine Lieben hinscheiden, als fielen Blätter von meinem Stamme, die mich an mein eigenes Hinwelken erinnern. Doch nein! Nicht an mein Hinwelken, nur an das meines Körpers. Unser Geist bleibt immer verbunden mit unseren Treuen, und segensreich wirken sie, dem Anschein nach von uns getrennt, noch auf uns. Meine liebe selige Gattin, diese unvergessliche Gefährtin meines Lebens, wirkt seit ihrem Tode beinahe mehr auf mich, als da sie lebte. Die Schwachheiten, die ihr Leib auch für sie bedingte, sind verschwunden und die vollkommenste Schönheit ihrer Seele schwebt mir stets vor und ermuntert mich zum Nacheifer.

Auch Sie, mein Verehrtester, fühlen so wie ich, und Ihr gerechter Schmerz wird Ihnen zur Wonne.

Was würde Ittner dazu sagen, was würde er thun? Das werden sehr oft Ihre Gedanken seyn. Mein Wunsch wäre, ich könnte ihn Ihnen ersezen, aber ich weiss, dass ich es nicht kann. Eine 37jährige Bekanntschaft lässt sich nie ersezen. Die Innigkeit des ganzen Gedankenlaufs, aller Gefühle, das schon frühe alles errathen läst, was in dem Herzen des Freundes vorgeht, das kann im höhern Alter nie erreicht werden, wie in der Jugend, wo ohne Überlegung jedes Herz sich bloss zeiget.

Widmen Sie sich nun dem schönen Beruf, den Hinterlassenen des Verklärten den Schmerz zu erleichtern. Diese edle Beschäftigung ist Ihrer und Ihrer Freundschaft würdig, und wird beitragen Ihr Leiden zu vermindern, denn der Selige wird dankbar auf Sie schauen, und seine Gefühle werden in Ihr Herz übergehen.

Ein andermal spreche ich Ihnen von meinem Besuche im Kloster Maggenau. Jezt will ich Sie ganz Ihren Empfindungen überlassen, Sie bitten, den Hinterlassenen des ehrwürdigen Ittners zu sagen, dass ich auch innigen Antheil an ihrem Schmerz nehme, weil ich den Verklärten sehr hoch schäze und weil ich zeitlebens mit Ihnen Ihre schmerzhaften Gefühle theilen werde, als

Ihr

treu ergebener

Joh. Casp. Zellweger.

Trogen, d. 19. März 1825.

35. Lassberg[1]) an Zellweger.

Verehrtester Freund!

Ich sende Inen hier die Früchte meiner Winterarbeit, welche ungefär die Hälfte des dritten Bandes von meinem Liedersaale betragen mögen, die andere Hälfte wird noch im Laufe dieses Sommers vollendet werden, und ich gedenke sie statt des Titelkupfers mit einem Kärtchen auszustatten, das die Wonsize der mir bekannt gewordenen alemanischen Sänger des Mittelalters enthalten soll, von denen dem Thurgau und dem Rheintale wol die meisten zufallen werden.

---

[1]) Lassbergs Verkehr mit Grimm hat zur Folge, dass er sich in seinen Briefen ausschliesslich der lateinischen Schrift und einer vereinfachten Orthographie bedient. Vergl. Pfeiffer, Briefwechsel, pag. 49, Anmerkung.

Herr Minister von Stein¹) schreibt mir, dass nun endlich mit der Herausgabe unserer teutschen Geschichtsquellen von Seite unserer Gesellschaft der Anfang gemacht wird; der erste Folio-Band der Monumenta hist. Germ. med. ævi erscheint zur Michaelis-Messe, in der Hahnschen Buchhandlung zu Hannover, welche den Verlag übernommen hat. Wollen Sie, dass ich Inen ein Exemplar bestellen soll, so werde ich dieses mit Vergnügen besorgen; wünscht einer Irer Bekannten sich die Sammlung anzuschaffen, so gehet dies ser wol zusammen.

Das wird wol die einzige Unterstüzung sein, welche das Publikum diesem teutschen Nationalwerk nummer kann angedeihen lassen, dass es durch vermerte Abname der Exemplare die so bedeutenden Unkosten dekt; die Regierungen haben dafür so viel wie nichts getan.

Ich füle mich seit dem Tode meines unvergesslichen Ittner wie verwaist hier, und werde, sobald ich noch einige Geschäfte in Heiligenberg besorgt habe, recht bald nach meiner stillen Villa Epponis zurükeilen. Glauben Sie mir, mein Freund! dass Ire herzliche Teilname an meinem Verluste meinem wunden Herzen wol tut und dass es Inen recht innig dankbar dafür ist. Gewiss denke ich hierin mit Inen ganz gleich, dass ich in allen Entschlüssen und Handlungen meines Lebens voraus an meine teuren Verstorbenen denke und in Gedanken mich um Ire Meinung und Ansicht über das, was zu tun oder zu lassen sei, befrage. Ich finde meinen grösten Trost darin, deren wert zu sein, die mir selbst werter waren als das Leben. Iren Gruss an die Hinterlassenen meines Freundes habe ich ausgerichtet; Sie danken Inen dafür und auch sie finden einigen Trost darin, dass der Wert dieses seltenen Mannes so allgemein anerkannt wird.

Vor einigen Tagen war ich in Stein in der Absicht, den Herrn Pfarrer M. Kirchhofer zu besuchen; ein unglüklicher Zufall wollte, dass er Vor- und Nachmittags den Österlichen Prüfungen beiwonen musste; doch konnten wir auf den Abend ein par Stunden beisammen sein. Die Gründlichkeit und verständige

---

¹) Freiherr Heinrich Friedrich Karl von und zum Stein, der bekannte preussische Staatsmann und Minister, 1757—1831. Nach dem Wiener Kongress zog er sich ins Privatleben zurück und lebte meist auf seinen Gütern in Nassau und Westphalen. Er stand mit vielen bedeutenden Zeitgenossen in Briefwechsel und förderte die Herausgabe der „Monumenta Germaniæ historica." Vergl. Pertz, Leben des Ministers Freiherrn v. S., 6 Bde., Berlin 1849/55.

Umsicht dieses Mannes in der Geschichtsforschung macht mir in ganz besonders schätzbar. Die Umtriebe über sein bekanntes Sprüchwörterbuch, welche im so viel Verdruss machen mussten, sind nun endlich, wie alles Nichtige, verstummt, und er geniesst wieder des besten Friedens.

Sie fragten mich, ob Walchners Geschichte von Pfullendorf etwas für Sie Brauchbares enthalte? Antwort: gar nichts. Die Geschichte der ersten 12 Jarhunderte ist auf 6 klein-Oktav-Seiten abgehandelt, und das Ganze flüchtig und one viel historische Kritik mer zusammen gelesen als geschrieben.

Derselbe hat nun eine Geschichte der **Stadt Radolfszell** angekündigt, wo er merere Jare Amtmann war, sie soll 20 Bogen stark werden und man kann mit 1 fl. 48 kr. subscribiren; ich erwarte hierüber Ire Aufträge. Raumer lässt lange auf die zwei Bände seiner Hohenstaufen warten; vielleicht bringt die Ostermesse etwas mit. Ein gutes historisches Buch, welches vor nicht gar langer Zeit erschienen, ist: Gaupps (Prof. zu Breslau): **Über deutsche Städtegründung, Stadtverfassung und Weichbild im Mittelalter, besonders über die Verfassung von Freiburg im Breisgau.** Jena, bei F. Frommann 1824. 8°.

Leben Sie wol, mein hochvererter Freund! und haben Sie mich immer ein wenig lieb, seien Sie versichert, dass ich Ire Freundschaft ser hoch schäze und oft bedauere, dass wir uns nicht öfter sehen, denn das Beisammensein ist doch der höchste Genuss in der Freundschaft, man fült und geniesst alles doppelt!

Der Himmel erhalte und beschüze Sie und die Irigen!

J. v. Lassberg.

Konstanz, am 5. April 1825.

36. Zellweger an Lassberg.

Nun werden Sie, mein verehrtester Freund, wieder in Ihrer anmuthigen Einsamkeit hausen und fleissig an der Fortsezung Ihres Lieder-Saals arbeiten, abwechselnd aber alle die Schönheiten geniessen, welche die Natur so schön um uns her ausbreitet. Ich möchte so gerne Sie heimsuchen, aber die Umstände wollen bis jezt mich gar nicht begünstigen.

Diesen ganzen Monat bin ich so mit zerstreuten Geschäften überhäuft, dass ich weder der Geschichte noch mir selbst angehöre. Die Examina von zwei Instituten, wobei ich sprechen muss; die Versammlung der Naturforschenden Gesellschaft, bei der ich vorlesen soll; die Versammlung des Comité der gemeinnützigen Gesellschaft, wo ich Vorträge machen muss; die Abfassung eines Rapportes für die Tagsazung über das Zollwesen der Schweiz u. a. m. nimmt mich so sehr in Anspruch, dass ich nichts Anderes thun kann, weil so fremdartige und zersplitterte Arbeiten für mich auch kein Sporn sind, mit dem eisernen Fleiss zu arbeiten, den man bei einem Geschäft anwendet, das unsere ganze Aufmerksamkeit auf einen Punkt richtet. Ist es mir möglich, so gehe ich mit Anfang Juni nach Appenzell und forsche dort noch in den Archiven, eine Nachlese zu finden.

Haben Sie nicht allbereits geschrieben für die Monumenta hist. Germ. med. aevi, so bitte ich Sie, für mich auch ein Exemplar auf schw. Druk velin Papier zu 1 gr. 4 pf. den Drukbogen zu bestellen. Ich bedaure, dass die Gesellschaft keinen andern Arbeiter zu den St. Gallischen Schriftstellern als den von Arx wählen konnte, denn dieser Mann hat etwas so verkehrtes, hanget so fest an gewissen Ideen und ist so ungenau, dass ich noch keine einigermassen zuverlässige Arbeit von ihm sah. So wie er im Politischen crasse Dunkelheit und revolutionären Liberalismus verbindet, so ist in seinem ganzen Thun und Lassen nichts als Widerspruch, und ein solcher Mensch eignet sich nicht zur ernsten Wahrheit der Geschichte[1]).

Die zwei lezten Bände von Raumer habe ich erhalten, aber noch sind sie nicht gebunden und folglich habe ich sie auch noch nicht gelesen. In seinen früheren 4 Theilen finde ich recht viel verdienstliches, nur, scheint mir, nähere er sich oft dem Fehler, der allgemein in der jezigen Zeit herrschend ist, dass die Geschichtschreiber im Ganzen und Einzelnen etwas beweisen wollen, und die Geschichte dann nach dieser Idee pressen. Hierann mag der Wunsch, die Geschichte anziehend zu schreiben, und als philosophischer Schriftsteller zu erscheinen, vielen Anteil haben, aber wenn die nämliche Epoche bald dies bald jenes beweisen soll, wo bleibt dann die liebe Wahrheit?

---

[1]) Zellwegers Urtheil über Vonarx ist hier doch wol zu hart.

Ich lese jezt die französischen Memoires[1]) und finde viel Vergnügen an der Einfachheit der Ville Hardouin, aber im Sommer geht das Lesen langsam von Statten, da ich nur den Nachmittag dazu widme, den ich im Sommer lieber zu Spaziergängen benuze, und politische und andere Journale die meiste übrige Zeit rauben.
Auch mir ist Pfarrer Kirchhofer sehr lieb. Sein offenes, treues Wesen, seine Gründlichkeit und sein Verstand sprechen mich ungemein an, und ich halte ihn neben Hottinger als unsern besten lebenden schweizerischen Geschichtschreiber.

Mit meiner Geschichte bin ich bis 1376 vorgerükt, dem Jahr, als die Appenzeller in den Städte-Bund traten, und dass Abbt Georg zu seinen Lebzeiten noch die Einwilligung dazu gab, welches von Arx ableugnet, aber urkundlich erwiesen ist, schreibe ich zum Theil dem Drang der Zeit und zum Theil der nämlichen Ursache zu, welche den Städte-Bund veranlaste, der Furcht, Kaiser Karl möchte die Vogtei St. Gallen an Fremde verpfänden. Was halten Sie davon?

Kennen Sie noch mehrere Minne-Sänger aus dem Rheinthal, welche die Kreuzzüge mitmachten, als die, deren Sie in den ersten zwei Theilen Ihres Liedersaales erwähnen?

.... Für mich war es sehr angenehm, in Maggenau[2]) den eigentlichen Tag der Schlacht von Wolfhalden aufzufinden, wodurch meine Vermuthungen über diesen Gegenstand zur Gewissheit wurden. Wären alle Äbbte so geneigt wie der von Wettingen, die geschichtlichen Forschungen zu begünstigen, so könnte noch manche Ungewissheit gelöst werden.

Mit der innigsten Hochachtung und den freundschaftlichsten Gesinnungen empfiehlt sich Ihrem gütigen Andenken

Ihr dankbarer

Joh. Casp. Zellweger.

Trogen, d. 7. Mai 1825.

---

[1]) Petitot, Mémoires relatifs à l'histoire de France. Paris 1820—26. 78 vols.

[2]) Magdenau, das Cisterzienser-Kloster, gegründet 1241, liegt in der Gemeinde Degersheim im Untertoggenburg.

37. Zellweger an Lassberg.

Hochverehrtester Herr und Freund!

Indem ich Ihnen meinen verbindlichsten Dank erstatte für Ihren gütigen Besuch, bin ich genöthiget Ihnen anzuzeigen, dass ich wieder verhindert bin, auf den 31. July zu Ihnen zu kommen. Meine Reise wird sich wohl bis in die zweite Hälfte des Augusts verschieben, und dann werde ich unangemeldet zu Ihnen kommen.

Treffe ich Sie, so wird es mir ein hoher Genuss seyn, einige Stunden in Ihrem lehrreichen Umgang zuzubringen. Treffe ich Sie nicht, so werde ich das Pak mit den beiliegenden 5 Heften der Correspondance astronomique wieder mit mir nehmen.

Empfangen Sie die Versicherung meiner Verehrung und aufrichtiger Ergebenheit.

Ganz der Ihrige

Joh. Casp. Zellweger.

Wollen Sie gütigst zu dem Pak der 5 Hefte Ihre Copien oder Auszüge aus den Aktenstüken des Herrn von Brandis beilegen, so werde ich solche bäldest möglich copiren lassen, und Ihre Handschriften Ihnen wieder zurük schiken.

Trogen, den 1. July 1825.

38. Lassberg an Zellweger.

Ich hoffe, dass es nicht Krankheit seie, was Sie, mein verertester Freund! verhindert hat, versprochener massen gestern in der Villa Epponis einzutreffen; das Wetter war so schön, dass ich mich schon frühe vor Mittag auf den Weg machte, um Sie recht bald zu begegnen; allein ich musste one Sie in meine Klause zurükkeren, noch bis abends wagte ich immer auf Ire Ankunft zu hoffen, nun aber habe ich darauf Verzicht getan.

.... Kommende Woche bin ich gesinnt, meine Schwieger-Tochter in Gais zu besuchen; wenn das Wetter es erlaubt, möchte ich Sie, mein teurer Freund! dann auch dort antreffen! Bei meiner Ankunft in Konstanz fand ich eine alte Pergamenthandschrift, aus welcher mir abermal ein noch unbekannter schwäbischer Dichter des 13. Jarhunderts sich kund gab; er heisst Hugo von Langenstein, aus dem Höwgau, und war Teutschordens-Ritter. Dieser fromme Bruder dichtete im Jare 1223 über 30,000 Verse von dem Märtyrtum der Jungfrau Martina. Arnold von Langenstein schenkte im Jar 1282 die Insel Maynau samt mereren Besizungen, mit Bewilligung der Abtey Reichenau, von welcher sie zu Lehen ging, dem teutschen Orden; eine Sage unter dem Volke, die vor 30 Jaren noch im Gange war, erzält die Sache auf eine andere Weise. Ein Friiulein von Bodmann liebte einen jungen Ritter von Langenstein und wollte sich mit im vermälen, als eben ein Kreuzzug ausgerufen und gepredigt ward (warscheinlich der lezte von 1315), und der Ritter von Langenstein aus Frömmigkeit und Pflichtgefül sich entschloss, denselben mitzumachen. Er fiel in Gefangenschaft der Sarazenen und tat das Gelübte, in einen geistlichen Ritterorden zu treten, wenn er wieder frei würde; dies geschahe und er hielt sein Wort. Trostlos war das arme Edelfräulein, als sie den Freund ires Herzens in dem weissen Mantel mit dem schwarzen Kreuze erblikte; auch sie entschloss sich, ehelos zu bleiben und um irem Geliebten einen auch über ir Grab hinaus reichenden Beweis irer Liebe und Treue zu geben, vermachte sie seinem Orden die schöne Insel nebst dazu gehörigen Gütern, unter der Bedingung, dass der Ritter von Langenstein daselbst Komthur werden solle. Wirklich erscheint um das Jar 1319 einer von Langenstein als der sechste in der Reihe der Komthure zu Maynau. Schade, dass es nicht der im Jar 1223 dichtende Hugo von Langenstein sein kann! Ich sende Inen hir das Büchlein des Herrn Leichtlen[1]), welches Sie, wie ich hoffe, unterhalten wird, da es unter vielem Neuem einiges Gute enthält. Können Sie mir die von dem verstorbenen Pfarrer Fuchs abgeschriebenen Fabeln, welche Sie mir bei meiner lezten Anwesenheit in Trogen zeigten, auf einige Zeit leihen, so würde es mir ser angenem sein, besonders wenn Sie die gütige Erlaubniss hinzufügen wollten, selbe abschreiben und einst benuzen zu dürfen, was ich one ire ausdrükliche Bewilligung nicht tun würde. Ich habe wirklich einen Codex picturatus der Bonerschen Fabeln aus der öffentlichen Biblio-

---

[1]) Ernst Jul. Leichtlen, bad. Archivrat in Freiburg, geb. 1791, gest. 1830. Seine Arbeiten beschäftigen sich vorzüglich mit der Geschichte Badens. Vergl. Weech, Bad. Biographien, II, 16.

theke zu Basel vor mir, und es wäre mir interessant, Fuchsens Apographum in Bezug auf die Sprache damit zu vergleichen. Von Herrn Pfarrer Kirchhofer fand ich auch einen Brief zu Hause, er trägt mir auf, Inen, wenn ich Sie sehe, viele Empfelungen auszurichten, und macht mir Hofnung, in diesen Sommer hier zu sehen. In Nürnberg wird mit dem August dieses Jares anfangend die Kunstsammlung des verstorbenen Hauptmanns von Derschau versteigert, darin kommen 72 alte Glasgemälde vor, unter welchen merere vorzüglich schöne von dem Stand Appenzell, besonders Ausser-Rhoden, und Appenzellischen Privaten; einige nach Holbeinischen Zeichnungen. Diese Gelegenheit, solche Kunst-Schäze wider ins Land zu bringen, kömmt wol nicht wider. Sie würden besonders dem neuen Pfarrhof zu Trogen zu einer bleibenden Zirde dienen. Hat Herr Oberst Honnerlag[1]) keinen Katalog dieser Sammlung erhalten, so will ich Inen den meinigen schiken. Vielleicht findet die Appenzellische Vaterländische Gesellschaft etwas für sie brauchbares darin. Können Sie diesen in der höchsten Eile geschriebenen Brief nicht lesen, so sei dies die Strafe für Ir Ausbleiben; aber Sie werden nicht viel dabei verlieren. Leben Sie wol, aufrichtig geliebt und verert von Irem

ergebensten
J. v. Lassberg.

Eppishausen, am 1. Juli 1825.

39. Zellweger an Lassberg.

Diesesmal, mein verehrtester Freund, hat Ihr wunderbares Gedächtniss Ihnen doch auch einen Streich gespielt, dass Sie mich einen Monat zu frühe erwarteten. So wie ich aber schon

---

[1]) Honnerlag, Joh. Konr., geb. 9. Juni 1777, gest. 14. Mai 1838. Er war Zellwegers Freund, ein eifriger Sammler von Kunstwerken, besonders Kupferstichen und Gemälden, Besitzer einer reichen Bibliothek, die mit den Bibliotheken Zellwegers und Freys heute die Gemeindebibliothek in Trogen bildet. Wahrhaft grossartig sind die Schenkungen und Vermächtnisse dieses seltenen Mannes an Gemeinde, Kirche und Schule in Trogen; besonders erwähnt sei ausser der Bibliothek nur das prachtvolle Pfarrhaus, ohne Zweifel das schönste der Schweiz. Mit ihm starb der letzte seines 1671 aus der Grafschaft Lippe eingewanderten, 1679 ins Appenzeller Landrecht aufgenommenen Geschlechtes in Trogen.

Samstags die Ehre hatte, es Ihnen zu schreiben, wird sich meine Reise hinziehen bis gegen Ende Augusts. Nähert sich die Zeit, so frage ich bei Ihnen an, ob Sie bei Hause seyen oder nicht. Bis dahin will ich noch so viel ich kann mich der Geschichte weihen, dann mir vier Wochen Zeit geben zum Besuch meiner Freunde und verschiedener Anstalten, um nachher mich in mein Winterquartier einzumauern.

Diesen Brief trage ich selbst auf Gais, um ihn Ihnen persönlich zu übergeben, wenn ich das Glük habe, Sie zu treffen, wo nicht, so werde ich doch den Genuss haben, mit Ihrer Frau Schwiegertochter von Ihnen zu sprechen, und Sie werden mich schriftlich antreffen, wenn es persönlich nicht geschieht.

Sie sind glüklich, alte Manuscripte zu entdeken, wie Pfarrer Frey fünfblättrigen Klee. Es scheint, als ob das Glük es erkennte, die alten Handschriften seyen bei Ihnen am rechten Ort aufbewahrt, und, gegen seine Gewohnheit, die Binde von den Augen wegwerfe, um auch einmal vernünftig zu handeln.

Die Volks-Sage von dem Ritter von Langenstein ist niedlich, sie hat ganz den Charakter jener Zeit und seiner Gedichte.

Die von Fuchs abgeschriebenen Fabeln folgen beikommend, und wagen schüchtern die Bitte, einen bescheidenen kleinen Plaz in Ihrer wichtigen Sammlung einnehmen zu dürfen. Nur zum Durchlesen werden Sie sie mir künftigen Winter wohl einmal leihen.

Herr Honnerlag, der sich Ihnen bestens empfiehlt, sagt, es seyen für alle Glasgemälde sammethaft schon fl. 50 Gebot per Stük. Das seye für ihn zu theuer und wäre es auch für mich, wenn es wahr wäre. Sie haben schon viele solcher gekauft und wissen, wie viel man ohngefähr dafür zahlt. Glaubten Sie, man könnte solche um einen mässigen Preis erhalten, so würde ich Sie um Ihren Catalogus ersuchen, da Herr Honnerlag ihn nicht eigen besizt, sondern nur ihn bei Füssli in Zürich sah.

Kommt Herr Pfarrer Kirchhofer zu Ihnen, so bereden Sie ihn, mit Ihnen zu mir zu kommen. Wir werden uns dann über Manches besprechen können.

Ihren Leichtlen finden Sie schon wieder beiliegend, weil ich mir ihn bestelle und im Winter lesen will. Halten Sie den Bernischen Geschichtforscher, so möchte ich gerne Ihre Meinung wissen über meine Abhandlung, die erste Bevölkerung von

Appenzell betreffend. Halten Sie ihn nicht, so möchte ich gerne Ihre Erlaubniss haben, Ihnen solchen zuschiken zu dürfen.

Wollen Sie dereinst sich mit Chronologie abgeben, so begehren Sie mir den Ideler, der dem Anschein nach (denn recht gelesen habe ich ihn noch nicht) über diesen Gegenstand classisch ist.

Herr Pfarrer Frey dankt Ihnen für Ihre Empfehlungen und erwiedert sie recht herzlich. Mit dem Wunsch, dass ich heute Ihnen mündlich sagen könne, wie sehr ich Sie ehre und liebe, versichere Sie meiner gänzlichen Ergebenheit

Trogen, d. 5. Juli 1825.
            Joh. Casp. Zellweger.

40. Lassberg an Zellweger.

Ich gehe diesen Morgen noch nach Heiligenberg, von wo ich übermorgen zurükkomme und sogleich nach Eppishausen gehe, um am Montag in aller Frühe meine Fussreise nach Gais antreten zu können; in Herisau will ich im Durchgehen die Irigen grüssen. Inzwischen, mein teurer Freund! bilde ich mir ein, es möchte Inen, dem Herrn Pfarrer Frey und Herrn Oberst Honnerlag nicht unangenem sein, aus beiliegendem Katalog die Kunst- und literarischen Schäze der Derschauischen Sammlung kennen zu lernen. Abermal eine Gelegenheit, sich um das Vaterland verdient zu machen, wenn man demselben die ins Ausland verkauften Kunstdenkmale wieder zurükfüret; diese Gelegenheit kommt vielleicht in vielen Menschen-Altern nicht wieder, vielleicht nie. Der in Nürnberg mer als an manch anderm Orte herrschende Geldmangel wird den Ankauf dieser Cimelien erleichtern. Wie schön, wenn der Vaterländische Verein zu Trogen diese vortrefflichen Glasgemälde für die dortige Kirche oder für das Rathaus, für den neuen Pfarrhof oder wenigstens für iren Versammlungs-Saal anschaffen würde. Wollen Sie die Güte haben, mir den Katalog bis Dienstag oder Mittwoch nach Gais zu senden, so kann ich meine Bestellungen noch zeitig genug an Herrn Füsslin zur Meisen in Zürich gelangen lassen.

Möchten diese Zeilen Sie, verertester Freund! im bestem Wolsein antreffen und keine Krankheit Ursache sein, dass mir die Freude Ires Besuches vorige Woche vereitelt wurde. Auf den Fall Irer Abwesenheit von Hause habe ich Herrn Pfarrer Frey ersucht, dieses Paket zu öffnen, denn ich wünsche so sehnlich, dass die Glasgemälde zu Nürnberg dem Lande Appenzell wieder heimgestellt werden, dass ich mir es nicht verzeihen könnte, wenn Sie one Nachricht von dem Verkaufe derselben geblieben wären.

Grüssen Sie mir die Iren zu Trogen und leben Sie recht wol, aufrichtig geliebt und verert von

Irem ergebensten

J. v. Lassberg.

Konstanz, am 7. Juli 1825.

41. Lassberg an Zellweger.

Mein verertester Freund!

Meinen innigen Dank für Ire abermalige herzliche Aufname begleitet anmit die Editio princeps der Notitia Imperii, und es freut mich ungemein, dies Buch, das sich in der neueren Zeit ziemlich selten gemacht hat, und dem Geschichtforscher so notwendig ist, meinem lieben teuren Freunde übersenden zu können.

Ich ging gestern etwas späte von Gais weg und meine Füsse hätten mich wol noch nach Hause getragen, allein die beinahe afrikanische Hize hatte mich so zugerichtet, dass ich mich der Nachtluft nicht weiter aussezen wollte und in Bischofzelle schlief, wo ich diesen Morgen den Herrn Diakonus Pupikofer besuchte, welcher beharrlich an seiner Geschichte des Thurgaus arbeitet. Als ich diesen Morgen zu Hause kam, fand ich ein ser liebes Schreiben des biederben Grafen v. Mülinen, aus Luzern datirt, welchem ein Patent als Mitglied der Schweiz. Geschichtforschenden Gesellschaft beilag. So dankbar ich diese Ere erkenne, so fällt mir doch, bei solchen Anlässen, immer unwillkürlich eine Lächerlichkeit ein, die mir mit der Berliner teutschen Gesellschaft begegnete. Diese Herren taten mir vor einigen Jaren die unverdiente Ere an, mir eine Urkunde als Mitglied ires Vereines zu übermachen. Das Diplom war mit dem Petschaft des Berliner Blinden-Institutes versiegelt. Ich schrieb darüber an Prof. Zeune[1]): die Wal müsse in der Blinden-Anstalt und durch Blinde geschehen sein, und nur so könnte ich mir erklären, wie ich zu dieser Ere gekommen seie. Auch fand ich hier das Heft des Geschichtforschers, welches Ire Abhandlung über die Bevölkerung Appenzells enthält, Sie brauchen mir also Ir Eremplar nicht zu senden. Vorläufig wage ich es Inen zu sagen, dass ich in meren Punkten nicht ganz mit Inen einverstanden bin. Ich weiss, dass Sie mir dies nicht übel nemen; denn auch Sie teilen mit mir gewiss jenen bekannten Spruch: Amicus quidem Plato; sed magis amica Veritas. Das Weitere über die Abhandlung folgt. Herr v. Mülinen ladet mich wiederholt ein, nach der Tagsazung auf einige Wochen zu im an den Thuner-See zu kommen, und ich hätte wol Lust dazu; aber ich bin so misstrauisch gegen das Schiksal geworden, dass ich keine weitaussehende Projekte mer zu machen wage. Auch Ire Einladung, mit meinem Handwerkszeuge einmal ein paar Wochen bei Inen einzuziehen, ziehet mich nicht weniger an; wir wollen den lieben Gott walten lassen und dann deme folgen, was uns ausfürbar erscheint; indessen leben Sie recht wol, herzlich geliebt und vereret von Irem ergebensten

J. v. Lassberg.

Eppishausen, am 17. Juli 1825.

42. Lassberg an Zellweger.

Die schöne Gelegenheit, Inen, mein teurer Freund! durch Herrn Registrator Rosenlächer einen freundlichen Gruss zuzurufen, will ich nicht versäumen und Inen sagen, dass ich lezten Montag meine Schwiegertochter, welche Inen mit mir noch viel mal herzlich für alle erwiesene Liebe und Freundschaft danket, von hier nach Worblingen zu einem Freunde begleitet habe und dort in der Registratur einige interessante Urkunden fand, wovon besonders die eine von 1444 über die Familie Holbein einen ganz unerwarteten Aufschluss gibt. Frik Holbein wird darin als

---

[1]) Zeune, Aug., 1778—1853. Er war Professor an der Universität Berlin, zugleich aber wirkte er als Direktor eines von ihm 1806 begründeten Blindeninstitutes.

der Stifter des Selhauses[1]) in Ravensburg aufgefüret. Ich hoffe dem Herrn Ulr. Hegner[2]) durch Mitteilung derselben einiges Vergnügen zu machen. Ich durchstrich von Worblingen aus den sogenannten Schiner-Berg, besuchte die uralte Schrotzburg, in welcher vor ein Par Jaren einige 40 römische Silbermünzen ausgegraben wurden, und fand der Lage nach die von dem alten Hottinger in seiner Kirchengeschichte I pag. 482 gewagte Angabe, dass dieses die Diepoldsburg seie, wohin Berthold und Erchanger den gefangenen Bischof Salomon III verborgen haben, ganz wahrscheinlich. Ich besuchte auch Schinen, wo der allgemeinen Sage nach die ersten Christen dieses Landes, vor den Verfolgungen der Römer fliehend, sich sollen angebaut haben, halte aber dafür, dass es wol möchten Leute gewesen sein, die zu Anfang des 10. Jarhunderts vor den alles überschwemmenden und zerstörenden Hunnen in diesen beinahe unentdekbaren Berg-Kessel sich geflüchtet haben. In Stein fand ich Herrn Pfarrer Kirchhofer abwesend und ging unangehalten hieher zurük.

Nun, mein Freund! hätte ich eine kleine Bitte an den glüklichen Besizer des Codex trad. S. Gallensium. In Neugards Cod. diplom. Alemanniæ Tom. I Urkunde C III Traditio Iringi, sind ausgelassene Stellen, besonders post Verba: Gallone, Iringi und: Visus sum habere. Könnten Sie die Güte haben und diese Lüken ergänzen; oder wenn die Urkunde nicht zu lang ist, lieber mir dieselbe ganz abschreiben zu lassen, so würden Sie mich recht ser verbinden; freilich könnte nur die allergrösste Genauigkeit der Abschrift den gehörigen Wert geben.

Hier lege ich Inen auch ein Zettelchen für den Herrn Oberst Honnerlag bei, damit er siehet, dass sein Name nicht von gestern ist, und ursprünglich dem nördlichen Teutschland angehörte.

Übrigens leben Sie wol, von Eppishausen aus ein Mereres von

Irem Freunde

J. v. Lassberg.

Konstanz, am 30. Juli 1825.

---

[1]) Das Selhaus, Seelenhaus in Ravensburg, war lange Zeit das Absonderungshaus für Kranke mit ansteckenden Leiden; jezt dient es als Armenhaus.

[2]) Hegner, Ulrich, von Winterthur, geb. 1759, gest. 1840. Seine „Gesammelten Schriften" (historische und literarische) erschienen in Berlin 1828, 5 Bände.

43. Zellweger an Lassberg.

Mein verehrtester Freund!

.... Die Editio princeps der Notitia Imperii ist für mich ein köstliches Geschenk, welches, weil es von Ihnen kömmt, für mich einen sehr erhöheten Werth hat. Das Vimania, welches Sie zwischen Bregenz und Arbon suchten, versezt die Peutingersche Tafel (wenn ich nicht irre) zwischen Bregenz und Augsburg, und ich glaube irgendwo die Meinung gelesen zu haben, es möchte Memmingen seyn.

Dass ich durch ein neues Band, als Mit-Gesellschafter der geschichtforschenden Gesellschaft, mit Ihnen verbunden bin, verdanke ich dem Schultheiss von Mülinen recht sehr. Zwar verbindet es uns nicht enger, aber es freut mich, dass nicht nur unsere Herzen, sondern auch fremde Bande uns vereinigen.

Sie müssen nun, ich bitte Sie darum und fordere es von Ihrer Freundschaft, mir sagen, in welchen Punkten Sie nicht mit mir übereinstimmen in Bezug auf meine Abhandlung über die Bevölkerung Appenzells. Ich werde Ihre Einwürfe mit dem grösten Vergnügen werten, und sollten sie mich nicht ganz überzeugen, Ihnen meine Gegenbemerkungen machen. So dunkle Forschungen, wie diese sind, werden wohl schwerlich ohne Widerspruch gelüftet werden, und darüber die Meinung geschikterer Männer zu vernehmen, war der Zwek, warum ich diese Abhandlung öffentlich werden liess.

Sind Sie den 27. dieses Monats zu Hause, so werde ich trachten, Morgens um 9 Uhr bei Ihnen einzutreffen, bei Ihnen das Mittagessen annehmen und Nachmittags nach Bischofzell gehen. Wären Sie auf jene Zeit nicht zu Hause, so bitte ich um Nachricht, damit ich keine Fehlreise mache.

Herr Pfarrer Frey wird sein Versprechen wegen der Recension Ihrer alten Lieder lösen, indessen empfiehlt er sich Ihnen, und ich umarme Sie im Geist mit der grösten Hochachtung und freundschaftlicher Ergebenheit.

Joh. Casp. Zellweger.

Trogen, d. 9. August 1825.

45. Zellweger an Laasberg.

Hier, mein verehrtester Freund, erhalten Sie die Copia der gewünschten Urkunde[1]), diplomatisch treu abgeschrieben. Dass Sie solche nicht früher erhielten, ist nicht meine Schuld, denn erst gestern empfing ich Ihren so lieben Brief vom 30. July, den Hr. Registrator Rosenlächer wohl Jemand saumseligem wird aufgegeben haben. Ich bin auf der Karte Ihnen nachgereist, und finde in der Lage von Schrotzburg die Wahrscheinlichkeit Ihrer Vermuthung, selbst in dem Namen findet sich noch eine etwas erzwungene Ähnlichkeit, da Diepoltzburg leicht abgekürzt Poltzburg oder gar Dpolzburg konnte genannt und in Schrotzburg verderbt werden.

Von Luzern habe ich Nachricht, dass dort gar viele geschichtliche Schäze seyen, aber nicht wohl können benuzt werden, da gar nichts ausser den Bibliothek-Saal geliehen wird, und die Bibliothek nur 2 Stunden lang offen bleibe, hingegen sollen in Engelberg noch merkwürdige Sachen vorhanden seyn und ein liberaler Geist dort herrschen. Ich werde trachten, an beiden Orten wenigstens die Sachen anzusehen, wenn ich sie auch nicht sollte benuzen können.

Dem Herrn Ulrich Hegner erweisen Sie durch Mittheilung der Urkunde von 1444 einen grossen Dienst, vielleicht aber keinen angenehmen, wenn dadurch seine bisherigen Ansichten unsicher und schwankend werden. Wahrheit ist aber über Alles.

Über die Zeit der Reformation gibt mir das Protokoll der Stadt St. Gallen das Bild der Ungewissheit, in welcher der Magistrat schwankte, und dass das Volk ihn hinriss, nicht er das Volk leitete, bis, mit dem Volk gleich gestimmt, Vadian die Leitung übernahm. Die Macht der öffentlichen Meinung!

Herr Obrist Honnerlag dankt Ihnen recht sehr für den Beitrag, den Sie ihm zur Geschichte seiner Familie liefern. Dass seine Vorältern aus Westphalen stammen, war ihm bekannt.

Sie und Herr Pfarrer Kirchhofer fehlten einander gegenseitig, gewiss zu Beider Verdruss. Es ist schade, dass wegen Mangel an Absaz die Kirchengeschichte nicht kann fortgesezt werden, vielleicht gar auch Hottinger nicht, da ich höre, er habe kleinen Absaz.

---

[1]) Vide pag. 79.

Jammer Schade, dass Sie und Ihre liebenswürdige Schwiegertochter dem schönen Nationalfest auf Vögelinsegg¹) nicht beiwohnen konnten. Es war sehr schön. Doch ich muss mich von Ihnen trennen, wenn auch mein Herz und mein Geist bei und mit Ihnen im freundschaftlichen Verhältniss leben.

Trogen, d. 6. August 1825.
Joh. Casp. Zellweger.

46. Zellweger an Lassberg.

Verehrtester Freund!

Ihr freundliches, hübsches Neujahrsgeschenk freute Herrn Pfarrer Frey, der Ihnen herzlich dafür dankt, eben so sehr als mich. Mich aber freute es doch am meisten zu vernehmen²), dass Ihre Unpässlichkeit nicht lange dauerte, und Sie wie ein rüstiger Jäger Strapazen und Frost ertrugen. Trauen Sie, mein Lieber, dennoch nicht gar zu viel Ihren Kräften zu, Sie sind doch in den Jahren, wo die Kräfte anfangen sich zu neigen, und da kann unerwartet ein unfreundlicher Boreas ein Übel erweken, das des Bösen ist. Sie nehmen doch dieses nicht anders auf, als wie ich es gebe, für die zärtliche Besorgniss des liebenden Freundes.

Unser sich dem Wohl des Staats aufopfernder Freund von Mülinen, Sie und ich, machen ein Trio aus von Männern, die diesen Winter der Geschichte untreu waren. So ist der Gang der Welt, sie meistert uns, und unsere angenehmsten Gefühle müssen wir bald den Krankheiten, bald dem Vaterlande, der Menschenpflicht oder der Freundschaft opfern. Wer aber die Gemeinnüzigkeit als die höchste seiner Pflichten betrachtet, thut es gerne, und so werden wir nie dem Angenehmen entrissen, sondern leben und weben in beständigen Genüssen. Das macht uns der sinnliche Mensch nicht nach.

---

¹) Appenzellisches Sängerfest am 4. August 1825.
²) Aus dem Jahre 1826 sind keine Briefe Lassbergs an Zellweger mehr vorhanden, ebensowenig aus dem Jahre 1828. Bis zum Jahre 1825 incl. finden sich die Briefe in Zellwegers Selbstbiographie, die bis dahin reicht, eingebunden; die sämtlichen Briefe der folgenden 3 Jahre waren nach Zellwegers Tode offenbar durch ein Versehen aus dem Hause geraten und fanden sich nur zum Teil auf der Gemeindebibliothek wieder.

Sie fragen mich, ob ich keinen Holzschneider kenne? Es ist ein gewisser Merz in Herisau, dessen Geschiklichkeit Sie im Schaffhauser Kalender 1826 beurtheilen können. Er soll aber noch fleissigere und schönere Arbeit nach Einsiedeln gemacht haben. Wollen Sie mir Aufträge an ihn geben, so werde ich sie gerne bestellen.

Ich bin schon seit 5 Wochen immer mit einem Fuss im Wagen und passe posttäglich auf Befehl, nach Luzern zu reisen. Kommt er, so wird meine Abreise bald erfolgen; kommt der Ruf nicht, so reise ich dennoch auf Genf, um meinen Sohn zu besuchen und unterwegs alle meine Freunde. Komme ich wirklich auf Luzern, so werde ich da wieder für meine Geschichte sammeln, denn die dortigen Abscheide enthalten noch Vieles.

Die Schweizerischen Alterthümer, die in Bern erschienen, hören auf zu erscheinen, weil der Herausgeber nun mit obrigkeitlichen Aufträgen beschäftiget ist, hingegen sandte mir unser Wyss auch auf's Neujahr den 2. Theil von Anshelms Chronik; ihm werden noch dreie folgen. Dieser Mann, wenn er auch nichts ausserordentliches leistet, ist mir doch sehr lieb, weil er bei aller Lokerheit, deren er sich früher preis gab, in seinen Schriften immer sittlich ist, und Schönes und Gutes in angenehmem Gewand vorträgt.

Ob Kirchhofer an einem Werk planmässig arbeite, ist mir noch dunkel. Bald scheint es, er beschäftige sich hauptsächlich mit der Geschichte seines Kantons, bald scheint er entschlossen, seine Kirchengeschichte fortzusezen. Indessen sammelt er immer fleissig, beklagt sich aber, man öffne ihm manche historische Quelle nicht.

Was soll nun aus Wessenberg[1]) werden, wenn ein Badischer Bischof erwählt wird? Bleibt er ewiger General-Vikar?

Leben Sie wohl und gesund, und wenn Sie nichts besseres zu thun haben, so wenden Sie Ihre Augen auf das umwölkte Gebirg und denken dabei an

Ihren Verehrer und Freund

Joh. Casp. Zellweger.

Trogen, d. 22. Februar 1826.

---

[1]) Wessenberg, J. H. K., Freiherr, geb. 1774, gest. 1860. Einer der aufgeklärtesten katholischen Theologen unseres Jahrhunderts, wurde er nach Dalbergs Tode zum Generalvikar des Bisthums Konstanz erwählt, behauptete diese Stellung gegen die römische Kurie, die ihm die Bestätigung versagte, bis zur

47. Zellweger an Lassberg.

Verehrtester Freund!

Sie haben eine Reise gemacht, ganz im Sinne Ihres Herzens, und eine reiche Ausbeute war der Lohn Ihrer Bemühungen, worüber ich mich herzlich freue für Sie und für die Wissenschaften[1]). Ich habe diese frohe Kunde unserem schäzbaren Freund, dem Herrn Schultheiss von Mülinen mitgetheilt, der mit allen Ihren Freunden die Freude darüber theilen wird, denn als ich in Bern war, erkundigte er sich mit lebhaftem Interesse nach Ihnen, aber ich konnte ihm nur sagen, dass Sie öfter Ihren Aufenthalt verändern.

Ich habe leider seit einem Jahr weniges in der Geschichte gethan. Das Zollwesen, für welchen Gegenstand ich eine drei Monat lange Reise machte, und wahrscheinlich bald wieder werde nach Zürich gehen müssen, nimmt nebst den Erziehungs- und Gesellschafts-Geschäften fast alle meine Zeit in Beschlag, ohne dass ich vorsehe, dass es sobald ein Ende nehmen werde, denn sollte, wie ich es hoffe, der erste Schritt gelingen, so wird desto bälder vorwärts geschritten werden.

Da Sie mir sagen, Sie arbeiten an einer Ausgabe der Manessischen Lieder-Sammlung, so vermuthe ich, die Vorrede zu Ihrem dritten Band des Liedersaales werde gedrukt seyn, und in diesem Fall möchte ich Sie dafür in Requisition sezen, denn ich habe, in Erwartung derselbigen, ihn noch nicht binden lassen. Vielleicht finden Sie mein Begehren unverschämt, aber ich glaube es nicht, denn da Sie die Güte hatten, es mir zu schenken, so wollten Sie mich doch gewiss nicht der interessanten historischen Notizen berauben, die Sie mit so viel Sorgfalt über die Sänger gesammelt haben.

In dem Jahrzeiten-Buch des Klosters Maggenau kommen drei von Oberberg vor, nämlich zwei Heinrich und ein Cunrat, es ist also wohl keinem Zweifel unterworfen, dass dieses Geschlecht einst blühte, ob aber Obernburg und Oberberg das nämliche Geschlecht seie, ist möglich, aber ungewiss.

Aufhebung des Bisthums 1827. Unter seinen zahlreichen Schriften sind: „Die grossen Kirchenversammlungen des 15. und 16. Jahrhunderts in Bezug auf Kirchenverbesserung" (4 Bde., Konstanz 1840) hervorzuheben. Wessenberg trat später auch mit Zellweger in regen Briefwechsel.

[1]) Vergl. hierüber Lassbergs Briefe an Uhland, Pfeiffer, pag. 75 ff.

Zelky könnte vielleicht Zelger seyn! es tönt ganz so. Die Zellweger waren nichts als gute Bauern, erst im 15. Jahrhundert hat einer die Studien geliebt und soll ein reines Latein geschrieben haben.

Es hat mir viel Freude gemacht, ein Exemplar der Monumenta zu erhalten. Ich habe es ungesäumt dem Buchbinder überschikt, und an Huber die fl. 29. 42 mit der Bitte, solche franco an die Hahnsche Hof-Buchhandlung in Hannover zu vergüten, welches er mir versprochen.

Sobald ich es zurük erhalte, so werde ich es untersuchen. Sie sagen, Arbon habe 1267 dem König Konradin gehört. Ist dieses denn sicher, oder wohnte er nur dort? Ich glaubte bis jezt Lezteres, denn wir finden doch oft, dass Könige an Orten wohnten, die nicht geradehin ihnen gehörten.

Im Jänner muss ich 6 Commissionen und Gesellschaften präsidiren und 2 Rapporte fertig machen für eine Versammlung von 13 Ständen, die im Hornung in Zürich statt haben soll, woraus Sie entnehmen können, dass, wenn ich auch saumselig in geschichtlichen Arbeiten bin, ich doch nicht mich dem Müssiggang ergebe, doch habe ich seit einigen Tagen dadurch Zeit verloren, dass ich den Wünschen meiner Familie und Freunden nachgab, durch Diogg[1]) mein Portrait malen zu lassen, das, wie man sagt, sehr kanntlich ist. Sollten Sie Lust haben, Ihren Kindern eine ähnliche Freude zu machen, so zaudern Sie nicht, denn nun, da er 63 Jahre trägt, wird er nicht mehr so lange malen.

Das neue Jahr bringt uns einen wichtigen Kampf der Meinungen. Wie wird er beginnen, wie enden? Das fragen sich alle Menschen, jeder beantwortet sich die Frage nach seinem Sinne, nur die Weisen sagen: wie Gott will.

Wir aber wollen in unseren Einsiedeleyen im Alterthum leben, unsere Freundschaft treu bewahren, und auf Gott und Freunde trauend nie irre werden an Keinem.

Ihr aufrichtiger Freund
Joh. Casp. Zellweger.

Trogen, den 30. Dezember 1826.
Morgens um 4 Uhr.

---

[1]) Felix Maria Diogg, damals bekannter schweizerischer Portraitmaler, geb. 1763, gest. 1834.

48. Lassberg an Zellweger.

Verertester Freund!

Kein angenemeres Neujargeschenk hätte mir gebracht werden können, als Ir lieber Brief vom 30. Dezember, den man mir soeben, da ich aus der Kirche zu Hause komme, zustellet. Ich danke Inen, mein teurer Freund! für Ire guten Wünsche, welche ich aus reinem und vollem Herzen erwidere. Sie besizen warlich viel und grossen. Mut, um sich so vielen und weitaussehenden Geschäften hinzugeben: allein, sanctus amor patriæ dat animum! Es ist beinahe eben so schön für das Vaterland leben, als für dasselbe zu sterben, und dabei noch viel schwerer.

Habe ich mich vielleicht nicht deutlich genug ausgedrükt, da ich Inen von einer neuen Ausgabe des Pariser Codex Nr. 7266 der Minnelieder sprach, die Herr Prof. von der Hagen bearbeitet; meine Arbeit betrifft eine ältere Urkunde, welche bei Verfassung des maness. Liederbuches warscheinlich zur Grundlage diente, und unter Benennung der Weingarter Handschrift der Minnelieder aus der Bücherei dieses Klosters in jene des Königs von Wirtemberg, nach Stuttgart wanderte.

Die Vorrede zum III. Bd. des Liedersaales ist gottlob noch nicht gedrukt; ich sage gottlob! denn wie sollte ich die neuesten Notizen über die altteutschen Tichter ins Publikum bringen, wenn mir nicht in eben dieser Vorrede noch Raum hiezu geblieben wäre? Sie sehen hieraus, dass selbst Faulheit einmal zu etwas gut sein kann. Aber, wie könnten Sie wol glauben, dass ich Inen diese Vorrede, wenn sie gedrukt wäre, nicht schon längst geschikt hätte? ich wüsste nichts in meinem Besize, was Inen, mein teurer Freund! nicht von ganzem Herzen zu Diensten stände. Ire Deutung des Tichters Heyni Zelky auf das Unterwaldner Geschlecht Zelger gefällt mir nicht übel und hat als Animadversio iren Wert.

Allerdings habe ich etwas ser ungeschiktes gesagt, da ich Inen schrieb: Arbon habe 1267 dem König Konradin gehört. Arbon gehörte zu dem Dominium directum der Herzoge von Schwaben, und in diesem betrachtet, auch dem H. Konradin; aber schon unter Friedrich I. um das Jar 1156 erhielt Volkmar von Kemenaten, ein Edelmann aus dem Allgau, und Camerarius ducis Sueviæ die Stadt Arbon von dem Kaiser als ein heimgefallenes

Schwabenlehen; die Gemalin dieses Volkmar war Mechtild, die Tochter des lezten Freiherren von Arbon. Indessen muss Konradin noch Rechte in der Stadt gehabt haben, welche in dem Kemenatenlehen nicht begriffen waren, denn er vergabte den Bürgern den Blutbann und das Gericht in irer Stadt. Erst seit deme ich die Siegel der Verkaufsurkunden über Arbon (1282) aus dem Frauenfelder Regierungsarchive zur Einsicht bekam, (nach meinem Briefe an Sie) bin ich über diese Verhältnisse ins Klare gekommen; eben diese Urkunden geben mir auch guten mittelbaren Aufschluss über meinen in der Alexandreis des Rudolf von Ems (cod. monac.) aufgefundenen Tichter Albrecht von Kemenaten, der aller Warscheinlichkeit nach mit Konradin nach Italien gezogen und beim Verkauf von Arbon nicht gegenwärtig war. Ir Wappen ist jenem der Stadt Zürich ganz änlich.

Sie sagen, ich solle mich für meine Kinder durch Diogg malen lassen; ich denke hierüber so: meinen Sönen wird das Bild des Vaters, so lange sie leben, nicht aus der Seele schwinden; die Enkel kennen den alten Grossvater schon nimmer, und dann wandert das Bild auf den Gang und verliert sich am Ende mit anderm aus der Mode gekommenem Hausrate gar aus dem Hause. Ich halte es nicht der Mühe wert, das Bild eines homo inglorius, wie ich bin, auf die Nachwelt zu bringen. Vestigia terrent!

Da aber bin ich mit Inen innig einverstanden, dass wir auch in dem nun beginnenden neuen Jare in unsern Einsiedeleien den Wissenschaften leben, unsere Freundschaft treu bewaren, und was auch die Welt sagt und treibt, nie an einander irre werden wollen. Gewiss, meine Liebe für Sie, edler Mann! und meine Vererung für Ir schönes woltätiges Leben sind keines Zuwachses mer fähig, aber ich kann nie an Sie und Ire Freundschaft für mich denken, one eine völlige Erneuerung des tröstlichen Gefüles zu empfinden, das das Bewusstsein, von einem so biderben Manne geliebt zu sein, gibt.

Da Sie den Betrag für das Exemplar der Monumenta Germ. durch die Hubersche Buchhandlung nach Hannover senden, so habe ich solches dahin bei Gelegenheit der Übermachung des Betrages der übrigen 3 Exemplare angezeiget.

Gerne hätte ich Inen, verertester Freund! eine tessera zum neuen Jar geschikt; allein, Herr Merz in Herisau, der die im aufgetragenen 10 Holzschnitte zu meinem Albrecht von Werden-

berg gar wol in 6 Wochen hätte fertigen können, liess mich
schündlich sizen und ziehet mich bereits seit dem Sommer mit
dieser noch immer nicht vollendeten Arbeit herum.

Und nun leben Sie recht wol und vergnügt im Kreise der
Irigen, denen ich mich aufs beste zu empfelen bitte, und wenn
Sie an den vererungswürdigen Herren Schultheissen v. Mülinen
schreiben, so bitte ich viele Grüsse von mir beizulegen. Im neuen
Jare wie im alten, stets

Ir aufrichtiger Freund

J. v. Lassberg.

Ex villa Epponis, cal. Januarii MDCCCXXVII.

49. Zellweger an Lassberg.

Verehrtester Freund!

Theils vaterländische und theils häusliche Geschäfte, die
sich im Anfang jedes Jahres anhäufen, später eine dreiwöchige
Abwesenheit in Zürich, welche Ihnen durch die Zeitungen wird
bekannt worden seyn, hinderten mich, das angenehme Schreiben,
womit Sie mich den 1. dieses Jahres erfreuten, früher zu beantworten. Ich hatte zwar Ihren Brief mit mir nach Zürich genomen, um ihn von dort aus zu beantworten, aber ich war zu
sehr beschäftiget, um Zeit dazu zu finden, desto lieber benuze
ich den ersten müssigen Augenblik, mir das Vergnügen, mich
mit Ihnen zu unterhalten, zu verschaffen.

Es ist wahr, mein schäzbarster Freund, dass es eine Gattung
Muth braucht, in unserem schweizerischen Vaterlande sich seinen
Angelegenheiten zu widmen, weil es so schwer ist, etwas Nüzliches zu erzweken, und der Cantons-Geist bald unter der einen,
bald unter anderer Form dem allgemeinen Wohl sich entgegen
stemmt. Der Muth, sich hinzugeben ohne Hoffnung eines Erfolgs,
ist also derjenige, der dem Eidgenoss vorzüglich nothwendig ist,
und das ist gerade derjenige, welcher dem Alter am angemessensten ist, während die Raschheit, welche keine Gefahr fürchtet,
mehr der kräftigen Jugend Eigenthum ist.

Die Auskunft, welche Sie mir über Arbon mittheilen, ist
sehr interessant. Nach meinen Begriffen vom Alterthum gehörte

der Blutbann, so wie das Recht, ein Gericht zu bewilligen, immer dem Kaiser und nie den Territorial-Herren, daher mag Konradin sich kaiserliche Gewalt angemasset haben, bei seiner Schenkung an die Arboner, und nicht als Herzog von Schwaben gehandelt haben. Wenn auch solche streitbare Schenkungen keinen grossen Werth an und für sich hatten, so hatten sie doch oft den Werth, den auch verfälschte Urkunden hatten, nachfolgende Kaiser zu der Bestätigung solcher Freiheiten zu bewegen.

Wissen Sie gewiss, dass die Edlen von Kemenaten aus dem Allgäu sind? Es giebt ein Kämpraten in der Pfarr Buoskirch bei Rapperschwyl, und ein Dorf und Burgstall Kämpten in der Pfarr Wezikon im Canton Zürich. Von diesem lezteren Adel solle ein Heinrich im 10. Jahrhundert Hofmeister eines jungen Herzogs von Schwaben gewesen seyn. Dieser Adel bekleidete die Stelle des Erb-Kuchenmeisters des Stifts Einsiedlen. Vielleicht könnten Sie durch das Wappen auskundschaften, ob der Minnesinger von diesem Adel seye. Vielleicht kann mein Freund Lindinner[1]) darüber Auskunft geben, da einer von dieser Familie in Bubikon begraben ist. Morgen schreibe ich ihm, und berichte Ihnen, was ich von ihm erfahre.

In Ihrem vorigen Brief sagten Sie mir, Sie haben in Rottenburg am Nekar bei dem Bischof Evara[2]) einen alten Nekrolog der Pfarre Ufnau gefunden. Wäre es nicht möglich, das Original gegen eine billige Entschädigung oder wenigstens eine genaue Copie davon zu erhalten? Erweisen Sie mir die Freundschaft, sich dafür zu verwenden. Ich werde die Unkosten mit Dank erstatten.

Herr Schultheiss von Mülinen hat seine Demission eingegeben. Ob man ihn habe bereden können, sie zurükzunehmen oder ob wirklich eine neue Wahl getroffen wurde, ist mir noch ungewiss. Die Schweiz verlöre an ihm Vieles, er selbst aber gewänne, sich nicht zu überleben.

In Zürich soll dieses Jahr noch ein neues historisches Journal erscheinen.

---

[1]) Fel. Lindinner (1762—1854), Registrator des Zürcher Staatsarchivs. Seine umfangreichen Manuscripte, Auszüge aus Akten des Z. Staatsarchives enthaltend, befinden sich auf der Stadtbibliothek Zürich. Lindinner stand bis an seinen Tod mit Zellweger in regem schriftlichem Verkehr.

[2]) Der Bischof von Evara ist der württembergische Generalvicar Joh. Baptist von Keller, der nachmalige erste Bischof von Rottenburg. Er war Bischof von Evara in part. infid. Evara scheint ein syrischer Bischofssitz gewesen zu sein.

Wenn Sie sich nicht mehr vor dem Winter-Fieber fürchten, so sollen Sie mir willkommen seyn, jezt da meine liebe Tochter wieder etwas besser ist.

So wie ich Sie im neuen wie im alten Jahre hochschäze und liebe, so widmen auch Sie Ihre Freundschaft ferner

Ihrem Treuen

Trogen, d. 14. März 1827.   Joh. Casp. Zellweger.

50. Lassberg an Zellweger.

Ich habe, mein verertester Freund! an den Bischof von Evara geschrieben und in ersucht, mir das Jarzeitenbuch von Ufnau auf einige Wochen zu leihen. Ich hoffe, dass er meiner Bitte entsprechen wird, und wenn Sie dann gesehen haben, worin der historische Wert dieser Handschrift bestehet, so wird es noch immer Zeit sein, vom Ankaufe zu sprechen; ich fürchte aber, dass die Ausbeute für die Geschichte darin nicht gross sein werde, muss jedoch gestehen, dass ich lezten Sommer dieselbe ziemlich flüchtig durchgegangen habe.

Sie sagen, dass der Bannus nur durch den Kaiser konnte verliehen werden, und folglich Konradin bei Ausstellung der Arboner Urkunde aus königlicher Gewalt musste gehandelt haben. Wir wissen, dass wärend des grossen Interregnums die Herzoge nur zu oft sich souveraine Berechtigungen angemasst haben; Konradin war Herzog von Schwaben, oder betrug sich doch als solcher und selbst die befragliche Urkunde (welche übrigens nicht verfälscht zu sein scheint) beweist solches; aber abgesehen hievon, jeder, der den Bann über einen Ort besass, konnte in an eine hiezu qualificirte Person oder Körperschaft abtretten, verstehet sich, unter Vorbehalt königlicher oder kaiserlicher Bestätigung. Nicht nur Klöster, sondern auch Städte waren in jener Zeit schon im Besize des Königsbannes.

Was die Edlen von Kemenaten betrift, über welche Sie mich fragen, ob ich gewiss seie, dass sie Allgauer gewesen? so unterliegt dies nicht dem mindesten Zweifel und kann eine Verwechselung mit den Edlen von Kempratten um so weniger statt haben, als die Wappen auf den Kaufbriefen von Arbon

1282 und 1285 offenbar die allgauische Familie aussprechen, und noch dazu mit der Inschrift auf den Siegeln: Camerarius ducis Suevie.

Das Wappen der Schweizerischen Herren von Kempten, welche oft in Urkunden vorkommen, findet sich auf zweierlei weise bei Stumpf und in einem alten Wappenbuch, das Gerold Edlibach, der Stiefson des Bürgermeisters Hans Waldmann, gemalt hat, und das ich besize; es ist aber von dem an den Kaufbriefen von Arbon ganz verschieden. Die Herren von Kempten waren Kyburgische Ministerialen. Übrigens heisst Kempten und Kemenaten etymologisch genommen dasselbe. Ich habe vor einigen Tagen von hoher Hand den Auftrag erhalten, über die Familien von Langenstein, Husen, Dornsperg und Adelsreute etwas zu schreiben und habe es heute auf die Post gegeben. Es ist unangenehm, dass solche Herren einen veranlassen, aus Respect etwas zu machen, mit dem man, aus Mangel an erforderlichen Quellen, dann selbst nicht zufrieden sein kann, und dass man dergleichen von sich geben muss: ut aliquid dixisse videamur.

Lezthin bekam ich ein appenzellisches Monatsblatt[1]) zu lesen, worin der Verfasser eines Aufsazes mir zuerst das Prädicat eines berümten Altertumsforschers gibt, um hintennach zu beweisen, dass ich ein Esel seie, der nicht einmal weiss, dass von den Appenzeller und St. Galler Bären der erste keines und der lezte ein goldenes Halsband trage, woraus notwendig folgen müsse, dass meine in den „Alpenrosen" erwänte gemalte Scheibe nicht die Schlacht am Stoss, sondern die am Häuptlisberge vorstelle. Diesem guten Mann habe ich durch eine dritte Hand die Gründe vortragen lassen, die mich veranlassten, diese Vorstellung für die Schlacht am Stoss und nicht für die am Häuptlisberg zu halten. Er wird warscheinlich nicht Palinodiam singen, aber es ist mir auch nichts daran gelegen, was solche Halbgelehrte von mir halten. Am liebsten bin ich gar nicht genennt, d. i. weder gelobt noch gescholten; wer aber das lezte will, sollte doch notwendig etwas mer wissen und weniger meinen.

Nach der heute erhaltenen Nachricht ist Herr v. Mülinen endlich wirklich seiner Schultheissenwürde entlediget worden,

---

[1]) Appenzellisches Monatsblatt vom Februar 1827. Gemeint ist im Folgenden der Aufsatz: der Bär als Wappen des Kantons Appenzell; Jahrgang 1827, pag. 21 ff.

wozu ich im von ganzem Herzen Glük wünsche. Er wird nun um so ruhiger und genussreicher den Wissenschaften leben; Gott erhalte den biedern und liebenswürdigen Mann noch viele Jare! Bei uns ist der Früling nun wirklich angekommen; aber die Feuchtigkeit, welche aus der Erde aufsteigt, hat mein rheumatisches Übel, doch one Fieber, wieder aufgewekt. Somit muss ich meinen Frülingsausflug zu Inen wieder vertagen und etwas später kommen, wenn der Schnee bei Inen vollends weggeschmolzen ist.

Auf das neue historische Journal in Zürich[1]) bin ich ser begierig; es gab da noch vor nicht gar langer Zeit tüchtige Geschichtsforscher; aber, warum wollen sie ire Aufsäze nicht in den Bernischen Geschichtforscher geben? herrscht etwa in Zürich auch der Kantonsgeist?

Ein Herr Staudacher aus Graubündten hat in Stokholm unter dem Titel „Volksharfe" Schwedische Gedichte druken lassen, welche mir ser wol gefallen. Er ist Alemosenier bei der Kronprinzessin von Schweden, gebornen Prinzessin von Baiern.

Besizen Sie: S. Gregorii Turonensis opera, ex editione Theodori Ruinart. Paris 1699, in Folio, so würde ich auf einige Wochen darum bitten. Es ist ein beinahe unenterbliches Buch, und in dieser Gegend nirgends aufzutreiben. Nun leben Sie wol, mein verertester Freund! und haben Sie Sorge zu Irer Gesundheit, ut sit mens sana in corpore sano! Von ganzem Herzen der

Irige.

Lassberg.

Eppishausen, am 23. März 1827.

Noch eins! Man hat mir dieser Tage ein episches Gedicht in 24 Gesängen zum Lesen gegeben, der Titel ist: Divico und das Wunderhorn und der Verfasser unterschreibt sich: Dr. J. A. Henne, Kantons- und Stifts-Archivar zu St. Gallen.

Hier ist nicht der Fall sagen zu können, dass eine blinde Henne ein Gerstenkorn gefunden, auch nicht, dass der Stifts-Archivar albæ gallinæ filius seie. Heiliger Gallus! habe Sorg zu deinem Archive, denn wenn dein Archivar mit den Urkunden

---

[1]) Gemeint ist das von Escher und Hottinger 1827—30 herausgegebene „Archiv für Schweizerische Geschichte und Landeskunde."

umgehet, wie er mit unserer guten deutschen Sprache verfaren ist, so erbarme sich der liebe Himmel dieser Sammelung.

Im Literaturblatte des Morgenblattes 1826 soll eine Recension dieses epischen Unsinnes, oder dieses unsinnigen Epos stehen, die ich ser begierig wäre zu lesen, besonders da ich den Recensenten, Dr. Menzel, persönlich kenne; besizen Sie diesen Jargang des Morgenblattes, so verbinden Sie mich durch Übersendung desselben. Ich will gerne glauben, das dies Nationalepos, wie es der Verfasser so bescheiden nennt, bei den Kaufmannsdienern in St. Gallen und vielen, die es nicht verstehen, einiges Glük machen wird; aber für alle die, die Sprache, Geschichte und Mythen unsers alten Volks kennen, ist und bleibt es ein ewiger Gräuel. In so weit dieser Divico dem Herrn Henne 360 Subscribenten, oder 360 Kronentaler eingebracht hat, ist er ein warer Divico, qui divitias dat; aber ausser diesem Erlös möchte ich den Ertrag mit dem Verleger nicht teilen. O tempora, o mores! et tamen creamini doctores!

51. Zellweger an Lassberg.

Als ich, mein verehrtester Freund! Ihren lieben Brief vom 23. März erhielt, war ich von rheumatischen und andern Beschwerden so geplagt, dass ich befürchtete, einem Anfall von Convulsionen ausgesezt zu seyn, welches mich veranlasste, schnell einen Abstecher nach Baden zu machen, wo ich 6 schöne Tage mich aufhielt, und halb hergestellt nun wieder an meinem Karren ziehe.

Mit meiner Bemerkung über den Bannus wollte ich nur verdeuten, dass in der Zeit des Interregnums Konradin, wenn er sich in der Urkunde nicht Herzog von Schwaben nennt, vielleicht aus königlicher Macht, die sich anzumassen er ein Recht hatte, die Urkunde ausstellte und das zu wissen merkwürdig wäre.

In Zürich konnte ich über die verschiedenen Familien von Kemenaten und Kempten nichts erfahren, desto froher bin ich, dass Sie gewiss sind, dass Ihre Dichter Allgäuer sind.

Der Aufsaz über die Büren im Monatsblatt, sowie die Duplik sind von Doctor Schläpfer[1]), der, nachdem er die Kranken

---

[1]) Dr. Joh. Georg Schläpfer von Trogen, geb. 6. Febr. 1797, gest. 8. April 1835. Er war besonders durch seine reichen naturwissenschaftlichen Samm-

gründlich heilt und in der Naturgeschichte tüchtige Kenntnisse besizt, nun in der Geschichte stümpern will und wirklich stümpert, wie es einem Mann geziemt, der damit gar nicht bekannt ist.

Herr von Müllinen hat mir alle Motive angezeigt, die ihn zu der Resignation bewogen, die, wenn es möglich wäre, meine Hochachtung für ihn noch gesteigert hätten, da sie alle aus der reinsten Vaterlandsliebe quellen. Nun zieht er sich nach Thun zurük und arbeitet an einem Gemälde des Zustandes der Schweiz unter Kaiser Albrecht.

Der Kantonsgeist herrscht in der Schweiz aller Orten, so auch in Zürich und ist in dieser Stadt ein Hinderniss an zeitgemässen Fortschritten in manchen Fächern, vorzüglich in den Studien-Plänen und der Erziehung, dann aber mag die Tendenz des Bernischen Geschichtforschers und seine Behutsamkeit in der Aufnahme der Aufsäze mit ein Grund seyn, warum die Zürcher ihre Aufsäze nicht dahin liefern, vielleicht auch, weil die tüchtigsten Geschichtforscher in Zürich als Redaktoren ein Honorar beziehen, während Bern keines giebt. Es häufen sich gewöhnlich mehrere Motive an, deren man sich selbst keine genaue Rechenschaft giebt.

Hier hält Niemand das Morgenblatt, aber in Bischofzell finden Sie es. Auch den Gregorio Turonensis besize ich nicht. In der Stifts-Bibliothek zu St. Gallen glaube ich aber finde er sich. Vielleicht könnte ihn Ihnen Herr von Arx überschiken, wann er wollte.

Mir, der ich gerne wollte, ist es sehr leid, dass ich nicht kann.

Ich habe für mich kostbare Mittheilungen erhalten aus den Sammlungen des Herren Prälats Schmid von Ulm.

Nehmen Sie die Versicherung, dass ich ungerne abbreche, aber dass der Bote wartet, und ich nur noch Sie meines aufrichtigsten Diensteifers versichern kann.

Ihr Treuer
Joh. Casp. Zellweger.

Trogen, d. 18. April 1827.

---

lungen und seine Arbeiten auf diesem Gebiete weit über die Grenzen seiner Heimat hinaus bekannt. Seine Sammlungen sind zum Teil in das kleine naturhistorische Museum der Kantonsschule in Trogen übergegangen.

52. Zellweger an Lassberg.

Hochgeschäztester Herr und Freund!

Wenn unsere Verhältnisse dieses Jahr uns so getrennt hielten, dass wir sehr lange weder persönlich noch schriftlich uns sprachen, so ist doch mein Herz sehr oft bei Ihnen, und ich kann Ihnen nicht genug ausdrüken, wie sehr es mich schmerzte, dass ein widriger Prozess mich hinderte, bei Ihnen mit Herrn Schultheiss von Mülinen zusammen zu treffen, der mir Kunde gab von seiner Reise nach Eppishausen.

Es wäre für mich von Wichtigkeit, Hanselmanns „Diplomatische Beweise der Rechtsame des Hauses Hohenlohe" entweder als Eigenthum oder auch nur für ein paar Tage zu besizen. Könnten Sie es mir wohl nicht verschaffen? Wäre es möglich, so geschähe mir dadurch eine grosse Gefälligkeit.

Die verschiedenen diplomatischen Aufträge und andere Sachen, womit ich mich befassen muss, haben mich dieses Jahr grösten Theils von den geschichtlichen Forschungen entfernt, dennoch bleibe ich ihnen nicht ganz fremde, und wo ich im Vorbeigehen etwas erhaschen kann, so lasse ich die Zeit nicht unbenuzt, aber zum Ausarbeiten fand ich keine Zeit, noch darf ich hoffen, im künftigen Jahr weit darin vorzurüken. Ich sehne mich aber nach Ruhe, und sobald es ohne Schaden des Vaterlandes und mit Anstand geschehen kann, so ziehe ich mich in den Privatstand zurük.

Mit meiner Gesundheit geht es Gottlob recht gut; ich habe ein Mittel gefunden, das mich des Medizinirens enthebt, und es besteht einfach darin, dass ich Sommer und Winter wöchentlich einmal in lauem Brunnenwasser bade. Thäten Sie es auch, so würde vielleicht Ihr Winterfieber ausbleiben.

Ich sehne mich sehr nach Nachrichten von Ihnen, von Ihren Forschungen, Ihren Arbeiten und vorzüglich ob Sie wieder ohne Sorgen einer guten Gesundheit geniessen.

Geben Sie davon einige Kunde Ihrem Ihnen mit Hochachtung ergebenen Freund

Joh. Casp. Zellweger.

Trogen, d. 15. Dezember 1827.

53. Laßberg an Zellweger.

Sie erfreuen mich, mein teurer und hochvererter Freund! indem Sie mir den angenemen Anlass geben, Inen ein Buch zu übersenden, auf dessen Besiz Sie einige Wichtigkeit legen, ich werde suchen, Inen, wenn Sie nach genommener Einsicht es ferner wünschen, ein eigenes Exemplar zu verschaffen; mir selbst ist das Buch ser brauchbar, wegen der vielen Familiennachrichten. Gebrauchen Sie dasselbe indessen nach Irer Bequemlichkeit.

Haben wir uns dieses Jar nicht gesehen, so wollen wir hoffen, dass es im nächsten desto öfter geschehen werde. Ich bin vom Früling bis zum Spätsommer im untern Schwarzwald bei meinem Bruder gewesen, der meines Beistandes bedurfte, und den ganzen Herbst hindurch hatte ich Besuch, einen nach dem andern, so dass ich wenig für mich und die Wissenschaft tun konnte; als ein freundliches und mir ser woltätiges Gestirn glänzen mir darunter Mülinen und Wessenberg; nur bedaure ich noch herzlich, dass beide Erscheinungen so flüchtig vorüber giengen, ersterer blieb nur anderthalb und lezterer kaum dritthalb Tage. Wie ser würden Sie, teurer Freund, unser Vergnügen durch Ire Dazwischenkunft vermeret haben! aber die fatalen Prozesse! ich könnte auch ein Lied davon singen, aber nur ein trauriges, drum schweige ich lieber davon. Ich habe es in den öffentlichen Blättern gelesen, wie ser Sie dieses Jar hindurch beschäftiget waren und das Bewusstsein, den Abend Ires Lebens dem Vaterlande mit eigener Aufopferung zu weihen, muss für Sie eine beseligende Belonung sein, einer andern bedarf der edle Mann nicht.

.... Lezten Sommer hat mich die grosse Hize und die häufige Transpiration wieder wie jung gemacht. Ich habe manche alte Burg bestiegen, darunter merere geschichtlich merkwürdige, wo ich die Begebenheiten der Vorwelt vor meinen geistigen Augen wieder vorüber gehen liess. Besonders merkwürdig war mir eine Burg Falkenstein, der lezte Aufenthalt des so viel besungenen Herzogs Ernst von Schwaben; ein kleines altes Kirchlein bezeichnet die Stelle, wo er mit seinem Freunde Werner von Kyburg (1030) im Kampfe gegen Mangold von Nellenburg und das Kriegsvolk des Bischofs Warmann von Constanz fiel. Unter den wenigen Erwerbungen, die ich dieses Jar gemacht habe, stehet der Manuscripten gleich geschäzte Druk des Parzifal und Titurel, beide 1477, in Folio, oben an; man findet dieses Werk in wenig grossen Bibliotheken. Ich habe auch wieder die Heimat einiger Minne-

Sänger entdekt, als: den von Raute, den Burggraven von Linez, den Litschower, den Düring (ein Baseler Geschlecht, das im 13. Jarhundert das Marschalkenamt der Bischöfe trug), den Diurels (?) aus Freiburg im Breisgau, den von Scharfenberg, und den so lange schon gesuchten Ulrich von Zezichoven, der ein Thurgauer war. Über Hartmann von Aue habe ich eine kleine Abhandlung geschrieben, und glaube, dass er aus dem thurgauischen Geschlechte von Wesperspül[1]) war. Das ist nicht viel; aber es ist doch immer etwas, und auch wol mer, als mancher Schwindler in einem diken Bande oft leistet. Leben Sie wol, empfelen Sie mich den Irigen, dem liebenswürdigen Herrn Pfarrer Frey und dem wakern Herrn Oberst Honnerlag, und geben Sie bald wieder erfreuliche Kunde von Irem Befinden

Irem aufrichtigen unveränderlichen Freunde

Lassberg.

Eppishausen, am 20. Christmonat 1827.

54. Zellweger an Lassberg.

Empfangen Sie, mein verehrungswürdiger Freund, meinen herzlichen Dank für die Übersendung von Hansselmann, den Sie wieder hiemit zurük erhalten, damit Sie ja nicht lange davon getrennt seyen. Können Sie ohne zu grosse Beschwerlichkeit ein eigenes Exemplar von diesem Werk beschaffen, so wird es mir sehr angenehm seyn.

Ich sehne mich nach der Arbeit an der Appenzeller Geschichte, wie der Bräutigam nach der Braut, weiss aber noch nicht, wie bald ich wieder mich dessen erfreuen kann und beneide Sie darüber, dass Sie nun so ganz wieder Ihrem Elemente leben können. Indessen habe ich mitgewirkt, dass ein neuer Erwerbszweig ins Land kömmt, und das hat für das Vaterland mehr Nuzen, als meine Geschichte.

Ein Herr Candidat Wegelin[2]), Freund des Herrn von Arx hat eine Critik meiner Chronologie der Äbbte gemacht,

---

[1]) Wespersbühl (Wespirspuol) war eine Burg westlich von Andelfingen an der Thur. Die ältern Besitzer im 13. und 14. Jahrhundert gehörten zum Dienstadel des Klosters Rheinau. Vergl. Pupikofer, Geschichte des Thurgaues, 2. Aufl., I., 484.

[2]) Wegelin, Karl, der spätere Stiftsarchivar, geb. 1803, gest. 1856. Er ist der Verfasser der 1858 erschienenen Geschichte des Toggenburgs. Vergl. seine Biographie von Hungerbühler.

und hatte die Güte, mir solche mitzutheilen. Obschon sie weder höflich noch schonend abgefasst ist, war sie mir doch lieb, und in einigen Stüken fand ich diese Critik richtig, in andern hingegen blieb ich bei meiner Meinung. Sie veranlasste mich, den Codex Traditionum mehr critisch zu untersuchen, welches aber gar nicht zum Vortheil des Codex ausfiel, da die Vermuthungen von Fehlern und Verfälschungen sich bei jeder genauern Untersuchung anhäufen, so dass, wenn man ihn neu auflegen will, die Arbeit für den Redaktor wohl grösser als der Nuzen seyn könnte.

Ich lese in Mones Badischen Alterthümern, dass im 15. Jahrhundert ein Baumeister Örtly in Radolfszell wohnte. Wissen Sie nicht, ob dieses Geschlecht dort einheimisch ist, oder ob wir Appenzeller einigen Anspruch darauf machen dürfen?

Mein inniger Wunsch ist es, dass Ihre Leiden bei diesem schönen Winter erträglich bleiben, und das Frühjahr Sie recht bald davon befreie, damit Sie Ihren Freunden und den Wissenschaften leben können. Es ist der höchste Werth des Alters, dass man die Früchte eines thätigen Lebens und vielfacher Erfahrungen andern mittheile, damit sie wieder keimen und in verherrlichter Gestalt in unsern Enkeln erscheinen.

Ich höre unter mir die Meinigen, die sich bereiten, das neue Jahr mir recht gedeihlich anzuwünschen, welches mich veranlasst abzubrechen, mit der Bitte, dass Sie fortwährend mir Ihr Wohlwollen und Ihre Freundschaft schenken, und auf die Meinige zuversichtlich zählen.

Ihr unveränderlicher Freund

Joh. Casp. Zellweger.

Trogen, d. 2. Jänner 1828.

55. Lassberg an Zellweger.

Wie kommt es doch, mein hochvererter Freund! dass wir uns so gar lange nicht gesehen, und nicht einmal geschrieben haben? — ich habe mich selbst schon oft gefragt, und es eben so oft bedauert, one mir Rechenschaft darüber geben zu können. Freilich haben mich Familiengeschäfte in und ausser dem Hause seit mer denn Jar und Tag beschäftiget. Lezten Sommer habe ich zu meiner Erholung eine Fussreise in das Berner Oberland und zu dem guten, liebenswürdigen Grafen von Mülinen in das Weissenburger Bad und nach seiner Karthause an dem Thunersee gemacht. Auf meiner Rükreise kam ich wärend der Tagsazung nach Zürich, wo ich meinen Freund Armin, den preussischen Geschäftsträger in Bern, antraf. Meine erste Frage war, ob Sie nicht da seien? Armin versicherte mich, dass er sich auch schon nach Inen erkundiget, aber die Auskunft erhalten habe, dass Sie nicht da seien und auch nicht kommen werden. Ich machte mich also gleich wieder auf die Beine um meine Penaten sobald möglich zu erreichen. In Stein wollte ich den wakern Kirchhofer besuchen; allein, er war verreiset — in St. Gallen; oder vermutlich bei Inen — kurz ich war zum 3. male so unglüklich, den Weg über Stein vergebens gemacht zu haben. Es kam mir sehr gut, dass meine Gesundheit auf dieser Fussreise sich über alle Erwartung befestiget hatte; denn bei meiner Zuhausekunft warteten neuerdings unangeneme Geschäfte auf mich. Nun kam der Herbst und die in dieser Jareszeit gewönlichen Gäste, die mich erst beim Eintritte des Winters völlig verliessen. Jezt begannen die literarischen Arbeiten, die nie besser gedeihen, als wenn man ganz allein ist. Grimm in Cassel[1]), der eifrigst an der Fortsezung seiner teutschen Rechtsaltertümer (das beste Buch was in dem Laufe mererer Jare erschienen ist) arbeitet, verlangte Beiträge von mir, wozu ich mich denn aus alter Freundschaft (wir lernten uns 1814 in Wien kennen und wurden Gevatterleute zusammen) recht gerne tat, und ungeachtet meiner immer schlechter werdenden Augen manchen Bogen für in abschrieb. Dann kam Herr von der Hagen aus Berlin, der eine Sammlung der teutschen Minnesänger in 3 Quartbänden heraus gibt, die auf Ostermesse erscheinen soll, und sezte mich abermals in Requisition. Dem habe ich aus meinen Handschriften denn auch über 1500 Verse abgeschrieben und diese Arbeit vor ungefär 14 Tagen beendet, und jezt hat mir der gute Graf v. Mülinen die Handschrift des Trutpert Neugart zugesendet, welche den 2. Band des Episcopatus Constantiensis, den Zeitraum von 1101 bis 1308 begreift, und den ich nun zur Herausgabe zurüsten und zurichten soll. Der hält mich nun auf lange Zeit fest, denn er muss für den Buchdruker, der das Autographum nicht brauchen könnte, ganz frisch abgeschrieben werden und zwar mit beträchtlicher

---

[1]) Jacob Ludwig Karl Grimm, der ältere der Brüder, geb. 4. Jan. 1785, gest. 20. September 1863.

Abänderung in der Einrichtung des Werkes, um es dem ersten Bande änlich zu machen. Indessen habe ich auch zwischendurch an meinen **diplomatischen Nachrichten von den teutschen Minnesängern** gearbeitet, so dass ich wol seit meiner Heimkunft sagen kann: nulla dies sine linea!

Und Sie, mein hochvererter Freund! arbeiten nun, wie ich vermute, mit neuem Eifer an der Geschichte Ires Vaterlandes? denn ich habe mir sagen lassen, dass Sie der neuerlichen Herausgabe der Walserischen[1]) dadurch zuvorgekommen sind, dass Sie erklärt haben, es werde demnächst die Irige erscheinen. Ich wünsche Inen Glük dazu; denn es muss ein herrliches Gefül sein, die Geschichte des Landes zu schreiben, dem man angehört; ich habe lezthin etwas dergleichen verspürt, als Herr Diakon **Pupikofer** die Geschichte des Thurgaues herausgab, bei der er mir zuweilen erlaubte, im meine Ansichten mitzuteilen.

In dem benachbarten Schwaben, namentlich in Wirtemberg, ist ein neuer und tätiger Eifer für das geschichtliche Fach erwacht und rege geworden. Pfarrer Dr. **Jäger**[2]) zu Burg bei Heilbronn will nicht nur den Cod. Trad. San Gallensium neu herausgeben, wozu im **von Arx** sein Exemplar gegeben hat, sondern auch den vor wenig Jaren in einer alten Dachkammer zu Weingarten wieder aufgefundenen Cod. Trad. Hirsaugentium, der bis zu Ludwig dem Teutschen hinauf reicht, druken lassen. Zugleich soll auch eine **Oberdeutsche Zeitschrift für Sprache, Literatur und Kunst des Mittelalters**[3]) er-

---

[1]) Walser, Gabr., Appenzeller-Chronik, St. Gallen 1740.
[2]) Karl Friedrich Jäger, geb. 1794, gest. 1842. Als Pfarrer in Burg bei Neuenstadt trat er in Verkehr mit dem Freiherrn Ludwig von Gemmingen in Stein, dessen reiche Bibliothek ihn besonders anzog, später mit Böhmer, Pertz u. A. Mit grossem Eifer widmete er sich der Geschichtsforschung und sammelte und copirte viele damals noch ungedruckte und seltene Codices. Im Jahre 1828 erschien von ihm „Geschichte der Stadt Heilbronn und ihres ehemaligen Gebietes", nach handschriftlichen Quellen bearbeitet; im Jahre 1831 gab er den ersten (und leider einzigen) Band seines „Schwäbischen Städtewesens im Mittelalter" heraus. Seine spätern Forschungen und Arbeiten wandten sich der Geschichte der Reformation zu. Den von Lassberg erwähnten Cod. trad. S. Gall. hat Jäger nicht herausgegeben, doch fand sich eine sorgfältige Copia desselben in seinem Nachlasse. (Nach einer freundlichen Mitteilung des Herrn Dekan Jäger in Tuttlingen.)
[3]) Anzeiger für Kunde des deutschen Mittelalters. Bd. I und II wurde herausgegeben von Aufsess, Bd. III von Aufsess und Mone, Bd. IV—VIII von Mone. (Bd. I—III Nürnberg 1832—34; Bd. IV—VIII Karlsruhe 1835—38.)

scheinen, aber järlich nur ein Band. Das alles zusammen daucht mich schon ser viel über einmal, in diesen armen, trübseiigen Zeiten, wo man nichts als Walter Scott und Consorten zu lesen verlangt. Gott gebe sein Gedeihen dazu!
Wie steht es denn, mein teurer Freund! um Ire Gesundheit? Wenn der liebe Gott mit mir so zufrieden wäre, wie ich mit im, so könnte ich es noch lange so bei meinen alten Menbranen und Büchern aushalten: nur die Augen fangen an mir allgemach den Dienst zu versagen, besonders bei Licht; die sollte er mir doch lassen, wenn er will, dass ich leben soll. Indessen, sein Wille geschehe! Auch ein par liebe Jugendfreunde hat er mir voriges Jar genommen. Nun, wer weiss, wozu er sie gebrauchen wollte; wir treffen uns ja da drüben wieder an und können uns da wieder lieb haben, und vielleicht noch besser als hier.

Leben Sie wol, mein teurer Freund! und denken Sie auch zuweilen mit Liebe an den alten Einsiedler am Fusse der Alpen.

Ir Lassberg.

Eppishausen, am 26. Hornung 1829.

56. Zellweger an Lassberg.

Ich habe, mein vortrefflicher Freund, schon mehr als einmal Sie in Eppishausen besuchen wollen, traf Sie aber nie, und beide Jahre, 1827 und 28 war ich zur nämlichen Zeit wie Sie in Zürich und sah Sie nicht. Ich glaubte, Sie wissen es, dass ich bei meinem lieben Tochtermann einquartirt seye. Den Herren von Armin[1]) sahe ich einen Tag nach Ihrer Abreise, und bei dem Graf von Mülinen war ich im May auf Besuch. Was uns viel hindert, uns zu sehen, ist wohl das, dass wir Beide im Sommer oft abwesend sind, und es könnte sich gar

---

[1]) Pfeiffer, Briefwechsel pag. 128, Anmerkung, sagt: „Es ist Heinrich Alexander Freiherr von Armin gemeint, der eine Zeit lang Gesandtschaftsattaché in der Schweiz war." Woher Pfeiffer diese Notiz hat, ist mir nicht bekannt. Im Gothaischen Hofkalender erscheint 1828 ein Freiherr von Arnim als preuss. Legationsrat und Geschäftsträger bei der Eidgenossenschaft. Von 1829 an ist der Name regelmässig Armin gedruckt; dies ist offenbar die richtige Namensform. Die St. Galler Zeitung „Der Erzähler" bringt 1832 in ihrer Nr. 9 (vom 2. März) folgende Notiz: „Ein vorörtliches Kreisschreiben vom 21. v. M. gibt den Ständen amtliche Kenntnis, dass Herr

wohl fügen, dass ich auch den nächsten Sommer oft abwesend wäre, da der Vorort Bern sein Möglichstes thut, meine Arbeiten zum Gedeihen zu bringen, und dadurch mein Entlassungsbegehren zu beseitigen. Sie kennen die Schweiz und also auch einen Theil der Schwierigkeiten, die vaterländischen Bemühungen entgegen stehen. Was in einem monarchischen Staat in 6 Monaten gethan werden kann, dazu braucht es bei uns wenigstens so viel Jahre, und nur eine nie zu ermüdende Ausdauer kann zu einem Zweke führen. Ich wäre sehr gerne aller politischen Geschäfte in meinen alten Tagen entladen, wenn aber für das Vaterland noch etwas erspriessliches sollte bewirkt werden können, so will ich auch gerne das Bewusstsein einerndten, gethan zu haben, was in meinen Kräften lag.

Auch für meine Gesundheit sind Reisen sehr zuträglich, desswegen will ich auch künftigen Monat meine Freunde in Bern, Lausanne und Genf besuchen. Lezterer Ort hat für mich gar viel Anziehendes. Es ist da ein Zusammenfluss von Kenntnissen, reinem Sinn und ein reges Bestreben, das Gute zu befördern, der immer auch mir neue Kräfte verleiht, besonders sind die Frauenzimmer so gebildet, wie sonst nirgends, und in meinem Alter, wenn man so entfernte Freunde noch sehen möchte, darf man es wohl nicht zu lange verschieben.

Es freut mich, zu vernehmen, dass Sie so viele Beiträge Ihren Freunden lieferten, auch Pupikofers Geschichte des Thurgaues liess vermuthen, er habe Vieles aus Ihren literarischen Schäzen geschöpft. Wenn der zweite Band von Neugarts Episcopatus Constantiensis gedrukt wird, so wird wohl eine neue Auflage des ersten Bandes auch gemacht werden, da die erste vergriffen zu seyn scheint.

Auch ich habe diesen Winter ziemlich viel an meiner Appenzeller Geschichte gearbeitet, und bin bald fertig mit der Zusammenstellung des ersten Bandes, aber freilich bedarf er dann noch einiger Umarbeitung, um in Styl und Sprache mehr Correktheit, und in den ganzen Plan mehr Einförmigkeit zu bringen, die sich nicht leicht findet, wenn man mehrere Jahre an dem

---

Legationsrat Sixt von Armin, bisheriger k. preuss. Geschäftsträger, am 18. zuvor seine Abberufung angezeigt etc.)" In einem S. von Armin unterzeichneten Briefe an Zellweger vom 2. März 1832 spricht Armin von seiner baldigen Abreise aus der Schweiz. Es ist hier daher ohne Zweifel der Legationsrat Sixt von Armin gemeint.

nämlichen Werk schreibt. Zudem bin ich nicht genug Literator, dass, während ich auf die Zusammensezung und das Ordnen alle meine Achtsamkeit zu verwenden habe, ich Styl und Sprache berüksichtigen könnte. Noch bin ich unentschlossen, ob ich den ersten Theil, der bis 1452 geht, dem Druk übergeben, oder zuerst das Werk ganz vollenden soll. Für Ersteres wäre die Berüksichtigung des Appenzellischen Publikums, welches sehr darnach verlangt, für Lezteres mein Alter, da es jedem Anderen leichter wäre, meine Arbeit ins Reine zu bearbeiten, als meine Urkunden und Collektanea in meinem Geist zu bearbeiten. Was würden Sie anrathen?

Pfarrer Jäger unternimmt eine schwere Aufgabe, wenn er den Cod. Trad. San Gallensium neu herausgeben will. Er hat darum schon die Schwierigkeit, dass, da Mönche aus allen Nationen im Kloster St. Gallen waren, gewöhnlich die Schreiber der Urkunden die data ansezten, wie die Chronologie in dem Land gebräuchlich war, woher sie stammten, sodann gibt es eine unzählige Menge von Urkunden, besonders unter Abt Salomon, welche den Verdacht der Fälschung an sich tragen, wesswegen eine Vergleichung mit den Originalien wahres Bedürfniss wäre, z. B.: die Urkunde unter Salomo, welche die Gränzen des Linzgaues bestimmt, hat alle Kennzeichen der Falschheit an sich. Sollte er über die Fleken im Canton Appenzell Auskunft nöthig haben, so werde ich ihm solche gerne mittheilen.

Möge der sanftere Frühling auch Ihnen neue Kräfte verleihen, und die längeren Tage Ihre Augen schonen, denn das Gesicht ist für Alle, besonders aber für Leute, die sich mit Studien beschäftigen, eine Gabe Gottes, für die wir nie zu viel Sorge tragen können. Dieses wünschet vom Innersten seines Herzens

Ihr Freund

Joh. Casp. Zellweger.

Trogen, d. 14. März 1829.

57. Zellweger an Lassberg.

Hochgeschäztester Herr und Freund!

Sie sind in Ihrem Eppishausen für Ihre schweizerischen Freunde wie todt; unsere gemeinschaftlichen Freunde Armin, von Mülinen, Horner, fragten mich, ob Sie todt oder lebend seyen, und ich versicherte sie, Sie wären sehr beschäftiget, das sagte mir mein Herz, sonst konnten wir uns keine Kunde geben. Auch unser liebenswürdiger Freund, der Professor Wyss fragte mich nach Ihnen mit Theilnahme, und gewiss nehmen auch Sie Antheil, wenn ich Ihnen sage, dass er übel krank und sehr leidend ist. Ich darf nicht hoffen, ihn mehr zu sehen, und unser schäzbarer von Mülinen hat einen kleinen Anfall eines Blutschlages an der linken Hand erlitten, von dem er sich wieder erholt, aber doch nur allmälig, und dann sind das doch böse Warnungen.

Beikommend erhalten Sie ein facsimile einer Inschrift, die im Thurgau gefunden wurde. Was halten Sie davon? Ist nicht ein Theil davon Runen; das lateinische quid mag wohl einer beigefügt haben, der so wenig als ich die Inschrift lesen konnte, und aus welchem Zeitalter mögen die Geräthschaften seyn, die auf der Rükseite des Papiers gezeichnet sind?

In einer Urkunde aus unserer Gegend finde ich, dass die freien Güter zuerst den Freien, die vier Ahnen zählen, sollen angeboten werden, nach Ihnen den Theilungen und erst zulezt den Gottshausleuten. Haben Sie irgend einen Begriff, was diese Theilungen für eine Menschen-Classe gewesen seye? Mir ist es ganz dunkel.

Der Druk meiner Urkunden-Sammlung beginnt nun, und bald der erste Theil meiner Geschichte, die mich sehr beschäftiget, so dass ich mehr Arbeit, als Kräfte, sie zu verrichten, habe.

Und wie geht es denn Ihnen mit Ihrem Episcopatus Constantiensis? Wird er wohl bald erscheinen? Und wie geht es mit Ihrer Gesundheit? Haben Sie lange die Freude des Umgangs mit Uhland genossen?

Ist die Sammlung der Scriptores rerum Germanicarum ganz ins Stoken gerathen, oder haben wir Hoffnung, dass noch etwas erscheinen werde?

Haben Sie Mannerts Geschichte der Franken gelesen? Das halte ich für ein classisches Werk; auch Hottinger führt die Schweizer-Geschichte brav fort.

Grimms deutsche Rechts-Alterthümer sind eine sehr schäzbare Sammlung. Nur hätte ich eine Sönderung nach den Nationen und nach den Zeitaltern gewünscht, damit das Eigenthümliche jeder Nation und jedes Zeitalters in die Augen gefallen wäre, denn zu jeder Zeit war der Unterschied zwischen den verschiedenen deutschen Stämmen zu gross, als dass er nicht sollte bemerkt, oder alles in einer, in der Natur nicht bestehenden Nationalität verwischt werden.

In der Hoffnung, Sie werden nun bald mir ein Zeichen geben, dass Sie noch leben und mir sagen können, Sie seyen gesund, ruhig, vergnügt, kann ich Ihnen einstweilen das Nämliche von mir sagen und Sie versichern, dass meine Hochachtung für Sie sich immer gleich bleibt.

Ihr treu Ergebenster

Joh. Casp. Zellweger.

Trogen, d. 2. Dezember 1829.

58. Lassberg an Zellweger.

Mein verertester Herr und Freund!

Iren lieben Brief vom 2. dieses erhielte ich gestern über dem Nachtessen, welches mir doppelt darauf schmekte, und diesen Morgen mit dem Tage mache ich mich auf, um dasselbe zu beantworten.

Die freundlichen Vorwürfe, welche Sie mir über mein Stillschweigen machen, gefallen mir gar zu wol und ich hätte wol Lust, das heutzutage so sehr beliebte Retorsionssystem auf Sie anzuwenden, wenn ich in meinem Alter nicht von so friedfertiger Natur geworden wäre, dass jeder Krieg mir eine unerträgliche Last ist. Ich habe diesen Sommer von einem Freunde aus Trogen gehört, der bis zum Wegscheider gekommen ist, und statt nach der Villa Epponis, den Weg nach der Episcopatiscella eingeschlagen hat, um nach Constanz zu gehen!

Was Sie mir von unsern Berner Freunden sagen, habe ich schon früher gehört. Mülinen gab mir selbst Nachricht von seinem Unfalle, der mir von der Art zu sein scheint, dass er noch einige Jare zu hoffen hat, da sich die $\mathring{\alpha}\pi o\pi\lambda\eta\xi\iota\varsigma$ nur auf die äusseren Teile geworfen hat. Wyss ist nach der Natur seiner zu spät erkannten Krankheit unrettbar und folglich für uns schon wie gestorben. Einen warmen Freund des Schönen und Guten verlieren wir an im, er besass die Gabe, schöne Gefüle in Versen auszusprechen, unter den jezt lebenden Dichtern der Schweiz in einem vorzüglichen Grade; er war ein liebenswürdiger Gesellschafter, und alle die mit im in freundschaftlichen Verhältnissen standen, werden in nie vergessen. Ich hatte mich seiner vorzüglichen Gunst zu erfreuen, werde in vielleicht schmerzlicher vermissen als mancher seiner Landsleute.

Mein lieber und redlicher Gevatter Arminius hat sich über mich nicht zu beklagen; ich liebe in und schreibe im oft ser lange Briefe.

Für das facsimile mit Zeichnung von Ring und Heftnadel danke ich Inen vielmal; es sind die im lezten Frülinge bei Eschenz (Gaunodurum) aufgegrabenen Sachen; aber sicher von verschiedenem Alter. Der Ring enthält einen atraxus; denn als eine Art Talisman wurde das hexagon von den Gnostikern getragen. Beide Stüke werden das Alter des Kaisers Aurelian nicht überreichen. Die Inschrift auf den Ziegelstüken ist von einem ganz andern Korne. Von Runen ist schon gar keine Rede; auch nicht ein einziges Schriftzeichen derselben gehört dem Runenalphabete an. Am meisten Änlichkeit haben die Züge mit der merovingischen Schrift; doch meine ich, dass inen nicht einmal dieses Alter zugestanden werden dürfe. Warscheinlich ist eine Ziegelhütte in der Nähe; oder gehörte der Aker, worauf sie gefunden wurden, einem Ziegler oder Töpfer, warscheinlich haben französische Soldaten, die vor 30 Jaren so lange und oft am Bodensee lagen, sich mit einzelnen Lehmpazin einen Spass gemacht; denn die Schrift, so ser sie auch entstellt und verzogen ist, gleicht doch in der Grundform einzelner Buchstaben vollkommen demjenigen Schriftductus, welchen die französischen Kalligraphen ronde-bâtarde nennen. Was sollen die arabischen Ziffern: 66e anders heissen als: soixante-sixième demi-brigade? auf diese Weise wären es freilich Legionsziegel; aber von den jüngsten, die man hat. Lesen Sie doch: „Thormund Legis Fundgruben des Nordens", I. Bd., Leipzig, bei A. Barth, 8°, 1829, es ist das beste über die Runen und ser klar.

Die Urkunde, welche Sie mir anfüren, ist ser interessant und Sie würden mich verbinden, wenn Sie mir eine vollständige und diplomatisch treue Abschrift davon machen zu lassen die

Güte haben wollten. Unter den Teilungen, welchen nach den alten Freien, und vor den Gottshausleuten die feilen Güter sollen zu Kaufe angebotten werden, sind wol keine andere Leute, als die Nachkommen aus gemischten Ehen, zu verstehen; nämlich: wo eines der Eltern frei und das andere unfrei war: generatio mipartita, bipartita. Vielleicht gar nur die Nachkommen von freien Müttern; denn das Ei folgt der Henne. Teilbar waren ja auch im Thurgau die Kinder aus gemischten Ehen; ich habe Urkunden zu vielen Dutzenden gelesen, welche dies bestätigen, ja schon im 10. und 11. Jarhundert. Aber die Ahnenprobe zu diesem Zwecke ist höchst merkwürdig. Wenn Sie etwa alte (d. i. solche, die wenigstens ins 17. Jarhundert hinauf gehen) Dorf-Offnungen, Gemeindsordnungen und dergleichen Weistümer auftreiben können, so verbinden Sie mich durch deren Mitteilung ungemein; ich habe wol schon ein par Duzend solcher an meinen Freund Grimm gesendet, welcher aus einem Bibliothekar zu Cassel jezt Professor ord. zu Göttingen geworden ist. Was Sie, verertester Freund! über seine allgemein als epochemachendes Werk anerkannten Rechtsaltertümer sagen, in das kann ich nicht einstimmen.

Es war unerlässlich, das Werk nach Materien zu ordnen, sonst würden aus einem Buche merere kleine Büchlein geworden sein. Bei dieser Einrichtung nun konute es nicht felen, dass die gesammten germanischen Völkerstämme als ein Ganzes behandelt und die Gegenstände durch alle Zeitalter herab abgehandelt werden mussten. Ja, es ist gewissermassen notwendig, dass gezeigt werde, in welcher Form eine oder die andere Rechtsmaterie in irem Ursprunge erschien, und wie sie sich durch die Jarhunderte hindurch verwandelt haben. Heineccius[1]), einer der berümtesten alten Rechtslerer, hat diese in seinen Antiquitatibus juris rom. vollkommen gerechtfertiget.

Wie froh bin ich, dass der Druk Ires historischen Werkes nun endlich beginnt, es muss und wird Inen gewiss Ruhm im Auslande und den Dank Irer Mitbürger erwerben.

Sie fragen mich, lieber Freund! wie es mit dem Episcopatus Constantiensis gehet? Vor einigen Tagen hätte ich Inen antworten müssen: Schlecht! und heute kann ich Inen sagen: Ser gut und

---

[1]) Joh. Gottlieb Heineccius, Professor der Rechte in Halle, geb. 1681, gest. 1741.

nach Wunsch. Ich hatte mit einem Buchhändler vel quasi contrahirt, und dieser gieng nach einiger Zeit wieder vom Vertrage ab. Nun glaubte ich schon zu dem leidigen Wege der Subscription meine Zuflucht nemen zu müssen, als auf einmal der Herr von Cotta[1]) in Stuttgart ins Mittel trat, alle meine Anträge genemigte, und mir nun die Gewissheit gab, dass noch diesen Winter mit dem Druke kann begonnen werden. Ich bin also von nun an blos diesem Werke verpflichtet und voller Freude darüber, dass unser biederer Freund Mülinen noch bei seinen Lebzeiten einen seiner senlichen Wünsche wird in Erfüllung gehen sehen.

Uhland war nur 14 Tage bei mir und ich habe nun Ursache, zu hoffen, dass sein Wunsch, als Professor in Tübingen, seiner Vaterstadt, angestellt zu werden, endlich in Erfüllung gehen wird. Dieser von der Moral eben so ser als von der wissenschaftlichen Seite schäzbare Mann wird die Zierde dieser Hochschule werden.

Von den Monumentis Germaniæ historicis wird ein zweiter Teil vorbereitet. Perz arbeitet fleissig daran, wann er aber erscheinen wird, ist noch ungewiss, doch warscheinlich nicht so ser entfernt.

Mannerts Geschichte der Franken kenne ich noch nicht; es würde mich aber ser erfreuen, wenn dieser schon ser alte Mann noch am Abende seines Lebens ein klassisches Werk geliefert hätte. Seine Geographie Teutschlandes unter den Römern hält nicht überall Stich.

In der Theotiska ist in diesem Jare nicht viel erschienen. Wilh. Grimms[2]) teutsche Heldensage ist eine ser schäzbare Sammelung, welche in der Folge noch vervollständiget werden kann. Von der Hagens Minnesinger, 3 Quartbände, Leipzig, bei Barth, sind noch nicht im Buchhandel, obschon ich seit April l. J. die Textbogen davon habe. Graffs Diutiska färt waker fort. Massmanns Denkmäler scheinen in der Erstgeburt untergegangen zu sein. Graff[3]) in Königsberg gibt den

---

[1]) Joh. Friedr. Freiherr von Cotta, der verdiente deutsche Buchhändler, der Verleger Schiller's und Göthe's; geb. 1764, gest. 1832.

[2]) Wilhelm Karl Grimm, der jüngere der Brüder, geb. 24. Febr. 1786, gest. 16. Dezember 1859.

[3]) Eberhard Gottlieb Graff, deutscher Sprachforscher, geb. 1780, seit 1824 Professor in Königsberg, lebte seit 1830 in Berlin, starb 1841.

ganzen Otfrid neu heraus. Uhlands Werk über die alte teutsche Poesie ist noch nicht unter der Presse, wird aber gewiss bei der Erscheinung Epoche machen.

Gestern war Pupikofer bei mir und brachte mir die lezten Bogen vom 2. Teile seiner Geschichte des Thurgaues.

Meine Gesundheit ist, für meine 60 Jare, noch gut genug, nur meine Augen werden immer schwächer, mein Herz aber ist noch so frisch als vor 40 Jaren, und grüsset Sie aus dem Innersten.

Lassberg.

Eppishausen, am 7. Dezember 1829.

59. Zellweger an Lassberg.

Mein verehrtester Herr und Freund!

.... Da Sie die Urkunde vom Gericht zur Thurlinde schon besizen, so schike ich Ihnen die Copie der meinigen nicht. Wohl aber werden Sie in meiner Urkunden-Sammlung noch verschiedenes finden, das vielleicht für die Nachforschungen des Herrn Grimm dienen kann, auch werde ich gerne Ihnen mittheilen, was ich von solchen Dorfoffnungen besize. In den Landgerichts-Ordnungen wäre auch noch Vieles zu finden. Was ich davon besize, nüzt aber Herrn Grimm nichts, weil ich nur Auszüge daraus habe, eben so aus manchen Dorfs-Offnungen, die meine Geschichte nicht directe angehen, habe ich nur Auszüge gemacht. Im Kloster St. Gallen hat es sehr viele solcher Offnungen, die fast alle unter Abt Ulrich aufgenommen wurden, der sich bemühte, die Rechtsamen aller Orten deutlich festzusezen. Sobald ich Pupikofers 2. Theil werde gebunden erhalten, will ich nachsehen, was in seinen Urkunden enthalten ist, und dann Ihnen nachsenden, was ich besize und er noch nicht hat.

Ihre Vermuthung über die Theilungen läst sich wohl hören, indessen werde ich noch weiter nachforschen, ob ich etwas Bestimmtes darüber erfahren könne.

Dass Herr Grimm seine Rechts-Alterthümer nach Materien ordnete, will ich nicht tadeln, aber dass ich noch wünsche, er hätte jede Materie untergeordnet nach Völkerschaften und Zeit, kann ich nicht bergen. Mir scheint, wir verfallen in Irrthümer, wenn wir die verschiedenen Völkerschaften Deutschlands als ein Volk ansehen, und wenn auch, was doch nicht erweislich ist, sie alle von einem Urstamm entsprungen wären, so haben die spätern Ereignisse so ungleich gewirkt, dass die spätern Zeiten das Alte ganz ungleich verändert haben. Freilich kann ich auch annehmen, dass die Grimm'sche Sammlung noch nicht vollständig genug seye, um diese Sönderung zu bewerkstelligen.

.... Nach dem Begriff, den ich mir von der Geschichte mache, kann der Geschichtschreiber, der eine grosse Volks-Geschichte schreibt, sie geben wie er sie ansieht, weil er nicht in die Kleinigkeiten eingehen darf, sondern er muss sich aus diesen eine Vorstellung machen, die er giebt, wie er die Sachen aufgefasst hat, hingegen muss derjenige, der eine Monographie schreibt, mit sclavischer Treue forschen, und weder mehr noch weniger geben, als er findet und so wie er es findet; denn die Monographien sollen dem Geschichtschreiber dienen, damit er die Ereignisse genau kennen lerne und den Geist der Zeitalter und Völker erkenne. Es ist wohl auch dem Monographen erlaubt, durch Muthmassungen Thatsachen zu verbinden oder zu erläutern, aber jeder vernünftige Leser muss diese leicht von den Thatsachen unterscheiden können.

Wenn Mannert in seiner Geographie Teutschlands auch Fehler gemacht hat, so rechne ich sie ihm nicht an, denn er musste das Eis brechen, den Chaos ordnen, und manche der spätern Kritiken mögen noch eben so unsicher seyn als Mannerts Angaben.

Ich glaube nicht, dass ein einziger Alterthums-Forscher sich vor Mängeln, Fehlern und Irrthümern frei halten könne.

.... Schreibers Urkunden-Sammlung[1]) hat mir auch gar nicht unwesentliche Berichtigungen für meine Appenzeller-Geschichte geliefert, namentlich für die Appenzeller Kriege. Wären alle reichsstädtischen Urkunden gedrukt!

Möge der Himmel Ihre 60 Jahre auf die 80 mit vollen Kräften und im Genuss des Glüks steigern, so werde auch ich bis an mein Ende noch Genuss von Ihrer Freundschaft haben, um deren Fortsezung ich Sie bitte und Ihnen die meinige bis an den Tod zusichere.

Ihr Ergebenster

Joh. Casp. Zellweger.

Trogen, d. 31. Dezember 1829.

---

[1]) Schreiber, Urkundenbuch der Stadt Freiburg i. Breisgau.

60. Lassberg an Zellweger.

Verertester Freund!

Ich wollte Inen die Inlage selbst im Schlitten überbringen, Herr Pupikofer und ich hatten eine Fart zu Inen ausgemacht, allein, diese ganze Woche her haben wir so neblicht und kaltes Wetter, und meine Gicht fing wieder an sich im Beine zu zeigen, dass ich diese Ausflucht wieder vertagen muss. Ich sende Inen also den Riesen Sigenot[1]) mit seiner grossen Eisenstange und er mag Inen selbst erzälen, wie es im mit König Dietrich und dem Meister Hildebrand ergangen.

Allerdings stimme ich Inen bei, dass die ältesten Landgerichtsordnungen manches für die teutschen Rechtsaltertümer brauchbares enthalten müssen. Geben Sie mir doch die Orte an, wo man solches zu finden weiss. Vielen Dank für Ire gütige Zusage, mir Ire Gemeinds- und Dorfoffnungen mitzuteilen, es soll auch in der neuen Ausgabe der Rechtsaltertümer wie billig, verdankt werden.

Meine Vermutung über die Teilungen ist nun bei mir keine blosse Vermutung mer; es kann durchaus nichts anders als Kinder aus gemischten Ehen damit gemeint sein. Graf von Mülinen fragt mich auch wegen den Teilungen; ich habe im dieselbe Antwort gegeben: dass es gemischte Ehen sind, oder die Kinder daraus.

Wir haben hier eine ser empfindliche Kälte gehabt; doch nie über $13^1/_2^0$. Mir tut die Kälte nicht wehe, wenn sie troken und one Wind ist. Ich bin das von Jugend auf gewont, da ich schon als Kind von 7—8 Jaren one Handschuhe mit meinem Vater auf die Schweinejagden fur, und oft ganze Tage im tiefsten Schnee zubrachte. Jezt kann es doch nimmer gar lange dauern, so müssen die Frülingswinde anfangen zu wehen und der Favonius aufangen den Schnee zu schmelzen. Das Beste für mich ist das Zunemen des Tages; denn bei Licht lesen oder schreiben fällt mir allgemach beschwerlich. Lieber Freund! man muss sich über die Ordnung der Natur nicht beschweren, und nichts ist natürlicher, als dass alte Leute nach und nach ire Facultäten

---

[1]) **Sepp von Eppishusen (Lassberg). Ein schön und kurzweilig Gedicht von einem Riesen, genannt Sigenot. 1830.**

verlieren, ich neune das, seine schwere Bagage vorausschiken;
aber vor allem bitte ich den lieben Gott, mir die Augen zulezt
zu nemen. Durch die Augen und mit den Augen habe ich am
meisten gelebt, und one sie — wäre ich ein Esel geblieben.

Ire Briefe sind oft ser alt, wenn sie bei mir ankommen;
den vom 31. Dezember bekam ich erst am 8. Januar abends.

Uhland ziehet auf Ostern als Professor der teutschen Sprache
und Literatur nach Tübingen, wo seine Ältern noch leben. Welche
Freude für beide!

Empfelen Sie mich Herrn Pfarrer Frey auf das freundschaftlichste und geben Sie im auch ein Exemplar des Sigenot,
wie auch Herrn Krüsi[1]) an der Kantonsschule.

Leben Sie wol, teurer Freund! und bleiben Sie immer gut

Irem unveränderlichen Freunde

J. v. Lassberg.

Eppishausen, am 29. Januar 1830.

Wie stehet es um den Druk Irer Geschichte und Urkunden?

61. Zellweger an Lassberg.

Verehrtester Freund!

Ihr freundliches Schreiben erwekte bei unsern Freunden
Frey und Krüsi, so wie auch bei mir selbst herzliche Freude
und wir danken Ihnen recht sehr für das freundliche Neujahrs-
Geschenk.

Ich kann Ihnen nichts so hübsches und sinniges schiken,
doch etwas, das Sie als Alterthumsforscher interessirt: Die Offnung
der Gemeinde Trynau. Sodann begleite ich Ihnen einen kleinen
Band Offnungen, den Sie nach Belieben ganz oder zum Theil
können copiren lassen. Sind Sie damit fertig, so bitte ich mir
diesen Band zurük, dann schike ich Ihnen etwas anderes.

Die Landgerichts-Ordnung von Raukwil, die im Kantons-
Archiv zu St. Gallen liegt, hat keine Nummer noch andere Be-
zeichnung. Wäre Ihnen mit der Copie meiner Excerpte gedient,
so steht sie Ihnen zu Diensten.

---

[1]) Hermann Krüsi von Gais, geb. 1775, war von 1822—1834 Direktor
der Kantonsschule in Trogen.

Könnten Sie mir eine Urkunde verschaffen, worin der Ausdruk Teilungen in dem Sinn vorkäme von Kindern aus gemischten Ehen, so würden Sie mich dadurch sehr verpflichten.

Gestern fand ich in einer meiner Handschriften: Die Verhandlungen Oestreichs mit den Eidsgenossen vor dem Rath zu Ulm, die nach dem Zürcher Krieg laut Spruch des Pfalzgraf Ludwig dort statt haben sollten, und meines Wissens bis jezt ganz unbekannt sind.

Wegelins Geschichte vom Toggenburg zeuget noch mehr von gründlichen Forschungen als Pupikofers Geschichte vom Thurgau. Schade, dass Wegelin aus Sparsamkeit keine Citate angiebt. Er fand in seinen Forschungen, wie ich in den meinigen, dass von Arx voller Unrichtigkeiten ist; er schonte ihn aber, weil er ihm viel verdankt.

Ich rüge sanft, aber ich rüge jede Unwahrheit, denn der Geschichtforscher soll vor allem aus wahr seyn.

Mit dem Druk meiner Urkunden geht es langsam und an der Geschichte lasse ich nicht anfangen, bis 50 Urkunden abgedrukt sind. Zum ersten Theil meiner Geschichte kommen ohngefähr 300 Urkunden, aber das machen mir wenige Autoren nach.

Mich wird die Freude, meine Geschichte zu machen, fl. 4000 bis 5000 reine Auslagen an Geld kosten, und doch wird sie entsezlich mangelhaft seyn, über die Verhältnisse von Schwaben, Vorarlberg, Toggenburg, Rheinthal und Thurgau doch manche bis jezt unbekannte Thatsachen ans Licht bringen.

Wenn wir einmal Frühling haben und Sie sind bei Hause, so komme ich an einem Samstag und sage Ihnen mündlich, wie sehr ich Sie schäze und liebe.

Ihr treuer Freund

Joh. Casp. Zellweger.

Trogen, d. 13. Februar 1830.

62. Zellweger an Lassberg.

Mein verehrungswürdiger Herr und Freund!

Da ich weiss, wie sehr Sie mit der Familie von Ems bekannt sind, so nehme ich die Freiheit, Sie um Auskunft zu bitten, ob es wirklich wahr seye, dass 1459 ein Cardinal von Hohen-Ems existirt habe, welcher nach einer Notiz im Namen des Papstes im Juni desselbigen Jahres dem Tag in Constanz solle beigewohnt haben, auf welchem Herzog Siegmund seiner Gattin das Thurgau zur Morgengabe gab.

Besizen Sie schon die Offnung von Waldkirch, oder wünschen Sie selbige zu erhalten? In lezterem Fall sende ich sie Ihnen noch vor meiner Abreise nach Bern, die zwar noch unbestimmt, aber sehr wahrscheinlich vom 15. auf den 20. Juli stattfinden wird.

Mit dem Druk meiner Urkunden geht es jezt gut vorwärts, aber während meiner Abwesenheit wird wieder eine Stokung eintreten, denn deren Correctur darf ich Niemand übertragen. Bis jezt sind 12 Bogen gedrukt.

Empfangen Sie die Versicherung meiner Hochachtung und Freundschaft.

Trogen, d. 19. Juni 1830.

Joh. Casp. Zellweger.

63. Lassberg an Zellweger.

Ire Zeilen vom 19. dieses erhalte ich soeben auf einem ungewönlichen Wege; aber die ungewönlichen Wege sind in unserm Kantone an der Tagesordnung. Am sichersten und schnellsten bekomme ich Ire Briefe, wenn Sie Mittwochs oder Donnerstags Mittag in St. Gallen in der Traube dem farenden Boten von Buchakern zugestellt werden.

Aber nun, mein hochverertester Freund! wollen wir von Irem Cardinal von Ems sprechen. Hätten Sie mir die Quelle Irer Notiz angegeben, so würde ich vielleicht die Sachen haben näher beleuchten können, auf alle Fälle kann der 1437 verstorbene Kaiser Siegmund anno 1459 keinen Reichstag in Constanz gehalten haben. Der damalige Papst war Aeneas Silvius Piccolomini unter dem Namen Pius II., und unter diesem war kein Cardinal von Hohen-Ems. Ich kenne überhaupt nur 2 aus diesem

Geschlechte, welche die höchsten Kirchenwürden erlangt haben. Marcus Sitticus II., der Son des Wolf Dietrich und der Clara von Medicis, welcher Cardinal und Bischof zu Constanz, und sein Neffe Marcus Sitticus III., welcher Erzbischof zu Salzburg und Domprobst zu Constanz war; aber sie fallen in das XVI. und XVII. Jarhundert. 1459 war Kaiser Friedrich III. am Reich, und hielt mer als einen Tag zu Konstanz; aber die von Ems waren damals noch nicht Grafen, und kamen erst durch ire Verheuratungen in die Häuser Borromäi und Medicis empor und zu hohen Würden.

Bucelin verspricht in einem Bande seiner Stemmatographie ein eigenes Werk über das Haus Hohen-Ems, das aber nie zum Vorschein kam, und warscheinlich im Manuscripte unter den noch nicht registrirten Handschriften der königlichen Hofbibliothek zu Stuttgart liegt, wohin die Sachen aus Weingarten kamen. Der Graf Pompeo Litta zu Mailand, der ein genealogisches Werk über die ausgestorbenen grossen Geschlechter Italiens schreibt, hat mich auch um Auskunft über die von Hohen-Ems angegangen; ich konnte ihm aber nur Fragmentarisches mitteilen. Die zalreichen Urkunden des Hausarchives von Ems liegen bei der närrischen Gräfin Zeil, gebornen Harrach in Mähren — deren Mutter Rebecca die lezte des Stammes in Teutschland war; denn in Rom blühen sie noch fort unter dem Namen Altamis.

Ich sende mit dem verbindlichsten Danke die Handschrift mit den Offnungen zurük — Sie werden darin, an den von mir bezeichneten Stellen, genügende Auskunft über die Teilungen finden. Verzeihen Sie, dass ich sie so lange behielt, die Abschriften davon kamen mir nur erst vor Kurzem zu. Wenn Sie mir auch die Offnung von Waldkirch wollen zukommen lassen, so laden Sie, mein teurer Freund! zu den vielen Verbindlichkeiten, die ich schon gegen Sie habe, wieder eine neue auf. Verfügen Sie dagegen auch über meine geringen Dienste.

An einer Pergamenthandschrift des 13. Jarhunderts, welche für die schwäbische und auch für die hohenstaufensche Geschichte viel Merkwürdiges enthält und mit Abbildungen der schwäbischen Kaiser gezieret ist, habe ich bereits 287 Seiten abgeschrieben und hoffe sie in 8—10 Tagen ganz zu vollenden[1]). Von 5 Ur morgens bis abends 8 verlasse ich den Schreibtisch nur, um

---

[1]) Vergl. pag. 119, Anmerkung 2.

hastig zu Mittag zu essen; wenn meine Augen auch diese Probe aushalten, so glaube ich noch lange nicht blind zu werden. Aber eben bin ich wieder einem neuen Pergament-Codex auf der Spur, welcher ebenfalls ein pictoratus sein soll und in einer alten Burg meiner Nachbarschaft gelegen hat, von wo er auf die Büne eines Rebmannes gewandert ist. Wer weiss, ob uns nicht ein wichtiger Fund bevorstehet?

Ich freue mich über den Fortgang des Drukes Ires verdienstvollen Werkes; könnte ich nur auch dasselbe von dem Episcopatus Constant. sagen; aber der Buchdruker schreibt mir, dass er die Buchstaben erst in 2 Monaten erhalte!!! — o wehe! — Sie gehen also wieder nach Bern, um da den Stein des Sisyphus zu wälzen; dazu gehört viel Geduld! — ich besize solche nur für alte Handschriften und bin froh, dass ich sie zu nichts anderem mer bedarf.

Nun aber bemerke ich erst, indem ich Ir Schreiben noch einmal lese, que j'ai fait de la prose sans le savoir! statt Kaiser Siegmund hätte ich Herzog Siegmund lesen sollen — so wäre ich nicht in Irrtum gefallen — indess bleibts dabei, dass ich ums Jar 1459 keinen Kardinal aus dem teutschen Hause von Ems kenne, und warscheinlich auch sonst Niemand. Wenn meine Geschäfte gut gehen, so sehe ich Sie warscheinlich diesen Sommer in Bern. Haben Sie die Güte, unter den vielen politischen Geschäften nicht gänzlich zu vergessen auf

Iren aufrichtigen Freund

J. v. Lassberg.

Eppishausen, am 25. Juni 1830.

64. Zellweger an Lassberg.

Mein verehrtester Freund!

Unser St. Galler Bote ist ein vornehmer Herr, dem es zu unbequem ist, einen Brief zur Traube in St. Gallen zu tragen, desswegen erhalten Sie oft meine Briefe auf ungewohnten Wegen.

Es ist Schultheiss in seiner Chronik, Band I, fol. 163 b, der sagt, dass bei dem Congress des Herzogs Siegmund und der Eidsgenossen, der 1459 in Constanz statt hatte, auch zugegen war des Papsts Botschaft Cardinal „von der Hohensemss." Was kann man wohl da für einen Cardinal daraus kaufen, da nach Ihren Notizen an keinen Hohenemser zu denken ist?

Da Sie mir schrieben, Sie haben viele Offnungen von Herrn von Mülinen erhalten, so dachte ich, es wären die vom Kloster St. Gallen, da Sie aber die von Waldkirch nicht besizen, so vermuthe ich, es seyen andere, und werde nun während meiner Abwesenheit alle Rheinthaler Offnungen copiren lassen, die ich vorgestern in einem meiner Manuscripte fand, um sie im September Ihnen zuzuschiken. Mein Copist ist ohnedem gerne in der Zwischenzeit beschäftiget. Sollten Sie sie jedoch schon besizen, so würden Sie mich durch die Anzeige sehr verpflichten.

Herr Pupikofer meint, dass der 110. Vers pag. 480 aus dem III. Theil Ihres Liedersaals darauf deuten könnte, dass ein Appenzeller der Dichter des Liedes wäre. Allerdings ist es auffallend, dass darin des Spichers erwähnt wird, um so mehr, da damals der Spicher ein ganz unbedeutender Ort war, weder ein Dorf, noch eine Rood, sondern nur ein kleiner Weiler; indessen würde es mir doch gewagt scheinen, daraus auf einen Appenzellischen Autor zu schliessen. Jener Freund will damit das 226. Lied in Verbindung sezen, worin Geschlechter vorkommen wie Rüsch und Bruker, die im 14. Jahrhundert schon im Appenzellerland, aber auch im Rheinthal, vorkommen. Hingegen kömmt der Taufname Bertschi nirgends in unserem Land vor, und das Weintrinken war so ungewöhnlich, dass Eidsgenössische Gesandte, die im Appenzellerland Wein zu trinken wünschten, ihn von St. Gallen musten kommen lassen, oder bei Feldkirch rauben. Ich würde also die Scene jener Hochzeit eher in das Rheinthal oder die Gegend um Rorschach versezen. Was sagen Sie dazu?

Dieses Mal wird bestimmt in Bern der erste Schritt zur Verbesserung des Eidgenössischen Zollwesens gethan.... Meine Arbeit ist gleichsam die des Erziehers, der Ideen geben muss, damit sie in den Köpfen Anderer verarbeitet werden; und dann muss ich wieder vor irrigem Auffassen wehren, jedoch immer im Hintergrund stehend Jeden glauben lassen, was geschehe, sei sein Werk.

Es würde mich sehr freuen, wenn ich Sie in Bern sähe, wahrscheinlich wird es bei unserem gemeinschaftlichen Freund

seyn; indessen wünsche ich, dass Sie in Ihren Thurgauischen Fundgruben immer neue Schäze finden, die ohne Sie der Vermoderung preisgegeben worden wären, und nun schon so oft die Kenntniss des Mittel-Alters erweitert haben.
Mit aller Treue und deutschem Handschlag

Ihr ergebener Freund

Joh. Casp. Zellweger.

Trogen, d. 30. Juni 1830.

65. Lassberg an Zellweger.

Verertester Freund!

Es ist gewiss, dass es im Jare 1459 keinen Cardinal von Hohenems gab, die Edelleute schrieben sich damal noch schlechtweg: vom Emps. Da Sie mir nun aber Ihre Quelle angezeigt haben, so kann ich Inen auch Aufschluss geben. Bei Schultheiss stehet nach Irem soeben erhaltenen Briefe vom 30. Juni: Hohensemss; sezen Sie einen Punkt auf den lezten Strich des m, so haben Sie: Hohenseniss; so schrieben die Teutschen im 15. Jarhundert den Namen der damals noch freien, jezt toskanischen Stadt Siena und vergassen überhaupt meistens Punkte auf die i zu machen. Aeneas Silvius Piccolomini, der nachherige Papst Pius II., war aus dieser Stadt und wurde von den teutschen Chronikern jener Zeit meist nur der Cardinal von Senis genannt. Als ehemaliger Kanzler Kaiser Friedrichs III. musste er von allen Cardinälen mit den teutschen Angelegenheiten, und selbst mit den schweizerischen, am besten bekannt sein. Hoc de his!

Mit dem verbindlichsten Danke werde ich von Inen, mein teurer Freund! die Rheinthaler Offnungen empfangen, um sie meinem Freunde Grimm nach Göttingen senden zu können, dessen Sammlung ich auf alle Weise zu bereichern suche, da sie durch in Gemeingut wird, und warscheinlich bei der zweiten Ausgabe seiner Rechtsaltertümer zum Vorscheine kommen wird. Aber lassen Sie mich auch die Abschreibe-Gebüren wissen, sonst komme ich zu tief in Ire Schuld.

Die Vermutung, dass der Verfasser des Lieds Nr. CCXXXV in meinem Liedersaale wol ein Appenzeller sein möchte, ist wol von mir, und Band III, Seite 476, zu lesen. Herr Pupikofer hat seine gänzliche Unbekanntschaft mit dem suevischen Dialekte des Mittelalters nicht in Betrachtung gezogen, sonst würde er nicht auf den ganz unhaltbaren Gedanken gekommen sein, eine Localaffinität zwischen den Liedern: CCXXVI und CCXXXV zu finden. Ersteres ist rein schwäbisch und gehört aller Warscheinlichkeit nach einer württembergischen Gegend an.

Allerdings ist es das beste, ja vielleicht das einzige Mittel, eine Idee in einer vielköpfigen Versammlung durchgehen zu machen, wenn man Jeden auf den Glauben bringt: er selbst habe sie gehabt; aber, wenn ich dann denke, dass ein stierköpfiger Urner, oder ein sanct Fridlismann allein Alles wieder umstossen kann, fangen meine Hoffnungen wieder an zu schwanken. Indessen: tentare licet! und wol dem Biedermanne, der dabei auf allen Lon verzicht tut; aber das selbst ist für in schon der schönste Lon, nämlich das innere Bewusstsein; alles andere ist nur Lumperei.

An dem Ufer des lieblichen Thunersees, in der kleinen Karthause unseres erwürdigen Freundes, Sie, mein verertester Zellweger, anzutreffen, würde unter die angenemsten Ereignisse meiner vorhabenden Reise gehören. Ich habe im Sinne, meinen Weg über Münster, Beromünster zu nemen, wohin Stalder[1]) mich ser freundlich eingeladen hat; da will ich denn versuchen, ob es denn gar kein Mittel gibt, die Capsa obsoleta, wie Joh. Müller das dortige Stiftsarchiv nannte, zugänglich zu machen, auch besizt die dortige Stiftsbibliothek ein teutsches Wörterbuch des 15. Jarhunderts, das einen Teutschordenscaplan der dortigen Gegend zum Verfasser hat. Stalder will eine neue Ausgabe seines Idiotikons veranstalten, und Sauerländer es druken.

Wirklich bin ich wieder einer alten Pergamenthandschrift mit gemalten Bildern auf der Spur, welche vielleicht wichtiges enthalten kann. Mit meinem Codex trad. Weissenaugensium[2])

---

[1]) Stalder, Franz Joseph, geb. 1757, gest. 1833. Seit 1792 war er Pfarrer zu Escholzmatt im Entlibuch. Er ist bekannt als Dialektforscher.

[2]) Lassberg schrieb damals die acta S. Petri in Augia (Manuscript Nr. 821 der Vadian'schen Bibliothek in St. Gallen) ab. Die Abschrift, die ausserlich betrachtet fast ein Facsimile sein soll, befindet sich unter dem Titel Codex trad. Wisaugensium in der fürstlichen Hofbibliothek in Donaueschingen.

bin ich beinahe am Ende, ich habe nur noch 30 Seiten abzuschreiben. Schade, dass er auch gar nichts für die Schweizergeschichte brauchbares enthält, desto mer, und darunter Wichtiges, für jene von Schwaben.

Leben Sie wol, aufrichtig geliebt und verert von

Irem

J. v. Lassberg.

Eppishausen, am 1. Heumonat 1830.

66. Zellweger an Lassberg.

Mein trefflicher Freund!

Endlich bin ich wieder bei meinen Penaten, nachdem ich drei Monate lang in der Schweiz mich herum trieb. In Bern machte ich mit Vergnügen die persönliche Bekanntschaft von Herrn Tillier[1]), welcher die Geschichte der europäischen Menschheit geschrieben hat, und nun an derjenigen von Bern arbeitet. Von Bern aus verweilte ich zwei Tage bei Herrn von Mülinen in seiner anmuthigen Carthause, wo, wie ich vernehme, Sie später auch eintrafen.

.... In Neuenburg nahm mich der Procureur général de Chambrier[2]) in sein Haus auf, von dem ich vernahm, dass er eine Geschichte seines Cantons geschrieben habe, die auf 9000 Urkunden sich stütze, die ein Anverwandter von ihm excerpirt habe.

In Sitten besuchte ich den alten Chorherrn De Rivaz[3]), der seit seiner Auswanderung aus Frankreich, während der

---

[1]) Joh. Anton v. Tillier, schweizerischer Geschichtschreiber, geb. 1792 in Bern, gest. 1854 in München. Seine Hauptwerke sind: „Geschichte des eidgenössischen Freistaates Bern" (5 Bände, Bern 1838); „Geschichte der Eidgenossen während der Restauration" (3 Bände, Bern 1848); „Geschichte der Eidgenossenschaft während der Zeit des sogeheissenen Fortschritts" (3 Bände, Bern 1854/55). Geschichte der helvet. Republik, 3 Bde. 1843.

[2]) Frédéric-Alex. de Chambrier, geb. 1785, gest. 1857. Er schrieb: „Histoire de la principauté de Neuchâtel et Valangin jusqu'à l'avènement de la maison de Prusse." (Mscpt.)

[3]) Anna-Josephe de Rivaz, geb. in Paris 1751, gest. in Sitten 1836. Seine 18 Foliobände umfassende Geschichte des Wallis befindet sich im Besitz seines Grossneffen, des Herrn De Rivaz in Sitten.

frühern Revolution, an der Geschichte seines Vaterlandes, des Cantons Wallis, arbeitet und 22 Folianten voll Urkunden, geschichtliche, topographische und statistische Notizen gesammelt hat.

In St. Maurice, der ältesten Abtei des Burgundischen Reichs, sahe ich das Register raisonné ihrer Urkunden, welche für die Geschichte Savoyens und der französischen Schweiz noch gar viel merkwürdiges enthalten; hingegen kann man in Orbe besser den Styl der Burgundischen Baukunst erachten.

Mitkommend erhalten Sie nun für Herrn Grimm die Rheinthalischen Offnungen, mit dem Wunsch, dass er darin noch recht viel Eigenthümlichkeit auffinde.

Nun müssen Sie mir doch auch sagen, ob Sie noch leben, noch wohl seyen, wo Sie den Sommer zubrachten, was Sie merkwürdiges sahen und hörten, sammelten und lernten oder lehrten, was jezt Ihre Thurgauer machen, ob sie sich in französische oder niederländische Moden kleiden, oder in alter Thurgauer Tracht sich noch gefallen.

Leben Sie indessen wohl und vergessen Sie Ihres Freundes auf den Bergen nicht.

Joh. Casp. Zellweger.

Trogen, d. 13. Oktober 1830.

67. Lassberg an Zellweger.

Verertester Freund!

Als Ir erster Brief vom 13. Oktober am 20. desselben Monats hier ankam, hatte ich das Haus so voller Fremden und Gäste, dass ich keine Stunde für mich behalten konnte, und gleich nach der Abreise derselben wurde ich von einem schmerzlichen Stikkatarrh mit heftigem Fieber befallen, der mich ins Bette warf und mehr als 5 Wochen festhielt. Nach meiner Genesung nam ich mir zwar alle Tage vor, Inen zu schreiben und zu danken; allein, ich wurde merere Tage hindurch gehindert, mir dies Vergnügen zu geben.

Nun erhalte ich gestern Ire Manung, vom 30. dieses datirt, welche warscheinlich am 19. geschrieben wurde. Empfangen Sie nun, mein verertester Freund! den so lange aufgesparten, aber darum nicht weniger herzlichen Dank, so wol für Iren mir so lieben Brief, als für die schäzbaren Beiträge zur teutschen Volksgesezgebung im Mittelalter, wodurch Sie die Sammlung des verdienstvollen Professor Grimm in Göttingen so wesentlich bereicheren, und wofür er Inen seinen Dank öffentlich abzustatten bei geeignetem Anlasse gewiss nicht unterlassen wird. Indessen, da der Schreibereien schon so viele sind, möchte ich doch nicht gar zu tief in Ire Schuld geraten und bitte Sie dahero, mir nun auch die für diese Abschriften gemachten Auslagen bekannt zu machen.

Ich habe mich diesen Sommer endlich denen so häufigen Besuchen entrissen, um auch wieder einmal frische Luft zu schnappen; in Zürich besuchte ich auf der Durchreise den guten Orelli-Cicero, den Herrn Dr. Meyer, welcher meine Handschrift des Quinctilian herausgiebt und den in der vaterländischen Archæologie des Mittelalters so weit und tief erfarenen Herrn Pfarrer Vögelin[1]), weitere Besuche musste ich auf den Rükweg versparen. Zu Luzern besuchte ich den noch immer an seinem Ottfried arbeitenden gutmütigen und gelerten Füglistaller[2]), die Balthassar'sche Historische Handschriften-Bibliotheke, und das Staatsarchiv, wo mir die ser gefälligen und höflichen Herren Segesser und Amrhyn[3]) einige Urkunden abzuschreiben erlaubten. Auf einer Reise nach der Bibliotheke zu Engelberg fand ich nicht, was ich suchte; dagegen mereres, was ich nicht erwartete, selbst Handschriften von Klassikern; aber, die gastfreundliche Gefälligkeit, die unser seliger Ittner in seinem Prælaten so anziehend schilderte, scheint aus diesem Kloster ausgestorben zu sein. Bei dem noch immer tätigen Stalder in Beromünster, welcher eben mit der zweiten Ausgabe seines Idiotikons beschäftiget ist, verweilte ich auch ein paar Tage,

---

[1]) Salomon Vögelin, Kirchenrath, der Grossvater des 1888 gestorbenen Zürcher Professors Sal. Vögelin, geb. 12. Juni 1774, gest. 3. Januar 1849.

[2]) Leonz Füglistaller, geb. 1768, gest. 1840. Vergl. N. Nekrolog der Deutschen XVIII, 1840, Seite 1269; und K. C. Amrein, Luzerner'sche Prämienspiesse (Luzern 1870), Seite 18 ff.

[3]) Archivar Franz Ludwig Segesser, der Vater des Nationalrats Dr. A. Ph. von Segesser, war geboren 1776, starb 1842. Vergl. A. Ph. Segesser: Geschichte der Segesser, II. 164. Das Staatsarchiv in Luzern war 1830 dem Regierungsrat Am Rhyn unterstellt. Jos. Karl Am Rhyn, geb. 1777, gest. 1848, 7. September. Vergl. A. D. Biographie, I. 409, 410. Unter der oben erwähnten Balthassar'schen Handschriften-Bibliothek ist die Stadtbibliothek in Luzern verstanden.

und der Herr Probst Meyer von Schauensee[1]) liess mich nicht nur merere Copien von merkwürdigen Urkunden sehen, sondern gab mir auch die Hoffnung, dass bei einem wiederholten Besuche sich die selbst für den trefflichen Joh. von Müller[2]) verschlossene capsa obsoleta für mich öffnen werde. In Bern arbeitete ich merere Wochen auf der jezt verwaisten Handschriften-Bibliothek; konnte aber, da der Sinner'sche Catalog auch hierin unrichtig ist, nicht zur Ansicht des französischen Schwabenspiegels gelangen, der mir gerade in diesem Momente das Wichtigste war; hingegen entdekte ich in einem andern Codex 35 Minnelieder, die bisher unbeachtet geblieben waren, und schrieb sie, nebst einigen andern anecdotis ab. Da wäre überhaupt noch eine reiche Erndte zu halten. Im Staatsarchive zu Freiburg fand ich zwar den mir von dem Herrn von Mülinen angegebenen teutschen Schwabenspiegel; allein, da er aus dem 15. Jarhundert und häufig durch Interpolationen und neuere Zusäze entstellt ist, so konnte ich keinen Gebrauch von demselben machen. Mit vieler Gefälligkeit zeigte mir Herr Generalcommissär Daguet[3]) das Archiv und darin merere ser interessante, aber mitunter auch verfälschte Urkunden aus den Zeiten der Burgundischen Könige. Ich traf in dieser Stadt einen alten Bekannten, den ich 40 Jare nicht gesehen hatte, und der inzwischen als Kriegsmann mit den englischen Truppen Europa, Asien und Afrika durchzogen hatte; er wollte mich zu seinem Bruder, der Abt zu Hauterive ist, füren, wo noch ein altes und reiches Cartularium sein solle; aber das schlechte Wetter trieb mich wieder auf die Villa des guten Arminius bei Bern zurük. In der Karthause verweilte ich auch einige Tage bei dem biederen alten Schultheissen von Mülinen. Seine unerschöpfliche

---

[1]) Ludwig Meyer von Schauensee, geb. 1768, gest. 1841. 1792 wurde er Pfarrer in Grossdietwyl, 1803 Chorherr, 1819 Propst zu Beromünster, 1828 Domherr zu Basel. Den Bemühungen des Nuntius, der keinen Patrizier als Bischof dulden wollte, gelang es, 1828 die Wahl dieses gebildeten Mannes zum Bischof von Basel zu verhindern. Vergl. über ihn Mülinen, Helvetia sacra I, 37; Riedweg, Stift Münster, 384 ff.

[2]) Johannes von Müller, der berühmte Darsteller der Schweizerischen Geschichte, geb. 1752 in Schaffhausen, gest. 1809 als Staatsrat und Generaldirektor des öffentlichen Unterrichts in Kassel. Vergl. A. D. Biographie, XXII.

[3]) Joseph Victor Tobie de Daguet, geb. 18. Aug. 1786 in Freiburg, starb als Staatsarchivar daselbst am 15. März 1850. Vergl. Alex. Daguet, Notice sur Mr. le Colonel Daguet, in den Miscellanea di Storia Italiana, S. II, vol. 6.

Freundlichkeit, seine unermüdliche Liebe zu den Wissenschaften, sind in im noch ungeschwächt bleibend, sonst aber fand ich den würdigen alten Mann ser gealtert, und fürchte, dass der unwürdige Angriff auf in, in der Appenzeller Zeitung, sein Gemüt allzuser möchte verlezt haben[1]). In den Augen aller vernünftig und menschlich fülenden Männer hat der elende Schmäher sich für immer mit Schande bedekt. Ich hatte die Hinreise mit meinen eigenen Pferden gemacht, heim kerte ich mit dem Postwagen und traf in Zürich den wakern Bibliothekar Schmeller[2]) aus München an, der mich schon einmal in meiner Waldklause aufgesucht hatte und wirklich wieder im Begriff war, den Weg nach Hause über die Villa Epponis zu nemen; wir furen nun zusammen, und ich war nicht wenig erstaunt, als ich abends am Fusse des Hügels anlangte, auf dem mein Haus stehet, eine Menge Fenster desselben erleuchtet zu sehen. Mein vieljäriger Freund Werner von Haxthausen, war mit Weib, Kind, Schwestern und Dienern aus dem fernen Westphalen angekommen, um auf seiner Reise nach Italien einige Tage bei mir zu verweilen. Ich begleitete sie bis ins Rheintal, und als ich zu Hause kam, fand ich den Herrn Professor Massmann[3]) aus München, den Herausgeber der altteutschen Denkmäler, und einen Herrn Braun, Schüler von Benecke[4]) zu Göttingen, und so gieng es einen Tag nach dem andern fort; zulezt besuchten mich noch mein lieber Uhland, der auf der Liederjagd durch Schweiz und Schwaben bis nach Baiern reiset, und ein Tübinger Magister, der kürzlich Pfarrer auf dem alten Hohen-Twiel geworden war. Selbst als ich bettliegerig geworden, erhielt ich noch Besuche aus der Nachbarschaft, welche ich aber nimmer empfangen konnte; denn mir war das Sprechen einge-

---

[1]) Vergl. hierüber Appenzeller Zeitung, Trogen, Jahrgang 1830, Nr. 42.

[2]) Johann Andreas Schmeller, erster Custos der Münchener Hof- und Staatsbibliothek, Professor an der Münchener Universität, ein ausgezeichneter Germanist, geb. am 5. August 1785, gest. am 27. Juli 1852. Sein Hauptwerk ist: BaierischesWörterbuch, 1827—37; 2.Aufl.v.Frommann,München1872—77.

[3]) Hans Ferd. Massmann, berühmter Germanist, geb. 15. August 1797 in Berlin, gest. 3. August 1874.

[4]) Georg Friedrich Benecke, geb. 10. Juni 1762, gest. als Oberbibliothekar und Professor in Göttingen am 21. August 1844. Er war der Erste, der die kritische Behandlung bei seinen Ausgaben mittelhochdeutscher Texte anwandte; er hielt als der Erste Germanistische Vorlesungen an einer deutschen Universität. Vergl. A. D. Biographie, II. 322—324.

boten. Nun gehet es wieder gut, und ich hoffe für merere Winter im Voraus gehustet zu haben. Höchst erfreulich war mir Ir Reisebericht und mit freudiger Teilname sahe ich, dass sich durch die gemachten Bekanntschaften Inen neue, reiche und höchst wichtige Geschichtsquellen geöffnet haben. Es ist doch eine schöne Zeit, wo so viele wakere Männer sich den ernsteren Studien widmen, und nirgends sind die Folgen davon sichtbarer, als im Fache der Geschichte, welche noch nie so gründlich behandelt worden ist, wie im gegenwärtigen Zeitpunkte. Für heute mein teurer Freund! muss es genug sein! Sie wissen nun, dass ich lebe und Sie von ganzem Herzen liebe und verere.

Lassberg.

Eppishausen, am 22. November 1830.

68. Zellweger an Lassberg.

Ich hoffte, mein verehrtester Herr und Freund, Ihnen mit dem neuen Jahr den ersten Theil meiner Geschichte überreichen zu können, aber bald hätte mir der Sensenmann einen grossen Strich durch die Rechnung gemacht. Doch war es ihm noch weniger Ernst, als dass er mich warnen wollte, er laure auf mich; indessen war ich doch den ganzen Jänner durch unfähig zum lesen und schreiben.

Jezt geht es wieder gut, und ich kann Ihnen nun, wenn nicht mein Geistesprodukt, doch die Erstlinge meiner Mühe und Kosten überreichen. Die zweite Abtheilung des ersten Theils wird weniger schon abgedrukte und mehr Urkunden enthalten, die sich durch ihre Eigenthümlichkeit auszeichnen; indessen wird schon dieser Band vom Jahr 1200 an Ihnen zeigen, dass meine Geschichte von den bisherigen abweichen muss, und Herr von Arx wegen Mangel an Willen oder echtem Auffassen weder die Geschichte noch das Wesen der Stände jener Zeit richtig auffasse.

Zur genauen Kenntniss der Gottshausleute wird der zweite Band noch bedeutende Hülfsmittel liefern.

Wahrscheinlich findet Herr Grimm auch schon in dieser Abtheilung, und noch mehr in der folgenden, Brosamen zu seinen Arbeiten, daher lege ich Ihnen auch ein Exemplar für ihn bei.

Es wäre wohl zu wünschen, dass mein Verleger bei diesem Werk keinen Schaden hätte, damit er oder andere Buchhandlungen aufgemuntert würden, auch Schweizerische Urkunden-Sammlungen zu veranstalten. Erst dann könnte unsere Geschichte aus dem romantischen Gewand, in welches sie gehüllt ist, sich erheben, und mehr als die französische Charte eine Wahrheit werden. In der Schweiz ist der Absaz für solche Werke zu geringe und wenn Deutschland nicht nachhilft, so wird mein Verleger gewiss zu Schaden kommen.

Wenn Herr Grimm eine Anzeige davon machen wollte, so würde er dadurch der Erscheinung ähnlicher Sammlungen Vorschub thun.

Die Urkunden, welche ich nach den Originalien copirte, sind ganz genau, und so ist der Abdruk sehr genau, so dass darin nicht viel zu wünschen übrig bleibt.

Sie werden schon wissen, dass unser Freund von Mülinen einen Schlagfluss erlitten hat, von dem er sich schwer erholen wird. Meine lezten Berichte vom 17. sagen: „Mit Herrn von „Mülinen geht es sehr langsam, und noch weiss man nicht, „zu welchem Ziele; Besinnung und Sprache sind wieder vor-„handen, aber die Lähmung der einen Seite scheint entschieden; „so kehren auch die physischen Kräfte nicht wieder ein, wie „es erforderlich wäre, um die Hoffnung einer merklichen Bes-„serung zu begründen."

Wir verlieren an ihm einen schäzbaren Freund und für Bern ist er als Freund der Literatur unter den Patriziern nicht leicht zu ersezen.

Ich bin nun am Klosterbruch, der mir viel zu thun giebt, weil auch er sehr unrichtig, besonders in seiner Entwiklung, beschrieben ist.

Leben Sie wohl und denken Sie bisweilen an Ihren mit Hochachtung und Freundschaft ergebenen

Joh. Casp. Zellweger.

Trogen, d. 23. Februar 1831.

69. Lassberg an Zellweger.

Wie angenem, mein hochvererter Freund! haben Sie mich durch Übersendung Ires Urkundenbuches überrascht! Empfangen Sie meinen besten Dank für dies mir so werte Geschenk, das ich in diesem Augenblike mit einem, freilich weit geringeren, zu erwiedern das Vergnügen hätte, wenn es meinem Buchdruker nicht eingefallen wäre, krank zu werden, und somit meine Arbeit liegen zu lassen. Von meinem alten Eggen-Liede nämlich sind nur die 88 Seiten Text gedrukt und die Noten dazu stehen noch aus[1]).

Das Exemplar für Prof. Jac. Grimm zu Göttingen werde ich kommende Woche mit ein par Duzend Offnungen und einigen andern Sachen, die ich für in gesammelt habe, absenden; ich darf Inen zum Voraus die dankbare Erkenntlichkeit desselben für das so erenhafte Andenken, mit welchem Sie in zu beëren die Güte haben, ankünden, und Ir Werk wird von im ungesäumt in den Göttinger gelerten Anzeigen angezeigt werden.

Herr von Mülinens Anfall, und darauf erfolgte einigmässige Besserung, habe ich zu verschiedenen Malen durch den Herrn von Armin vernommen; aber, was ist nach den 70er Jaren bei solchen Anfällen mer zu hoffen? am wenigsten wäre eine Verlängerung der Leiden, oder ein besinnungsloses Dasein, das einem immerwärenden Todeskampfe gleicht, zu wünschen. Freilich verlieren wir an im einen teuren, lieben Freund; aber auch die Schweiz verliert an im einen verdienstvollen und nüzlichen Staatsbürger. Ich hatte immer gehofft, im noch die Freude machen zu können, im ein vollendetes Exemplar des Episcopatus Constantiensis überreichen zu können[2]); aber leider sind nur erst zwei Bogen davon gedrukt, und der Buchdruker ist krank. Mit Mülinen stirbt wol auch die Geschichtforschende Schweizerische Gesellschaft, und ire schon seit einigen Jaren kränkelnde Zeitschrift aus. Ich fürchte, die

---

[1]) Eggenliet, das ist der Wallere, von Heinrich von Linowe, einem schwäbischen Edlen etc. Ans liecht gestellet dur meister Seppen von Eppishusen, einen farenden schueler, 1832.

[2]) Nicht einmal Lassberg erlebte die Vollendung, erst 7 Jahre nach seinem Tode trat das Werk ans Licht auf Kosten des Konvents zu St. Paul in Kärnten, herausgegeben von Mone: Episcopatus Constantiensis alemannicus sub Metropoli Moguntina chronologice et diplomatice illustratus a P. Trudperto Neugart ol. San Blasiano Friburgi Brisgoviæ 1862.

lezten politischen Begebenheiten, und besonders die auf in persönlich gerichteten, allzu hämischen Angriffe haben dem alten Biedermanne vollends den Todesstoss gegeben, und das alte Axioma: Conscia mens recti famæ mendacia ridet! habe in seiner Philosophie nicht wurzeln können. Welche Welt! was für Begebenheiten! welche Menschen! — o philosophisches Jarhundert! wohin hast du dich geflüchtet? wie hat in Zeit eines halben Jares alles, ja alles sich umgestaltet! und wird etwas Grosses, Gutes, Glükliches aus dieser Umwälzung hervor gehen? ich fürchte nein. Dieses gewaltsame Aufrütteln aus allen Verhältnissen, Gewonheiten und Meinungen des Lebens fällt Niemanden schmerzlicher, als denen, die nahe am Ende irer Laufban stehend, darauf gerechnet haben, sie vollends in Ruhe und Frieden durchschreiten zu können; allein, die Wege des Herren sind wunderbar und seine Lenkungen unerforschlich! Wenn nichts an eine Vorschung glauben machte, so müsste es die Geschichte tun, und wo lernen wir mehr die Erbärmlichkeit unseres Verstandes erkennen, als gerade da! Aber, wir sollten nicht traurig werden: dabit Deus his quoque finem! ich glaub's und werde fest an diesem Glauben halten; ein einziger Augenblick kann alles umgestalten. Ich lese wirklich die historischen Werke des Chorherren Kurz[1]) von St. Florian in Oberösterreich, welche ich durch den Archivar des Klosters, der ein Schwabe aus Vorarlberg ist, erhalten habe. Obschon sie meist die österreichische Geschichte betreffen, so kömmt doch, da jedem Bande (es sind bis jezt 15) Urkunden angehängt sind, zuweilen auch etwas von Schweiz und Schwaben vor. Über Appenzell habe ich noch nichts entdekt, sonst würde ich es Inen längst gemeldet haben.

Denken Sie doch, ein junger Mann, Son des Forstmeisters Braun aus Gotha, der lezten Herbst mit Prof. Massmann aus München bei mir war, hat eine solche Zuneigung zu mir gefasst, dass er den Frauendienst des Ulrich von Lichtenstein aus dem Codex unicus der dortigen königlichen Bibliothek für mich abgeschrieben und diese Woche mich damit überrascht hat. Seit vielen Jaren hatte ich vergebens um dies Gedicht von mer als 20,000 Versen geworben, das zu den schönsten des

---

[1]) Franz S. K. Kurz, geb. 1771, gest. im Stift St. Florian 1843. Er gab in den Jahren 1812—1835 eine Reihe Monographien aus der österreichischen Geschichte heraus.

13. Jarhunderts gehört. Nichts tut alten Leuten so wol, als die Liebe der Jungen, die heutzutage so selten wird; um so erfreulicher ist es, zu sehen, dass die alte pietas noch in der Brust teutscher Jünglinge nicht ausgestorben ist.

Leben Sie wol, mein teurer Freund! und erhalten Sie stets Ir mir so schäzbares freundschaftliches Wolwollen

Irem
J. v. Lassberg.

Eppishausen, am 26. Hornung 1831.

70. Zellweger an Lassberg.

....Ich glaube nicht, dass mit von Mülinen die Schweizerische geschichtforschende Gesellschaft sterben werde, vielmehr vermuthe ich, sie könnte neu belebt werden, wenn Tillier ihr Präsident würde, und eine neue belebende Tendenz in die Zeitschrift legte. Die Präsidenten, die altern, machen auch die Gesellschaften altern, es sollte daher jeder Präsident, sobald er fühlt, dass die Kraft, Andere zu beleben, in ihm erlöscht, sich zurükziehen. Dieses Gefühl hat mich veranlast, schon mehrere Präsidentenstellen nieder zu legen, denn wenn ich auch am Morgen noch Frische und Leben in mir fühle, so fühle ich Nachmittags ihre Abnahme und sobald diese Erscheinung eintritt, so muss man sich auf eine Arbeit verlegen, bei welcher man die guten Augenblike benuzen kann.

....Ich bin froh zu hören, dass nicht nur bei mir allein der Druk verspätet wird, bald durch dieses und bald durch jenes Ereigniss. An der zweiten Abtheilung meiner Urkunden sind jezt 10 Bogen gedrukt und zwei Sezer allein damit beschäftiget. So wie diese fertig sind, geht es mit der Geschichte schnell vorwärts, die auch kann gedrukt werden, wenn ich abwesend bin, während ich die Correktur der Urkunden selbst besorgen will.

Sie haben vollkommen Recht, dass die Umwälzung alles Bestehenden niemand schwerer fällt, als dem, der hoffte, kurze Jahre noch in Frieden und Ruhe durchleben zu können. Niemand mehr als solche können sie aber besser ertragen, da sie wissen, für sie dauern sie nicht mehr lange. Sie zweifeln, dass die jezige Umwälzung gute Folgen haben werde.

Glauben Sie nicht, es müsse daraus hervorgehen, dass die Freiheitsmänner einsehen, sie werden ihre Zweke nie ohne Mitwirkung der Massen erhalten, die Thronenbesizer, nur die Massen können sie schützen? Kann nicht aus dieser Erkenntniss Gutes für das Volk entspringen? Und vollends wenn der Koloss des Nordens seinen Leibeigenen die Behaglichkeit der freien Bauern zeiget, und sie sie fühlen, wenn sie den Werth freisinniger Behandlung und der Kenntnisse erkennen lernen, welche ungeheure Veränderungen kann dieses vorbereiten!

Ich nehme mir vor, sobald ich kann, nach Feldkirch einen kleinen Abstecher zu machen, das Schlachtfeld von Frastenz zu besehen, um zu erforschen, ob meine Darstellung dieser Schlacht mit den Localitäten übereinstimme.

..... Ich weiss nicht, ob die alte pietas Ihres jungen Freundes Braun ihm oder Ihnen mehr Ehre macht. Am liebsten Beiden, denn der alte Mann, der die Jugend fürs Gute zu begeistern weiss, hat nicht weniger Verdienst, als der, der die heilige, zwar jezt vergessene Pflicht erfüllt.

Ganz der Ihrige

Joh. Casp. Zellweger.

Trogen, den 9. April 1831.

71. Zellweger an Lassberg.

Hochgeschäztester Herr und Freund!

Schon längst hätte ich aus Neigung und aus Pflicht Ihnen schreiben sollen, Beschäftigungen vielerlei Art hielten mich davon ab, wie überhaupt seit längerer Zeit ich nicht viel zum Briefschreiben komme, desswegen aber nicht weniger oft, noch weniger herzlich an die Freunde, die ich hochschäze, denke.

Allervorderst muss ich nun, was ich schon längst hätte thun sollen, Ihnen im Namen des Schullehrer-Vereins unsers Cantons herzlich danken für das freundliche Geschenk, das Sie ihm gemacht, noch mehr aber für die lieblichen Worte, mit denen Sie es begleitet haben, die mit dem nämlichen freundlichen Sinn aufgenommen und durch einen Toast auf das Wohlergehen des Gebers, dem alles Schöne und Gute so nahe am Herzen ist, mit

Jubel bestätiget wurde. Es war mir nicht unerwartet, Sie da wieder anzutreffen, wo ein einfacher, freundlicher Verein nach alter Sitte beim kreisenden Glas neue Wirksamkeit sucht für's Gute und Gemeinnüzige, aber Sie gerade da zu treffen, das war mir unerwartet und desto mehr Genuss gewährte mir der Tag.

Da ich bei meiner geschichtlichen Arbeit vorzüglich im Auge habe, das Volksleben zu schildern, und die Beschreibung der Bauern-Hochzeit in Ihrem Liedersaal[1]) ganz charakteristisch ist, und wie ich vermuthe, aus unserer Nähe, aus dem Rheinthal, enthoben ist, so möchte ich Sie fragen, ob Sie glauben, sie wäre nicht am rechten Ort, wenn ich sie ohngefähr in den Anfang der zweiten Hälfte des 15. Jahrhunderts versezte, in jene Zeit, wo man in St. Gallen noch halb und sogar ganz nakt in den Gassen tanzte, wo bewaffnete Männer und liederliche Dirnen durch das Kloster loffen, wo der Ascher-Mittwoch in Appenzell dadurch gefeiert wurde, dass man sich gegenseitig auffing, entweder zwang ins Wirthshaus zu kommen, oder wo der Stärkere den Schwächern einfach verwarf oder ihn ins Wasser oder in den Koth warf und hinein drukte. Mir scheint, dass dieses Alles zusammen gehöre und ein ganzes Bild der damaligen Zeit liefere. Ihre Meinung hierüber wäre mir sehr schäzbar. Bis zum neuen Jahr hoffe ich Ihnen die zweite Abtheilung des Urkunden-Bandes, der deren 200 enthält, und den ersten der Geschichte übersenden zu können, woraus Sie aber schon etwas früher Auszüge in dem Neujahrsstük der militärischen Gesellschaft von Zürich finden werden, die mich darum bat, um nicht die alten Fehler stets nachzubeten.

Kennen Sie Langs Gaue und Grafschaften Baierns[2])? Wenn Sie solche nicht kennen, so schike ich sie Ihnen gerne. Leztere enthalten sehr viele genealogische Nachrichten, deren Gründlichkeit ich nicht beurtheilen kann. Sollten aber alle den Montfortischen gleichen, so würde das Buch und der Autor in meinem Credit verlieren. Es scheint überhaupt Mode werden zu wollen, durch Dreistigkeit Beweise zu ersezen. Dieser Ton herrscht mehr oder weniger auch in Leichtlens und Kopps Abhandlung über den Ursprung der Zähringer und ihrer Wappen[3]).

---

[1]) „Von Metzen Hochzit", Liedersaal III, pag. 397.
[2]) Ritter von Lang, Baierns Landgrafschaften und Gebiete, Nürnberg 1831.
[3]) Leichtlen, F. J., die Zähringer; Abhandlung von dem Ursprung und den Ahnen der Häuser Baden und Oesterreich. Freiburg 1831.

In Strophe 381 von „Metzen Hochzit" heist es:
„der ander hiez ain swingen
„Im von haimen bringen."
Was ist wohl „ain swingen?" Ich finde dieses Wort in keinem Lexikon.[1]) Die Sitte, dass an der Hochzeit Einer abgeordnet wird, die Geschenke zu empfangen, findet noch im Rheinthal und bei Lindau statt, nur mit dem Unterschied, dass sie aufgeschrieben und verlesen werden.

Das Urkunden-Register der Kaiser und Könige von Böhmer ist ein sehr verdienstliches Werk, aber noch lange nicht vollständig[2]). Ein geographisches Lexikon des Mittel-Alters wäre auch ein verdienstliches Werk.

Mögen Sie diesen Winter von Ihrem gewöhnlichen Gast, dem Fluss-Fieber, verschont bleiben, und zuweilen noch ein freundliches Andenken weihen

Ihrem treuen Freund
Joh. Casp. Zellweger.

Trogen, d. 23. November 1831.

Die Erscheinung meiner Urkunden-Sammlung hat in zwei Männern in Luzern, Prof. Kopp[3]) und Archivar Keller[4]) den Entschluss erregt, auch die Luzerner Urkunden druken zu lassen.

72. Zellweger an Lassberg.

Hochverehrtester Herr und Freund!

Mitkommend erhalten Sie nun die zwei Exemplare der zweiten Abtheilung des ersten Bandes meiner Urkunden-Sammlung, wovon ich Sie bitte einem Exemplar eine Stelle in Ihrer

---

[1]) Flachs- oder Hanfschwinge, oder auch Futterschwinge. Lexer, Mittelhochdeutsches Handwörterbuch II, 1377.

[2]) Eben im Jahr 1831 erschienen Joh. Friedrich Böhmers Regesta Regum atque Imperatorum Romanorum inde a Conrado I. usque ad Heinricum VII.

[3]) Prof. Joseph Eutych Kopp, der verdiente Luzerner Historiker und Staatsmann, geb. 25. April 1793, gest. 25. Oktober 1866. Kopp hatte, wie aus einem Briefe seines Mitarbeiters Keller hervorgeht, den Plan zur Herausgabe der auf die Geschichte der ersten Eidgenössischen Bünde bezüglichen Urkunden schon 1830 gefasst.

[4]) Unter-Archivar Keller, Sohn des Schultheissen Xaver Keller, ist geboren in Luzern im Jahre 1800, seit 1825 war er Unter-Archivar, seit 1837 Stadt-Bibliothekar. Er starb im Juni 1839.

Bücher-Sammlung zu gönnen und das andere dem Herrn Prof.
Grimm in meinem Namen genehmigen zu machen. Sie werden
finden, dass in diesem Band meistens ganz unbekannte Urkunden
sind. Die Geschichte folgt nächsten Monat unfehlbar nach, da
schon 31 Bogen gedrukt sind. Mit dem Manuscript für den zweiten
Theil bin ich so eben fertig geworden.

Schultheiss berichtet in seiner Chronik, dass 1465 der
Bodensee mit 6 Finger dikem Eis belegt war, von Aychorn bis
Bottikofen. Können Sie mir sagen, wo dieses Aychorn lag, das
mir ganz unbekannt ist? Das Befinden unsers Freundes von
Mülinen ist abwechselnd wie das Wetter.

Seitdeme der Fürst von Sigmaringen der lezten Landsgemeinde beiwohnte, habe ich nur noch vernomen, dass Ihr Herr
Sohn nach dem mittäglichen Frankreich gereist seye. Geben Sie
mir von ihm, den ich sehr hochschäze, und von Ihnen selbst
bald erfreuliche Nachrichten und zählen Sie auf meine hochach-
tungsvolle Ergebenheit.

Joh. Casp. Zellweger.

Trogen, d. 14. Dezember 1831.

73. Lassberg an Zellweger.

Ich bin nicht gestorben, mein verertester Freund! aber ich
bin krank gewesen, und nachdem ich mich genesen glaubte,
von derselben Krankheit noch einmal befallen worden; so hat
das alte Jahr unlustig für mich geendet, und das neue noch viel
unglüklicher für mich und die Meinigen angefangen. Aus einem
Schreiben des Grossherzoglich Badischen Forstamts-Verwesers
Arnsperg zu Pforzheim sehe ich, dass der älteste Son meines
Bruders am 3. dieses auf einem Besuche seines Forstes unter
eine ganze Rotte von Wilddieben geraten und mit zwei Schüssen
von denselben getödtet worden ist. „Meuchelmörderisch", sezt
der Berichterstatter hinzu. Er starb einen schönen Jägertod, aber
seine Eltern und 8 Geschwister, welche für die Zukunft einige
Hoffnungen auf den Son sezten, den sie zur vollkommensten
wissenschaftlichen Ausbildung unterstüzt hatten, sind in der
tiefsten Trauer, und Sie, mein teurer Freund! können leicht
denken, dass ich nicht viel weniger betrübt über dies unglük-

liche Ereigniss bin. Gottes Wille war es, dem muss man sich one Murren unterwerfen.

Ich bin Inen vielen Dank schuldig für die Fortsezung Irer Urkundensammelung, welcher ich freilich einen solchen Reichtum nicht zugetraut hatte, und noch einen Band derselben sollen wir erhalten; das wird alle Geschichtfreunde höchlich erfreuen. Der Text wird uns beleren, warum Sie auch einige schon bekannte und abgedrukte neuerlich mitgeteilet haben.

Ich fange nun erst wieder an, mich recht in die mir sonst so liebe Arbeit hinein zu arbeiten. Seit dem Julius bis in den Winter hinein ist mein Haus nie von Fremden und Besuchenden leer geworden. Es waren auch viele wakere und gelerte Leute darunter, aber manchmal brachte ich doch das Opfer der schönen unwiederbringlichen Zeit, welches mir die Gastfreiheit zur Pflicht machte, nicht so gar gerne. Ich bin sowol in meinen Arbeiten, als in meiner Correspondenz ser zurük gekommen. Den guten Jacob Grimm, der sich Inen viel mal auf das freundlichste empfelen, und für die trefflichen Beiträge zu seinen Rechtsaltertümern danken lässt, hätte ich gerne zu Inen gebracht, aber er blieb nur kurze Zeit, und wir wussten auch nicht, ob Sie zu Hause waren.

Vor Kurzem wurde ich durch unsern erwürdigen Freund von Mülinen mit einigen eigenhändigen Zeilen erfreut. Ich hatte nach den durch Armin erhaltenen Berichten nicht mer darauf gerechnet, Briefe von ihm zu erhalten. Er schreibt mir, dass er es für rätlich gehalten habe, seine Karthause am Thunersee gegen ein einträglicheres Gut im Aargau zu vertauschen, macht mir aber dabei eine traurige Schilderung von seinem Gesundheitszustand, in welchem ich den Himmel täglich um Auflösung bitten würde. Es ist eine ware Woltat von der weisen Hand der Vorschung, dass sie solche Kranke das Elend ires Daseins nicht fülen lässt.

Nun, lieber Freund! wünsche ich Inen ein beglüktes neues Jar und die glükliche Beendigung Ires grossen vaterländischen Unternemens, das Sie zur Ere Ires Namens und zur Freude Irer Nachkommen noch lange überleben wird; behalten Sie mich auch in diesem Jare lieb, Sie werden, wenn wir auch so alt werden sollten wie die Schneegänse, immer und überall den nämlichen finden: Iren treuen Freund

J. v. Lassberg.

Eppishausen, am 29. Januar 1832.

74. Zellweger an Lassberg.

Wenn es mich herzlich freute, mein verehrtester Freund, gerade vor einem Monat wieder ein Lebenszeichen von Ihnen zu erhalten, so schmerzte es mich desto mehr, zu vernehmen, dass Sie selbst krank gewesen seyen, und Ihre Familie ein so grosses Unglük erlitten habe, das auch Sie tief erschütterte. Sie wissen es, mein Freund, dass ich immer innigsten Antheil nehme an Freude und Leid meiner Freunde, aber dieses Mal wirkte Ihre Trübsal doppelt traurig auf mich, denn eben damals lag auch ich krank im Bette. Vier Wochen lang wurde ich dort festgehalten, nun aber bin ich genesend. Sie fragen mich, warum ich abgedrukte und neuerlich erschienene Urkunden in meine Sammlung aufgenommen habe, ich habe den Grund davon in der Vorrede angedeutet, durfte ihn aber nicht ganz ausführen, um nicht vor dem Ankaufe abzuschreken. Ich beabsichtige eine Sammlung aller Urkunden, welche den Kanton Appenzell betreffen, und besize deren schon über Tausend. Nun begreifen Sie wohl, dass, wer so viel Geld ausgibt, eine solche Sammlung zu kaufen, etwas vollständiges haben und nicht noch andere Werke dazu sich anschaffen will. Es ist dieser nämliche Grundsaz von der grossen geschichtforschenden Gesellschaft in Deutschland in Betreff ihre Sammlung der Kaiser-Urkunden angewandt worden. Freilich hat die Appenzellische Urkundensammlung nicht das allgemeine Interesse, wie die Kaiser-Urkunden, aber sie liefert den Beweis, dass ohne Kenntniss derselbigen die Appenzeller-Geschichte, so wie überhaupt jede Geschichte ohne Kenntniss der sie betreffenden Urkunden nur ein Fabelwerk ist.

Wollen Sie sich die Mühe geben, den beiliegenden ersten Theil meiner Geschichte zu lesen, so werden Sie finden, dass alle bisherigen Geschichten des Appenzellischen Volkes unwahr und äusserst lükenhaft sind. Finden Sie Zeit, die Fehler und Irrthümer meiner Geschichte (denn dass sie davon frei seye, das träume ich nicht) aufzuzeichnen und sie mir mitzutheilen mit allen Bemerkungen, die Sie glauben beifügen zu sollen, so würden Sie mich dadurch sehr verpflichten. Ich wünsche mich zu belehren und in Zukunft das Mangelnde dann besser zu machen; dazu hilft aber der Tadel besser als das Lob, und wenn der Tadel in freundschaftlicher Absicht gegeben wird, so hat er einen unendlichen Werth.

Ich lege ein zweites Exemplar meiner Geschichte Ihnen bei, damit Sie es Ihrem Freunde Jacob Grimm überschiken können, weil ich glaube, die Urkunden und die Geschichte ergänzen sich. Sollten Sie aber anderer Meinung seyn, so schiken Sie mir dieses Exemplar zurük. Ich bedauere unendlich, dass Sie mir nicht schreiben konnten, er seye bei Ihnen, denn wenn er nicht Zeit gehabt hätte, hieher zu kommen, so hätte ich ihn bei Ihnen besucht und das Vergnügen genossen, die Bekanntschaft dieses vortrefflichen Mannes zu machen.

In Zukunft werde ich mehr bei Hause seyn, als bis anhin, denn ich habe meine Stelle als eidgenössischer Zollrevisor niedergelegt, was Sie gewiss auch billigen werden, wenn ich Ihnen sage, dass dem schönsten Erfolge ganz nahe nun wieder alles ins weite Meer hinausgeworfen ist. Sie wissen, **dass nun in den neuen Cantonen das Erziehungswesen allem vorangestellt wird**, und dieses grosse Opfer des Staates und der Gemeinden erfordert. Aber nicht genug! während man grössere Ausgaben erkennt, schmälert man durch Verminderung des Salzpreises das Einkommen und muss durch neue Auflagen diesen Ausfall und wenigstens 10 % Erhebungskosten deken. Wie sollen nun die Finanzen neue Opfer bringen können, um dem Volke materielle Vortheile geniessen zu machen, besonders zu dieser Zeit, wo man die Hoffnung hat, mit Ideen den Hunger zu stillen!

Süss ist mir Ihre Versicherung, dass, so alt wir werden, unsere Freundschaft nie altern solle. Empfangen Sie darauf hin auch meinen Handschlag mit alter deutscher Treue.

Ihr treuer Freund
Joh. Casp. Zellweger.

Trogen, den 29. Februar 1832.

75. Lassberg an Zellweger.

.... Ich habe Ir Buch zum ersten Male mit zu grosser Begierde gelesen; als dass ich mir selbst jezt schon Rechenschaft über die Meinung geben könnte, welche ich bei genauerer Durchforschung desselben behalten werde. Der eiserne Fleiss, die beharrliche Geduld, mit welcher Sie sich durch die unzäligen Zweifel und Schwierigkeiten, die Inen bei Prüfung der Quellen aufstossen mussten, durchwandelu, das sichtbare Streben, überall die Warheit mit religiöser Gewissenhaftigkeit zu erforschen, und die eben so weisen als praktischen Leren, welche Sie für Ire Landsleute, aus unverdächtigen Tatsachen ausgezogen, in den Text einstreuten, haben mich im Allgemeinen mächtig angezogen und mir die schöne Lere des alten Tacitus wieder ins Gedächtniss zurükgerufen:

Praecipuum munus annalium reor, ne virtutis sileantur, utque pravis dictis factisque ex posteritate et infamia motus sit; diese, welche Sie vielleicht wörtlich nicht kannten, aber doch beobachteten, weil sie in Irer Seele geschrieben stand. Ich werde, sobald es meine übrigen Geschäfte verstatten, mit Freude wieder zu Irem Buche zurükkeren und Inen meine einzelnen Bemerkungen mitteilen; nicht als ob ich mir eine Meisterschaft über Sie oder irgend Jemanden anmasste, sondern weil ich es für Pflicht halte, dass jeder Freund seinem Freunde, der mit einem öffentlichen Werke auftritt, seine Ansicht und Meinung darüber unumwunden ausspreche.

Die Nachricht, dass Sie es aufgegeben haben, ferner den Stein des Sisyphus zu wälzen, nämlich die Niederlegung Ires Zollrevisorates, hat mich ser erfreut! Sie werden nun um so mer, freier und genussreicher sich, Iren Freunden und den Wissenschaften leben können. Mir scheint, die Gelegenheit habe sich wieder auf eine geraume Zeit entfernt, wo man mit Hoffnung des Erfolges in der Schweiz auf Einfürung gemeinnüzlicher Staatsanstalten denken könnte. Es ist eben so traurig als unwidersprechlich, warzunemen, wie alles in eine gärende Verwirrung zusammen gerüttelt ist, und am Ende sich in lauter winzige und einzelne ganz erbärmliche Interessen aufzulösen drohet. Diese Cholera scheint mir noch viel gefärlicher und tötlicher zu sein, als die asiatische; aber auch über diese wird der liebe Gott, wenn es einmal Zeit dazu ist, die Hand ausstreken und den töricht Rasenden zurufen: Halt! es ist genug!

Was mich betrifft, so lebe ich in meiner stillen Waldklause mein friedliches Bücherleben fort, und sehe dem Treiben der Leute von meinem Hügel ruhig zu. Ich erfreue mich an der Achtung und Liebe weniger wakerer Männer und verlange nichts mer von dem Schiksale, das mir schon mer gegeben hat, als ich verdiene. Damit Sie aber sehen, mein Freund! dass ich mein von Gott geschenktes Otium nicht als ein homo otiosus mit Nichtstun ausfülle, so sende ich Inen hier ein par Abdrüke meiner lezten Arbeit[1]), mit der Bitte: den einen davon mit einem schönen Grusse an Herrn **Pfarrer Frey** abzugeben. Empfelen Sie mich den Irigen auf das Freundschaftlichste und behalten Sie immer lieb Iren

ergebensten Freund

J. v. Lassberg.

Eppishausen, am 13. März 1832.

Sollten Sie Prof. Memmingers Beschreibung des Königreichs Wirtemberg, die ersten 7 Hefte, besizen, so würden Sie mich verbinden, wenn Sie mir dieselben auf einige Zeit leihen wollten. Auch die Wirtemberger Jarbücher desselben Verfassers bis 1829 wünschte ich zu lesen, wenn Sie dieselben hätten.

76. Zellweger an Lassberg.

Es hat sich nun seit meinem Lezten mit meiner Gesundheit in so weit gebessert, mein theurer Freund, dass ich keine Spuren mehr von der Krankheit habe, aber noch ist mein Kopf schwach, so dass ich des Morgens höchstens 4 Stunden arbeiten, und Nachmittag, die Zeit, welche ich sonst zum Lesen verwende, gar nichts thun kann. Zwei Spazierfahrten behagten mir wohl, jezt bannt mich aber der Schnee wieder ins Haus. Den Vortheil, meine Kinder und Enkel bei mir zu haben, fühlte ich sehr lebhaft, mit dankbarem Herzen gegen Gott, während meiner Krankheit und der Genesung.

Unser Freund von Armin schreibt mir, er werde Anfangs April für 1 oder 2 Tage zu Ihnen kommen und ladet mich ein, ihn bei Ihnen zu besuchen, wozu ich grosse Lust hätte, wenn Wetter und Gesundheit es gestatten und es Ihnen Recht ist. Er wird es mir wohl melden, welchen Tag er bei Ihnen zubringen wird.

Dass Sie meine Geschichte Ihrer Achtsamkeit würdigen, freut mich, und wann Sie Zeit haben, sie näher zu prüfen, so werden mir Ihre Bemerkungen sehr willkommen sein.

---

[1]) Eggen-Liet.

Was ich dabei zur Absicht hatte, ist folgendes:

1) die Wahrheit darzustellen, und da sie ganz verschieden ist von den bisherigen Darstellungen, sie durch die Publikation der Urkunden zu begründen;

2) So viel als möglich Ursache und Wirkung jedes Ereignisses darzustellen, weil die Geschichte nur dadurch für den nicht Gelehrten nüzlich wird.

3) Die Erziehung des Volkes, wie sie Gott durch die Ereignisse leitet, kund zu machen, und

4) So viel in meinen Kräften liegt, sie für den Gelehrten und das Volk geniessbar zu machen.

Den lezten Zwek, sie dem Volk geniessbar zu machen, habe ich erreicht; ob die Übrigen, muss ich nun von meinen Freunden vernehmen.

Ich stimme Ihnen ganz bei, dass die Schweiz weit zurükgegangen ist, gemeinnüzige Staatsanstalten einzurichten, desswegen bin ich zurükgetreten.

Der jezige Zustand ist der eines Fiebers, das man austoben lassen und nur den zu wüthenden Erscheinungen wehren muss. Einst, wenn das Fieber ausgetobet hat, wird die Vernunft wieder ihren Sieg gewinnen. Wie aber Männer wie Rotteck[1]) sich diesem Schwindel hingeben können, das begreife ich nicht. Ich erwarte, wir werden bald zwei Schweiz haben, vielleicht gar den Bürgerkrieg, dann Intervention und wenigstens den Verlust der Unabhängigkeit als Strafe für die Vergehen beider Partheien und die Irreligiosität des Volkes.

In unserm Canton ist man bis jezt leidenschaftslos und ich hoffe, dass die vielen Broschüren, die man noch vor der Landsgemeinde dem Volk zum Besten geben will, es nicht aufregen werden. Die grosse Masse, die Sennen und die Weber, lesen nicht. Unsere Landsgemeinde wird sehr interessant. Wollen Sie ihr beiwohnen, so wissen Sie, dass Sie immer willkommen sind.

Den neuen Beweis Ihrer Thätigkeit, den Sie Herrn Pfarrer Frey und mir übersandten, verdanken wir Beide Ihnen herzlich. Sobald meine Kräfte es erlauben, werde ich dieses Gedicht lesen.

---

[1]) Karl von Rotteck, Geschichtsschreiber, geb. 18. Juli 1775, gest. 26. Nov. 1840. Seit 1798 Professor an der Universität Freiburg im Breisgau, wurde er 1832 wegen Teilnahme an der Zeitschrift „Der Freisinnige" in den Ruhestand versetzt. Er ist bekannt durch seine „Allgemeine Geschichte", 9 Bde., Freiburg 1813—27.

Ich bin jezt beschäftiget, vielerlei Gegenstände aus unsern Archiven zu durchgehen. Ich geniesse die Erleichterung, dass ich alles in mein Haus nehmen und da verarbeiten kann.

Memmingers Beschreibung von Würtemberg und seine acht Hefte Beschreibung der Ober-Aemter erhalten Sie mit diesem Brief zu beliebiger Benuzung. Seine Jahrbücher besize ich nicht.

Ich kenne kein statistisches Werk, das dem von Memminger gleich käme, aber überhaupt bin ich kein Freund der Statistik, weil, bevor ein Werk vollendet, es schon wieder eine Unwahrheit ist.

Zwar weiss ich wohl, dass die Statistik uns erst belehrt über die Grundsäze der Regierungskunst und der politischen Ökonomie, und also schäze ich sie als eine Wissenschaft, die uns hilft, richtige Grundsäze aufzufinden; wenn wir aber nach den Kunden der Statistik in Einzelheiten übergehen wollen, so nehmen wir falsche Massregeln, weil die Sachen sich schon wieder verändert haben, ehe wir sie kennen lernen.

Alle lieben Meinigen danken Ihnen für Ihr gütiges Andenken. Wie geht es Ihrem Herrn Sohn, dem Sigmaringischen Hofrath?

Mögen Sie bald in bester Gesundheit die Freuden der aufkeimenden Natur in vollem Masse geniessen, und im Schatten Ihres Waldes sich erinnern, dass auf dem nahen Gebirg Sie verehrt und geliebt sind von Ihrem

ergebenen Freund

Joh. Casp. Zellweger.

Trogen, den 17. März 1832.

77. Lassberg an Zellweger.

Verertester Freund!

Mein Freund, der Freiherr Werner von Haxthausen[1]) aus Westphalen, den ich Inen auf das Angelegenste empfele, wird Inen sagen, welch ein unerwarteter Trauerfall mich abhält, Irer frundschaftlichen Einladung auf die Landsgemeinde zu folgen; ich glaube aber Iren Dank zu verdienen, indem ich Inen die Bekanntschaft eines nicht nur gelerten, sondern auch ser biedern

---

[1]) Werner von Haxthausen, geb. 18. Juli 1780, gest. 30. April 1842. Vergl. A. D. Biographie XI.

teutschen Mannes verschaffe, der beinahe ganz Europa gesehen hat und mit den ausgezeichnetesten Männern unserer Zeit bekannt ist. Ich denke, seine Unterhaltung wird Inen angenemer sein als das betrübte Gesicht eines alten Vaters, der erst vorgestern seinen jüngsten Son verlor.

Von ganzem Herzen
Ir Freund
Lassberg.

Eppishausen, am 27. April 1832.

78. Zellweger an Lassberg.

Verehrtester Freund!

Ich erstatte Ihnen meinen herzlichsten Dank dafür, das Sie mir die Bekanntschaft von Freiherrn von Haxthausen verschafft haben. Ich habe nur bedauert, ihn nicht mehr und nicht länger geniessen zu können. Sie wissen, dass am Landsgemeind-Tag man nicht ganz Meister über sich selbst ist.

Dass Sie ihn nicht begleiteten und der Grund, warum es geschah, verdarben mir meine Freude, denn ich nehme wahren Antheil an den Leiden meiner Freunde. Der Verlust Ihres jüngsten Sohnes[1] muss Ihnen um so mehr Mühe machen, als Sie dem des zweiten, des biederen, schätzbaren Mannes entgegen sehen müssen.

Sie werden doch meinen Brief vom 17. März mit Memmingers Werken erhalten haben? Wäre es nicht der Fall, so bitte ich um Anzeige, um dem Pak nachfragen zu können.

Ich verreise morgen auf Baden, von wo ich Ende dies wieder Hier eintreffen werde und logire im Hinterhof.

Hochachtend
Ihr Freund
Joh. Casp. Zellweger.

Trogen, den 5. Mai 1832.

---

[1] Leonhard von Lassberg. Er war badischer Offizier und starb unverheiratet.

79. Zellweger an Lassberg.

Hochverehrtester Herr und Freund!

Ich beeile mich, Ihnen von einer kleinen Reise Kunde zu geben, die ich vorige Woche gemacht und die Sie interessiren kann, vielleicht selbst Sie veranlasst, daraus etwas in Ihre Kunde des deutschen Mittelalters einzurüken.

Auf einem Durchflug durch das Vorarlberg liess ich zu Götzis meinen Wagen und bestieg den von dort eine halbe Stunde entfernten Hügel, auf welchem die Rudera des alten Schlosses, Neu-Montfort genannt, liegen. Zwischen diesem Schloss und dem Berge, der davon nur durch die Strasse getrennt ist, geht die alte Römerstrasse, die von Mayenfeld nach Bregenz führte, vorbei. Das Schloss selbst mag zum grösten Theil schon durch die Römer gebaut worden sein, um die Strasse zu vertheidigen, da von dem Schloss an über die Strasse hin bis aufwärts an die steilen Stellen des Berges eine Mauer aufgeführt war. Die Bauart scheint auch römisch zu sein, gewiss ist sie nicht alemannisch, denn sie ist zu kunstreich. Die Steine sind alle platt, gut verbunden, von Zeit zu Zeit wieder die Mauer ausgeebnet, die Eken des Thurmes sind regelmässig, ohne die eingehauenen Zeichen, welche den Alemannischen Baumeistern als Mittel dienten, höhere Gebäude senkrecht bauen zu können. Die Öffnungen sind rund gewölbt. Von dort bei der Kirche des heil. Arbogasts vorbei verfolgte ich die Römerstrasse bis Clus, das ehemalige Kalcheren, dem Stift zu St. Gallen gehörig, welches bis 1798 die Collatur dort ausübte. Der alte Kirchenthurm hat die nämliche Bauart des Schlosses Montfort und mag wohl auch den Römern gedient haben, das Vordringen der Lenz-Alemannen zu erschweren. Von dort stieg ich bergan bis auf die lezte Kuppe des St. Victorsberg, auf welcher noch die Rudera vom Schloss alt Montfort zu sehen sind, aber so sehr zerstört, dass daran die Bauart nicht mehr zu erkennen ist. Zurük in den Weiler stieg ich in die Kutsche und verfolgte die Strasse, welche die Grossherzigkeit der Römer gebaut hatte, bis Rankwil, von wo aus ich nach Feldkirch kam. Dort vernahm ich, dass die Erscheinung römischer Alterthümer, wovon der „Schweizerische Geschichtforscher" IV. 239 Erwähnung thut, mehrere Particularen von Feldkirch veranlasste, Nachgrabungen machen zu lassen und die Fundamente mehrerer Gebäude dort zu Tage lägen. Ich ging dorthin, begleitet von mehrern Freunden und dem Herrn Strassen-Inspektor Bachmann, welcher die Nachgrabungen geleitet hatte. Auf dem Berg östlich von Böwis, dessen oberste Höhe eine naktliegende steile Felsenwand bildet, liegt nun das schon lang gesuchte Clunia, von welchem das Itinerario Antonini Kunde giebt.[1]) Es war nach den Fundamenten zu schliessen ein römisches Castrum, von etwa sieben Thürmen zusammengesezt. Einer davon, der mit einem Graben umgeben ist, liefert den unzweifelbaren Beweis römischer Bauart, da die äussere Seite mit gehauenen, länglicht vierekigen Steinen noch bedekt ist, wie die Römer es thaten, wo die Legionen lagen. Am Fusse dieses Berges ging die Römerstrasse durch, die von Rankwil nach der Satainser-Cluse führte und von diesem Castrum aus konnte man die Feinde schon sehen von Rankwil aus herziehen, da die Aussicht bis dahin so wie auch bis auf die Höhe unter dem Lanzengast, über welche der Weg nach Maienfeld sich hinzog, sich ausdehnt. Die Lage dieses Castrums war eben so fest als zwekmässig. Ich hatte nicht Zeit, die Ruinen der Gebäude genau untersuchen zu können. In dem Wald, der die Gebäude umgibt, fand man einen eisernen Topf, eine Münze und einen Haft (fibula).

Es lohnte sich der Mühe, dass auch Sie diese Gegenden besuchten, die eben so wohl wegen ihren Alterthümern, als wegen den malerischen Lagen und den Reizen der Natur verdienen besehen zu werden.

Geben Sie mir von Ihnen einige Nachricht, bevor ich mit einem Polen sagen muss: Ich bin Waise vom Vaterland und von der Hoffnung.

Diesen Sommer bleibe ich zu Hause bis ins Spätjahr, wo ich nochmals mich in Baden auf den Winter stühlen möchte. Leben Sie wohl und erfüllen Sie bald Ihr Versprechen, als Freund Ihren Tadel über meine Geschichte mir mitzutheilen. Indessen bleiben Sie meiner treuen Freundschaft versichert.

Ihr ganz ergebener

Joh. Casp. Zellweger.

Trogen, d. 7. Juli 1832.

[1]) **Anmerkung Lassbergs.** Clunia findet sich nicht im Itinerarium Antonini. H. v. Stöklern sprach mir schon im Winter 1829 davon. Auch die Notitia Imperii hat kein Clunia aufzuweisen.

80. Lassberg an Zellweger.

Ich übersende Inen hier, mein verertester Freund! den Codex traditionum Weissenaugiensium für den Herrn Obersteuerrat und Professor Dr. Memminger[1]) zu Stuttgart; mein Brief liegt darinnen, ich habe das Paket nicht mit meinem Petschaft versiegelt, damit es Inen von der Maut nicht aufgemacht wird. Die wirtembergischen Mauter sind höchst unartig. Damit verbinde ich ein Schreiben des Herrn Prof. Gustav Schwab[2]), welcher Inen in Irer Bewerbung um einen tüchtigen Lerer für Ire Kantonsschule warscheinlich auf irgend eine Weise beförderlich sein wird. Sie machen da die Bekanntschaft eines trefflichen, biedern Ehepaares.

.... Die portugiesischen und belgischen Angelegenheiten scheinen sich auf verschiedenen Wegen irer endlichen Entscheidung zu nähern, und damit die Hoffnung auf Erhaltung des Friedens sich zu befestigen; dann kann man auch wieder mit Lust an etwas Klugem arbeiten. Auch unsere gute Schweiz, hoffe ich, soll nach und nach auch wieder zur Besinnung kommen und einsehen lernen, dass der zwar etwas unzierliche und faltenreiche alte Rok doch viel bequemer sass und besser schützte, als der neumodische und knapp zugeschnittene neue. Leben Sie wol, Gott befolen! von Irem

ergebensten Freunde

J. v. Lassberg.

Eppishausen, am 28. August 1832.

81. Zellweger an Lassberg.

Hochverehrtester Herr und Freund!

Nun bin ich wieder in meine Familie zurükgekehrt und beeile mich, es Ihnen anzuzeigen, damit Sie recht bald Ihr Versprechen halten können, noch ehe Boreas sich schneidend und

---

[1]) Joh. Daniel Georg Memminger, Geograph und Statistiker, geb. 1773, gest. 1840. Vergl. A. D. Biographie, XXI, 309.

[2]) Der Dichter Gustav Schwab, geb. 9. Juni 1792, erst Professor am Gymnasium, dann Stadtpfarrer und seit 1845 Oberconsistorialrat und Oberstudienrat in Stuttgart, starb daselbst am 4. November 1850.

schneebringend uns ankündiget. Dem Herrn Pfarrer Frey habe
ich es schon angesagt, dass Sie ihn in Ihre Waldklause mit-
führen wollen, und er freut sich darauf, also lade ich Sie doppelt
ein, dieses Vorhaben bald in Erfüllung zu bringen.

Ich soll Ihnen recht viel Liebes von Herrn Schwab und
Memminger sagen und Ihnen anzeigen, dass das Vergnügen
des Leztern über Ihre Zusendung des Codex trad. Weissenaugiensis um so viel grösser ist, als er so eben mit der Beschreibung
des Ober-Amts Ravenspurg beschäftiget ist. Beide Herren waren
ausserordentlich freundschaftlich und artig gegen mich, Beide
erwiesen mir alle möglichen Gefälligkeiten, das ich Alles Ihnen
zu verdanken habe und wofür ich Ihnen auch meinen herzlichsten Dank zolle.

In der Nähe von Rothmünster, folglich auch von Rothweil,
bei Bühlingen, hat man eine Alemannische Begräbnissstätte aufgefunden, wo viele hundert Männer, Frauen und Kinder begraben
sind, alle mit dem Kopf auf der Westseite, ihr Gesicht gegen
Osten wendend, ohne Särge noch gemauerte Gräber. Man fand
an und bei ihnen vielerlei Zierraten, Schnüre und Corallen von
gebrannter Erde verschiedener Farbe, an deren Ende Bernstein,
selbst an einem ein Amethyst angehängt war; Halsbänder von
geschliffenen Zähnen, Ohrbehänge von Metall, auch solche, an
denen römische Münzen hingen; vielerlei Verzierungen der
Schwerter und Agraffen, selbst zwei goldene, auf deren einten
ein Kreuz das Ganze in vier Felder theilt, die mit Strichen ausgefüllt sind.[1])

Auf der entgegengeseszten Seite der Salinen hat man kürzlich
die Ausgrabung eines römischen Gebäudes begonnen, das ein
Tempel, und zwar des Aesculap zu sein scheint, da man auf einem
zirkelförmigen Gemäuer dem Eingang gegenüber viele Asche
und Hahnensporen fand.

Herr Salinen-Inspektor Alberti[2]) besorgt die Ausgrabungen
und besizt die aufgefundenen Alterthümer. Die Mauern dieses
Tempels waren inwendig mit Ziegeln bedekt, welche auf der
Mauer angenagelt und mit zwei Zoll dikem Mörtel bedekt sind,

---

[1]) Vergleiche über die erwähnten archäolog. Funde die Beschreibung
des Oberamts Rothweil (Stuttgart 1875), S. 354.

[2]) Es ist der Geognost Friedrich von Alberti, geb. zu Stuttgart 4. Sept.
1795, gest. zu Heilbronn am 12. Sept. 1878. Vergl. Jahreshefte des Vereins
für vaterländische Naturkunde in Württemberg, XXXVI, 40 ff.

der aber wieder mit einem dünnen, eine halbe Linie diken glatten Stoff überzogen ist, auf welchem Farben von der grössten Lebhaftigkeit aufgetragen sind.

Auch sahe ich noch die vielleicht 600 Jahre alten Eichen an der Reichsstrasse, unter deren Schatten der Hofrichter sein Gericht hielt und oft die Appenzeller in die Acht that. (?)

Im Archiv zu Rothweil, das nach Stuttgart transportirt wurde, fand ich in den sogenannten Armbruster-Büchern noch einige geschichtliche Notizen, mehrere aber fand ich in Stuttgart selbst, wo der Herr Minister der auswärtigen Angelegenheiten mir den liberalesten Zutritt zu dem Archiv gewährte. Ich durchging dort auch das Tettnanger-Register, fand aber im selbigen nichts, das meine Geschichte beträfe und wenig Altes, ich glaube nichts, das über das 15. Jahrhundert hinausreichte. Das Register spricht von 2 oder 3 Notizen über den Ursprung und die Folge der Montfortischen Familie, da ich aber diese Geschichte nicht bearbeite, so sahe ich die Sachen selbst nicht und kann also von ihrem Werth nichts sagen.

Ich hoffe bald Sie umarmen und Ihnen mündlich meinen Dank erneuern zu können, indessen bleibe ich mit Freundschaft und Hochachtung

Ihr Ergebener

Joh. Casp. Zellweger.

Trogen, d. 6. Oktober 1832.

82. Laßsberg an Zellweger.

L'homme propose, Dieu dispose, et le Diable y fait aussi quelque chose! so muss ich armer katarrhalischer Mann sagen; denn das Project, Sie, mein teurer und hochvererter Herr und Freund! in Irer Höhe zu besuchen und den liebenswürdigen Hrn. Pfarrer Frey in meine einsame Waldklause zu entfüren, ist leider auf eine für mich doppelt peinliche Weise zu scheitern gegangen. Schon seit beinahe 4 Wochen hält mich ein hartnäkiger Katarrh abwechselnd im Bette und in der Stube zurük, und ich muss den in Schwaben so genannten alten Weiber Sommer (l'été de St. Martin) verfliessen lassen, one zu Inen kommen zu können; was mir die Sache um so ärgerlicher macht, ist das Bewusstsein, auf keine Weise diesem unbequemen Wintergaste Anlass gegeben zu haben, mich so feindlich zu überfallen. Hierbei ist Geduld wol das beste Kraut, und mit Hilfe dieser Arznei hoffe ich den unbequemen Gast endlich los zu werden. Herr Obersteuerrat Memminger hat mir den Codex trad. Weissenaugiensium wieder zurük geschikt und dabei die freundschaftliche Gefälligkeit gerümet, mit welcher Sie, verertester Freund! im den Codex trad. San Gallensium mitgeteilt haben. Es ist doch eine schöne und angeneme Sache, andern wakern Leuten bei iren Studien helfen zu können! An literarischen Neuigkeiten bin ich diesmal nicht reich; doch sind mir ein par Handschriften zugekommen, welche einzelne interessante Gegenstände enthalten. Die eine ist eine noch unbekannte lateinische Chronik des Klosters zum heiligen Kreuz in Augsburg, welche ehemals dem Wengen-Kloster zu Ulm angehörte und noch nicht conferirt ist. Die andere ist ein sogenanntes Quadragesimale, ein Buch, aus welchem wärend der 40tägigen Fasten in den Klöstern über Tische vorgelesen wurde; darinnen kommen nicht blos geistliche, sondern auch manchmal historische Notizen vor. So habe ich in diesem schon einige ser merkwürdige Nachrichten über den Untergang des Templer Ordens gefunden. Im Fache der Theotiska ist meines Wissens in diesem Jare noch gar nichts Bedeutendes erschienen. Das Feld der Geschichte wird hingegen von den deutschen Gelerten mit beharrlichem und immer wachsendem Fleisse angebaut, besonders der diplomatische Teil derselben. Die gelerten Mönche von St. Florian bei Linz in Oberösterreich, von welchen mich der Archivar Stutz, ein Vorarlberger, diesen Sommer besucht hat, geben nun eine Urkundensammlung aus dem kaiserlichen Hausarchive zu Wien heraus, welche vielleicht auch für den schweizerischen Geschichtsfreund Ausbeute geben wird. Ein Heft in 4° ist bereits erschienen und soll eifrig fortgesezt werden. Ich weiss nicht, ob ich Inen bei Irem kurzen Hiersein von dem Anzeiger für Literatur und Kunst des teutschen Mittelalters gesprochen habe, welchen der Freiherr von Aufsess seit Anfang dieses Jares heraus gibt[1]). Der geringe Preis von 18 Bazen für 12 Monatslieferungen macht dieses Blatt auch dem ärmsten Freunde des Altertumes erhältlich, und wegen den häufigen Abbildungen doppelt angenem. Man kann auch Anfragen und Ant-

---

[1]) Vergl. pag. 100, Anm.

worten darin niederlegen. Sie könnten solches ser leicht durch die Huber'sche Buchhandlung in St. Gallen beziehen. Eine Anzahl Freunde des Altertums, welche sich zur Übername mererer Freibogen vereinigte, ist Ursache geworden, dass das Blatt so äusserst wolfeil kömmt. Ein Freibogen kostet einen Louisd'or, und schon sind über 16 unterzeichnet. Ich habe deren unter meinen Bekannten allein 8 zusammen gebracht, und neme noch immer gerne welche an. Der Anzeiger kömmt bei Friedrich Campe in Nürnberg heraus und ist durch alle Buchhandlungen zu beziehen. Wie man allgemein hört, so stehen wir an dem Vorabend eines Krieges! Ich kann noch nicht daran glauben und hoffe immer, dass die belgisch-holländische échauffourée dem Weltfrieden unbeschadet vorüber gehen werde. In unserer armen Schweiz scheint das Fieberstadium noch nicht abnemen zu wollen, und der Himmel allein weiss, wie lange diese Convulsionen noch dauren sollen. So gehet nun das Jar zu Ende, one uns die Aussicht auf ein besseres zurükzulassen! Mir tut es auch schon darum leide, weil ich nicht mer lange zu leben habe und die par Jare, die mir vielleicht noch übrig bleiben, so gar gerne im Frieden und in Ruhe verzeren möchte; aber den höheren Absichten der Vorsehung muss der Einzelne sich unterwerfen! So will ich mich denn mit dem Bewusstsein trösten, dass einige wakere Männer in der Welt sind, die auch so empfinden, leiden und sich freuen, wie ich, und mit mir, bei denen mein Andenken nicht untergehen wird, wie das irige auch in meinem Herzen fortlebet, und besonders das des biedern J. C. Zellweger. Gott befolen! Von Irem

J. v. Lassberg.

Eppishausen, am 20. Wintermonat 1832.

83. Lassberg an Zellweger.

Ich kann den Herrn Pfarrer Schönhut[1]) unmöglich nach Trogen wandern lassen, one demselben einen herzlichen Gruss an den biedern Freund mitzugeben, bei dem er seine Angelegenheit betreiben will; er hat nämlich nichts Anderes im Sinne, als die Lerstelle an Irer Kantonsschule zu erwerben. Sie werden

---

[1]) O. F. H. Schönhuth, geb. 1806, gest. als Pfarrer in Edelfingen (Jaxtkreis) 1864.

bald und besser als ich erkennen, ob er zu derselben taugt? Seine kindliche Frömmigkeit, mit der er seine alte Mutter, bei einem ser kärglichen Einkommen, ganz allein erhält, erwekt wenigstens für seinen moralischen Wert ein günstiges Vorurteil.

Inliegenden Brief[1]) erhielt ich vorgestern als Einschluss von Freund J. Grimm mit dem Beisaze: „Beikommende Antwort

---

[1]) Der Brief von Grimm lautet:

Vererter Herr!

Längst schon würde ich meinen schuldigen Dank für das werte Geschenk des ersten Bandes Ihrer Appenzeller-Urkunden abgestattet haben, wenn ich nicht deshalb im Irrtum gewesen wäre. Ich wusste nicht, dass ich diese treffliche Sammlung unmittelbar von Ihnen empfangen habe, sondern hielt sie für eine Gabe meines Freundes Lassberg. Gelangt also mein Dank so verspätet an den rechten Ort, so ist er doch gewiss nicht weniger aufrichtig.

Und gegenwärtig erhalte ich einen neuen Beweis Ihrer gütigen Gesinnung. Sie bieten mir Abschriften von Dorföfnungen an, die mir höchst willkommen sein werden und wofür ich mir vorbehalte, in meiner vorhabenden Sammlung, Ihnen öffentlich zu danken. An der in Ihrem Schreiben zuerst genannten Ordnung der Grafschaft Kyburg und den folgenden Verträgen ist mir weniger gelegen, hingegen bitte ich um gütige Mittheilung des Hofrechts zu Wald, der Öfnungen von Winkel, Winterthur, Fischenthal, Tös, Nürenstorf und aller ähnlichen.

Höchst erwünscht wären mir freilich auch dergleichen Öfnungen aus Graubünden, da ich von dorther noch nichts besitze und gerade dort manches Alterthümliche vermuthen darf. Auf die eigentlichen Gesetze ist es mir weniger abgesehen, diese wird die dortige Gesellschaft ohnehin sammeln. Mein Plan geht auf Hofrodel und Dorföfnungen, die von ganz neuem Datum sein, und dennoch alterthümliche Bestimmungen enthalten können.

Das Paquet wird mir über Basel mit Postwagen, unter der Bemerkung: gedruckte Sachen am sichersten zukommen. Es könnte auch über den Bodensee nach Constanz auf den badischen, oder nach Friedrichshafen auf den würtenbergischen Postwagen, wie Sie es gelegenst finden, geschickt werden.

Wie ist das Holzmass Kipstal, chifstal in den Urkunden p. 187, 189 zu deuten? 189 steht einmal fehlerhaft chiftal gedruckt. Was sind die quartalia wingisten 188? ich lese lieber wingiften und p. 190 winegifton für winegifron. Winegiften sind eine Art Birnen. Aber pira cum escunc p. 190 verstehe ich nicht. P. 221 wird geizhaltun für gerzhaltun zu lesen sein, vergl. 188 gaishaltun, Gaishaltun (Geissbalden). Was sind aber p. 72 possessiones quæ dicuntur gaise et ruiti? letzteres Rottland, novale. Zigerling 115, 116, 281 ein geringerer Käse, aus Ziger gemacht? aber Loupkese p. 62? und rutkase p. 115, 183, 184 qui secantur in 4 (6, 12) partes? Den Sinn erräth ein Fremder hier schwerer als der Schweizer. S. 280, 81 ist gelaussen zu lesen statt gelanssen, und 349, z. 6 von unten ain loft statt amloft; ein paar Zeilen darauf folgt das richtige. Sie entnehmen daraus, dass ich Ihre Urkunden meistentheils genau durchlesen habe. Mit wahrer Hochachtung habe ich zu sein die Ehre Ew. Hochwohlgeboren

ganz ergebenster

Göttingen, 25. November 1832.   Jacob Grimm.

„an Zellweger, die ich bitte sogleich weiter gehen zu lassen, „auf seine freundlichen Erbietungen geschrieben." Ich benuze diese Gelegenheit, Inen solchen zu übermachen; haben Sie etwas an in zu senden oder zu schreiben, so können Sie es nur an mich schiken, weil ich noch vor Weihnachten einen Pak an in abzusenden habe.

So viel in fliegender Eile und damit Gott befolen von Irem

unveränderlichen Freunde

J. v. Lassberg.

Eppishausen, am 6. Christmonat 1832.

84. Zellweger an Lassberg.

Herr Professor Grimm hat mir verschiedene Offnungen von Kyburg begehrt, die ich Ihnen beiliegend übersende, mit der Bitte, solche den anderen Gegenständen beizupaken, die Sie ihm schiken wollen. Ich erneuere um so eher meine Bitte, den zweiten Band meiner Appenzeller Urkunden und den ersten meiner Geschichte, die ich Ihnen für ihn zuschikte, nicht zu vergessen beizupaken, da ich aus mehreren Fragen, die er an mich gerichtet hat, sehe, wie genau er den ersten Band meiner Urkunden durchsehen hat. Schweizer-Urkunden sind bis jezt etwas rar und haben doch ihr eigenthümliches Interesse, desswegen sie auch in Deutschland von den Gelehrten gesucht werden.

Es ist so eben eine Geschichte des Cantons Schwiz[1]) erschienen, welche in geschichtlicher Hinsicht Vieles auszusezen läst, aber nichts desto weniger denen von Uri, Unterwalden u. a. m. vorzuziehen ist, weil sie sehr viele Urkunden enthält.

Die Urkunden von Chmel und das Litteratur-Blatt für Litteratur und Kunst des Mittelalters besize ich, zweifle aber sehr, dass Lezteres sich lange halten werde. Ein tüchtiges Werk ist das von Stenzel über die Entstehung der Städte und ihrer Geseze in Schlesien. Ein geschichtliches, werthvolles Journal für Geschichte ist auch das von Ranke[2]), der eine bedeutende Stelle

---

[1]) Fassbind, Th., Geschichte des Kantons Schwyz. 5 Bde. Schwyz 1832—38.
[2]) Im Jahre 1832 war der erste Band der von Ranke herausgegebenen „Historisch-politischen Zeitschrift" erschienen.

unter den neuern Geschichtforschern und Geschichtschreibern Deutschlands einnimmt.

Die Trennung in der Schweiz wird nun nach Bekanntmachung des neuen Staatsvertrages immer grösser werden, die Anarchie sich vermehren und wir das Schiksal laufen müssen, was fremde nie uninteressirte Höfe uns bereiten werden. Auch darüber, so wie über die Schiksale der Particularen muss man sich trösten, wie wehe es auch thun muss, dem Untergang eines Vaterlandes zuzusehen, das so glüklich war und so muthwillig ins Unglük gestossen wurde.

Auch uns muss das Unglük weise machen.

Den zweiten Theil von Mannerts Geschichte der Franken habe ich erst erhalten, noch nicht gelesen. Pfisters Geschichte der Deutschen, die zu Heerens geschichtlicher Sammlung gehört, wird auch besonders abgedrukt.

Künftigen Sommer will Schwab[1]), der liebe Mann, Sie besuchen, und verspricht, auch bei mir einzukehren.

Ich hoffte, Ihnen den dritten Band meiner Urkunden als Angebinde zum neuen Jahr schiken zu können, es wird aber wohl Hornung werden, bis er vollständig ist, da ein Stillstand in der Drukerei bis zum Neujahr eingetreten ist und noch etwa 6 Bogen gedrukt werden müssen. Mit dem Hornung, wenn ich gesund bleibe, hoffe ich den dritten Theil meiner Geschichte beginnen zu können, welcher die Epoche von 1513 bis 1597 enthalten wird, so lange beide Rooden vereint ein Ort der Schweiz waren. Da man so ungerne unvollendete Werke kauft und ich alt und schwach bin, so denke ich jeden Theil meiner Ge-

---

[1]) Der Dichter Gustav Schwab, geb. 19. Juni 1792, gest. 4. Nov. 1850. Der Besuch kam nicht zu Stande. Schwab schreibt am 20. April 1833 an Zellweger: „.... Diese vereitelte Hoffnung würde mich mehr schmerzen, wenn nicht in mir selbst durch das Zusammentreffen mehrerer ungünstiger Umstände mein Reiseentschluss schon seit einiger Zeit wankend gemacht worden wäre, und mich vollends die Ankunft der Polen in der Schweiz, die man — ob mit Recht oder mit Unrecht, weiss ich nicht — mit der verbrecherischen und wahnsinnigen Emeute Frankfurts in Verbindung setzen will, von meinem Vorhaben für diesen Sommer entschieden abgebracht hätte, was ich Ihnen zu schreiben im Begriffe war, als Ihr gütiger Brief bei uns eintraf. Eine Reise nach der Schweiz könnte mir nämlich möglicherweise in einer Zeit, wo man bei uns so geneigt ist, die strengen Verfassungs-Freunde für heimliche Radikale zu halten, missdeutet werden, so unschuldig, wie Sie wissen, meine Absicht dabei war. So verschiebe ich denn meinen Plan auf wills Gott ruhigere Zeiten.....“

schichte als ein abgesöndertes Werk zu behandeln, das man auch einzeln lesen und sich anschaffen könnte. So wäre z. B. der erste Band die Urgeschichte, der zweite Appenzell als zugewandtes Ort, der dritte Appenzell als Canton. Was urtheilen Sie hierüber?

Werden Sie die Vorrede zu Ihrem dritten Band des Liedersaales nicht noch machen? Es wäre schade, wenn Sie es unterliessen.

Alle sich Meldende für die vacante Stelle an unserer Anstalt geben mir sehr viel Geschäfte. Ich bin frohe, dass die Meldungen nun zu Ende gehen.

Ich wünsche, dass Sie mir bald frohe Nachrichten von Ihrem Befinden geben können und indessen bleiben Sie mir treu in Ihrer Freundschaft, wie ich in der meinigen.

Joh. Casp. Zellweger.

Trogen, d. 22. Dezember 1832.

85. Zellweger an Lassberg.

Hochverehrtester Herr und Freund!

Es ist als ob das Missgeschik Memmingers so wichtige statistische Beschreibungen verfolgte, denn wenn Sie solche nicht vergessen und hübsch zusammen paken, so vergesse ich, sie mitzunehmen und liess sie ruhig auf Ihrem Tisch liegen. Nun da mein lieber Sohn mit seiner kleinen Familie bei Ihnen vorbei reiset, so solle er den Versuch machen, ob er diese Schriften erhalten und mir zurük bringen könne, doch muss ich auch daran zweifeln, da ich von Ihrem Herren Sohn vernehme, dass Sie abwesend waren.

In alle Fälle erfahren Sie durch diesen Brief, dass ich wieder hier bin und Sie also mir die Bücher hieher senden können wann Sie wollen, viel lieber aber wäre es mir, wenn Sie solche selbst brächten und Ihr altes Versprechen lösten.

Nun endlich entlediget von meinem Amte, lebe ich ausschliesslich der Geschichte und der Freundschaft. Ich lasse die Politik sich wälzen in ihrem Unrath und sehe auf das Getümmel der Leidenschaften mit Wehmuth hin, weil ich vor der Hand nur Unheil daraus quillen sehe. Getrost aber verlasse ich mich auf Gott, dass er Alles am Ende zum Besten der Menschheit wenden werde.

Herr Alt-Oberamtmann von Nidau[1]) beschäftiget sich mit der Lebensbeschreibung seines sel. Herren Vaters, die er aber nur dem engen Kreis seiner Geschwister widmen will. Immerhin freut es mich, dass er, der alle Mittel dazu besizt, sie schreibt. Sie muss interessant werden und wann einmal die Zeit kömmt, wo sie darf der Oeffentlichkeit übergeben werden, wird sie manches Ereigniss, manche Triebfeder, manche Ursache lüften, die jezt noch hinter dem Schleier verborgen ist.

Ich wünsche, dass auf Ihrer Reise Fortuna Sie begleite und Sie wie gewohnt, aus den verborgensten Winkeln der Keller oder Dachstuben Schäze des Alterthums Ihnen entgegen winken sehen. Wie der Schwelger seinen Mitbruder, der Spieler die Pharao-Bank, der Tugendhafte den Edeln auffindet, so finden Sie, in dessen Hand sie neue Früchte tragen, die Dichtungen der Vorzeit, gleich als wären es Magnete, die Sie anzögen.

Leben Sie wohl und vergnügt und erinnern Sie sich zuweilen Ihres auf den Bergen sich nach Ihnen sehnenden

Verehrers und Freundes

Trogen, d. 17. Juli 1833.
Joh. Casp. Zellweger.

86. Zellweger an Lassberg.

Hochverehrtester Herr und Freund!

Schon lange vernahm ich nichts ob und wie Sie noch leben, und wollte bis Ende dieses Jahres warten, mich darüber zu erkundigen, um Ihnen dann gleichzeitig als Andenken meiner

---

[1]) Gottfried von Mülinen, Sohn des in diesen Briefen vielgenannten Schultheissen von Mülinen. Geboren 1790, war er seit 1815 Major im eidgn. Generalstabe, 1821 Mitglied des Berner Grossen Rates, 1822 Ober-Amtmann in Nidau. Nach Einführung der neuen Berner Kantonalverfassung legte er 1831 sein Amt nieder; er starb 1840. Die Lebensgeschichte seines Vaters, von ihm vollständig ausgeführt, blieb Manuscript. Sie wurde vom Obersten Wurstemberger vielfach benützt, als dieser die im 9. Bande des „Schweiz. Geschichtforschers" 1837 erschienene Biographie des Schultheissen von Mülinen schrieb. Vergl. pag. 35, Anm. 5.

Freundschaft die zweite Abtheilung des zweiten Bandes meiner Urkunden zu überreichen, der bis dann wieder fertig wird, und hoffentlich wird bis zur Landsgemeinde auch der zweite Theil meiner Geschichte fertig. Die Urkunden finden so guten Abgang, dass mein Verleger nur noch 20 Exemplare vorräthig hat.

Nun bin ich veranlasset, früher Ihnen zu schreiben, Sie zu bitten, dass Sie doch möchten die Güte haben, mir Ihr Exemplar des Solothurnischen Wochenblattes für ein paar Monate zu leihen. Ich werde beste Sorge dafür tragen und es Ihnen mit vielem Dank wieder zu Handen stellen.

Ich bin sehr beschäftiget mit dem dritten Band meiner Geschichte, der mir viel Arbeit giebt, da namentlich die Reformations-Geschichte unsers Cantons noch äusserst lükenhaft beschrieben ist, und das Volksthümliche, welches sie darbietet, bis jezt gar nicht beachtet wurde. Diese Arbeit gibt mir Anlass, Hottinger fleissig nachzuschlagen und da fällt mir sehr auf, wie viel er deklamirt und seine eigene Meinung anstatt der Geschichte dem Leser vorträgt, was mir tadelhaft scheint, da man von dem Geschichtschreiber fordert, er solle die Geschichte und Meinungen der Zeit, die er beschreibt vortragen, damit man diese kennen lerne.

Ob er wohl gethan habe, die Feldzüge, welche die Schweizer in fremdem Sold mitmachten, und die politischen europäischen Angelegenheiten, die dazu Anlass gaben, eben so umständlich zu erzählen, wie die Kriege, welche die Schweizer für eigne Rechnung unternahmen, lasse ich Andern über zu beurtheilen. Ich aber bin nicht gestimmet, hierin seinem Beispiel zu folgen.

Die Fortsezung von Wegelins Geschichte des Toggenburgs scheint mir verdienstlich, in Rüksicht des vorwaltenden Geistes der Wahrheit und der Genauigkeit, die darin herrscht, aber mir scheint, der liebe Mann habe seinen Plan nicht genug durchdacht, hingegen weiss ich ihm Dank, dass er das Andenken des seligen von Arx ehrte, der immerhin um unsere vaterländische Geschichte sich viele Verdienste erworben hat, wenn er auch sich viele Fehler zu Schulden kommen liess.

Die Arbeiter an den Monumentis haben keine Fonds mehr, was doch ärgerlich ist, dass ein so eminent nationales Unternehmen nicht mehr befördert wird, indessen rükt es doch vorwärts, aber gemächer. Künftiges Jahr erscheinen die Capitularia und es wird der Druk des dritten Bandes der Chroniken erscheinen. Bald wird ein Supplementband zu den Kaiser-Regesten von etwa 1000 Urkunden erscheinen und künftiges Jahr die Regesta der Urkunden Kaiser Ruprechts durch Chmel, die, wie man mir meldet, sehr interessant für die Geschichte jener Zeit ausfallen sollen.

Was wird wohl im Fache der altdeutschen Poesie geleistet? Es scheint mir, es seie in diesem Fach ein Ruhepunkt eingetreten. Wissen Sie nicht, ob Ihr Freund Grimm in seiner Arbeit über die Offnungen schon weit vorgerükt ist, oder ob er noch mit Sammeln beschäftiget ist?

Ich wünsche es mehr, als ich es hoffen darf, dass die Grippe und Ihr gewöhnliches Winter-Catarrhal-Fieber Sie verschone, da die abwechselnde Witterung und der stets zu Ausdünstungen offene Boden so sehr dazu sich eignet. Mit vielem Vergnügen würde ich es indessen vernehmen, und in der Erwartung, dass mit der Erhörung meiner Bitte ich von Ihnen nur Gutes vernehmen werde, versichere ich Sie meiner unwandelbaren Hochachtung und Freundschaft.

Joh. Casp. Zellweger.

Trogen, d. 27. November 1833.

87. Lassberg an Zellweger.

Verertester Freund!

Ich konnte Ire lieben Zeilen vom 27. November nicht früher beantworten, und auch die verlangten Bücher nicht eher senden; denn ich hatte die Grippe, und weil ich ir zum ersten Male nicht genug Ere antat, so kam sie um sich zu rächen zum zweiten Male über mich und nam mich tüchtig beim Kragen. Ich sende Inen also, mein teurer Freund! so viele Jargänge als ich von dem Solothurner Wochenblatte besize, das ist 12 Bände. Von 1829 an konnte ich nichts mer erhalten, ungeachtet aller Mühe die ich mir desshalb gab; auch die mangelnden Bände, es fing schon anno 1809 an, vermochte ich mir nicht zu verschaffen. Herr Zerleder von Steinegg[1]), der zuweilen seine Lange-

---

[1]) Bernhard Zeerleder von Steinegg (nach seinem Uebertritte zum kathol. Glauben Bernhard Maria genannt), geb. 1788, gest. 5. Dezember 1862.

weile hieher trägt, hat mir Hoffnung gemacht, einzelne felende Bände für mich aufzutreiben. Mit Vergnügen verneme ich aus Irem Briefe, dass Sie fleissig sind und wieder einen Band Ires Werkes zu Tage gefördert haben; möchte ich dies auch von mir sagen können! aber ich füle mich ser abgespannt und tauge jezt blos zum Abschreiben. Unter den Urkunden des hiesigen Archives fand ich neulich auch zwei von 1457 und 1458, von denen ich gerne wissen möchte, ob Sie, mein Freund! solche in Ire Sammlung brauchen können? dann würde ich sie Inen alsobald abschreiben. Beide sind Urteilsprüche des Rates zu Appenzell, gegen Conrad Brunschwyler, genannt Schaucher, für den Junker Jacob von Helmsdorf zu Eppishusen. Brunschwyler, obschon zu Hagenwyl und in der Grafschaft des von Helmsdorf im Thurgau gesessen, musste, weil er ein angenommener Landmann zu Appenzell war, dort vor Landamann und Rate belangt werden. Sie sehen, mein Freund! dass Ire lieben Landsleute damals, wie die schweizerischen Gewalthaber heutzutage, auch gerne das Interventionsrecht ausübten und alles vor ir Forum zogen. Brunschwyler musste zwar der Natur der Klage nach verfüllt werden, aber er wollte zeigen, dass er des Schuzes der Gewaltigen und Gefürchteten würdig seie; ein Jar darnach hatte er dem Spruche noch nicht Folge geleistet und Jacob von Helmsdorf musste neuerdings vor Landamann und Rat nach Appenzell kommen, die im auch einen neuen den Beklagten abermal verfüllenden Spruchbrief gaben, mit welchem Erfolge, gehet aus den Akten nicht hervor. Dem Juristen ist ein solches Beispiel von Gerechtigkeitspflege allerdings merkwürdig, aber noch heutzutage könnte man bei den Gerichtshöfen des mündigen Volks von Thurgau zu Duzenden Gegenstüke dazu auffinden. Soll ich Inen diese Urkunden senden, oder abschreiben? An beiden hangen die wolerhaltenen Siegel.

Eine unparteiische Geschichte der Entstehung und Einführung der Reformation, bei einem kleinen, wie bei einem grossen Volke, ist eine für einen Eingebornen schwer zu lösende Aufgabe und Sie, verertester Mann, werden eben hierinnen nur dann glüklicher sein als andere, wenn Sie Irem Vorsaze getreu, sich gar keine Meinungsäusserung erlauben, sich blos an konstatirte Tatsachen halten, und keinen Vermutungen Plaz geben; aber werden Sie nicht vieles, ser vieles verschweigen müssen, werden Sie überall Iren Landsleuten die reine Warheit sagen dürfen?

mich däucht, das dürfte nur ein Fremder wagen, den man jezt nicht mehr, wie 1457, vor den grossen Rat oder die Landsgemeinde laden darf. Hottinger war ein gelerter Mann, ein fleissiger und genauer Quellensammler, dem es an gehöriger Kritik gar nicht felte; aber in allen Religionsgegenständen war er ein warer intoleranter Zürcher Pfaffe, im schlechten Sinne des Wortes. Ich kann in nur als historische Quelle brauchen und schäzen.[1)]

Im Fache der Theotisca ist einzig ganz neuerlich das erste Heft vom Renner des Hugo von Trimberg, durch den historischen Verein zu Bamberg herausgegeben worden, es scheint eine brauchbare Ausgabe zu werden. Wilhelm Grimms Ausgabe des Freydank ist zwar gedrukt, aber noch immer nicht ausgegeben. Dieses didaktische Gedicht stehet unter den altteutschen wol oben an. Mones[2)] Reinhardus Vulpes hat Jacob Grimms Grimm rege gemacht und er arbeitet nun, im entgegen, an seinem schon vor einigen zwanzig Jaren versprochenen Reinhard oder Reineke Fuchs; indessen ruhen die Offnungen. Ein grosser Verlurst für die altteutsche Literatur ist es, dass Uhland sich kopfüber in die Politik geworfen hat, und wie mir scheint, nicht mit dem besten Glüke. Ich kann Inen nicht genug sagen, wie leid mir dies tut.

Die von Inen erwänten Kaiser-Regesten sind bereits erschienen. Dr. Böhmer[3)] in Frankfurt, Mitglied unserer Gesellschaft, hat einen Quartband davon herausgegeben. Ich habe nun auch die Monumenta Boica, 28 Quartbände, vollständig, die lezten Bände sind unvergleichbar besser als die früheren und wirklich ser tüchtig. Leben Sie wol, lieber Freund! viele Grüsse an die Irigen, Gott befolen von Irem unveränderlichen

J. v. Lassberg.

Eppishausen, am 17. Dezember 1833.

[1)] Lassberg spricht hier nicht von dem Historiker Joh. Jac. Hottinger, dem Zeitgenossen, den Zellweger im vorhergehenden Briefe nennt, sondern von dem älteren Theologen und Kirchenhistoriker Joh. Jac. Hottinger (1652 bis 1735), dem Verfasser der „Helvetischen Kirchengeschichten", der allerdings eine scharfe und streitfertige Feder führte.

[2)] Franz Jos. Mone, der badische Geschichtsforscher, 1796—1871. Weech, Bad. Biographie II. 88.

[3)] Joh. Friedr. Böhmer, bedeutender Forscher auf dem Gebiete der Geschichte des Mittelalters, Herausgeber der Fontes rer. germ., seit 1830 erster Stadtbibliothekar in seiner Vaterstadt Frankfurt a. M., starb 1863. A. D. Biographie III. 76.

88. Zellweger an Lassberg.

Verehrtester Freund!

Wenn ich erst jezt Ihnen den Empfang Ihres Angenehmen vom 17. Dezember mit den 12 Bänden Solothurnisches Wochenblatt bescheinige, so bitte ich Sie, es nicht einer strafbaren Nachlässigkeit, sondern meiner Abwesenheit zuzuschreiben, da, wie Sie es aus den Zeitungen werden erfahren haben, ich nach Zürich berufen wurde, wegen dem deutschen Zollverein auch meinen Rath zu ertheilen, was ich um so weniger ausschlagen konnte, da mein Abschlag auch den des rechtschaffnen und einsichtsvollen Freundes Herrn **Bürgermeister von Muralt**[1]) zur Folge gehabt hätte, was ich mir nicht zu Schulden kommen lassen wollte; und da überhaupt diese Ernennungen des Vororts die Bahn einer Aussöhnung der Parteien zu eröffnen schienen, so glaubte ich desto weniger nicht Hand dazu bieten zu sollen, und bereue diesen Schritt nicht, da er wirklich freundlich aufgenommen war, und unsere Vorstellungen guten Eingang fanden.

Die fehlenden Bände von dem Solothurnischen Wochenblatt erhalte ich zur Benuzung von der Bibliothek von Solothurn, aber ein vollständiges Exemplar zu kaufen, sind auch meine und die Mühen meiner Freunde umsonst.

Wollen Sie die Güte haben, mir Abschriften von den zwei Urkunden zu schiken, deren Sie erwähnen, so wird es mir angenehm sein, solche zu Vervollständigung meiner Sammlung zu besizen, besonders von Ihrer zierlichen Hand abgeschrieben, was mir ihren Werth als stetes Andenken unserer Freundschaft noch sehr erhöhen wird. Sie können wahrscheinlich dem Publikum nebst Anderen noch als Nachträge geliefert werden.

Ich habe gar keine Ahnung, dass ich in meiner Reformations-Geschichte nicht alles sagen dürfe, was ich gewiss weiss, da

---

[1]) Hans Konrad von Muralt, von Zürich, geb. 1779, gest. 7. Dez. 1869. Ursprünglich Kaufmann, war er seit 1814 Mitglied des zürch. grossen Rates, seit 1823 Mitglied des kleinen Rates, 1828 des Staatsrates, 1831 Mitglied der neuen Regierung, 1831 nach Usteris Tode wurde er Bürgermeister. Er trat schon 1832 zurück und wurde 1835 Präsident der Handelskammer und auch der neugegründeten Bank in Zürich. Im September 1839 wurde er Bürgermeister der neuen Regierung; 1844 trat er zurück. Er gab heraus: „Hans von Reinhard, Bürgermeister von Zürich und Landammann der Schweiz." Zürich 1835. A. D. Biographie XXIII, 54.

mir ja die Quellen von catholischer wie von der reformirten Seite geöffnet wurden und ich mich immer auf selbige berufe, folglich sprechen die Quellen und nicht ich; Niemand aber wird die Abschiede und Protokolle vor Rath zur Rechtfertigung laden wollen. Es scheint mir daher, es brauche wenig Muth, nur Unbefangenheit, die Wahrheit sagen zu dürfen, und die Öffnung der Quellen zeigt ja schon den Willen der Regierungen, dass die Wahrheit zu Tage komme.

Mögen Sie sich freuen, dass Mone den Grimm von Jacob Grimm gewekt hat und Reineke Fuchs in seiner natürlichen Gestalt erscheinen wird. Ich bedaure, dass die Offnungen ruhen und sie nicht von dem tüchtigen Mann bearbeitet werden. Ich besorge immer, Freund Hein mache Spuk, den er oft so unerwartet treibt, und meine Wünsche für Beendigung classischer Werke im historischen Fache sind daher immer sehr lebhaft.

Noch habe ich die Regesta Carolinorum nur durchblättern können, aber mir scheint ihre Anlage viel besser zu sein, als die der Kaiser-Urkunden, und wirklich für künftige Geschichtschreiber von unendlichem Werth. Böhmer macht mir Hoffnung, dass bald im Laufe dieses Jahres ein Band Leges erscheinen und der Druk eines neuen Bandes Chroniken anfangen werde, da Pertz sich von den Landständen, wie von der Redaktion der Hannöverschen Zeitung zurük gezogen hat, um sich wieder mehr den Arbeiten für die Monumenta zu widmen.

Dass mein Enkel glüklich in Rio de Janeiro angekommen seie, ward uns als Angebinde zum neuen Jahr zu Theil.

Alle die Meinigen nebst Herrn Pfarrer Frey empfehlen sich herzlich Ihrem Andenken. Widmen Sie im neuen wie im alten Jahr Ihre Freundschaft mir, so werden Sie mein Glük erhöhen, da ich kein grösseres, zeitliches kenne, als von Männern, die ich hochschäze, geliebt zu sein.

Ihr unveränderlicher treuer

Joh. Casp. Zellweger.

Trogen, den 2. Januar 1834.

89. Lassberg an Zellweger.

Ich sende Inen hier, mein verertester Freund! die beiden Appenzellischen Urkunden, von welchen mein Brief vom 17. Dez. vorigen Jares sprach. Wenn sie nun auch keine Ansprüche auf Zierlichkeit machen können, so wird inen doch das Prädicat der Deutlichkeit und Treue nicht entgehen. Ich halte diese Urkunden schon darum wichtig für die Geschichte, weil sie uns einen Blik tun lassen in die damalige Appenzellische Gerichtspflege. Wie wenig war, nach einem halben Jarhundert republikanischer Selbstständigkeit, damals die öffentliche Handhabung des Rechts noch geordnet! ein deutscher Professor Juris könnte eine ganze Abhandlung über diesen Rechtscasus (wie man vor Zeiten zu sagen pflegte) schreiben.

Mit herzlich teilnemender Freude habe ich aus Irem Schreiben, mein teurer Freund! ersehen, dass die Zusammenkunft der für die Zollverhältnisse niedergesezten Commission zu Zürich eine Annäherung der divergirenden Parteien hervorgebracht hat. Ich bin keiner von den sanguinischen Toren in der Schweiz, die an eine völlige Vereinigung glauben; aber eine Annäherung, eine Toleranz ist schon vieles, und beinahe Alles, was man im gegenwärtigen Augenblike von Zürich hoffen kann! Mögen die übrigen Geistesverwandten dieser Neigung folgen! Frankreich hat nun erklärt, dass die Schweiz moralisch im angehört, und die schweizerischen politischen Blätter haben dieses (manche one es zu wissen oder zu wollen) implicite eingestanden. Ich bin darüber nicht erstaunt; die geographische Lage wie die Handelsverhältnisse der Schweiz in den vorherrschenden Kantonen mussten dieses Resultat hervorbringen. Das Interesse der Industrie entscheidet hier über Alles. Diese confusio divinitus conservata kann noch viele Jare dauern, wenn es den Regierungen gelingt, die innere Ruhe daneben handzuhaben. Lassen Sie uns daher, da wir doch auf dem freiwilligen Wege nichts entscheidendes mer erleben werden, zu den stillen Musen zurükkeren; diese freundlichen Schwestern sind immer bereit, uns aufzunemen, und ich finde in iren Armen diejenige Gemütsruhe, welche man in keinen andern antrifft.

Heute bekam ich von meinem Freunde und Landsmann Benecke aus Göttingen das Wörterbuch zu dem schon 1827 herausgegebenen Iwein; dieser Mann kann nichts anderes als

Gutes und Bleibendes (Classisches) machen und ist wol der beste jezt lebende Kritiker der altteutschen Literatur. Es ist erfreulich, dass von den Coryphäen des Faches doch alljärlich noch immer etwas für die Theotisca getan wird. Ich werde durch einen Besuch gestört; leben Sie wol, mein teuerster Freund! und wenn Sie mich zu irgend etwas brauchen können, so verschonen Sie mich nicht; ich hoffe Sie wissen, dass ich Niemandem lieber diene als dem biedern Zellweger.

Gott befolen, von Irem unveränderlichen Freunde

J. v. Lassberg.

Eppishausen, am 21. Januar 1834.

90. Lassberg an Zellweger.

Verertester Freund!

Mein Freund Jacob Grimm, Prof. zu Göttingen, trägt mir in seinem lezten Briefe auf: Sie herzlich zu grüssen und Inen seinen besten Dank für die lezte Sendung, mit welcher Sie in zu beschenken die Güte hatten, auszudrüken. „Ich möchte „so gerne dem wakern Zellweger wieder eines meiner Bücher „entgegen senden", schreibt er, „wenn ich nur wüsste, welches im am meisten Vergnügen machen könnte." Geben Sie mir also, lieber Freund! einen Wink hierüber und Sie werden bald von diesem eben so liebenswürdigen als gelerten Manne ein literarisches Andenken erhalten.

Im Fache der altteutschen Literatur wird in Teutschland noch immer hie und da etwas getan. Ein Herr Lacher[1]) aus Speier hat ein Bändchen Gedichte (wie er meint) in der Sprache des 3. bis 9. Jarhunderts verfasst und herausgegeben. Der Mann muss eine starke Divinationsgabe besizen, da er weiss, wie die Teutschen gesungen haben, ehe sie eine Schrift besassen!!!

Auf der Welt geschehen wunderliche Sachen! Vorgestern erhielt ich einen Brief aus Afrika, Isle de Gorée, dépendance du Sénégal, 12 septbre 1836, von einem Herren Augustin Marquand, Sergent Fourrier du 2e régiment de Marine. „J'ai entrepris depuis peu le poëme de la vie merveilleuse du chevalier Ulrich de Lichtenstein. Dès qu'il sera terminé, oserai-je Vous le dédier? Ac-

---

[1]) Lacher, C., Dichtungen in althochdeutscher Sprache. Mit erläuterndem Wörterbuche. Speier 1836.

cepterez-Vous le tribut de reconnaissance et d'admiration d'une jeune Muse française encore jeune et timide, cachée et inconnue" etc.

Ich kann, wie Petrus von Christus, sagen: non cognosco hominem hunc! denn ich habe diesen Namen in meinem ganzen Leben nie nennen gehört; noch weniger den Mann selbst gesehen, bei dem es, wie ich fürchte, im obern Stoke nicht ganz richtig sein muss, wie käme er sonst an mich? Indessen muss ich im doch erenhalber antworten und neme daher Anlass, Sie, teuerster Freund! zu fragen, wie ich es angehen muss, um im meinen Brief auf dem wenigst kostspieligen Wege zuzubringen? Dergleichen verstehen Sie besser als ich.

Was soll ich Inen, vererter Freund! von unserer unglüklichen Schweiz sagen? Vor 25 Jaren kam ich, da ich das Joch der Franzosen in Teutschland nimmer zu ertragen vermochte, in der Meinung, einer vernünftigen Freiheit zu geniessen, in dieses Land; aber jezt? — wo ist die Freiheit? Wenn die Götter ein Volk verderben wollen, so verwirren sie im die Köpfe! Dies griechische Sprüchwort gehet leider überall in Erfüllung. Muss man nicht das Land verlassen, das auch von den Göttern verlassen wird? — Sie werden verwundert sein, dass ich dies schöne Gut verlassen will?[1]) Die Ursache ist ganz einfach diese: mein ältester Son, ein alter Kriegsknecht, will nicht heuraten, mein zweiter Son hat keine Kinder zu hoffen; meine erst 8 Monat alten Zwillinge werden, wenn sie zu iren Jaren gelangen sollten, in diesem Lande wol schwerlich Männer finden; es ist also besser, dass mein hiesiges Besiztum vor, als nach meinem Tode verkauft werde; insoweit nämlich als sich eine gute Gelegenheit dazu findet.

Ich grüsse Sie, lieber Freund! und alle die Irigen und bin, in Hoffnung, bald gute Berichte von Irem Befinden zu erhalten,

stets Ir

alter, hinkender Freund

J. v. Lassberg.

Eppishausen, am 16. November 1836.

---

[1]) Lassberg stand damals in Unterhandlung mit einem Herrn Loppacher von Trogen, der ihm Eppishausen abkaufen wollte.

91. Zellweger an Laseberg.

Verehrtester Freund!

Endlich erhalte ich wieder einen Brief mit der zierlichen Handschrift, die er nie verändert, wenn er auch noch so viel schreibt. Seltene Eigenschaft eines Gelehrten.

Da ich von Herrn Professor Jacob Grimm schon seine Grammatik, seine Rechtsalterthümer und seine deutsche Mythologie besize, so muss ich Ihnen den Reineke Fuchs nennen, als dasjenige seiner mir bekannten Werke, die ich noch nicht besize. Wenn Sie ihm schreiben, so grüssen Sie ihn mir recht herzlich und sagen Sie ihm, ich werde nächstens an Huber & Cie. in St. Gallen den neuen Band Urkunden übergeben, dass sie ihn ihm durch Buchhändler-Gelegenheit schiken. Indessen erhalten Sie ihn für sich mit diesem Brief. Es werden noch zwei solcher Bände und ein Theil Geschichte in zwei Abtheilungen nachfolgen, womit dann dieses Werk beendiget ist. Ob ich dann die Geschichte der äusseren Rhoden bis 1798 noch werde schreiben können, wird nicht nur von meinem Leben, sondern auch von meinen Kräften abhangen, die seit Baden sehr gelitten hatten, nun aber sich allmälig wieder herstellen.

Wie doch der revolutionäre Geist sich auf Alles ausdehnt! Das dachte ich mir, als ich lezthin die Rechnung über ein paar Hosen erhielt, von einem Kleidermacher, pourquoi pas Professeur tailleur? Aber das hätte ich mir doch nicht geträumt, dass ein Franzose in Afrika sich mit altdeutscher Poesie beschäftige und sie ins Französische überseze. Der Mann muss ein muthvoller Soldat sein, denn schon dazu, altdeutsche Poesie ins Französische zu übersezen, braucht es viel Muth. Die Minne wird nun Amour, Tendresse und was Alles so schöne Worte sich im Dictionnaire de l'Académie vorfinden, heissen. Da Ihr junger Verehrer ein Militär ist, so sollte ich glauben, der Brief käme ihm am wohlfeilsten durch die französische Gesandtschaft zu. Hätten Sie hiezu keine Gelegenheit, so erbiete ich mich, den Canzler Am Rhyn zu ersuchen, dass er Ihren Brief der französischen Canzlei übergebe, da wir nun wieder im Frieden leben mit der grössten Nation.

Ich habe vor wenigen Tagen die Zeit des ewigen Friedens mit Franz I. bearbeitet und sage, dass ich jene Epoche als den

Wendepunkt betrachte, zwischen der alten und der neuern Zeit.
Von da an nahmen Uneinigkeit, Schwäche, Egoismus immer zu
bis 1798. In diesem Jahr begann eine neue Epoche. Möge der
einstige Geschichtschreiber sie nicht die des Untergangs nennen
müssen! Es fehlt jezt in der Schweiz, was in den Republiken
so sehr Noth thut, dass irgend eine Idee so allgemein seie, dass,
wenn diese angeregt wird, sie wie ein elektrischer Schlag alle
Gemüther enthusiasmire.

Alle die Meinigen verbinden sich mit mir, Ihnen recht viel
freundschaftliches zu sagen. Aufs Wiedersehen im Frühjahr.

Ihr alter, hirnkranker Freund

Joh. Casp. Zellweger.

Trogen, den 23. November 1836.

92. Zellweger an Lassberg.

Hochverehrtester Herr und Freund!

Endlich bin ich wieder bei Hause angekommen, nachdem
ich über Glarus, Einsiedeln, Schwiz, Luzern, durch das Emmen-
thal nach Bern, Neuenburg, von da durch das Val-Travers über
Pontarlier, Besançon, Dôle, Dijon, Châlons, Macon, Lyon und
Genf besucht, von da einen Ausflug in das Chamounix-Thal
gemacht hatte und nach einem kurzen Aufenthalt in Genf und
Lausanne nach Baden ging, um dort meine Herbst-Cur noch zu
vollenden. Schon die Natur- und Kunstschönheiten gaben mir
viel Genuss, noch mehr aber der Besuch der Erziehungs-, Wohl-
thätigkeitsanstalten und die Gefangenschaften; denn wenn auch
ich manches nicht lobenswerthes antraf, so war es mir doch
interessant, die Sachen zu kennen. Wenn auch nicht alle Bibliotheken interessant sind, so besizen doch die von Besançon,
Dijon und Lyon handschriftliche Schäze, welche dem Geschichtsforscher wichtige Materialien liefern. Das Chamounix-Thal bietet
von den erhabensten Naturschönheiten dar und Genf mit seinen
gebildeten Männern muste der gemeinnüzigen Gesellschaft ihre
Versammlung interessant machen.

Zu Hause angelangt, fand ich nebst vielen angehäuften Arbeiten auch den beiliegenden Urkunden-Band beendiget, den ich

nun Sie ersuche als ein Zeichen meiner Freundschaft zu genehmigen.

Bei der herbstlichen Witterung und den kurzen Tagen darf ich kaum mehr Sie auf einen Besuch einladen, aber immer werden Sie willkommen sein, im Winter wie im Sommer, wenn die Lust Sie ankommen sollte, beim Fönwetter dem Nebel zu entfliehen und von uns aus, beim schönen Sonnenschein den Nebel wie eine See auf Ihrem Gau lastend zu betrachten.

Mit der bekannten Hochachtung und den gewohnten freundschaftlichen Gesinnungen

der Ihrige

Joh. Casp. Zellweger.

Trogen, den 7. October 1837.

93. Lassberg an Zellweger.

Verertester Herr und Freund!

Als ich Ir leztes Schreiben samt dem freundlichen Geschenke Ires Buches erhielt, wollte ich Inen alsbald antworten; denn ich hatte die Hoffnung, binnen wenig Wochen die Entscheidung aus Carlsruhe zu erhalten, ob mir das am 20. November v. J. versteigerte alte Schloss zu Meersburg zugeschlagen werde. Ich dachte nämlich, es werde Sie, lieber alter Freund! auch Wunder nemen, in welchem angulus terræ wir uns künftig sehen und sprechen sollen; allein die diplomatischen Leimsieder in Carlsruhe liessen mich bis in den dritten Monat warten, bis sie mir die alte vielbetürmte Wonung der Bischöfe von Constanz für den von mir angebotenen Preis von fl. 10,000 zusagten, erst vor einigen Tagen erhielt ich die offizielle Notification dieses Kaufes.

Und nun vor allem meinen besten Dank für die Fortsezung Irer Urkundensammlung. Mit Bedauren las ich, dass Sie auf die Vollendung des geschichtlichen Teiles Ires Werkes verzichten wollen; hingegen richtete die Übersendung eines fortsezenden Heftleins, durch Huber in St. Gallen, meine Hoffnung wieder auf und ich zweifle nun nicht mer, dass Ire Gesundheit Inen erlauben werde, auch den Rest des III. Bandes vollends zu Ende zu bringen. Quod felix faustumque sit!

Mir kommt vor, als wenn ich an meinem neuen Wonorte Inen näher gekommen seie, indem ich glaube, dass wir von

Meersburg nach Trogen einander in die Fenster sehen können, und dass Sie die meinigen im Morgenglauze, und ich die Irigen im Widerscheine der niedergehenden Sonne erbliken könne; ja ich hoffe, mit meinem guten Reichenbachischen Cometensucher Sie, oder wenigstens ein Signal von Inen, an einem Irer Fenster entdeken zu können; so würden wir uns also durch eine Art von Telegraphik dann um vieles näher sein.

Kürzlich habe ich von Inen aus Hessen-Cassel eine Nachricht erhalten, die mich eben so innig erfreut als gerüret hat. Auch Sie haben den guten Grimms einen Zufluchtsort in Irem gastfreundlichen Hause angeboten; dieses schrieb mir mein lieber Jacob Grimm mit den Worten: „Wäre ich allein, so nähme „ich Ire und des edeln Zellwegers Einladung an, und verlebte glükliche Monate in der Schweiz." Jezt hätte ich mer als genug Raum, nicht nur für Grimms, sondern selbst für alle 7 vertriebenen Professoren[1]), denn ich zäle in der alten Burg nur an heizbaren Gemächern zwei und dreissig.

Ich werde nun ein Vergnügen und eine Bequemlichkeit geniessen, nach welchen ich mich mein ganzes Leben hindurch vergebens gesenet habe. Einer der ehemaligen fürstlichen Archiv-Sääle nämlich bietet mir die Gelegenheit dar, alle meine Bücher und Handschriften an einem einzigen Orte unter meinen Augen zu haben; derselbe ist 53 Schuhe lang und 22 breit; ein 25 Schuhe im Durchmesser haltendes zirkelrundes Studierzimmer, das unmittelbar daran stösst, gestattet mir durch eine Glastüre das Ganze zu übersehen. Sie sehen, lieber Freund! aus der Umständlichkeit meiner Beschreibung, wie ser mich diese angeneme Eigenschaft meiner neuen Wonung erfreut; es ist angenem, in dem Fache zu arbeiten, das man liebt; aber es ist noch angenemer, es mit Bequemlichkeit tun zu können.

Die kirchlichen Ereignisse zu Paderborn, Münster und Cöln[2]) haben auch in meinem Hause Betrübniss verursacht; die dor-

---

[1]) Sieben Professoren der Universität Göttingen, unter ihnen beide Grimm, protestirten durch Verweigerung des Eides gegen den Verfassungsbruch, den der König Ernst August bei seinem Regierungsantritt durch die Aufhebung des Staatsgrundgesetzes von 1833 beging. Sie wurden ihrer Stellen enthoben und drei von ihnen, Jacob Grimm, Gervinus und Dahlmann, weil sie ihre Protestation veröffentlicht hatten, des Landes verwiesen. Vergl. Springer, Friedr. Chr. Dahlmann, I. 426 ff.

[2]) Es war in erster Linie der Streit über die gemischten Ehen und der Kampf der Ultramontanen gegen die Hermesianer.

tigen Bischöfe sind Blutsverwandte meiner Schwiegermutter Droste, mit dem ersten ist sie Geschwisterkind und mit den beiden lezten Andertgeschwisterkind; dazu ist die Frau des entlassenen preuss. Gesandten am Brüsseler Hofe, die Gräfin von Galen, ire Nichte. Die ganze Geschichte ist um so unangenemer, als sie sich durch die persönliche Hartnäkigkeit des Königs immer mer zu trüben und weder eine baldige, noch eine friedliche Entwiklung zuzulassen scheint. Gott walt's!

Empfelen Sie mich auf das freundlichste den Irigen, dem Herrn Decan Frey und dem Herrn Oberst Honnerlag und glauben Sie mich unveränderlich Iren

aufrichtigen Freund

J. v. Lassberg.

Eppishausen, am 18. Hornung 1838.

94. Lassberg an Zellweger.

Ire Zeilen vom 17.¹), mein verertester Freund! habe ich erst gestern durch einen Umweg über Frauenfeld erhalten, und danke nun in meinem Herzen dem lieben Gotte, der Sie von dem apoplektischen Besuche wieder so glüklich befreit hat. Lieber Freund! wir sind zwei alte Knaben und müssen uns schon auf dergleichen Heimsuchung gefasst machen; auch ist es in der alten Praxis der Natur gegründet, dass sie uns das Leben entziecht, wenn wir anfangen weise zu werden, und dass wir erst weise werden, wenn wir das Leben nicht mer viel zu geniessen vermögen. Diese Anordnung der Vorsehung kann man sich ja gefallen lassen, wenn man einmal selbst alt geworden ist.

Dass ich nicht das neue, sondern das alte Schloss zu Meersburg gekauft habe, werden Sie aus dem beiliegenden Bilde ersehen.

Die alte Dagobertsburg war wirklich die Wonung der Bischöfe von Constanz, bis in den sechsziger Jaren des vorigen Jarhunderts der Cardinal Franz Rot den von seinem Vorgänger Anton von Sikingen-Hohenburg erbauten, aber nicht mer vollendeten obern Pallast bezog. Von den Grafen des Linzgaues zu

---

¹) Fehlen.

Buchhorn gelangte diese Feste an die Welfen, und von diesen unter Friedrich I., dem Rotbart, durch Vertrag an die Hohenstaufen. Höchst warscheinlich ist es, dass der arme Conradin sie um das Jar 1265—67 an seinen väterlichen Freund und Vormund, den Bischof Eberhard Truchsess von Waldburg pfand- oder kaufweise abtrat. Der Ankaufstitel mag wol noch zu Carlsruhe unter den alten Constanzischen Archival-Urkunden steken; ich wünsche inen aber einen bessern Editor als Herr Dümge[1]) sich in seinen Regestis badensibus bewärt hat.

Vor Zeiten, wann die Zucht in einem Kloster ganz verfallen war, versezte man die schlechten Mönche und sandte aus andern Klöstern bessere dahin; jezt aber schüttet man das Kind zusamt dem Bade aus, oder besser zu sagen, man schneidet der Henne den Bauch auf, um die Eier zu haben. Ich sehe in der guten Schweiz jezt überall nur eine durch die niedrigsten und schmählichsten Leidenschaften verblendete Vernunft, oder besser Unvernunft. Das ist nun, wie man ehemal vom deutschen Reiche zu sagen pflegte: eine ware confusio divinitus conservata! Gott walt's!

Ich benuze die Anwesenheit Herrn Loppachers, um Inen diese Zeilen zu senden. Wir alle Gross und Klein sind Gottlob wol und grüssen Sie herzlich.

Ir

Lassberg.

Eppishausen, am 21. März 1838.

95. Zellweger an Lassberg.

Damit Sie, mein verehrtester Freund! schneller und sicherer diesen Brief erhalten, als den lezten, so schike ich ihn Ihnen durch die nämliche Gelegenheit, durch welchen ich den Ihrigen vom 21. März erhielt. Er wird Ihnen ein Bild von mir begleiten, das freilich nur für den Freund einigen Werth haben kann, während das, welches Sie mir schenkten, den doppelten Werth hat, die Erinnerung an den Freund zu erneuern und an die freundliche Hand, die es zeichnete. Auch meine Freunde Honnerlag und Frey erkennen in Ihrer Gabe diesen doppelten

---

[1]) Karl Georg Dümge, bad. Archivrat, geb. 1772, gest. 1845. Die hier erwähnten Regesta Badensia erschienen 1836. Vergl. Weech, Bad. Biogr. I. 196.

Werth und tragen mir auf, Ihnen Ihren Dank mit dem meinigen auszudrüken.

Von meinem kleinen Anfall habe ich mich vollkommen erholt und hoffe es Ihnen durch meine Erscheinung den 10. oder 11. Mai zu beweisen, wenn ich wieder in Constanz und Gachnang meine Collegen abholen soll, um uns in Zürich zu berathen, wie wir eine Schule für geistig verdorbene Kinder aufstellen könnten, zu deren Leitung ein Zögling sich in Berlin bildet und dann noch einige Anstalten besuchen soll.

Können Sie mir nicht sagen, welche Bedeutung der Name Ihres Schlosses hat? Ich kenne drei Meers- oder Mörspurg oder Berg: das Ihrige, eines unweit Winterthur und eines unweit Pfirt, das im Französischen Morimont heist. Aus dieser Gleichförmigkeit von Namen von alten Schlössern, die alle schöne Aussichten haben, schliesse ich, dass ein altdeutsches Wort mit einer Bedeutung zu diesem Namen den Anlass gab.

Ich habe soeben die Urkunden, welche ich in Dijon fand, abgesandt, um sie dem Museum von Hottinger und Wackernagel[1]) einzuverleiben, die einmal Gewissheit verschaffen über den Betrag des Pfandschillings, den Karl von Burgund dem Herzog Siegmund bezahlen muste, und über 180,000 fl., die er überdies dem Markgraf von Hochberg, dem Peter von Mörsperg, dem Thüring von Hallwil u. a. zahlen muste, die auf die nämlichen Pfänder dem Herzog Siegmund schon Vorschüsse gemacht hatten. Ich begleite sie mit einigen Reisenotizen, besonders über den Vandalismus, durch den von 1790 bis 1818 die schönsten Schäze der französischen Archive verwüstet oder verkauft wurden, unter deren lezten sich zwei Stiftungsurkunden des Klosters Moutier-Saint-Jean, eine von Chlodwig und eine von Chlothar 1820 noch im Archiv waren, und seitdem verschwunden sind.

Das Mehre verspare ich auf mündliche Unterredung, bitte Sie aber indessen, mich Ihrer liebenswürdigen Gattin zu empfehlen, Ihre Kinderchen für mich zu küssen und mir Ihr freundschaftliches Andenken zu bewahren.

Ihr treu ergebener
Joh. Casp. Zellweger.

Trogen, d. 4. April 1838.

---

[1]) Vergl. Schweiz. Museum für histor. Wissenschaften, Bd. II, 1838.

96. Zellweger an Lassberg.

Veranlasst an Sie über eine geschichtliche Frage zu schreiben und Sie um Ihre Meinung zu bitten, kann ich es doch unmöglich, ohne Ihnen meinen Schmerz auszudrüken über den Verlurst Ihres Herren Sohnes[1]), den ich ungemein hoch schäzte, da er mit viel Verstand und Kenntnissen einen Edelmuth und Christenthum vereinigte, der selten in allen Zeitaltern, am wenigsten in dem jezigen zu finden sein möchte. Die liebenswürdige Witwe und Sie beklage ich am meisten, und erflehe für Sie vom Himmel seinen Trost.

Es ist Ihnen so gut als mir im Gedächtniss, dass durch den Vertrag Berchtolds von Zähringen mit Friedrich von Hohenstaufen, dem Vater des Rothbarts, jener die gänzliche Unabhängigkeit aller seiner Besizungen vom Herzogthum Schwaben und die Ausübung der Herzoglichen Rechte auf dem linken Ufer des Sees und Rheines erhielt. Wir haben noch von Herzog Conrad Beweise der Ausübung dieser Rechte bei der Wahl des Abtes Mangold von St. Gallen. Nun fragt es sich, wann und durch welche Verumständungen verloren die Zähringer die herzoglichen Rechte in dem Thurgau. Geschah es vielleicht 1209 durch König Otto, welcher auch die Schirmvogtei über das Kloster St. Gallen an sich riss? Es ist sonderbar, dass wir von diesem Ereigniss nichts bestimmtes wissen, was doch einen so wichtigen Einfluss auf die östliche Schweiz und für das Haus Zähringen haben musste.

Wissen Sie hierüber mir etwas Bestimmtes zu sagen oder wenigstens mehr oder weniger begründete Vermuthungen mitzutheilen, so werden Sie dadurch mich sehr verpflichten.

Die Gemäldesammlung des sel. Herrn Honnerlag[2]) ist nun in der ganzen Welt zerstreut, galt aber doch noch nebst den Kupferstichen fl. 7000. Wenig gegen die Kosten, aber nach dem Urtheil aller Kenner viel für eine Gant.

Empfangen Sie die Versicherung meiner Hochachtung.

Ihr ergebener Freund

Joh. Casp. Zellweger.

Trogen, den 28. Juli 1838.

---

[1]) Vergl. pag. 35, Anmerkung 1.
[2]) Vergl. pag. 74, Anmerkung.

97. Zellweger an Lassberg.

Da Sie mir, mein verehrtester Freund! berichten, dass unser lieber Dr. Schwab die Osterfeiertage bei Ihnen zubringen werde, so schike ich Ihnen für ihn auch ein Exemplar des dritten Bandes meiner Geschichte, die ich ihn bitte eben so freundlich wie die frühern aufzunehmen.

Ich mache indessen immer Pläne, obschon ich schon den 4. diess meinen 72. Geburtstag feierte, und da ich auf meiner Reise in Frankreich den ganzen Briefwechsel erhielt vom Minister des Auswärtigen mit dem Gesandten in der Schweiz über den Bund von 1777, so möchte ich jezt die Geschichte dieser interessanten Verhandlungen schreiben, und nächsten Sommer darüber die nötigen Kunden noch in Bern, Luzern, Schwiz und Zürich sammeln, und im Winter diese Arbeit machen.

Wenn die Berufung von Strauss Sie, wie jeden religiösen Mann, tief betrübt hat, so wird hingegen die Auffassung des ganzen Volkes, der einstimmige Ruf von 200,000 Seelen: Jesus Christus ist Gott und seine Lehre göttlich! auch Sie tief ergriffen haben. Der Radikalismus hoffte einen doppelten Sieg, in Zürich und in Wallis, zu feiern. Er wird aber erfahren, dass die Zeit seiner Siege vorüber und das Volk ihrer müde ist. Das Volk ist in der Schweiz noch besser als die Regenten, weil es nicht wie diese auf Verstand und Wissenschaft hochmüthig ist, und diese über Alles sezt, sondern das Göttliche ihm, wie es sein soll, noch lieber ist.

Leider ist mein Gesicht so ungeschikt eingerichtet, dass ich selbst durch die besten Teleskope nichts in der Ferne sehe, sonst würde ich Sie in Ihrem tausend Jahr alten Schloss belauschen, so aber muss ich mich auf die nächste Nähe beschränken, wo ich aber noch ohne Anstrengung lesen und schreiben kann.

Wir wollen noch gute Freunde bleiben, so lange es geht. Diese Freundschaft dauert nicht mehr so lange, als sie gedauert hat. Gott gebe, dass wir uns am bessern Ort wiederfinden, indessen erhalten Sie den Handschlag alt deutscher Freundschaft

von Ihrem treuen

Joh. Casp. Zellweger.

Trogen, d. 29. März 1839.

98. Lassberg an Zellweger.

Vererter, ewig teurer Freund!

Ich antworte Inen in der Stunde, in welcher ich Ire Zeilen vom 25. Hornung[1]) samt den Beilagen erhalte. Es ist also heute ein doppelt froher Tag für mich, denn er ist auch zugleich der Geburtstag unserer lieben, heute 3 Jahre alt gewordenen Mädchen, und am 10. des nächsten Monats zäle ich schon meinen 69sten Geburtstag; wir sind also ein par alte Knaben, mein lieber Freund! nicht von Gottes Gnaden, aber durch Gottes Gnade! Auch ich habe wie Sie in vielen Jaren keinen so guten Winter gehabt, wie diesen lezten; dagegen hatte ich bis gegen Ende des vorigen Monats lauter unangeneme Geschäfte und konnte gar nichts arbeiten; da hingegen Sie, gleich einem jungen rüstigen Schriftsteller, wieder einen Band Irer reichen Geschichte des Cantons Appenzell ans Licht treten lassen, für dessen Übersendung Sie meinen besten Dank genemigen wollen, das zweite Exemplar werde ich dem guten Jacob Grimm durch seinen Schwager Hassenpflug[2]) übermachen, welcher in Sigmaringen an die Stelle meines sel. Fritz getreten ist.

.... Aber, dass ich am Abend meiner Tage noch erleben musste, was neulich in Zürich geschehen ist, und noch da geschiehet, das zähle ich unter die unglücklichsten Ereignisse, die mir in meinem Leben begegnet sind. Ist es möglich, dass eine vermessene Eitelkeit, ein unsinniges Selbstvertrauen in die Macht des eigenen Geistes die Menschen so weit bringen kann, sich über den stellen zu wollen, der sie selbst aus dem blossen Nichts hervorgerufen hat. Für die Religion selbst war mir dabei keinen Augenblick bange; ich wusste wol, dass sich der Kern des Volkes hierin selbst Recht schaffen würde, aber ich gestehe, dass ich ser erschroken bin zu sehen, dass die Zal der verbrecherischen Menschen schon so stark angewachsen ist, dass

---

[1]) Zellweger sandte an Lassberg einige Exemplare des dritten Bandes seiner Appenzellergeschichte und erkundigte sich in den beiliegenden wenigen Zeilen nach Lassbergs Befinden, nach der fortschreitenden Einrichtung auf der Meersburg und nach Gustav Schwab.

[2]) Hans Dan. Ludw. Friedr. Hassenpflug, geb. 1794, gest. 10. Okt. 1862. Seit 1832 war er kurhessischer Minister, trat 1837 zurück, kam 1838 in Sigmaringen, 1839 in Luxemburg an die Spitze der Verwaltung, 1841 trat er in preussische Dienste. Von 1850 bis 1855 stand er wieder an der Spitze des kurhessischen Ministeriums. Seine erste Gemahlin war die einzige Schwester der Gebrüder Grimm. Vergl. A. D. Biographie XI, 1—9.

sie es wagen durften, ire Tollheiten öffentlich zu predigen, ja inen Gesezeskraft zu verschaffen; tief betrübt hat es mich, einen Mann, auf den ich so grosse Stüke hielt, Herrn Caspar von Orelli[1]), in der Mitte dieser Himmelsstürmer zu erbliken. Noch lange, und so oft ich an diese unheilvollen Begebenheiten denke, werden sie tiefe Wemut in meiner Seele erregen und meinen angebornen Frosinn stören; aber sie haben nicht wenig dazu beigetragen, mir den Abschied aus der sonst so lieben Schweiz leichter zu machen.

Erst am 18. Hornung sind wir mit Ausleerung unseres Hauses in Eppishausen fertig geworden, wo wir noch 5 Wochen, wie auf eine wüste, unbewonte Insel verschlagen, in der einsamsten Einsamkeit zugebracht haben. Wir trafen gottlob! unsere lieben Kinder so wol, frölich und gesund an, als wir nur wünschen konnten. Empfangen Sie mein teurer Freund! meine herzlichsten Glükwünsche zur glüklichen Ankunft Irer Urenkel. So wol wird es mir nicht mehr werden! Nicht einmal Enkel sollte ich erleben, und, da ich der älteste der jezt noch lebenden Lassberge bin, so wird meine Linie im männlichen Stamme mit mir wol zu Grabe gehen. Es sind aber anderwärts noch viele wakere Leute dieses Namens und so kann und muss ich mich darüber trösten; denn seit dem Jahre 1123, wo 6 Lassberge zusammen in ihrem Vaterlande Baiern eine Urkunde unterschrieben, ist mir keiner bekannt geworden, dessen Verwandtschaft ich mich zu schämen hätte. Gott gebe, dass es ferner so bleibe.

Sie fragen mich, lieber Freund! nach unserm guten Schwab. Lezten Sommer traf ich ihn unvermutet in Constanz, vom Dampfbote kommend, ich nach dem Dampfbote gehend; wir beredeten uns, den folgenden Tag in Ueberlingen zusammen zu kommen, von wo er mich hieher begleitete und aber, um Reisegefärten nicht zu versäumen, schon den folgenden Abend wieder abreisen musste. Er ist nun bereits seit einem Jare Pfarrer zu Gomaringen, 2 Stunden von Tübingen, am Fusse der schwäbischen Alpe und lebt da mit seiner Familie vergnügt in der Nähe seines Freundes Uhland, der seit ein par Jaren in Tübingen auch hausbäblich geworden ist, und für in wol der eigentliche Anziehungsmagnet gewesen ist, Stuttgart zu verlassen und die ländliche Ruhe vorzuziehen. In den Osterferien hoffe ich in mit den Seinigen hier zu sehen.

---

[1]) C. v. Orelli hatte im Verein mit Prof. Hitzig schon 1836 und 1837 die Berufung von Dr. Friedrich Strauss angeregt.

Wir leben hier in einem gewissen Sinne noch einsamer als in Eppishausen, denn wir haben hier keine Bekannte und folglich auch keine Besuche. Gesellschaft ist für mich wol keine zu finden, aber die vielen Veränderungen, welche in diesem alten Hause zu machen sind, nemen meine Zeit und meine ganze physische Tätigkeit bis nun zu immerwärend in Anspruch. Schon einige Male, mein teurer Zellweger! habe ich aus meinen Zimmern in der Abendsonne Ire Fenster glänzen gesehen, jene Fenster, hinter welchen ich bei Inen auch schon wiederholt gewont habe. Sie denken wol, dass ich mich dann zu Inen oder Sie zu mir herüber wünschte, und dass es viele Tage und Stunden giebt, wo ich gerne mit Inen zusammen sein möchte; nicht, um wie alte Leute gerne tun, **über die bösen Zeiten zu klagen**; sondern Gott mit Inen zu danken, dass wir diesen Zeiten nicht mer angehören. Meine gute liebe Frau, die auch ser gerne hier ist, erwiedert Ire Grüsse auf das freundlichste und nun, lieber alter Freund! leben Sie wol, Gott befolen von Irem

aufrichtigsten Freunde

J. v. Lassberg.

Auf der alten Meersburg, am 5. März 1839.

99. Lassberg an Zellweger.

Verertester Freund!

Ich kann es mir nicht versagen, den soeben erhaltenen Einschluss mit einigen Zeilen an Sie, lieber alter Freund! zu begleiten. Von Zeit zu Zeit vernehme ich durch Herrn Loppacher Ir Wolbefinden und freue mich darüber; von uns Bewonern der alten Dagobertsburg kann ich Inen, was das körperliche anlangt, das nämliche berichten; dagegen hat das Unglük, welches seit einigen Monaten in unserem Hause eingekeret ist, unser Gemüte, und besonders das meinige, ser niedergeschlagen[1]).

Sie werden durch meine Schwiegertochter Helene aus Sigmaringen ein Exemplar von dem Schwabenspiegel, mit dem Bilde ires seligen Mannes, meines guten, noch immer beweinten Friz, erhalten haben, oder bald erhalten. Ich glaube hoffen zu dürfen, dass Meister und Gesellen mit dieser Arbeit zufrieden sein werden.

---

[1]) Am 11. Januar 1840 starb Lassbergs Bruder bei ihm auf Meersburg, wo er zum Besuch anwesend war.

Ich bin in die Bekanntschaft eines ser schäzbaren Mannes, des Herrn Gerold Meyer von Knonau[1]), Staatsarchivars zu Zürich, durch Vermittelung unsers Freundes M. Kirchhofer zu Stein, gekommen. Mit der grössten Gefälligkeit hat ersterer mir nicht nur Urkunden aus seinem Archive mitgeteilt, sondern sogar selbst abgeschrieben; er scheint überhaupt ein liebenswürdiger Mann zu sein, der im kommenden Sommer die Königin von Wirtemberg in Friederichshafen und ire Schwester die Markgräfin von Baden in Salmannsweiler besuchen und bei dieser Gelegenheit auch hieher kommen will. Wäre es denn nicht auch möglich, dass unser lieber alter Freund Zellweger es einmal wagte, auf dem alle Wochen viermal hier landenden Dampfboote zu uns zu schwimmen? Sie wissen nicht, wie gross unsere Freude sein würde und wie wol Sie mir alten Manne damit tun würden.

Die äussere Welt will mir alle Tage weniger gefallen! In Frankreich bereitet sich eine neue Umwälzung der Dinge vor, welche vielleicht plözlicher ausbrechen kann, als man denkt. Die Repräsentanten der Nation haben dem König einen so offenbaren und so beleidigenden Beweis von Geringschäzung gegeben, dass im und andern über die allgemeine Stimmung kein Zweifel mer übrig bleiben kann. Freilich hat der König zuerst gefelt, da er etwas von seinem Volk verlangte, das erenhafter unterblieben wäre; allein, auf alle Fälle ist das Resultat der Entschliessung der zweiten Kammer eine stille Kriegserklärung. Von Frankreich, als der Herzkammer aller Volksbewegungen, aus, wird dann der Taumel auch die Nachbaren, Spanien, die Schweiz und Italien ergreifen und unsere (ich spreche von Inen und mir) kurze Zukunft mit trüben Tagen erfüllen. Aber der alte Gott lebt noch, und wenn er auch keine Wunder mer wirken will, so giebt er doch schuldlosen Herzen den Mut, unerschroken über das Leben hinaus in das versprochene Jenseits zu bliken. Impavidum ferient ruinæ! Lieber Freund! ich werde leider durch unwillkommenen Besuch gestört und muss diesmal schliessen. Jenny und ich grüssen Sie und die Irigen herzlichst und damit Gott befolen, von Irem alten unveränderlichen Freunde

J. v. Lassberg.

Auf der alten Meersburg, am 1. März 1840.

[1]) Gerold Meyer v. Knonau, Vater des Hrn. Prof. Dr. G. Meyer von Knonau in Zürich, geb. 4. März 1804, Staatsarchivar seit 1837, gest. als solcher 1. Nov. 1858.

100. Lassberg an Zellweger.

Mein vererter und lieber Freund!

Unser Freund Jacob Grimm sendet mir einen ser alten Brief und diesen Einschluss, über dessen Alter Sie sich nicht weniger verwundern werden, als ich getan habe. Er schreibt mir einen langen Brief; aber nichts über Berlin, noch weniger über die Berliner; es scheint also, er habe sein Urteil hierüber noch nicht festgestellt.

Ich wollte Inen vorlängst schreiben, lieber alter Freund! aber immer hörte ich, dass Sie auf Reisen sind oder waren und in den öffentlichen Blättern las ich, dass Sie nie aufhören in Irem Vaterlande und für Ir Vaterland im grossen woltätig zu wirken, das heisst seine Aufgabe bis an das Ende seines Lebens mit christlicher Beharrlichkeit lösen, und dazu muss auch der liebe Gott, wie wir sehen, seinen vollen Segen verleihen. Es ist das Einzige, was dem edlen Manne in diesen trüben und betrübten Zeiten noch übrig bleibt, wenn man seinem Lande im Ganzen nicht helfen kann, wenigstens im Einzelnen es zu tun. Was soll ich von der mir einst so lieben Schweiz denken und sagen? — es ist ein schon oft gebrauchtes Wort Talleyrands: c'est le commencement de la fin, und doch passt es in diesem Augenblike nirgend besser hin, als auf dieses unglükliche Land, unglüklich durch den Mutwillen, mit dem es den Dolch in seinen eigenen Eingeweiden umkeret. Ich sehe das ganze Spiel, das jezt gespielt wird, für beide Parteien für verloren an, es kann noch eine kleine Weile dauern, dann müssen die Nachbarn, um irer selbst willen, in dem unruhigen Hause Friede machen; aber ich fürchte den Macherlon; er wird Geld, Blut, und, was mer als alles ist, die Freiheit kosten, und den armen Schweizern nicht einmal den Trost gewären, den Franz I. hatte, als er nach der Schlacht von Pavia an seine Mutter schrieb: tout est perdu, fors l'honneur! — Möge ich kein Prophet sein.

Was mich betrifft, mein hochvererter Freund! so würde ich undankbar gegen Gott sein, wenn ich nicht sagte, dass ich ein glükliches und vergnügtes Leben füre. Ich lebe in einem Lande, wo es Geseze gibt, die wenn auch nicht streng, doch grösstenteils beobachtet werden, und die Freiheit, zu reden und zu handeln, selbst die zu schreiben, ist in unserm alten Schwabenlande weniger beschränkt als in manchem Kantone der sogenannten freien Schweiz. Meine Gesundheit hat sich seit meinem hiesigen Aufenthalte gebessert, der Husten, der Wintergast alter Leute und Stubensizer, keret zwar auch alljärlich bei mir ein; allein wir vertragen einander, wie alte Bekannte tun sollen. Meine Frau und Kinder (erstere grüsset Sie auf das herzlichste) befinden sich, gottlob! ganz wol und sind ser gerne hier, wo man uns, wie es scheint, lieber siehet, als in dem gebenedeiten Thurgau. Gesellschaft ist hier zwar nicht, aber unsere auswärtigen Freunde wissen uns auch auf der alten Dagobertsburg zu finden, auch Schweizer haben uns schon besucht, und wir sind eitel genug uns zu schmeicheln, dass unser alter Freund Zellweger auch einmal, von einem uns günstigen Winde getrieben, am Fusse der alten Meersburg mit dem alle Tage zweimal hier ankernden Dampfschiffe anlanden werde. Unser alter Freund Zellweger, dessen Fenster wir so oft, bei günstiger Beleuchtung, in der Abendsonne, auch one Fernror, glänzen sehen, hat uns nicht vergessen, das wissen wir und zweifeln auch eben so wenig daran, dass auch er weiss, welche grosse Freude uns sein Besuch bringen würde. Mit der lebhaftesten Teilname habe ich Ire Erwälung zum Vorsteher der Schweizerischen Geschichtforschenden Gesellschaft in öffentlichen Blättern gelesen; an diese knüpfet sich mit meinen Wünschen nun auch die Hoffnung, dass dieses Institut jezt zu neuer Tätigkeit erwachen, und einmal die Herausgabe der in jenem Lande noch so reichlich fliessenden Geschichtsquellen beginnen werde; denn so wenig es an Schweizer- und Kantonsgeschichten felet, so ser mangelt es diesem Lande noch an einem Corpus diplomaticum.....

Leben Sie recht wol, Gott befolen! von Irem

aufrichtigen und unveränderlichen Freunde

J. v. Lassberg.

Auf der alten Meersburg am Bodensee, den 22. November 1841.

101. Zellweger an Lassberg.

Mein hochverehrtester Herr und Freund!

Ein Freund[1]) von mir, welcher eine Lebensgeschichte des Herzogs Peter von Savoyen bearbeitet, ersucht mich um Auskunft folgenden Gegenstandes.

In Georgii Fabricii Chemnicensis Orig. illustriss. Stirpis Saxonicæ, lib. IV, pag. 475 geschieht Erwähnung eines „e Silva Nigra dux Loffingensis unus e Landgraviis Stulingiis, quem annales Egonem nominant," den Kaiser Philipp abgesandt habe, Chablais und das Thal von Aosta für das Reich in Besiz zu nehmen, der aber bei dieser Expedition geschlagen und nebst 7 Grafen gefangen worden sei. Dieser Graf von Lupfen, Landgraf von Stühlingen, ist offenbar die nämliche Person, welche Paradin, Vanderburgh, die Chronique de Savoye, Champier u. a. unter dem Namen eines Duc de Chophingen oder Chephelungren durch Petern von Savoyen bei Chillon schlagen und gefangen nehmen lassen.

Nun wäre mir sehr erwünscht zu erfahren, ob sich im 13. Jahrhundert ein Graf Egon von Lupfen, Landgraf von Stühlingen, nachweisen lasse, in welche Reichsregierung das Leben und Treiben irgend eines aus Fabricius und der Savoyischen Geschichtschreiber Angaben passenden Edlen falle? und ob sich nachweisen liesse, dass irgend ein damaliger Graf von Lupfen im Dienst oder in näheren Verhältnissen mit einem Reichsoberhaupte des 13. Jahrhunderts gestanden habe? Überhaupt, ob irgend eine Angabe der Geschichte von Lupfen mit jenen Angaben zusammentreffe, oder einiges Licht darauf werfe?

Gewiss kann mir in der ganzen Gegend Niemand hierüber bessere Auskunft geben als Sie, in dessen Gedächtniss die Geschichte Schwabens lebt und der zudem alle Hülfsmittel besizt, die nöthigen Nachforschungen zu machen.

Sie werden es mir verzeihen, wenn ich Sie bitte, mir die Fragen meines Freundes zu beantworten.

Erst als es zu spät war, vernahm ich in Constanz, dass alle Tage ein Dampfschiff nach Meersburg hin und her gehe. Nun, da ich dieses weiss, so werde ich das nächste Mal, wenn ich

---

[1]) L. Wurstemberger. Dessen Werk: „Peter der Zweite, Graf von Savoyen etc." erschien in 4 Bänden. Bern und Zürich 1856 bis 1858. Ueber das Nachfolgende vergl. Bd. I. 78.

nach Constanz gehe, mir das Vergnügen gönnen, Ihre gütige Einladung zu benuzen und Sie zu besuchen.

Ich habe wieder Vieles in den Archiven von Lucern, Zürich und Bern gestöbert und manches ganz Unbekannte gefunden oder Solches, das Licht verbreitet über noch dunkle Stellen der Geschichte.

Für die Geschichtforschende Gesellschaft habe ich manchen Arbeiter geworben und die Anstalt für Besserung junger Verbrecher, die ich in Bern gestiftet habe[1]), fand ich sehr befriedigend. Es ist erfreulich zu sehen, wie die jungen Bursche, die mit düsterem zur Erde gerichteten Blik eingetreten sind, ihn nun froh und heiter gen Himmel wenden und sich glüklich schäzen, in dieser Anstalt zu sein.

Es wird nun der Anfang gemacht zur Bildung einer zweiten Familie von 12 Knaben und Einleitungen getroffen zu einer dritten.

Wollen Sie gütigst mich Ihrer Gattin ehrerbietigst empfehlen, und Ihr freundschaftliches Andenken ferner widmen

Ihrem treuen Freunde und Verehrer

Joh. Casp. Zellweger.

Trogen, d. 3. Juni 1842.

102. Lassberg an Zellweger.

Verertester Freund!

Auf Ir leztes Schreiben, für welches ich Inen herzlich danke, Inen heute zu antworten, felet es mir an Zeit. Diese Zeilen sollen Inen blos meinen Gastfreund Herrn Prof. Schott[2]) aus Stuttgart empfelen, welcher eine Ausflucht in die östliche Schweiz macht. Ich denke, diese Bekanntschaft eines biedern und wakeren Schwaben zu machen, wird Inen nicht unangenem sein. Wir alle sind gottlob! wol und grüssen Sie, lieber Freund! auf das herzlichste.

Ir

J. v. Lassberg.

Meersburg, am 4. Juli 1842.

[1]) Auf Zellwegers Anregung hin beschloss die „Schweizerische Gemeinnützige Gesellschaft bei ihrer Versammlung in Trogen 1835 die Gründung einer Rettungsanstalt für verwahrloste Kinder ins Auge zu fassen. Die Anstalt trat 1839 auf der Bächtelen bei Bern ins Leben.

[2]) Albert Lucian Constans Schott, geb. 1809, starb als Prof. der deutschen Sprache und Litteratur in Tübingen am 21. November 1847.

103. Zellweger an Lassberg.

Verehrtester Freund!

Ich danke Ihnen, dass Sie mir die Bekanntschaft des biedern Herren Professors Schott verschafft haben, der gar zu rechter Zeit kam, einem kleinen Volksfest[1]) beizuwohnen.

In der Nacht vom 9. auf den 10. sahen wir eine grosse Brunst, glaubten sie aber weiter oben als Friedrichshafen, nun vernehme ich gestern, es seien in Meersburg 30—50 Häuser verbrannt. Ich kann daher nicht umhin, Sie um Nachricht zu bitten, ob Sie und Herr Nabholz nichts dabei gelitten haben und ob der Schreken Ihnen nicht geschadet habe.

Ich sehe mit Sehnsucht Ihren Berichten entgegen und mit Gelegenheit Ihrer Antwort auf meinen frühern Brief.

Freundschaftlich empfiehlt sich Ihnen

Joh. Casp. Zellweger.

Trogen, d. 11. Juli 1842.

104. Lassberg an Zellweger.

Mein vererter und teurer Freund!

Meine Frau und ich waren diesen Morgen innigst gerüret, als wir aus Irem Schreiben von vorgestern diesen Morgen ersahen, welchen besorgten Anteil Sie an unserem Schiksale bei der schreklichen Brunst von Sonntag nachts genommen haben.

Gottlob war es nicht hier, sondern leider in dem 2 Stunden von hier gelegenen armen Städtchen Markdorf, wo in wenig Stunden über 80 Häuser abgebrannt sind, von denen ein grosser Teil hätte gerettet werden können, wenn zum Löschen Leute genug und gehörige Anordnung vorhanden gewesen wären.

Durch anwesenden Besuch aus Westphalen verhindert, meinen Brief an Sie heute schon abgehen zu lassen, ersuchte ich Herrn Professor Schott, der one dies an Sie schreiben wollte, Sie über uns, rüksichtlich der Feuersbrunst, zu beruhigen.

Rükstehend finden Sie, mein vererter Freund! meine Auskunft über Stülingen und Lupfen, so gut ich sie zu geben vermochte. Vor einigen Tagen wurde ich auch von Herrn Prof.

---

[1]) Die von Aarau kommende eidgen. Schützenfahne zog über St. Gallen und die Ruppenstrasse nach Chur und wurde am 7. Juli in Trogen mit grossen Feierlichkeiten empfangen.

Kopp aus Luzern um Auskunft über die Grafen von Küssaberg im Kleggau angegangen. Lazius hält sie für Abstämmlinge der Grafen von Lenzburg, ohne diese Behauptung durch einen Grund zu unterstüzen. Ich wäre wegen unmittelbarer Angränzung der Besizungen eher geneigt, ire Abkunft von den alten Landgrafen von Stülingen abzuleiten. Die Wappen würden Auskunft geben. Das von Stülingen ist ein halbes blaues Männchen im weissen Felde, jenes von Küssaberg ist mir unbekannt; da aber die Küssaberge im 13. Jarhundert öfter in Urkunden vorkommen, so sind vielleicht auch noch Siegel derselben aufzufinden, am ersten wol noch in der Schweiz, die inen benachbart war. Könnten Sie mir zur Abbildung eines solchen Siegels verhelfen, so würden Sie mich ungemein verbinden.

.... Herrn Decan Frey bitte ich viele freundliche Grüsse von mir auszurichten und nun leben Sie wol, lieber Freund! Gott befolen! von Irem
unveränderlichen Freunde
J. v. Lassberg.

Meersburg, am 13. Juli 1842.

105. Zellweger an Lassberg.

Hochverehrter lieber Freund!

Gott sei dafür gedankt, dass nicht Sie von der furchtbaren Brunst gelitten haben, deren Feuerschein mich so sehr beunruhigte. In der Nacht vom 18. auf den 19. sahen wir wieder ein Feuer in Schwaben hoch gen Himmel lodern. Beide Male während ich frühstükte.

Die Reisen, wozu meine Pflichten mich veranlassen, verhindern mich hauptsächlich, Sie zu besuchen, weil sie mir gewöhnlich 3 Monate des Jahres rauben und ich dann wieder viel Arbeit zu Hause finde.

Jeden Monat Mai muss ich nach Bern wegen der Besserungs-Anstalt für kindliche Verbrecher. Gott gibt seinen Segen dazu, so dass das erste Duzend schon so weit gediehen ist, dass sie frohen, muntern Sinnes recht fleissig arbeiten, ordentliche Fortschritte im Lernen machen und gerne in der Anstalt sind, wo die 12 Buben mit dem Lehrer und dem Knecht allein 40

Jucharten Boden bearbeiten. Diesen Besuch vereinige ich allemal mit meiner Badecur und geschichtlichen Forschungen, oder Aufsuchung von Arbeitern für die geschichtforschende Gesellschaft und Besuchen meiner vielen Freunde. Im Herbst ist es die gemeinnützige Gesellschaft und die geschichtforschende, die ich besuchen muss. Erstere um die Rapporte für die Bächtelen zu erstatten, für diese Anstalt neue Hülfsquellen aufzusuchen, für die Bildung von Armenlehrern zu sorgen und dieses Jahr hauptsächlich, um die Grundsäze, nach welchen diese Schulen sollten eingerichtet werden, den französischen Kantonen anschaulich zu machen, auch den Kanton Waadt zu bewegen, eine kleine Anstalt für junge Verbrecher zu errichten. Bei diesem Anlass habe ich dafür zu sorgen, dass Wallis, Genf, Waadt und Neuenburg sich lebhafter an die geschichtforschende Gesellschaft anschliessen etc., dann muss ich wieder meine Cur brauchen, die Direktions-Commission der geschichtforschenden Gesellschaft präsidiren und nach Hause eilen, um mich vor Kälte zu verwahren, die ich nicht mehr wohl ertrage, weil mein Blut nur noch für Freundschaft und Menschenwohl warm wallet.

Wenn in den Regesten, die wir sammeln, die Grafen von Küssaberg erscheinen, so werde ich sehr gerne nach ihrem Wappen Nachfrage halten; sollte aber Herr Kopp es Ihnen nicht liefern können, da sie ihm in seinen Forschungen vorkommen?

Für Ihre Auskunft über Stühlingen-Lupfen danke ich Ihnen. Ich habe solche meinem Freund überschikt, dem sie wohl schwerlich genügen wird, aber er ersieht doch daraus Ihren und meinen guten Willen, ihm zu nüzen.

Das Werk von Stälin besize ich schon, habe es aber noch nicht gelesen, weil meine Arbeitskräfte durch mein Alter auch beschränkt werden.

Leben Sie, mein Theurer! mit Ihrer Familie recht wohl und denken Sie zuweilen an Ihren alten, greisen, aber aufrichtigen Freund auf den Bergen.

Joh. Casp. Zellweger.

Trogen, d. 20. Juli 1842.

106. Lassberg an Zellweger.

Mein teurer alter Freund!

Im Bade soll man sich vor aller allzuernsten und tiefsinnigen Lectüre hüten und den Geist durch leichte und unterhaltliche Speise, wenn nicht zu nären, doch zu erfrischen suchen, daher sende ich Inen hier etwas[1]), zwar aus allen Eken Zusammengelesenes, aber im Einzelnen, wie mich däucht, doch wieder Unterhaltendes, so wie es aus dem Ofen kommt, brühewarm. Möge es Inen eine geschäftlose Stunde verkürzen! so bin ich schon belonet.

Sie sind nun den Verhandlungen der Tagsazung[2]) näher als ich, der sie nur alle Morgen aus der Basler-Zeitung kennen lernt. Welche Sprache, welche Grundsäze! welche freche, schamlose und offenbare Verteidigung von Raub und Gewalttat! — ich denke dabei oft an die lezten Zeiten der römischen Republik, wo das Laster eben so laut und one sich im Geringsten zu verhüllen, auftrat. Am schmerzlichsten berürte mich der gänzliche Abfall Zürichs von der Bundesacte; Zürichs! das schon auf der Tagsazung des lezten Jars dieselbe so schwach verteidigte. Ich fürchte, die jezige Regierung hat auf kein langes Leben mer zu rechnen. Am meisten aber machte mich der Vortrag Muralts im grossen Rate erstaunen; ich hatte eine ganz andere Meinung von dem Mute dieses alten Staatsmannes. Zürich hätte diesmal den Ausschlag geben können; allein es scheint, sie fürchten sich vor sich selbst, oder halten sie das alte Haus für irreparabel? Quos Dii perdere volunt, dementant!

Lassen wir das! unsere Stimme ist doch nur die des Rufenden in der Wüste. Sie, mein vererter Freund! wissen sich auf eine edle und warhaft fromme Weise über diese unheilvollen Verhängnisse zu trösten. Sie erweisen dem Vaterlande im Einzelnen Woltaten, deren Früchte einst die Gesammtheit geniessen wird. Mit innigem Vergnügen lese ich immer in den öffentlichen Blättern von dem Gedeihen und Fortschreiten Irer Anstalt auf dem Abendberge. In der unermüdeten und unermüdlichen Arbeitsamkeit

---

[1]) Ein schön alt Lied von Grave Friz von Zolre, dem Oettinger, und der Belagerung von Hohen-Zollren, nebst noch etlichen andern Liedern. Also zum ersten Mal, guten Freunden zu Lust und Lieb, im Druck ausgegeben durch den alten Meister Sepp, auf der alten Meersburg.

[2]) Dieselben bezogen sich auf die Aufhebung der Klöster im Aargau.

möchte ich Sie meinem seligen Vater vergleichen, dem auch das nulla dies sine linea für eine seiner Lebensregeln galt, abends um 9 Ur dictirte er noch seinem Secretaire und den folgenden Morgen frühe war er schon im Himmel.

Ich vermute Sie schon im Stadthofe zu Baden und sende also meine kleine Blumenlese dahin. Prof. Schott kam ganz entzükt von Trogen zurük, wo ihm Alles, vor Allem und Allen aber mein Freund Zellweger über die Massen gefiel. Er ist ein biederer und woldenkender Mann, der, durch das Alter gereift, einst eine Zierde seines Vaterlandes werden kann. Lezte Woche hat er mich verlassen, nachdem er vier Wochen in meinem Büchersaale gearbeitet hatte. Auch ich, mein teurer Freund! muss Sie jezt verlassen, um einen Gast zu empfangen, der mir so eben angemeldet wird. Wir alle sind gottlob! ganz wol auf und Weib und Kind grüssen Sie herzlich, mit

Irem treuen Freunde
J. v. Lassberg.

Auf der alten Meersburg, am 1. August 1842.

107. Zellweger an Lassberg.

Mein sehr theurer Freund!

Ich erhielt in Baden mit vielem Vergnügen das schöne Bade-Geschenk, welches Sie so liebenswürdig mit Ihrem Briefchen vom 1. August darboten. Ich versäumte deren Beantwortung, weil ich das Vorhaben hatte, Sie zu besuchen, woran ich dann aber durch Geschäfte verhindert wurde, welche der Tod von meinem lieben Tochtermann Herrn Schirmer mir zuziehet.

Und nun, da ich nach 8 Wochen langer Abwesenheit wieder eingehaust bin, so werde ich wohl vor dem Frühjahr mich nicht mehr bewegen, und mich ganz meinen literarischen Arbeiten weihen.

Unsere schweizerischen Zustände sind schwer von Fremden richtig zu beurtheilen, und wenn ich solche klar entwikeln sollte, so müste ich eine Abhandlung schreiben, zu welcher ich nicht Zeit habe. Schlimmer steht es bei uns nicht, als in der übrigen Welt, aber aller Orten steht es so schlimm, dass die weisesten

Cabinete es nicht mehr wagen, den Mängeln, die sie in ihrem Land erkennen, abzuhelfen, noch einen Krieg zu beginnen, aus Furcht, es entwikeln sich aus ihm unerwartete Zustände, welche die Regierung auf den Kopf stellen.

Selbst im Orient, wie ich es aus sicherer Kunde weiss, ist kein Glaube mehr an Mahomed. Mit dem Gefühl der Überlegenheit der Franken verschwindet jener Glaube, aber da nichts an dessen Stelle tritt, so sieht man nur der Auflösung entgegen und mit derselbigen wird ein Krieg zwischen Russland und England unausweichlich.

Mit der Anstalt auf dem Abendberge[1]) habe ich nichts zu schaffen, da ich sie für eine Anstalt ansehe, die nur dazu dienen soll, den Leuten Geld aus dem Sak zu loken.

Was mich viel mehr anspricht, ist, so viel in meinen Kräften steht, in der Schweiz einem Krebsschaden entgegen zu arbeiten, der die Gefahr über ganz Europa bringt, dass die Gesellschaft von der Armuth überrumpelt werde. Es ist die erbliche Armuth, die theils durch vermehrte Bevölkerung, theils durch vermehrte Unsittlichkeit und theils durch die grossen Fabriken immer vermehrt wird und in geometrischer Progression fortschreitet, der aber nur durch Erziehung zum Glauben, zur Wahrhaftigkeit, Liebe, Gerechtigkeit kann entgegen gewirkt werden und durch Angewöhnung an Arbeitsamkeit und Sparsamkeit. Diese Beschäftigung nebst meinen geschichtlichen Arbeiten macht mich noch jung in meinem 75. Lebensjahr und gibt mir die süsse Hoffnung, doch noch im Frühjahr Ihnen mündlich sagen zu können, dass ich bis an mein Ende verbleibe

Ihr treuer Freund

Joh. Casp. Zellweger.

Trogen, den 18. Oktober 1842.

---

[1]) Die auf dem Abendberg bei Interlaken gegründete und damals von Dr. Guggenbühl geleitete Kretinenanstalt stellte sich bald als ein Unternehmen von zweifelhaftem Werte heraus. Vergleiche über dieselbe die Verhandlungen der Schweizerischen naturforschenden Gesellschaft 1844; pag. 113 ff.

108. Zellweger an Lassberg.

Hochverehrtester Herr und Freund!

Empfangen Sie zum Gruss fürs neue Jahr die Erstlinge der Arbeiten unserer neu gebildeten Schweizerischen geschichtforschenden Gesellschaft[1]), und sagen Sie mir mit Freundes Offenheit, was Sie daran wünschten verbessert zu sehen, oder ob der Plan, der Geist und die Bearbeitung Ihnen scheine, das Geschichtsstudium in der Schweiz zu befördern, und das Buch auch dem auswärtigen Geschichtsfreunde einigen Genuss gewähren könne.

Ich lebe nun ganz wie ein Patriarch zu oberst in meinem Hause und Alles was unter mir wohnt, sind Kinder und Kindeskinder, die mir mein Alter versüssen.

Bald betrete ich das lezte Viertel eines Jahrhunderts und fühle zwar das Gewicht des Alters, aber noch kann ich Gottlob vieles wirken.

Empfehlen Sie mich herzlich Ihrer hochverehrten Gattin und gönnen Sie zuweilen noch ein freundschaftliches Andenken Ihrem mit Hochachtung

treu ergebenen
Joh. Casp. Zellweger.

Trogen, d. 24. Dezember 1842.

109. Lassberg an Zellweger.

Lieber Freund!

Ich empfele Inen den Herren Pfeiffer aus Solothurn[2]), als einen Freund unseres Hauses, der einige Zeit in der alten Dagobertsburg zugebracht hat und uns lieb geworden ist; ich

---

[1]) Mit dem Jahre 1843 begann die Schweizerische geschichtforschende Gesellschaft das „Archiv für schweizerische Geschichte" herauszugeben.

[2]) Franz Pfeiffer, geb. 27. Februar 1815 in Solothurn, gestorben in Wien als Professor der deutschen Sprache und Litteratur und Mitglied der k. k. Akademie am 29. Mai 1868. Vergl. seine Biographie in dem von ihm zur Ausgabe vorbereiteten und von J. M. Wagner herausgegebenen Briefwechsel zwischen Lassberg und Uhland, Wien 1870.

empfele Inen denselben auch als einen tüchtigen Gelerten in der
altteutschen Literatur. Innigst würde es mich und alle meine
Hausgenossen erfreuen, durch Herren Pfeiffer auch wieder
etwas von Irem Wolbefinden zu erfaren, wir alle sind gottlob! wol,
und erfreuen uns seit Anfang des Herbstes der Gegenwart unserer
Schwiegermutter Droste und irer Tochter Nette[1]). Was Sie,
lieber Freund! Herrn Pfeiffer zu Förderung seines Vorhabens
Erspriessliches erweisen mögen, wird mit verbindlichstem Danke
erkennen

       Ir alter Freund

             J. v. Lassberg.

Auf der alten Meersburg, am 14. Juli 1844.

110. Lassberg an Zellweger.

Mein vererter Freund!

 Abermals ein Jar vorübergegangen, in dem wir uns nicht
gesehen haben! das ist bedauerlich! Aber es ist das Loos der
alten Leute, dass sie unbeweglich werden, und das ist schlimm!
Denn bald kommt die Zeit, wo man sich dann nicht mer sehen
kann, wenn man auch noch wollen könnte. Ich trete nun auch
bald mein 77. Altersjar an und füle allgemach die Beschwerden,
welche dasselbe zu begleiten pflegen. Wie ein alter Bär rolle
ich mich in meinem Loche zusammen und suche den Ofen und
den Lenstul. Von Inen, lieber Freund! höre ich nur Erfreuliches,
Ire Gesundheit habe sich gebessert, Sie faren fort in Irem Vaterlande woltätig zu wirken, und haben mit neuer Rürigkeit sich
wieder den historischen Arbeiten zugewendet. So berichtet Freund
Pupikofer, der von meinen schweizerischen Freunden allein
mich noch zuweilen in meiner städtischen Einsamkeit besucht.
Möge dieser Zustand bei Inen noch durch recht viele Jare fortdauern und Sie uns in dem nun begonnenen neuen Jare recht
bald mit einem aus dem Museum Zellwegerianum hervorgehenden
literarischen Ergusse erfreuen!

 Mir hat das neue Jar mit der gestrigen Post einen Brief
von unserem Freunde J. Grimm aus Berlin gebracht, den

---

[1]) Annette v. Droste-Hülshoff, die Dichterin, geb. 10. Jan. 1797, gest.
auf Schloss Meersburg am 24. Mai 1848. Vergl. pag. 195 und A. D. Biographie V. 415.

ersten wieder nach dreijärigem Stillschweigen! den demselben beigefügten Einschluss an Sie[1]) lege ich hier bei; möge er angenemes enthalten! Lieber Freund! wir sind zwar alt, aber die Welt ist noch älter! und doch fängt sie an überall närrisch zu werden. Gott beware uns vor solchem Ende! Von der Schweiz sage ich nichts! da ist Hopfen und Malz verloren. Leben Sie wol! Gott befolen! von Irem

alten aber nicht kalten Freunde
J. v. Lassberg.

Auf der alten Meersburg, am 13. Januar 1846.

111. Zellweger an Lassberg.

Verehrter Herr! Schäzbarster Freund!

.... Es schmerzt mich, dass ich nicht kann auf Frankfurt reisen, dem historischen Verein beizuwohnen, wo ich so manche werthvolle Bekanntschaft hätte machen können und zu welchem ich auch eingeladen war. Ich lud hingegen die Berliner Geschichtsfreunde zu mir ein und versprach Ihrem Freund Jacob Grimm, ihn dann zu Ihnen zu begleiten, wenn er hieher komme. Das würden Sie mir wohl erlauben, aber ich darf nicht hoffen, dass ich in den Fall kommen werde.

---

[1]) Der Brief J. Grimms an Zellweger lautet:

Verehrter Herr und Freund!

Der Antritt des neuen Jahres mahnt mich, eine alte Pflicht der Dankbarkeit abzutragen. Sie haben mich unter die Ehrenmitglieder der Geschichtforschenden Gesellschaft der Schweiz aufgenommen und mir die beiden ersten Bände des lehrreichen Archivs übersandt. Für beides erstatte ich den verbindlichsten Dank, und wenn ich aufrichtig erwäge, wie viel ich schon aus der Geschichte der Schweiz und ihren reichen Quellen gelernt habe, so fühle ich mich bereit, bei jedem Anlass, so weit meine Kräfte reichen, etwas für sie beizutragen.

Möge der Himmel Ihr Alter schützen, damit Sie noch ferner die Früchte Ihrer langen und mühevollen Arbeiten einernten.

Mit der Bitte, mir auch Ihre Freundschaft zu erhalten, schliesse ich hochachtungsvoll als

Ihr ergebenster Diener
Jakob Grimm.

Berlin, 5. Januar 1846.

Während dieser Zeit war ich übrigens sehr beschäftiget. Als ich die Einleitung zu meiner Geschichte der diplomatischen Verhältnisse der Schweiz mit Frankreich[1]) bearbeitete, fand ich die gedrukten Quellen über die Zeit Ludwigs XI. so lükenhaft, irrig und ungleich, dass ich mich zu ganz neuen Forschungen darüber bewogen fand, die mich zu einer ganz neuen Ansicht über diese Epoche führten. Da es mir aber unschiklich schien, in einer Einleitung jeden Saz zu begründen durch Citate und Urkunden, so entschloss ich mich, neben der Arbeit für meine Geschichte, die erzählend einfach fortschreitet, noch eine andere Arbeit über den nämlichen Gegenstand zu machen, in welcher ich die abweichenden Meinungen meiner Vorgänger bezeichne und die Meinigen durch 33 neue Urkunden, die noch ungedrukt sind, und durch eine Menge Citationen begründe, aber kaum war ich fertig, so erhielt ich noch durch die Güte Sr. Durchlaucht des Fürsten Metternich neun Urkunden von dem schäzbaren Herren Chmel[2]) eigenhändig copirt, welche mich zu neuen Umarbeitungen veranlassten. Diese Arbeit wird nun in dem 5. Band des Archivs der Schweizerischen geschichtforschenden Gesellschaft erscheinen.

.... Dass unsere Altersgenossen wegsterben, liegt im Gang der Natur, aber dass auch die jüngeren uns verlassen, ist doppelt schmerzhaft, denn so verlieren wir alle Freunde und bleiben zulezt allein, umgeben mit einer neuen Welt, mit der wir uns nicht mehr befreunden können. Nun denn, so gehen auch wir desto lieber zu unserem himmlischen Vater, dem Urquell des Lichts, der Wahrheit und der Liebe, wo wir immer mehr von diesen herrlichen Eigenschaften uns nähren können.

Sie sind noch jünger als ich, ich darf also hoffen, Ihre Freundschaft noch bis zu meinem Abschied aus diesem Leben zu geniessen, und diese Hoffnung stärkt und erfreut mich.

Nun kommt bald die Zeit wieder, wo der Boreas seine unfreundliche Stimme erhebt, die uns Greise zittern macht. Dann wollen wir am Ofen unseren Körper, und am Andenken an unsere Freunde unseren Geist erwärmen. Dann freut uns die

---

[1]) Von derselben erschienen nur Bd. I, 1. und 2. Hälfte mit einem Beilageband. St. Gallen und Bern 1848—49.

[2]) Joseph Chmel, österr. Geschichtsforscher, geb. 18. März 1798 in Olmütz, trat in seinem 18. Jahre in das Chorherrnstift St. Florian, dessen Bibliothekar er nach wenigen Jahren wurde. Er gab zahlreiche auf die Geschichte Oesterreichs bezügliche Quellen heraus. Er starb am 28. Nov. 1858. A. D. Biographie IV, 130.

Unveränderlichkeit der Gesinnungen unserer alten Freunde, und dann freuen Sie sich auch an der meinigen, so wie ich Ihre Versicherung in mein Herz geschrieben habe. Gott mit Ihnen in allen Angelegenheiten Ihres Lebens. Das wünscht Ihnen

Ihr treuer Freund

Joh. Casp. Zellweger.

Trogen, den 29. August 1846.

112. Zellweger an Lassberg.

Hochverehrtester Herr und Freund!

Herr Friedrich von Wyss[1]), Sohn des würdigen sel. Burgermeisters und Enkel unsers Freundes, Schultheissen von Mülinen, zeigte mir einen sehr alten Pergamentstreifen mit Wappen des oberdeutschen und schweizerischen Adels bemalt, dessen Handschrift ganz gothisch ist, woraus ich schliesse, sie seie wohl schwerlich neuer als aus dem 13. Jahrhundert. Viele Namen sind verblichen, mehre haben gar keinen Namen, und hier ist Niemand mit der Heraldik bekannt, auch mag vielleicht überhaupt Niemand ganz vertraut sein mit dem alten Adel. Ich rieth ihm daher, sich bei Ihnen Raths zu erholen, der Sie wohl in der ganzen Gegend der befähigtste seien, über das Alter des Dokuments eine begründete Meinung und über die Wappen Auskunft zu geben. Da mir wohl bekannt ist, wie gerne Sie Ihre Kenntnisse benutzen, Anderen behülflich zu sein, so nehme ich die Freiheit, ihm eine Adresse an Sie zu geben, überzeugt, dass Sie ihm Ihre Hülfe nicht versagen werden.

Ich junger Mann, der nur 3 Jahre älter ist als Sie, indessen doch schon über 79 Jahre lang die irdische Atmosphäre einathme, war am Montag vor der Auffahrt in Meersburg ganz nahe bei Dagoberts Schloss, wo mein treuer Altersgenosse wohnt, ohne Sie noch Jemand der Ihrigen zu sehen, obschon ich die Augen meiner jungen Reisegefährten, einer Enkelin und Grossnichte anstrengte, um wahrzunehmen, ob sie in Ihrem Schloss kein

---

[1]) Es ist Herr Prof. Friedrich von Wyss, geb. 1818, von 1849—1853 Prof. der Rechte an der Universität Zürich, dann Mitglied des Obergerichtes, dann von 1862—1871 wiederum Professor. Herr Prof. von Wyss resignirte 1871 und lebt noch in Zürich.

Menschengeschöpf wahrnehmen, aber man sah Niemand und ich konnte mich nicht aufhalten Sie zu grüssen, weil wir noch auf Bregenz reisen wollten. Es schmerzte mich eigentlich, so vorbei zu streichen neben einem Freund, den ich wahrscheinlich nicht mehr sehen werde, da ich, obschon ziemlich gesund, doch eine starke Abnahme meiner Kräfte verspüre. In dem Band des Archivs der Schweizerischen geschichtforschenden Gesellschaft, der bald erscheinen wird, werden Sie eine kleine Abhandlung[1]) von mir finden, welche eine neue Ansicht über die Ursachen der Burgunderkriege aufstellt und zu beweisen sucht. Ob Ihnen die Beweise schlagend vorkommen, möchte ich gerne seiner Zeit von Ihnen erfahren.

Ich gedenke von hier über Chur nach Hause zu reisen, wo Ihre Antwort mich treffen wird, wenn Sie mich damit beehren. Darf ich Sie bitten, mich ehrerbietigst Ihrer Gattin zu empfehlen und die Zusicherung meiner hochachtungsvollen Ergebenheit und Freundschaft zu genehmigen.

Zürich, d. 12. Juni 1847.
Joh. Casp. Zellweger von Trogen. Dr. phil.[2])

113. Lassberg an Zellweger.

Lieber und hochvererter Freund!

Ir Schreiben von vorgestern aus Zürich hat mich mit Freude und auch mit Wehemut erfüllt. Mit Freude, weil Zeilen von Inen nur erfreulich sein können; mit Wehemut, weil ich daraus ersehe, dass Sie vor wenig Tagen mir so nahe waren, dass Sie in meine Fenster sehen konnten, und doch nicht bei mir, Irem alten von ganzem Herzen ergebenen Freunde, einkerten! Gewiss, das hätte ich nicht vermocht! Sagen Sie nicht, dass **wir uns nicht mer sehen werden**; denn eine Zeile von Inen, die mir sagt, dass Sie mich zu sehen wünschen, füret mich plözlich nach Trogen. Mein Gefül für Freundschaft ist noch eben so lebhaft als vor 50 Jaren und wenn ich gleich wie alle Männer, welche den Achtzigen nahe stehen, von meinen Gesundheits-

---

[1]) Die im 5. Bande des Archivs für schweizerische Geschichte niedergelegte Arbeit Zellweger's ist der „Versuch, die wahren Gründe des burgundischen Krieges aus den Quellen darzustellen und die darüber verbreiteten irrigen Ansichten zu berichtigen."

[2]) Die Universität Bern ertheilte Zellweger im Frühling 1847 die Doktorwürde honoris causa.

umständen abhänge, so füle ich mich doch durch Mut und Willen
der grössten Anstrengung fähig. Herr Friedrich von Wyss
wird mir, schon um Irer Empfelung willen, und als Enkel unseres
unvergesslichen Freundes, des Schultheissen von Mülinen,
jederzeit freundlich willkommen sein. Was die fragliche Pergamentrolle mit den gemalten Wappen betrifft, so erinnere ich
mich wol, dass mein verstorbener Freund Martin Usteri 1818
mir einmal eine ganz ünliche aus einem runden Futteral zeigte,
welche er ser geneigt war, in das 12. oder doch wenigstens
in den Anfang des 13. Jarhunderts zu verweisen; allein, ich vermochte durch aus den Schriftzügen entnommene Gründe in doch
zu überzeugen, dass dieselbe höchstens der Mitte des 14. Jarhunderts angehören könne. Vederemo, was uns Herr von Wyss
mitbringen wird.

Mit herzlicher Freude lese ich in Irem Briefe, dass Sie sich
noch ziemlich gesund fülen; aber die Abnamc Irer
Kräfte, lieber Freund! lassen Sie sich nicht anfechten! Das
ist ja in der Ordnung der Natur, ich füle es nicht weniger als
Sie, da ich doch meinem 78. Lebensjare rasch entgegengehe,
und folglich nicht 3, sondern nur ein Jar jünger bin als Sie.
So lange der liebe Gott uns leben lässt, wollen wir uns des
Daseins freuen! er hat seine Welt so schön gemacht, dass man
recht gerne darinne sein und bleiben mag, auch sind, was man
auch sagen mag, die guten Leute darinne noch nicht ausgestorben. Manchmal kann man auch ein gutes Wort sagen,
schreiben, oder druken lassen, das auch seinen guten Ort findet,
und so sind auch wir alte Knaben noch immer nicht umsonst
da, besonders Sie, dessen literarische Tätigkeit noch immer nicht
aufhört, Gutes und Merkwürdiges zu Tage zu fördern.

Auf Ire Abhandlung über die Ursachen des burgundischen
Krieges bin ich ser begierig und werde nicht ermangeln, Inen,
wenn ich sie gelesen habe, meine Ansicht mitzuteilen. Sie wissen
wol, mein vererter Freund! bei mir heisst es: amicus quidem
Plato; sed magis amica veritas!

Vorigen Sommer hatte ich, als unser Grossherzog zu uns
hieher kam, Gelegenheit, einen grossen und hässlichen diplomatischen Irrtum aufzuklären. Ich zeigte im nämlich Originalurkunden, aus welchen unwidersprechlich hervorgehet, dass das
Wappen der Züringer ein Adler und nicht ein Löwe war. Dies
vermutete ich zwar schon vor mer als 40 Jaren, gelangte aber

erst im vergangenen Sommer durch die freundschaftliche Gefälligkeit des Herrn **Ferdinand Keller**[1]) aus Zürich zum diplomatischen Beweise. Ob nun der Züringer Löwenorden in einen Adlerorden, wie es sich gebüren würde, umgewandelt wird, stehet wol dahin; auf die Karlsruher Diplomatiker, die auf **Schœpflins**[2]) Autorität sündigend, bei Errichtung des Züringer Ordens einen erdichteten Löwen aufstellten, scheint meine Entdekung keinen Eindruk zu machen, und so wird wol, nach jenem alten Worte: Video meliora proboque; deteriora sequor! mein Adler in seinem Vaterlande kein Glük machen und frohe sein müssen, dass im in den Archiven des alten Zürich noch ein Pläzchen vergönnt wird.

Leben Sie recht wol! von uns Allen auf das herzlichste gegrüsst, und lassen Sie Iren alten Freund öfter als bisher etwas von Inen hören. Freundesworte, sagt der Perser Sadi, sind wie Goldstaub! auch das kleinste Körnchen hat seinen Wert. Irem Herrn Sone und Herrn **Decan Frey** wünsche ich viele Male empfolen zu sein und nun leben Sie nochmals wol! Gott befolen, von Irem

alten hinkenden Freunde
J. v. Lassberg,
auch Doctor der Philosophie.

Auf der alten Meersburg, am 14. Brachmonat 1847.

114. Zellweger an Lassberg.

Hochverehrtester! theuerster Freund!

Der Überbringer dies ist Herr **Friedrich von Wyss**, der würdige Enkel unsers hochgeschäzten Freundes des Alt-Schultheissen Herren **von Mülinen**. Ich habe gar nicht nötig, ihn zu empfehlen, denn er empfiehlt sich selbst, und Ihre Freundschaft für seinen Grossvater war nicht der Art, dass der Tod sie auslöschen konnte.

Wir greise Männer hangen noch zu warm an unsern alten Freunden, als dass wir nicht gerne ihren Nachkommen noch be-

---

[1]) Keller, Ferd., Altertumsforscher, geb. 24. Dez. 1800 im Schloss Marthalen (Zürich), starb am 21. Juli 1881 in Zürich. Am bekanntesten wurde Keller durch seine Pfahlbauforschungen. Vergl. A. D. Biographie XV. 563—568.

[2]) Des Verfassers der Historia Zaringo-Badensis. Carlsruhe 1763. 7 Bände.

weisen möchten, dass unsere Freundschaft wahr, warm und beständig war.

Leben Sie wohl, mein lieber, hochgeschäzter Altersgenosse und geniessen Sie bis zu dem Übergang zu dem Allvater alle Segnungen des Himmels, mir aber bewahren Sie Ihre Freundschaft so wie sie immer war, und zählen Sie hingegen auf meine unwandelbare Hochachtung und Freundschaft.

Joh. Casp. Zellweger
Dr. phil.

Trogen, d. 28. Juni 1847.

115. Lassberg an Zellweger.

Mein lieber und hochverehrter Freund!

Gern käme ich auf Iren heute erhaltenen Brief von vorgestern sogleich zu Inen nach Trogen, wenn auch nicht in so reicher Anzal, als Ire freundschaftliche Einladung will, doch wenigstens in meiner hinkenden Person; aber (und der Teufel hat alle die fatalen Abers erdacht, die im menschlichen Leben so viele Wünsche und Vorsäze zu nichte machen!) aber Briefe aus Luzern künden mir den Besuch des Doctors von Liebenau[1]) an, mit Frau und Kindern, die ich nun täglich erwarte. So lange also diesen der Aufenthalt in den Mauern der alten Meersburg nicht entleidet, oder die Resultate der Tagsazung sie nicht nach Hause fördern, kann ich mein Haus nicht verlassen. Was dann geschehen kann, muss ich dahingestellt sein lassen. Aber der Sommer ist noch nicht vorüber, und ich hoffe vom Juli und August auch noch schöne Tage. Dann können Sie darauf zälen, dass Ir alter Freund, dem der liebe Gott so gnädig den angebornen Frohsinn bis ins 78. Altersjar bewart hat, Sie in kleiner oder grösserer Gesellschaft, nach dem es sich fügen wird, in dem weitaussehenden gastfreundlichen Trogen besucht und dann:

Aliquando dextrae coniungere dextram
Fas erit et notas audire ac reddere voces.

---

[1]) Dr. Hermann von Liebenau, der Vater des Herrn Staatsarchivar Dr. Th. von Liebenau in Luzern, geb. 3. Oktober 1807, gest. 28. Juli 1874. Vergl. Anzeiger für Schweiz. Geschichte, 1874, 89—90.

Und bis dahin nun, mein teurer und lieber Freund! leben Sie wol! aufrichtig verert und von uns allen, von alt und jung gegrüsset; aber am herzlichsten von Irem

unveränderlichen Freunde

J. v. Lassberg.

Ohne Datum; Zellweger erhielt ihn am 1. Juli 1847.

116. Lassberg an Zellweger.

Mein vererter und lieber Freund!

Aus einem Hause der Trauer und der Schmerzen kommen Inen diese schwarz versiegelten Zeilen zu. Die Hand des Herren ist schwer auf uns gefallen! Er nam uns so plözlich und ehe wir und Sie uns dessen versahen, unsre so innig geliebte Schwägerin Anna Elisabeth[1] hinweg. Wärend wir am 24. Mai am Mittagessen sassen, bekam sie einen Blutschlag, der sich in das Innere irer Brust ergoss und in einem Augenblike war ir Geist schon in eine bessere Heimat entflohen. Sie liebte uns so sehr, wie wir sie mit allen Kräften unserer Herzen liebten. Sie war so gerne hier bei uns, dass sie noch eine Stunde vor irem Tode zu meiner Frau sagte, sie hoffe nun für immer bei uns zu bleiben. Ach! Sie hat Wort gehalten, sie ist bei uns geblieben, aber todt!

Unsere Trauer über diesen Verlust ist eben so tief als gerecht! Trösten wollen wir uns nicht, nur die heilende Hand der Zeit kann unsern Schmerz mildern! Unsere Tränen werden noch lange um die so liebenswürdige, an Geist, Kunst und Talent so ausgezeichnete Schwester fliessen.

Über die so plözlich aus der Hölle emporgestiegene, oder aus der Luft gefallene, die Paläste der Könige wie die Hütte des Landmannes wirkend und leidend durchwütende geistige Cholera mag ich Inen, mein vererter Freund! nichts sagen; denn ich sehe nicht, wie dieser scheusslichen Seuche entgegnet werden wird, da der Teufel die guten Menschen und diejenigen,

---

[1] Annette von Droste-Hülshoff, vergl. pag. 187.

die noch etwas besizen, mit offenbarer Blindheit und Verzagtheit verblüfft hat.

Dabit Deus his quoque finem!

Lassen Sie uns an dem alten Glauben festhalten, am Glauben und Vertrauen auf Gottes Güte und Barmherzigkeit, und auch an den Herzen guter und edler Menschenkinder nicht verzweifeln.

Wir alle, so traurig wir auch sind, grüssen Sie auf das herzlichste. Leben Sie wol! Gott befolen! von Irem

treuen Freunde

J v. Lassberg.

Auf der alten Meersburg, am 13. Juni 1848.

117. Zellweger an Lassberg.

Verehrter und lieber Freund!

Die traurige Nachricht, welche Sie mir mit Ihrem lieben Brief vom 13. dies mittheilen, empfinde ich doppelt, da auch mein Haus ein Haus voll Trauer ist.

In meinem 80. Jahr habe ich drei Kinder verloren, und das lezte war mein einziger Sohn, der eine Wittwe und zwei Knaben hinterliess.

Das ist jezt mein Trost, dass ich diesen Hinterlassenen noch eine Stüze und Hülfe bin und desswegen lebe ich noch gerne.

Gott gibt mir die Gnade, dass ich auch jezt mit Gelassenheit mein Schiksal trage, weil ich schon lange fest überzeuget bin, dass, was Gott thut, wohl gethan ist; und wenn ich alles, was mir begegnet, benuze, mich zu verbessern oder zu vervollkommnen, dass dann auch die schmerzhaftesten Ereignisse mir zum Besten dienen.

Es ist schon lange, dass ich in einem Memorial, das ich nach England sandte, sagte, man müsse sich nicht wundern, wenn das Schwert des Damokles über dem Haupt der Regenten schwebe, wenn man betrachte, wie in den Findelhäusern die Kinder zum Laster erzogen werden, wie in vielen Ländern, namentlich in Frankreich und England Millionen Menschen wie Heiden erzogen, wie an anderen Orten Ceremonien für Glauben und Liebe gelten sollen.

Diese allgemeine Verschlimmerung der Menschheit, der Mangel an Liebe, der vorherrschend ist, dieses sind nach meinen Ansichten die Ursachen, warum die Menschheit mit so vielen Übeln heimgesucht wird, und wohl erst in der fünften und sechsten Generation wieder das Gute entstehen wird.

Lehrt es uns doch die heilige Schrift und die Geschichte, dass mit der grösten Civilisation auch die grösten Laster einreissen, die durch grosse Weltereignisse, die hundert und mehr Jahre dauern, eine Purifikation zur Folge haben.

Wir Greise werden hoffentlich das Leben in und mit Gott früher schmeken, als unsere Kinder und Enkel.

Empfehlen Sie den lieben Ihrigen recht angelegentlich. Ihren

treuen Freund
Joh. Casp. Zellweger.

Trogen, den 18. Juni 1848.

118. Lassberg an Zellweger.

Mein lieber und vererter alter Freund!

Eine im Frühling überstandene schwerere und anhaltende Krankheit meiner lieben Frau liess ir einige Brustbeschwerden zurük; allein bei der Unruhe, Kummer und Sorgen, in welche die rote Badische Republik uns versezte und darinne durch sieben Wochen erhielt, konnte meine gute Jenny sich nicht zu einer ernstlichen Kur ausser dem Hause entschliessen; jezt aber, da wir wieder freier atmen, dringt unser Hausarzt darauf, dass sie den Rest der guten Jareszeit benuze, um da die Molken zu trinken und zu baden. Sie wird also übermorgen, oder Mittwoch, d. i. beim ersten schönen Tage über Friedrichshafen dahin abgehen und unsere Hildegarde mit sich nehmen, um da nicht ganz alleine zu sein. Ich hätte sie lieber in Gais gesehen, da wäre sie Inen näher gewesen; aber, dem Arzte muss man folgen.

Da ich nun weiss, dass es meiner lieben Jenny zu einer grossen Freude, ja zum Troste gereichen würde, wenn Sie, lieber Freund! den sie mit mir so herzlich vereret, sie einmal in irer Einsamkeit besuchen wollten, so schreibe ich Inen dies

mit der Bitte, wenn es Ire Gesundheit und Ire Beschäftigungen
erlauben, unsern Wunsch zu erfüllen; Sie werden mich dadurch
höchlich verbinden.

Was soll ich Inen über die unheilvolle moralische Cholera
sagen, die nicht nur unser unglükliches Teutschland, sondern
die bessern Länder von Europa angefallen hat? Ich sehe dem
Unglüke und dem Elende, das wir als Folge dieses verhängnisvollen Wansinnes jezt schon fülen, so bald kein Ende. Mit
Tugend und Religion scheinen Verstand und Mut aus der Welt
gewichen zu sein.

Ich werde gestört, wir haben Einquartirung, Hessen, da
werde ich alle Augenblike abgerufen. Leben Sie wol! aufs herzlichste gegrüsst von uns allen, doppelt von Irem

unveränderlichen Freunde

J. v. Lassberg.

Meersburg, am 5. August 1849.

119. Lassberg an Zellweger.

Mein ser lieber und teuerster Freund!

In dieser Minute erhalte ich Ire freundlichen Zeilen vom
gestrigen Tage[1]). Ist es möglich! dass das Alter (ich beging
am 10. April l. J. meinen achtzigsten Geburtstag) mich so
vergesslich gemacht hat, dass ich es übersehen konnte, Inen den
Ort zu melden, wo meine geliebte Jenny die Molken trinken
will!! Ach! pulvis et umbra sumus! pflegte unser alter Freund
Ittner zu sagen. Er hatte wol recht. Meine Frau ist gestern
abends im Weissbad bei Appenzell angelangt, mit der nun 13½
Jar alten Zwillingstochter Hildegard, von welcher ich Inen ein
Specimen ires ersten dichterischen Versuches beilege. Um das
Dampfschiff nicht zu versäumen, schliesse ich hier und grüsse
Sie von ganzem Herzen. Ir

J. v. Lassberg.

Meersburg, am 9. August 1849.

---

[1]) Fehlen.

120. Zellweger an Lassberg.

Mein theurer, bester Freund!

Nur mit wenigen Worten zeige ich Ihnen an, dass nach Empfang Ihres Werthen vom 9. diess ich gestern die Ehre hatte, Ihre schäzbarste Gattin und die Fräulein Tochter im Weissbad zu besuchen, und dass ich beide recht wohl und gesund antraf; und wenn die Umstände es mir gestatten, gegen Ende diess nach Konstanz zu gehen, so werde ich vielleicht die Ehre haben, Ihnen die Fräulein Hildegard zu bringen, vielleicht gar Ihnen einen kurzen Besuch zu machen; indessen wollte ich Ihnen die gute Kunde geben, damit Sie sich freuen können, Ihre Lieben so wohl behalten zu wissen.

Herzlich grüsset Sie
Joh. Casp. Zellweger.

Trogen, d. 14. August 1849.

121. Lassberg an Zellweger.

Wie kann ich Inen genug danken, mein teurer und lieber Freund! für die grosse Gefälligkeit, welche Sie mir durch Iren freundschaftlichen Besuch bei meiner lieben Frau zu erweisen die Güte hatten! Die gute Jenny, von der ich in dieser Stunde einen Brief vom 15. erhalte, war nicht weniger dankbar gerürt über diesen Beweis Irer Güte, welcher Sie noch die weitere beifügen wollen, mir meine kleine Dichterin Hildegarde selbst zu überbringen, wärend meine Schwiegermutter zu irer Tochter ins Weissbad reiset.

Lieber Freund! die gegenwärtige Zeit ist so arm an Freuden, dass man nicht lange zaudern darf, nach jenen zu haschen, die sich darbieten; Sie können also denken, welche grosse Freude es für mich sein wird, Sie nach so langer Zeit wieder einmal zu sehen und zu sprechen. Meine Frau will unser Töchterlein selbst zu Inen bringen, also verspare ich alles auf das mündliche. Leben Sie wol! herzlich gegrüsst von

Irem
J. v. Lassberg.

Meersburg, am 19. August 1849.

Berichtigungen und Zusätze.

A. Berichtigungen.

Seite 16 Anm. Zeile 4 von unten lies G. Meyer von Knonau.
„ 24 Zeile 4 von unten (Text) „ ihrer statt Ihrer.
„ 38 Anm. Zeile 4 von unten „ 1610 statt 1710.
„ 46 Zeile 5 von oben „ Schultheissischen statt Schultheisischen.
„ 63 „ 5 „ „ „ Verehrtester statt Verertester.
„ 68 „ 11 von unten (Text) „ ire statt Ire

B. Zusätze.

Seite 17. Der Vadianische Briefwechsel befindet sich auf der Stadtbibliothek St. Gallen.

Seite 19. von Anton, K. G., Historiker (1751—1818), gab 1799—1802 eine „Geschichte der deutschen Landwirthschaft" heraus.

Seite 41. „Da unser alter Pfarrer etc." Gemeint ist J. K. Knus, geb. 1758, gest. 1828. Er gab in den Jahren 1798—1801 eine Menge Streitschriften zu Gunsten der Föderativverfassung heraus.

Seite 56. Anmerkung 1 ist unrichtig. Sie soll heissen: Ambrosius Eichhorn (1758—1820) gab 1797 den „Episcopatus Curiensis in Rhätia" heraus; dieses Werk ist hier gemeint.

Seite 73 Pfarrer Fuchs ist Ildefons Fuchs, katholischer Geistlicher und Geschichtsforscher, geb. 1765 zu Einsiedeln, gest. 1823 als Pfarrer zu Niederhelfenswil (Kt. St. Gallen).

Seite 83. „ein gewisser Merz in Herisau etc." Gemeint ist J. J. Merz, ein tüchtiger, weit über seine engere Heimat hinaus bekannter Holzschneider, geb. 1798, gest. 1882.

Personenregister.

Alberti, F. von, 145.
Amrhyn, J. K., 122.
Anton, K. G. von, 19. 200.
Armin, S. von, 99. 101. 104. 106. 123. 127. 134. 138. 139.
Arnsperg, 133.

Bachmann, 143.
Benecke, Prof., 124. 160.
Böhmer, Dr. J. F., 157. 159.
Brandis, Clem. von, 61. 64.
Braun, 124. 128. 130.
Brüllisauer, 24.
Burckhard, Dr., 43.

Chambier, de, 120.
Chmel, 189.
Cotta, Freiherr von, 108.

Daguet, J. V. T. de, 123.
Diogg, 85. 87.
Droste, Frau von, 167. 187.
Droste-Hülshoff, Annette von, 30. 187. 195.
Dümge, K. G., 168.

Edlibach, Gerold, 91.
Eichhorn, Ambrosius, 56. 200.
Escher, Dr. H., 58.
Evara, siehe Keller.

Fellenberg, Em. von, 20. 48. 49. 50.

Finsler, H. K., 52.
Frey, Pfarrer, 31. 32. 33. 41. 45. 46. 49. 75. 76. 80. 82. 97. 112. 138. 145. 146. 158. 168. 181. 193.
Fuchs, Pfarrer, 73. 200.
Füglistaller, Leonz, 122.
Füssli, J. H., 10.

Gesellschaft, Schweiz. gemeinnützige, 27. 30. 32. 33.
Gesellschaft, Schweiz. geschichtforschende, 127. 179. 186.
Glutz-Blotzheim, 10.
Graff, E. G., 108.
Grimm, Jacob, 105. 107. 109. 118. 121. 122. 127. 129. 133. 134. 136. 149. 150. 159. 161. 163. 166. 176. 187. 188.
Grimm, Wilhelm, 108.

Hagen, von der, 43. 53. 86. 99.
Hanhart, J., Pfarrer, 40. 44. 45. 47. 48. 49. 50. 54. 57.
Hanhart, Rudolf, 50.
Hartmann, G. L., 7. 15. 18.
Hassenpflug, 172.
Haxthausen, Werner von, 30. 124. 141. 142.
Hegner, 79. 81.
Heineccius, 107.
Henne, Dr. J. A., 92.

Honnerlag, Oberst, 20. 74. 75.
76. 81. 87. 168. 170.
Horn, Gustav, 36. 64.
Horner, Hofrath, 36. 104.
Horner, Jnspektor, 36. 52.
Hottinger, J. J., Historiker, 45.
50. 71. 81.
Hottinger, J. J., Kirchenhist., 157.

Jakob von Königshofen, 19.
Jäger, J., Pfarrer, 100. 103.
Ittner, J. A. von, 35. 36. 37.
40. 41. 44. 58. 62. 65.

Keller, Archivar, 132.
Keller, Bapt. (Evara), 89.
Keller, Ferdinand, 193.
Kessler, 16.
Kirchhofer, Melchior, Pfr., 31.
32. 54. 68. 71. 74. 75. 79.
81. 83. 99. 175.
Knus, Pfarrer, 41. 200.
Kopp, Prof., 132. 181. 182.
Krüsi, H., 112.
Kruse, F. K. H., 27. 29.
Kuchimeister, Chr., 16.
Kurz, Chorherr, 128.

Lacher, 6. 161.
Laharpe, 50.
Lassberg, Friedrich von, 35. 170.
Lassberg, Helene von, 174.
Lassberg, Hildegard von, 197.
198. 199.
Lassberg, Jenny von, 197. 198.
199.
Lassberg, Leonhard von, 141.

Leichtlen, 73.
Liebenau, Dr. H. von, 194.
Lindinner, 89.
Litta, Pompeo, 115.
Lorenz, O. 19.

Mailáth, Graf, 34.
Marquand, A., 161.
Massmann, Prof., 124. 128.
Memminger, Prof., 144. 145.
147.
Menzel, Dr., 93.
Merz, Holzschneider, 83. 200.
Metzler, J., 24.
Meusebach, K. H. G. von, 42.
Meyer von Knonau, G., 157.
Meyer von Schauensee, 123.
Mone, F. J., 157. 159.
Möser, 39.
Müller, Joh. von, 8. 10. 119.
123.
Mülinen, Gottfr. von, 153.
Mülinen, Nic. Friedr. von, 35.
36. 39. 42. 46. 61. 64. 65.
77. 78. 80. 82. 84. 88. 89.
91. 94. 95. 96. 99. 101. 104.
105. 111. 117. 120. 123. 126.
127. 133. 134.
Muralt, H. K. von, 158. 183.

Nidau, s. Gottfr. von Mülinen.

Oertly, Baumeister, 98.
Orelli, J. C. von, 52. 122. 173.

Pertz, G. H., 61. 159.
Pfeiffer, Franz, 186. 187.

Pfiffer, E. von, 31. 52. 58.
Pirkheimer, W., 38.
Pupikofer, Joh. Ad., 53. 77. 100. 109. 111. 117. 119. 187.

Raumer, F. L. G., 61. 64.
Regiomontanus, 38.
Rivaz, A. J. de, 120.
Rosenlächer, Registrator, 47. 81.
Rotteck, Karl, von, 139.

Schläpfer, Dr. J. G., 93.
Schmeller, Joh. Andr., 124.
Schmid, J. Chr., 21.
Schönhuth, Pfarrer, 148.
Schott, Prof., 179. 180. 184.
Schultheiss, Bürgermstr., 37. 43. 133.
Schwab, Gustav, 144. 145. 151. 171.

Segesser, F. L., 122.
Simmler, 40.
Stalder, F. J., 119. 122.
Staudacher, 92.
Stein, Freiherr vom, 68.
Stutz, Archivar, 147.

Tillier, J. A. von, 120. 129.

Tschudy, Gilg., 2. 5. 8. 10.

Uhland, Ludwig, 34. 108. 112. 124.
Usteri, M., 32. 52. 58. 192.

Vadian, 7. 17. 81.
Vögelin, Sal., 122.
Von Arx, J., 8. 38. 63. 70. 94. 100. 113. 125.

Wegelin, K., 97. 113.
Weizenegger, F. J., 2. 3. 50. 61.
Wessenberg, Freiherr von, 83. 96.
Wirz, Pfr. H. A., 50.
Wurstemberger, L. 178.
Wyss, Friedr. von, 190. 193.
Wyss, Rudolf, 20. 23. 36. 83. 104.

Zach, F. von, 38.
Zeil, Gräfin, 115.
Zellweger, Dorothea, 28.
Zerleder von Steinegg, 155.
Zeune, Prof., 78.
Zollikofer, Dr. Tob., 41. 44.
Zör, Dr. B., 50. 53. 54.

BRIEFWECHSEL ZWISCHEN J VON LASZBERG UND JOHANN ADAM PUPIKOFER

JOSEF FREIHERR VON LASZBERG entstammte wie die Freiherrn von Widerhold Hessen, ward geboren zu Donaueschingen den 10. April 1770. Seit 1789 fürstlicher Forstmann gieng er 1817 ab, warf sich ganz auf das Sammeln älterer deutscher Handschriften, deren Zal er biß auf 273 brachte, womit er zugleich auch ernstes Studium der altdeutschen Litteratur verband wie seine Publikationen beweisen. Laßberg wonte lange auf Eppishausen im Turgau, dann auf der durch in wider berümt gewordenen alten Meersburg, wo so vile Gelerte gastfreie Aufname fanden. Er starb den 15. März 1855. Seine Bibliothek ist fürstlich fürstenbergisches Eigentum geworden. Sein Briefwechsel mit Uhland von FPfeiffer, 1870 veröffentlicht, erfärt durch nachfolgende Briefe manche Aufklärung.

Als Pupikofer in dem Pfarrdorfe Güttingen am Bodensee seine Muße zu landesgeschichtlichen Studien benuzte — er ward durch Stumpfs Kronik darauf gefürt — und alles zu sammeln begann, was die Geschichte des Turgaus beschlug, hörte der Freiherr Josef v. Laßberg davon und besuchte in eines Tages (1820) in Begleitung der Fürstin von Fürstenberg in seinem Pfarrhause. Das Studium des Mittelalters war der Gegenstand, in welchem beide Männer zusammentrafen, Laßberg als Freund der Poesie, Pupikofer als Freund der Geschichte. Von jezt an besuchte P den Freiherrn immer häufiger auf dessen Schloß Eppishausen im Turgau, sah und hörte da manches Interessante aus der alten Zeit, bekam auch vom Freiherrn vil gedrucktes und handschriftliches Material zur Benuzung. Anderseits war auch Laßberg häufig bei P auf Besuch, besonders seitdem derselbe die Pfarrei Güttingen mit der zweiten Pfarrstelle in Bischofszell vertauscht hatte (1821); der Pfarrer konnte im manches über Adelsgeschlechter, Rechtsquellen, Wappen und Sigel der Landesgeschichte mitteilen. Aber die persönlichen Besuche reichten nicht hin, die beiden Männer traten außerdem in einen regen Briefwechsel mit einander, den wir hiermit unsern Lesern vorlegen. Auf dise Weise entstand zwischen beiden eine Freundschaft, die troz der Verschidenheit ires Standes und Alters lange Jare biß zu Laßbergs Tode vorhielt.

Eppishausen, den 11. März 1825.

Vererter Herr!

Mit der angelegensten Bitte: es mir zu gute zu halten, daß ich Jr Buch so lange behielt und mit dem besten Dank für dessen mir gestatteten Gebrauch, sende ich Inen den IV. Band von Raumers Geschichte der Hohenstaufen hier zurük: die anhaltende Krankheit meines Freundes v. Ittner, welche vorgestern mit dessen Hinscheiden endete, erlaubte mir nicht, an Etwas anderes zu denken. Seit gestern Abends bin ich mit seiner Wittwe und Tochter hier angekommen; sie wollen die ersten Tage der Trauer in dieser Einsamkeit zubringen. Gerne würde ich Irem Wunsche entsprechen und Inen den II. Band von Zapfs Monument: anecdot: übermachen; allein, ich habe jn nicht und zweifle, ob ein solcher herausgekommen ist; doch habe ich in Augsburg deshalb Erkundigungen anstellen lassen. Die Handschrift Trutpert Neugarts zum II. Band des Episcopatus Constantiensis liegt schon im zweiten Jare bei dem H. Graven Müllinen zu Bern, welchem der Verfasser sie zur Herausgabe überlaßen hat; aber bei der geschwächten Gesundheit dieses würdigen Mannes, ist wol keine Hofnung zu Bewerkstelligung dieser Herausgabe. Das Gedicht, welches eigentlich nur bis zum Anfange des Appenzeller Krieges reicht, hat weder geschichtlichen noch poët. Werth und würde wol eben so gut ungedruckt geblieben sein, was ich mir die Freiheit nam, dem H. v. Arx schon vor mer als drei Jaren zu äußern. Auch aus dem I. Bande von Anshelms Bernerchronik habe ich wenig Trost geschöpft, und ziehe Justinger und Tschahtlan weit vor.

Eine nicht uninteressante Geschichte eines böhmischen Freyherren von Rozmital aus dem xv. Jarhundert sende ich Inen von Constanz aus. Indeßen leben Sie wol und gedenken Sie zuweilen mit Liebe Ires herzlich betrübten, gehorsamen Dieners.

Joseph v. Laßberg.

Eppishausen am 4. Nov. 1825.

Mein verertester Herr!

Ir erst heute erhaltenes Schreiben vom 29. Weinmonat hat mir viele Freude gemacht: es tut einem alten Manne immer wol, wenn man an jn denkt; noch mer, wenn man seiner mit Liebe gedenkt. Ich bitte Sie zu glauben, daß ich einen nicht kleinen Wert auf Ir freundschaftliches Wolwollen seze und selbes auf alle Weise zu erwiedern und zu verdienen streben werde. Ich sende Inen hier nach Irem Verlangen die Myller'sche Sammlung; es ist auch ein dritter Teil vorhanden der nie in den Buchhandel gekommen ist und den ich nicht besize; er enthält den Krieg von Troja des Wolfram von Eschilbach. Es freut mich ungemein, daß sie sich mit der teutschen Literatur des Mittelalters näher bekannt machen wollen; die Sache kann nicht anderst als dabei gewinnen, und mich würde es ganz glüklich machen, so nahe bei mir einen Mitarbeiter zu gewinnen. Als Introduktion zu diesem Studium würde ich raten, den Grundriß der altdeutschen poët. Literatur von v. Dr Hagen und Büsching zu lesen. So unvollkommen das Buch ist, so unentbehrlich ist es, da wir kein anderes dieser Art besizen. Sie finden es bei mir. Den Tristan des Gottfried von Straßburg würde ich später zu lesen raten. Jede, auch die dunkelste und entfernteste Spur zu Auffindung des Vaterlandes von Hartmann v. Au ist höchst wichtig, da man über seine Herkunft gar nichts weiss: allein der Name fürt uns zu nichts! es gibt noch Edelleute des Namens von Owe in Schwaben, sie sind aber mit dem Sänger Hartmann auf keine Weise verwandt, welcher, wie ich gute Spur habe, einen Hasen in dem Schilde oder doch wenigstens auf dem Helme fürte. Das schlimmste ist, dass wir seinen Geschlechtsnamen nicht einmal kennen; denn er selbst sagt blos im armen Heinrich, daß er ein Dienstmann (:Ministerialis:) zu Owe sei. Es ist also bei Verfolgung irer Spur hauptsächlich das Wappen oder Siegel des Pfarrers von Scherzingen zu entdeken, ob es mit jenem des Hartmann von Owe Aenlichkeit hat. Was Sie über Grimms Grammatik sagen, habe ich zum Teile oft schon selbst gefunden; aber dieser Mann hat eine große Auctorität im nördlichen Deutschland; wir sind ser gute Bekannte und Freunde, aber füren oft abweichende Meinungen in unserm epistolarischen Verkere. Was Sie aber von Umwandlung der Selbstlaute in unserer Sprache sagen, ist nicht ganz begründet; denn das Gegentheil ist viel mer factisch erwiesen; wol aber bin ich darin Irer Meinung, daß diese Mundarten (:Dialecte:) nicht erst aus dieser Umwandlung entsprungen seien. Es kömmt bei diesen Dingen viel, ja das Meiste auf Zeit, Volk und Land an, von denen gerade die Rede ist. Meine alte sich immer mer bevestigende Meinung ist, daß schon vor Ulfilas Zeit, ja bei der Einwanderung aus Asien, bei den germanischen Stämmen zwei Hauptdialecte gewesen, sowie sie noch sind; der ober-(deutsche) und niederdeutsche. Darüber sprechen wir beßer einmal in der Villa Epponis.

Sie sollen sowohl von meinem Nibelungenliede, als von dem III. Bande des Liedersaals haben; allein erstes muß ich erst herauspaken und von lezterem sind die Exemplare in Constanz. Von Bezalung kann hier keine Rede sein und [Sie] können glauben, daß jeder Anlaß Inen einen Dienst zu erweisen, mir allezeit ser willkommen ist. Es tut mir leid, daß ich bei meinem lezten Abgang die Dauer meiner Abwesenheit von hier nicht wußte, sonst hätte ich Inen den Episcopatus Constanc. des Neugart geschickt, um jn meiner Abwesenheit jn zu benuzen. Ich schreibe wirklich das Breviarium dieser Handschrift ab, welche wol so bald noch nicht im Druk erscheinen wird. Es ist ein sehr wichtiges Werk für Schwaben und Schweiz: aber wer will jezt gerne latein lesen?

Laßen Sie sich ja nicht abhalten die Antirecension der Predigten des Bruders Berthold zu schreiben; es ist eine verdienstliche Sache und alle Freunde der altteutschen Literatur werden es jnen Dank wissen. Der Recensent kannte und verstund wahrscheinlich diese Sprache nicht. Über Berthold selbst und seine Zeit finden Sie gute Nachricht bei dem Johann von Winterthur in ab Ekhardts Corp. histor: med: aevi. Tom: I. Der Mónch von Winterthur kannte noch Leute, die den Bruder Berthold predigen gehört hatten.

Könnten Sie mir wohl eine Abschrift der Urkunde verschaffen, in welcher so viele Minnesänger oder doch deren Verwandte als Zeugen vorkommen? ich glaube, Sie haben sie im Kantons Archiv gefunden. Gerne würde ich die Gebür bezalen; aber die Copia müsste collationirt sein.

Die Villa und Urbs sind so nahe beisammen, daß sie wol dieser Tage einen Spaziergang herüber machen und bei mir nachtlagern könnten, der Abend ist im Winter vortrefflich zu wissenschaftlicher Unterhaltung, und am Morgen sind Sie ja so früh Sie wollen wieder zu Hause. Es tut mir leide, daß Sie diesen Herbst so oft fortgegangen sind; aber ich hatte unverschiebliche Geschäfte in Heiligenberg, unter andern die Pflanzung von 8000 jungen Eichen um den Schloßberg herum. In hundert Jaren wird das ein schöner Wald sein und niemand mehr wissen durch wen sie hergekommen sind.

Ich sende Inen das einzige Exemplar vom III. Bande des Liedersaales das ich bei Handen habe, denn es ist beßer. daß es jre Lesebegierde befriedige als unbenuzt bei mir liege, behalten Sie es als Andenken an

Iren ergebensten
J. v. Laßberg.

Eppishausen am 12. Beity (December?) 1826.
P: P:

Die Inlage mit fl. 22 stellte mir gestern abends Herr v. String zur Besorgung zu. Ich war wegen einem Sterbefalle drei Tage in Constanz und bin erst vorgestern heimgekommen. In Constanz traf ich endlich den I. Band der *Monumenta histor. germaniae* an; mein exemplar soll ich nächsten Samstag früh vom Buchbinder erhalten. Die Bosheit, die fromme Bosheit hatte ausgesprengt Wessenberg sei in Folge einer lezten Krankheit ganz kindisch geworden; es geschahen sogar deshalb aus der Ferne anfragen an mich; ich brachte lezthin einen ganzen Abend bei ihm zu und fand in völlig unverändert. O Zelotypia! quo non mortalia cogis.

Künftigen Donnerstag auf Mittag bekomme ich Gäste, da möchte mein Nichte Elise als zeitliche Haus- und Küchen Regentin die Frau Pfarrerin freundlich bitten, Ir wo möglich eine oder zwei Schnüre trokene Morcheln, vulgo Morauchen zu verschaffen; auch wünschte sie etwa ein halb Viertel Reinettcäpfel und etwas Spalierbirnen zu erhalten; wir haben heuer gar kein Obst gemacht. Könnte man in Bischofszell vielleicht einen schönen Fisch, oder ein par Rebhüner haben, so würde dem Gastmahl damit die Krone aufgesezt werden.

Verzeihen Sie mein vererter Freund! diese gastronomica, sie
sind manchmal vom Landleben gar nicht zu trennen; verfügen Sie vorkommenden Falls auch über meine Dienste.
Unter vielen Grüßen an die Irigen
Ir
aufrichtiger Diener und Freund
I. v. Laßberg.

Ex mandato speziali soll ich obigen bitten auch die um
so viel Endiviensalat beifügen, als ein halb Duzend Menschen über eine Mahlzeit zu verzehren pflegen,
Ich meine, es sei fast lang, das Sie nicht in meine Klause
gekommen sind.

P. P.

Dieser Katalog scheint mir so intereßante Sachen zu
enthalten, daß ich mich beeile Inen denselben zu übermachen
mit der Bitte, in mir bald wieder zurük zusenden; indem ich
auch einiges daraus bestellen möchte; stossen Sie sich nicht
an meinen Zeichen; wenn Sie etwas zu bestellen wünschen;
so tue ich vorhinein Verzicht darauf. Neugart scheint mir
ser wolfeil, so wie auch Schiller der nun gewöhnlich 3 Ldrs.
kostet. auch das seltene Gloßar: v. Haltaus.

Die mir geliehenen Búcher, sende ich mit vielem Danke
zurúk: die annales des sciences naturelles sind ein vortreffliches Institut, aus welchem man viel lernen kann; nur ist es
ein wares Unglük, dass die Franzosen nicht im Stande sind,
auch nur einen einzigen teutschen Namen richtig zu schreiben,
und dieselben meistens so jämmerlich entstellen, daß es unmöglich wird die angegebenen geolog. oryktolog. und mineralog. Fundorte in unserm eignen Teutschland zu entdeken.
Diese beiden guten Zeitschriften, die Isis und die Annales
nämlich, haben mich einen Augenblick bedauren gemacht,
daß ich mich der naturgeschichte, welche in der ersten Hälfte
meines lebens mein Hauptstudium war, so gänzlich entschlagen
habe; allein ich will nun in der epoche des weniger beweglichen alters, lieber bei der Geschichte bleiben, die man in
der warmen Stube abhandeln kann.

Der Iupiter χιωνόφορος hat uns eine solche Ladung Floken
herabgeworfen, daß wir für den ganzen Winter genug daran
hätten, und nun die Schlittban wenigstens auf eine zeitlang
gesichert scheint.

Vale et me amare perge.

Laßberg.

am 5. Januar 1827.

Epishausen. 3. Febr. 1827.

Mit meinem herzlichen Danke für Iren lezten Besuch
folgt nun auch der lezthin vergeßene Buccilinus: im lezten
Bande werden Sie vererter Freund finden, daß Eppishausen

im xv. iahrhunderte den Ruggen von Tannek gehörte und sie sich davon schrieben. Ich wäre begierig zu wißen, wie das zugieng? sollten es die von Helmsdorf von inen bekommen haben? — das wäre lustig, wenn Hr. Heinrich von Rugge einmal sollte hier gesungen haben!

„der winter kan nicht anders sin,
„wan swere vnd ane masze lanc:
„mir were lief, wolt er zergan,:
„was guoter froede ich uf den sumer han,
„des gistuond nie hoher mir der muot,
„das ist ein zit, die minen ougen senfte tuot."

das singe ich von ganzem Herzen mit; aber der auster dux inquietae turpidus adriae bringt uns heute wieder so fürchterliches Schneegestöber, dass ich sobald noch keinem Früling entgegen sehe. Ich habe es diese ganze nacht schon in meinen Schultern gefült und füle es noch in meinem steifen arm. Vergeßen Sie nicht daß Krankenbesuch, nächst dem predigen, die erste pflicht eines guten seelenhirten ist. Vale et fave

Laßbergerius.

Seiner Hocherwürden
dem Herren Diaconus Pupicofer
zu
Bischofszelle
mit einem paket Bücher.

Eppishausen am 4. März 1827.

Den Aufsaz „der Bär als wappen des Kt. Appenzell. hat sicher nicht Hr. Kaspar Zellweger geschrieben; er würde mir gewiß nicht das lächerliche (:vielleicht ironische:) prädicat eines berümten altertumsforschers gegeben haben: ich rate auf den Hrn. Prof. Scheitlin, dessen Schriften beinahe immer, wenn gleich vielleicht unwillkürlich einen Anflug von stiller Satyre haben.

Wenn der Verf. aus dem Umstande, daß 2 st.gallische bürgerwappen unter dem Glasgemälde der Bärenschlacht stehen, schließen will, daß die begebenheit St. Gallen angehöre; so könnte ich im auskunft geben, daß ich dieses Schlachtbild ganz einzeln in Constanz — den teil des fensters aber, welcher d. wappen und jarzal enthält, von dem Bauer N. im Roggelsberg gekauft habe und zwar one einen obern teil dazu zu finden; ich ließ erst später die teile so zusammen fügen.

Daß der Bär im St. gallischen Wappen, als Städter, gegen den armen Bären von Appenzell, wie billig mit einem goldenen Halsbande geziert, war dem berümten Altertumsforscher v. Laßberg wol auch bekannt; aber er wußte auch, daß im anfange des XVI. Iahrhunderts die teutschen Maler es mit dergleichen Dingen noch nicht so genau namen, wie die durch

strenge Kritik erzogenen des XIXten. Anomalien dieser art
finden sich one Zal aus jener Zeit und selbst das befragte
Glasgemålde hat sie; wie z. B. 2 graven von Tierstein auf
dem boden liegen, da nach des Recensenten eigener angabe
nur einer am Häuptlisberg erschlagen wurde; daß die Båren
und ire Feinde zum teil mit Feuerroren bewaffnet sind, von
denen jedoch in den berichten über jene zeitbegebenheiten
keine Erwånung geschicht u. s. w.

Der H. v. Laßberg besizt aber noch ein Glasgemälde,
und zwar von derselben Hand wie das befragte. auf diesem
ist wieder eine Schaar Båren vorgestellt, diese haben alle
wieder gelbe Halsbånder um; diese nun belagern eine burg;
im Vordergrunde sind Kanonen zwischen schanzkörben aufgestellt aus welchen tapfer gefeuert wird; nicht weniger tapfer
sizen zwei Båren als Konstabler hinter den Schanzkörben und
sind bemühet einer großen runden Flasche ir recht anzutun;
zur linken ist ein teil dieser Båren im begriff unter iren
Bannern die belagerte burg zu stürmen, einer der mutigsten
trägt eine leiter voran; zur rechten ist ein anderer teil dieses
belagerungsheeres aufgestellt, und ein befelshaberischer Bår
mit einer mächtigen Hakenbüchse auf der Schulter, auf den
rechten flügel deutend scheint seine gesellen zum sturmlaufen
aufzumuntern. Auch diese darstellung hat der besizer ganz
einzeln gekauft, und mit einem andern Gl.gemälde, das die
Schlacht der St. Galler mit denen v. Ramschwag am Rieder-
holz vorstellt (:1292:) verbunden. In der höhe über der belagerten burg stund das Wort Blaten, wurde aber von dem
Glaser nebst der spize des einen turmes beim zusammensezen
aufgeopfert. Nun wünschte der besizer recht sehr von dem
H. Recensenten die belerung zu erhalten, ob es auch die von
St. Gallen waren, welche im appenzeller krieg die burg Blat-
ten im Rheintal belagerten?

In diesem falle würde er denn one weiteres bedenken,
der Meinung, daß in dem zuerst angefürten Gemälde die
Schlacht am Håuptlisberg vorgestellt sei, beitreten — und
alle diese Båren auf beiden gemälden für ware und unver-
fälschte St. Galler halten; damit wir aber nicht von der ziegen-
wolle noch mer in die Bårenwolle geraten, so schließe ich
diesen artikel mit dem einzigen Wunsche, daß der Recensent
wenigstens mir dem berümten altertumsforscher, nicht zumuten
wolle zu glauben, daß etwa ein mitkämpfer am Häuptlisberg (:1405:) eines dieser beiden gl.gemålde, welche aus seiner
Zeit und sicher nicht früher als 1505 gemacht sind, habe verfertigen laßen, und dann noch mit der Frage: welchem St.
gallischen mannen wol das mit Federn gezierte Baret des
Bårenanfürers zuzuschreiben sein möchte?

So viel und vielleicht schon zu viel über die Båren mit
und one halsband; mit dem monachus S. gallensis haben Sie
mir eine ware freude gemacht, welch eine fundgrube für

Romanzen und Balladen Dichter! auch ich halte es mit Goldast, welcher diese vielleicht schon im noviziate gesammelte Anecdoten Reihe dem stammler Notker zuschreibt; und darin halte ich es gänzlich mit Inen, daß die glaubwürdigkeit dieses mónchs nicht so völlig zu verwerfen und die meisten d. v. jm erzálten begebenheiten nichts weniger als unglaublich seien. Das ganze aber ist ohne zweifel das reichste Sittengemälde jenerZeit, one des Eginhards annalen, in welch lezterem der höfische Biograf den charakter Karls freilich nicht so frei und war schildern durfte, als der spátere mónch, der seine sammlung freilich weder für den Hof, noch für die äußere welt; sondern bloß für sich und vertraute Freunde machte und niederschrieb.

Überdies enthált dieser Band noch eine menge interessanter sachen; aber daß er kein Register hat kann ich weder dem Canisius, noch weniger aber dem Basnage verzeihen. Die von Inen mir geschriebenen bemerkungen werde ich, so viel ich sehe, wahrscheinlich meistens beantworten können. Das Sonnet Walafrieds: ad amicam, ist den besten unserer zeit gleich zu sezen — der schluß ist, wie es bei einem Mónche des IX. Iahrhunderts sein mußte; ein gegenstúk dazu findet sich in einem kleinen ged. des spáteren Hermannus contract. ad mußam, die im helfen soll, ein lied auf seine Freundin dichten.

Das schóne Epitaphium auf den Gerold vom Bußen Tom. II, Part II. Pag. 73 ist offenbar Reichenauer arbeit, vielleicht auch von Walafried.

Da heute morgen ein so starkes morgenrot war; so zweifle ich beinahe kaum, daß Ir feuerwerk werde verregnet werden. Elise und ich danken für die einladung.

Vor einigen Tagen befiel mich ein rheumat. Kopffieber mit Katharr und Halswehe: nun gehet es wieder beßer, doch glaube ich noch nicht ganz fieberfrei zu sein, da sich die bei mir gewönl. kriterien des gebrochenen fiebers noch nicht einstellt haben. Wenn Sie Irem Vorsaze getreu, morgen abend herüberkommen, hoffe ich doch im stande zu sein am mittwoch die kleine ausflucht nach Weinfelden machen zu können. Ob wir aber in Wártbühl unangekündigt auf eine malzeit rechnung machen dürfen? bezweifle ich. Wártbühl ist wol nichts anders als Wartbühel (:collis speculatorius:) und die dort befindliche specula vielleicht ein abhängiger posten von Pfin.

Die 23 f. 20 x. für die bücher habe ich richtig erhalten. Von dem fastnachtkuchen, dessen Ihre frau gemalin die gúte hat zu erwánen, weiß ich gar nichts. Mit vergnügen las ich in der Thurgauer zeitung, daß Hr. v. Múlinen endlich seine stelle niedergelegt hat. er wird nun one verdruß und desto länger leben, da er nur den musen lebt; keine unter jnen gibt aber mer mut das leben zu ertragen, als die muse der Geschichte.

Nun leben Sie wol auf baldiges wiedersehen! viele grüße an die Irigen. Da kommt auch Schilter. Vor einigen tagen besuchte mich h. pfarrer Amann v. Sulgen und besah ein wenig meine historica.

Ir ergebenster
J. v. Laßberg,

Beikommende Ankündigung bitte ich unter Iren Freunden zu verbreiten; es ist ein gutes werk für solche männer wie Maßmann suscribenten zu sammeln.

Warum verschweigt der St. Galler Recensent den auf dem bilde in der vordern reihe fallenden Georg v. Emps als Steinbock, da es doch historisch gewis ist, daß er am Stoß, nicht am Háuptlisberg, in den vordertreffen geblieben sei.

o, über die Báren!

Das l. heft der Helvetia hatten Sie mir schon einmal geliehen.

Eppishausen am 2. April 1827.

Das sind keine erfreuliche nachrichten mein vererter Freund! die Sie mir von Irem befinden geben und ich hoffe, daß Sie mir bald bessere zusenden werden. Glauben Sie mir, das predigen taugt nicht für ihre Brust und es wird bei Inen bald, aus pflicht der selbsterhaltung, der cathegor. Imperativ eintretten, kürzer und weniger oft zu predigen. Möchten Sie sich doch noch zur rechten zeit von der wahrheit dieser ansicht, die ich nicht anmassend auch voraussicht nennen will, überzeugen!

Ich sende Inen mit vielem und grossem Danke die canisischen lektionen zurük; manches habe ich daraus gelernt und einiges, besonders aus des monachi S. Gallens. historia Caroli mir auch abgeschrieben. Ich wáre wol versucht, diese vita Caroli mit den Editoren der Lectiones antiquae für ein Werk des Notker Balb. zu halten; wenn mir nicht eine chronolog. Schwierigkeit in den Weg tráte. Der verfasser schrieb nämlich für Karl den Diken; alfo nicht früher als 880. Notker starb in dem iar 912. beinahe 100 iare nach Karl d. großen. wie konnte er bei seiner hageren und schwächlichen Leibesgestalt so alt sein, daß er noch leute kannte, die am hofe Karls d. gr. gelebt und im hofanecdoten als augenzeugen erzáhlt haben; u. doch muß dies leztere der Fall gewesen sein, wie solches aus den klaren worten des verfassers hervorgehet.

Ich sende Inen auch noch den Diviko zurük, welchen ich nicht weiter als bis zum darin befindlichen zeichenschnürchen bringen konnte. In langer zeit hat mir kein Buch so viel anstrengung und selbstüberwindung gekostet, wie dieses.

Warlich herr Henne ist kein albac gallinae filius; und an diesem kindischen und läppischen ding hat der arme mann, wie er selbst sagt, zehen ganze jahre gearbeitet! gegen das horazische: nonum prematur in annum hat er sich zwar damit gerechtfertiget; aber auf der anderen seite auch gezeigt, wie lange eine fixe idee, wenn sie auch noch so albern ist, und wie tyrannisch sie einen schwachen Menschen beherrschen kann. Das Sprichwort sagt zwar, daß eine blinde Henne zuweilen auch eine erbse findet: hier war es aber nicht der fall.

Empfangen Sie meinen besten Dank für die abschrift der urkunde von 1222. Nach der ecclesia Crawalininsis oder oder Erwälininsis habe ich schon im Muratori mer als einen band durchgegangen, aber nichts entdeckt: dagegen gebe ich Inen eine andere urkunde von 880 zum besten, welche vielleicht einen für Ire Turgauer geschichte brauchbaren beitrag zur alten gränzbeschreibung dieses gaues liefert. Den Grav Atto oder Hatto findet man auch anderwärts als gr. v. Thurgau; ob aber gerade bei diesem iare?

Auffallend war mir im Canisius Tom. II, Part. III. Pag. 230 die anmerkung a) zu der inschrift des von abt Burkhard ingenitus geschenkten elfenbeinernen Reliquienhornes, wo Burkhard ein son des graven Ulrich von Linzgau, Buchhorn und Montfort genannt wird. Ich war also nicht der erste, der diese abstammung der Montforte für geschichtlich hielt und das freut mich; weil es meine idee bevestigen hilft. Wenn der Verf. der note nur auch seine quelle angefürt hätte.

Daß unsere Klingenberge vom Mayn her eingewandert seien, ist mir nicht warscheinlich. Es sind wol manche schwäb. geschlechter in andere teutsche länder ausgewandert, aber nur ser wenige zu uns herein; von diesen sind mir die Höwen, ein zweig der graven von Ziegenhain, aus Hessen, welche den namen verändert, aber das wappen behalten haben; die von Hornstein aus Sachsen und noch die Grädler aus Osterreich nach Eglisau bekannt. Der schwäb. adel war z. zahlreich um den fremden viel plaz zu laßen, d. Kaiser seines Zuzuges in den Kriegen zu ser bedürftig, um durch häufige verleihung eröfnter lehen schon an fremde, in mißmutig zu machen: dann haben die beiderseitigen Klingenbergischer Wappen weder in zeichnung noch in den farben die allergeringste änlichkeit. Es gab ja und gibt noch in Teutschland merere geschlechter, welche einerlei Namen füren und einander von haus aus nichts angehen. Ritter von Lang sagt in seinem Briefe an mich: die fränkischen Klingenberge seien dapiferi imperii gewesen, one die quelle seiner behauptung anzugeben. Die eine hälfte des wappens deutet allerdings auf ein Schenkenamt, so wie es die schenken von Limpurg fürten, und zwar mit denselben farben. Zellweger schreibt mir, daß nächstens in Zürich ein historisches journal erscheinen werde; ich freue mich darauf; denn dort sind noch viele alte, gute und nicht benuzte quellen. Wenn Sie auch nicht zu mir kommen können, so bitte ich wenigstens mir auch zuweilen nachricht von Irem Befinden zugeben, an dem ich mer anteil neme, als Sie vielleicht glauben.

Verzeihen Sie doch, daß ich Ir Mscrpt. von der Thurgauer geschichte erst jezt übermache; es war verschoben und ich glaubte, Sie hätten es lezthin selbst mitgenommen. Wäre das abscheuliche Wetter nicht, so hätte ich Sie schon besucht; aber es ist doch gar zu arg, daß der früling noch nicht kommen will.

Vale et fave

Laßbergio.

Ex villa 3. Mey 1827.

Als ich lezthin den Boten zu Inen sandte zu fragen: ob Sie zu hause seien? geschah es in der absicht, den folgenden tag freitags Sie zu besuchen: allein der Bote brachte mir keine antwort zurük und so vermuthete ich Sie abwesend. Freitag nachmittags fur ich nach Weinfelden, wo ich die glasgemälde des h. Oberamtmanns Rheinhart sahe; sie verdienen keiner erwänung; denn was auch früher gutes mag daran gewesen sein, der liebe mann hat sie jämmerlich massakrirt und ware hieroglyphen daraus gemacht. Auch sah ich noch die unter dem namen Burg dort bekannte ruine; und möchte wol iren eigentümlichen namen wißen, welcher, wie es so heisst, außer der gränze des Weinfelder erinnerungs vermögens liegt. Recht gerne wäre ich Irer freundl. einladung zu folge, lezten montag zu den Sanctimonialibus nach Dännikon gereiset; allein unerwarteter besuch von Constanz nam nicht nur meine zeit, sondern auch mein pferde in beschlag. Gestern wollte ich dem Brunschwilerschen Tentamen beiwohnen, da kam schon in aller frühe ein junger edelmann aus Schwaben zu mir angefaren, der mich de instituendo vitae genere consultiren wollte und bis abends blieb; Sie sehen also mein vererter Freund! daß nach dem epiktet. ausspruche, res quaedam in potestate nostra sunt, aliae non sunt und daß es nichts hilft vorsäze zu machen.

Aus der auction haben wir nur wenige bücher bekommen und ich bin nicht mit meinen acquisitionen zufrieden. Soll ich Inen die Irigen durch den Boten senden? Der Bote wartet; vielleicht sehe ich Sie morgen?

Raptim — wie die alten juristen sagten, Ir

ergebenster

J. v. Laßberg.

Haben Sie doch die güte, mir auf die zwei bodenseebücher weiße titel sezen zu laßen, es wird in einer minute geschehen sein.

E. am 22. Hornung 1828.

Wenn ich schon ganz allein bin; so bin ich doch um kein har einsamer, als ichs bei anwesenheit meiner gáste war; ja ich gewinne noch beträchtlich an zeit, welche ich den gesázen der gastfreundschaft opfern musste: damit will ich nun eben nichts weniger behaupten, als daß mir jeder besuch von einem vernünftigen und verständigen manne nicht zu jeder stunde erfreulich, von einem freunde aber, eine ware woltat seie. Nun sind aber Sie mein wertester Freund! krank und ich nicht wol; damit können wir freilich einander nicht nahe kommen. Bei mir ist noch ein anderes übel (:für mich eines der größten:) eingetretten; daß nämlich meine rechte hand immer steifer wird und die abscheuliche schrift, die ich jezt schreibe, mich so anekelt, daß mir alles schreiben ganz entleidet. Ich danke Inen für die helvetia und die Kellersche Karte — lezte gefällt mir nicht und das zurükkeren des H. Kellers zu perspectivischen vorstellungeu der ortschaften wie sie vor 40 iaren mode war, wird niemandem gefallen, der die einzig ware idée von einer Landkarte hat, daß sie ein grundriß sein soll.

Was die ottonische münze quaestionis betrifft; so habe ich dieselbe in 3 meiner münzbücher gefunden und bin darüber ganz im klaren, daß sie von Otto I. und italienischen schlages ist: darum danke ich Inen nicht weniger für die freundschaftl. gefälligkeit, hiebei an mich gedacht zu haben. Ich danke Inen auch für die nachricht über das Geschlecht v. Husen. Sie wißen, daß ich eine gemalte Scheibe habe, mit dem wappen v. Husen 1575, es intereßirt mich zu wissen, ob es mit dem an Irer urkunde übereinstimmt? Zingebár (:amomum zingiber hinc:) ist offenbar ein apellativer geschlechtsname wie Sie sagen von einem der mit ingwer gehandelt hat. Sie wißen, daß im Liedersal ein Dichter Zwingewer oder Zingelber vorkommt: Maßmann sagt mir, der name heiße in einem wirzburger Codex Zwikower: ich mache noch ein ? hinzu. Nun mein Lieber! auch noch ein par worte von meinem franz: mscrpt. daß ich hofnung habe, vielleicht bald mein eigen nennen zu können. Es ist ein zwar bekanntes, aber ein höchst selten vorkommendes gedicht: Le Voeu du paon und besteht aus 3 abteilungen. I. le voeu du paon. II. les mariages. III. le rester. Die beiden ersten teile sollen schon 100 jare früher gedichtet worden seien. iean brise barre (:warscheinlich ein Brabanter:) nennt sich als den verf. des lezten teiles. Die biographie universelle Tom I. pag. 535 sagt er sei gegen das iar 1330 gestorben; dies verhindert nicht, daß unsere handschrift am ende des XIII. iarhunderts gefertigt worden ist. Übrigens ist das ganze gedicht eine art Alexandreis, und stellet das ritterliche Leben und die cours d'amour in frankreich im XIII. J: h: vor. Die Sprache ist darin nur selten warhaft poëtisch und erinnert an die leirey

der damaligen zeit. Und nun genug für heute und für meine
augen — ich sende Inen hiebei mein neuestes, eine strena des
H. Prof. Schreibers zu freiburg. darin sehen Sie woher ich
kunde über die franz. handschrift bekam.
       Tu autem vale et fave
                           Laßberglo.
   Schiken Sie mir Schreibers programm bald wieder, ich
habe noch nicht geantwortet.

                      Eppishausen am 30. Sept. 1828.
     Verertester Freund!
   Soeben erhalte ich die inliegende handschrift, welche, da
sie offenbar noch ins XIV. Iarhundert gehört, wol verdiente,
noch in Irer urkundensammlung zum ersten teile der geschichte, des Thurgaues abgedrukt zu werden. Gerne würde
ich Inen die mühe des abschreibens erspart haben, wenn
nicht die begierde, Inen die membrane so schnell als möglich
zukommen zu laßen, es verhindert hätte. Es ist mir diese gewiss merkwürdige urkunde diesen morgen aus Tübingen zugekommen.
   Gr v. Mülinen schrieb mir vor kurzem und bat mich,
jm doch ein exemplar der gesch.: des Thurgaus, die noch
immer nicht im buchhandel sei, zu verschaffen: Sie würden
mich ser verbinden, wenn Sie die güte haben wollten, sogleich
mit dem ersten abgehenden warenwagen, ein exemplar an
den würdigen mann nach Bern abzusenden, die adresse ist:
An den Altschultheißen graven Friederich von Mülinen. Den
betrag werde ich Inen mit dem besten danke erstatten.
   Ich wünsche daß Sie gestern wolbehalten von der gemeinnüzigen versammlung in Mülheim zurükgekommen seien,
und daß die diesmaligen verhandlungen etwas gehaltvoller
möchten gewesen sein, als die lezten; dabei wünsche ich noch
etwas, was ich aber nicht sage.
   Gr. v. Mülinen hat kürzlich von einem reisenden vernommen, daß zu Wasserburg bei Lindau derselbe bei dem
dortigen pfarrer einen uralten codex altteutscher gedichte gesehen. Wie könnte man an diesen mann kommen? haben Sie
keine bekannte in Lindau, die den codex recognosciren könnten? Ich habe jezt keine ruhe mer bis ich weiß, wie es damit
stehet? — aber warscheinlich ist es nichts damit; sonst wäre
eine handschrift die man reisenden zeigt schon lange bekannt.
Wasserburg hatte ein ser altes schloß, gehörte einst den Mont-
fortern und dann den Fuggern; es wäre also immer möglich,
daß sich dort noch eine vergeßene alte handschrift erhalten
hätte; ich würde aber eher auf eine handschrift von Lyrers
fabelhaften geschichten raten, als auf gedichte. Heraus muß
ich es kriegen was daran ist, und zwar diesen herbst noch.

aus Wien schreibt man, daß die ruß: armée im Balkan den bittersten mangel leide, fürchterlichers als die erschöpfung von Bulgarien soll man sich gar nichts denken können. Der ruß. General Benkendorf, der früher gesandter in Stuttgart war, starb auf der reise von Schiumla nach Silistria mer vor elend als an Krankheit. also giebts warscheinlich bald frieden und taußende sind abermal zwecklos hingeopfert. Es ist doch bequem ex alto litore diese Schifbrüche anzuschauen; aber sie tun einem darum nicht weniger leide.

Als allzeit fertiger stammbaummacher, schikt mir der gute gr.: v. Mülinen eine ganze genealogie der Herren v. Rampach; sie wollen von einem Peter v. Raperschwil (:1232:) abstammen. Die belege dazu bleibt er aber wie gewönlich schuldig. Er hat auch einen Heinrich: 1277 welcher also mit dem marschalken von Raperschwil bei Bodmer gleichnamig wäre.

Leben Sie wol und besuchen Sie bald wieder an den alten meister

Seppe.

Viele grüße an die Irigen von mir und meinen Luzerner gästen.

Hochgeertester Herr!

Ich sende Inen hier fürs Erste die bodmerische ausgabe der Pariser Hdschrft der Minnesänger; der Nauclerus ist so schwer und groß, daß ich mich nicht getraue ihn mitzuschiken, und deshalb auf eine freie Gelegenheit warte. Sollten Sie bei Irem heurigen Neujarsblatt (:über Bischofszell:) irgend einen Gegenstand finden, bei welchem Sie vermuthen könnten daß ich im Stande wäre Auskunft zu geben; so stehe ich von ganzem Herzen zu Dienste

Ob der Franziskaner Berthold schon um das Jar 1255 in unsern Gegenden gepredigt hat? muß ich schon darum in Zweifel ziehen; weil Joh. Vitoduranus ausdrücklich sagt, daß er Leute gekannt habe, welche ihn predigen hörten. Indessen sind seine Predigten als Teutsche mir allerdings höchst wichtig; weil sie in der Volkssprache gehalten worden sind. da Bertold selbst sie: orationes rusticanas nannte, und ich neme mit dem verbindlichsten Danke den gütigen Antrag an, den Sie mir machen, mir solche ad statum legendi z. übermachen, wozu sich eben jetzt eine Gelegenheit darbietet. Haben Sie die Güte mir zu bemerken, wie bald ich sie zurüksenden soll?

Ich habe in diesem Spätherbst eine Ausflucht in den Höwgau und einige Gegenden der Donau gemacht, wo mir einige intereßante Notizen über Minnesänger und selbst urkundliche darunter, zur Ausbeute geworden sind.

Habe ich Inen den II. Band des Liedersaales noch nicht überschickt, so kann ich es nun sobald nicht thun; denn von allen noch vorhandenen Exemplaren sind die 12 ersten Bogen verloren gegangen, und werden wol neu gedrukt werden müssen. Indessen glaube ich, daß Inen lieb sein könnte, die vorrede zu demselben zu kennen und lege sie daher bei.

Dr. Hofmann in Breßlau gibt den Willeram, teutsche Uebersetzung und Auslegung des Hohen liedes auf Subscription neu heraus, das Exemplar kostet 18 Bazen.

Archivar Perz in Hannover hat den V. Band unseres Gesellschafts Archives herausgegeben, welcher seine auf Kosten der Gesellschaft unternommene Reise nach Italien enthält und voll wichtiger Notizen ist. Ser viele Quellen hat er für die Geschichte der Staufen entdekt, die dem bequemen (:ich möchte lieber sagen faulen:) H. v. Raumer am Wege lagen und von ihm unbeachtet blieben. Wollen Sie jn lesen, so steht er jnen zu Dienste.

Künftigen Samstag gehe ich auf einige Tage nach Konstanz, wenn Sie mir das Vergnügen Ires Besuches gönnen wollten; so würde es im Verlauf dieser Woche mir besonders angenem sein. Empfelen Sie mich dem H. Dekan Dänniker, dem ich für seine Notiz über Johannes Damascenus vielmal danke.

Mit vollkommener Hochachtung
Dero
ergebenster
J. Laßberg.

Eppishausen am 22. Nov. 1828.

Stuttg. 11. Dec. 1828 ?

Seiner Hocherwürden

Herrn Diaconus Puppikofer

Bischofszell.

Einlage in Herrn v. Laßbergs Brief.

Hochverehrtester Herr Diaconus!

Nur mit zwei Linien sage ich Inen meinen innigsten Dank für Iren neuen schönen Beitrag zum Burgenwerk, an dem ich kein jota geändert und der mich aufs neue auf jenen köstlichen Spaziergang mit userm verehrten Freund im Herbst 1825 versetzt hat. Ihre nur allzuflüchtige Bekanntschaft ist mir eine der angenehmsten Erinnerungen unserer Reise. Möchten Sie bald ihren Wanderstab in unser Unterland setzen, damit ich Ihnen durch die That zeigen könnte, wie sehr ich wünschte, mich näher an Sie anzuschließen. Kommen Sie herunter, so bitte ich Sie ernstlich, sichs unter meinem Dache gefallen zu lassen. Wenn mein Bodensee je eine zweite Auflage erleben sollte, so nehme ich Sie beim Wort wegen Zusätzen und Verbesserungen. Ich zweifle aber an diesem Glücke. Dalp druckt bereits an seinem zweiten Theil, u. Ihre Sendung ist nun in seinen Händen.

Thun Sie, doch was an Ihnen ist, Herrn v. Laßberg bald
zu nöthiger Theilnahme an diesem doch gewiß unterstützens-
werthen Unternehmen zu vermögen.

Meine l. Frau empfiehlt sich Ihnen und mit mir Ihrer
verehrtbesten Frau Gemahlin Andenken; küßen Sie uns Ihre
Kinder, besonders Ihren blonden wilden Knaben, und grüßen
Sie mir alle Ihre Burgen und Berge viel tausendmal.

Voll Freundschaft und Hochachtung
der Ihrige G. Schwab.

Seiner Wolerwürden

Dem Herrn Diaconus Pupikofer

samt 2 päken Bücher   zu
franco.   Bischofszelle.

E. am 14. April 1829.

O dies infausta, nigro notanda capillo! — warum mußte
ich meinen schon so lange verschobenen besuch in caupo vitifero
gerade auf gestern gestellt haben? warum habe ich den tag
bei weinenden leuten zugebracht, da ich jn so angenem unter
lachenden hätte zubringen können? o fortunati nimium sua si
bona norint; aber es gehet alles verkert zu in der welt! Mit
dem schlag 8 ur als ich in meine hausture trat; verkündigte
mir meine haushälterin, daß die juridische und medizinische
und auch die theologische fakultät ex episcopali cella in 2
und respective 4 personen, den armen alten Einsiedler, der zu
gar keiner fakultät gehört, in seinem tugurium haben besuchen
wollen. Ich hatte mir gar keine hofnung gemacht Sie mein
verertester freund! vor Ostern noch einmal zu sehen, und kam
diesmal so hässlich um dieses unerwartete vergnügen!! —
auch den herrn Oberamtmann und die 2 liebenswürdigen
frauen hätte ich mit vergnügen gesehen; aber mir ist kein
glük bescheret.

Ich sende mit vielem Danke Inen die geliehenen bücher
zurük; sollte ich noch etwas dergleichen von Inen in meiner
gewarsame haben; so bitte ich mich daran zu erinnern; denn
es ist billig, daß jeder gute christ vor oder in der österlichen
zeit sein gewissen rein mache.

Ich habe lezte woche über 1500 verse für Berlin abgeschrieben, welche noch auf die ostermesse kommen sollen.
Der böse Hagen wird noch machen, daß mir die finger von
den händen abfallen. Die 3 quartbände Minnesänger sind
laut schreibens des verlegers Barth in Leipzig schon in den
lezten tagen des Märzen an mich abgegangen und können also täglich eintreffen, ich bin ser begierig darauf. vdhagen
giebt mir nachricht von einer neu entdekten Liedersammlung

des XIV. Jahrhunderts; die mehr als 100 stüke verschiedener art enthaltet, und wovon er mir eine abschrift anbietet. in dem schwäb. merkur hat Herr Pfarrer Jäger, ohne mein wissen, einen trompetenstoß ins publikum getan, worin er von unsern projekten zu herausgabe histor. quellen spricht.

Das siehet so wie eine art von Notzwang aus, die ich mir nicht gern antun lasse, und dies könnte beinahe machen daß ich wieder zurükgienge, denn ich lasse mich nicht gerne von fremden beherrschen. Ueberhaupt ist mir die fraubaserey zuwieder, die alles ausposaunet und so gern von dem spricht, was getan werden will und noch nicht gethan ist. Sonst giebts nichts neues. Schiken Sie mir auch wieder morgenblätter, man schläft so sanft dabei ein, wenn man sie im bette lieset

Viele Grüße an Sie und die Irigen

Von Irem ergebensten

J. Laßberg.

(Der Rest abgeschnitten).

E. am 14. Juny 1829.

Ich bin lezthin mein lieber Freund und nachbar! noch so taliter qualiter unter mein Dach gekommen, von dem Jupiter pluvius zwar noch erreicht; aber nicht durchweicht, benezt aber nicht verlezt.

Hier folgen die zwei lezten Ochsen, damit das achtgespan vollständig seie. Im lezten bande gefällt der herr obristzunftmeister mir nicht mer; das bestreben den schein eines parteimannes von sich zu entfernen ist zu sichtbar, als daß nicht eine der beabsichtigten entgegengesczte wirkung erfolgen sollte. R. J. P.!

Was die Thuringer und das von mir über sie abgeleitete betrift; so eignet sich dies, da wir einander so nahe wonen, besser zu einer mündlichen, als zu einer epistolischen controverse, indessen danke ich Inen für den wiederspruch, der wie ich hoffe, bei näherer verhandlung meine meinung nur noch mer bevestigen soll. Ich weiß wol daß Düring nicht nur zu Basel, sondern an vielen orten in der Schweiz, ja selbst im übrigen Teutschland, ein häufig vorkommender tauf- und vor- name ist: aber wie viele duzend geschlechter haben wir nicht [:selbst ser alte:], deren namen apellative und taufnamen sind?

Der Basler Türli-Türlin war aller warscheinlichkeit nach ein Elsässer, wo dieses geschlecht ursprünglich zu hause war. In Kleinbasel sezten sich immer gern auswärtige Edelleute und bildeten eine art von opposition gegen die republicanischen großBasler. Ich danke Inen viel mal, daß auch Sie, wie mein vorausgegangener teurer Ittnerus sagte, nicht nur für sich; sondern auch für Ire freunde lesen; das heisset ja warhaft das beste mit einem teilen; ich werde es, wo ich immer kann zu erwiedern trachten.

Das nobile Turegum, multarum copia rerum, will seine literar. scháze nicht von sich geben: auch ich habe noch nichts erhalten. vielleicht mit dem heutigen Arboner botten. Ich wúnschte, daß Sie bei mir wáren; der augenblik des auspakens ist immer einer der genussreichen, es gehet mir dabei wie dem kürzlich verstorbenen Friedr. Schlegel mit den speisen; zuerst verschlang er sie mit den augen, und dann erst mit dem munde.

Daß mir die ankunft der bücher die reiselust vertreiben könnte glaube ich nicht; ich füle eine solche sensucht nach veránderung meiner lebensweise, daß ich warscheinlich einmal plötzlich mich selbst enfüren; oder wie man von d. pferden sagt, mit mir selbst durchgehen werde. und zwar bald; denn nach einem schreiben des alten biderben Múlinen ddto 6 Junij kónnten die franz. cod. von Bern bald in der villa Eponis anlangen, dann kömmt Uhland und dann bin ich glebae und menbranae adscriptus. H. v. Mülinen schreibt mir auch: daß prof. Rud. Wyss ser krank im Bade zu Schinznach liege und man ser für sein leben fürchte.

Sie sehen aus allem diesem mein bester! daß ich mit dem besten willen, doch sobald nicht daran kommen kann, die wünsche des H. Dalp zu erfüllen. Mein neuer hausgenosse von Wasserburg. Der episcopatus Constantiensis. Die franz. msspte. aus Bern. Uhlands hierherkunft und noch eine ganze Litaney alter literarschulden, multorum camelorum onus, wollen vorerst jr álteres recht haben; dann komme ich erst an H. Dalp; aber ich will und werde an in kommen, nur geduld!

Von meiner erwerbung der cod. Wasserburg. bin ich dem publicum doch auch rechenschaft schuldig. Ich habe die literatur eingangs der II. abteilung des Wilhelm von Orlienz, etwa 200 verse abgeschrieben und an Uhland gesendet, von im sollen sie auch nach cassel zu Jacob Grimm, nach Göttingen zu Benecke und nach Berlin zu Lachmann wandern: wárend dem abschreiben gieng mir die poëtische ader auf, und ich wollte die sendung à la Schwab mit einigen Reimen begleiten; gab es aber wieder auf; weil sie mir beim lesen nicht mer so gut gefielen wie beim hinschreiben. Dies war
   der anfang des impromtu:
   vil liebú hern vnd fründ min!
   ich send v́ch hie ein rennerlin,
   wann es soll rennen in dú lant
   durch das es v́ch wurd erkant,
   was ich vor kurzen stunden
   altes nüv hab funden.
   da by einen schónen grů́ßz
   das rennerlin v́ch bringen mů́ßz

> von dem alten Lazsbergåre,
> der schon so manig måre
> gelesen vnd gefunden hat,
> vnd aber sûchet frû und spat
> vnd dessen vast vnmůzzig ist,
> so lang im got sin leben fristt etc. etc.

Auch den Conrad von Fuozisbrunnen will h. v. Mülinen schon gefunden haben. Er macht in zu einem herren von Signau denen im XIII. iarhundert Fûzisbad [:heutzutag Schwendlenbad in der pfarre wyl bei Bern:] angehörte und im XIV. durch Heurat an die Sennen von Münsingen gelangte. Er möchte [:sagt er:] ein son eines Freiherrn Heinrich von Signau gewesen sein, der 1200 lebte und dessen gemalin mechtild in 2r ehe einen Ulrich von Langenstein heiratete. Es gehet doch nichts über die allzeitfertigen genealogen! Ich erwarte Sie morgen bei guter vormittagszeit, um mir die bücher auspaken zu helfen, die heute kommen sollen.

Adieu! und viele grüsse an Ire hausgenossen!

Totus quantustuus
Laßbergius.

Soeben ist die bücherkiste angekommen, sie ist groß und wiegt über 12 Ztr. es giebt also allerley zu schauen, kommen Sie doch morgen; ich werde sie jnen in reihe und glieder aufmarschirt vorstelllen die bücher. darf ich bitten den einschluss d. morgigen boten zu besorgen?

Eppish. am 24. Nov. 1829.

Mit vielem herzlichem danke, senden ich Inen vererter Freund die urkunden wieder zurük, deren inhalt mir ser merkwürdig war, besonders auch die von 1175 des bischofes berthold, den einige für einen herren von Bußnang, andere für einen von Küsnacht halten; der diaconus de annwilare war doch wol von unserm Annwil? — an der urk. des abtes Albr. v. Ramstein, war mir das Siegel der vögte von Stekeboron ser lieb zu sehen; aber, welches war denn der eigentliche geschlechtsname dieser vögte? — das wappen ist dem der von Heydek ganz ánlich; es möchten also diese vögte wol aus (lezterem) hause gewesen sein. auffallend war mir daß heinr. v. Klingenberg ao. 1295 sich nicht verweser der Reichenau nennet, wie er doch sonst tut, der Ulr. de Bodemen in dieser charte ist wol derselbe der Arbon verkauffen half, der Berth. de castello irret mich ser; aber ich glaube doch nicht, daß die jezigen schenken von Castell von jm abstammen, Den abbas *Crivcelinenſis* heisse ich in unserer nähe willkommen, der gute Ulr. v. Richenbach in seiner conciliums gesch: hatte mich irre gefürt und glauben gemacht, daß erst ano: 1414 pabst Joh XXII. dem abt Joh. wild zu Kreuzlingen die infel aufgesezt und dies kloster zuvor nur eine probstei war; ich konnte also auf keinen abt von Kreuzlingen verfallen; doch hatte ich in meinem exemp. der Thurgauer gesch: mit bleistift geschrieben *crucelin!* Mit eben so viel begirde als freude sehe ich einer weitern ausbeute entgegen, welche ich mir dann auch mitzutheilen bitte; da nun ein mal der schacht dieser reichen fundgrube geöffnet ist, darf man sich noch manches intereßante erwarten. Aus dem geschlechte v. Schönenberg kenne ich keinen sänger, aber ser lieb wäre mir gewesen das siegel dieses Friedrichs v. S. an der urkunde, um zu wissen, ob Stumpf inen das rechte wappen gab, das sich so ser von allen mir vorgekommenen schweiz. wappen unterscheidet. Ob Lŷtelahusen = Luterahusen seie? ist mir zwar ganz warscheinlich; aber noch nicht erwiesen; denn ich kenne ein gleichnamiges nicht weit von Markdorf in pago Linzgowe; auch ist zwischen lútel- und luter ein wesentlicher unterschied. Die drei zierraten im abschnitte des siegels heinr. v. Klingenberg, haben offenbar keine beziehung auf irgend ein wappen. In dem Zürcher archive müßen sich noch genug urkunden mit seinem wappen finden, da er von 1262 bis zu seinem tode 1286 probst daselbst war. wir sehen nun daß unser Regierungsarchiv doch nicht so arm an urkunden ist, um so mer lonet es sich einer durchforschung mit musse und in guter jareszeit. hoffentlich lassen Sie die 3 neu aufgefundenen urkunden jrem cod. diplom. der Thurgauer gesch. beidruken; es sollte mich freuen, wenn Sie auch einiges aus meinem chartulario hiezu brauchen könnten.

Ich finde das stille kalte wetter recht ser geeignet zum stubensizzen und arbeiten und habe wie ich glaube, schon vollkommen den winterbalg angezogen wie die füchse und werde auch so in meinem baue liegen bleiben. Von grimms rechts altertümern sende ich Inen den I. bd. für H. Mörikofer; den zweiten, zu welchem ich wirklich anmerkungen mache, die ich Jacob Grimm noch vor neujar senden möchte, bekommt H. Mörikofer, wann er mir den I. zurücktschikt. Und nun? kommen sie auch wieder in die Villa, ich hoffe doch noch vor ende des monates einen besuch. Das lezte mal waren sie auch gar so brav und sind beinahe einen ganzen tag bei mir geblieben, ungerechnet die nacht. Viele grüße an Sie und die Irigen von mir und meinen gästen. Dem herzog Arionestus empfehle ich mich in sein frommes gebet.

Tu autem vale et fave

Laßbergio.

Eppish. am 26. Januar 1830.

Vortrefflichster οἰκάλεγων!

Hofentlich sind Sie samstag abends wol bei Iren penaten und bei Iren alten postillen angekommen, aus welchen

Sie für den folgenden morgen doch eine oratio pro aris et
focis zusamenlesen konnten: was mich anbetrift; so fand ich
bei meiner ankunft eine merkwürdige kleine sammlung von
zeichnungen und gemälden alter wappen und siegel, welche mir
hr. Kupferstecher Hartmann, wie er sagt, auf Ire bestellung zugesendet hat. Da sie mir blos ad videndum mitgeteilt sind;
so werde ich sie wol bald zurüksenden müßen; kommen Sie
also, wenn auch Sie sie sehen wollen, es ist wol der mühe
wert, denn sie sind recht brav und characteristisch gezeichnet
es sind lauter schweiz. wappen und Sie werden darunter
welche finden, welche wir schon längst zu kennen wünschten.
Die verhandlungen des großen rates zu St. gallen habe ich
mit vergnügen gelesen, es scheint man will auch dort jede
staatsgewalt in die ir gebürende stellung sezen.
 Das Neujarsblatt finde ich erbärmlich wie aus dem aer-
mel geschüttelt und in aller eile herabgeleiert. soll ich mich
irren, wenn ich den etwas schnellen und oft faulen h. Pfrer.
Scheitlin für den verfasser halte?
 Heute erhalte ich die nachricht, daß einer meiner ältesten freunde [: von den knabenjaren an:] plözlich und one
krank zu sein, verstorben ist. Wol jm, er war ein gerechter
und woltätiger mann und gewiß ruhet er sanft in der alten
erde. Zugleich erhalte ich einen brief von dem H. v. Cotta
aus Stuttgart, welcher alles was ich in betref des epicopatus
const. vorgeschlagen habe, genemiget. es wird also ernst mit
der sache, und ich für lange an die hobelbank gespannt.
 Seit 2 tagen hat die νεφέλη iren siz unbeweglich bei uns
aufgeschlagen; ich denke also, daß Sie Ihre reise nach Herisau auch vertagt haben, und wol auf einen sprung in die
waldklause kommen können. Sobald wieder heller himmel.
hätte ich lust eine fart ad st. gallonem vorzunemen. ich
höre gar nichts mer von meinem guten und lieben Arxius,
ob er schon in das große coenobium des heiligen vaters Be-
nedictus abgereist oder gegen alle erwartung, wieder auf der
besserung ist.
 Viele grüße an die Irigen und H. Oberamtmanns
von Irem
Josefus Eremita.

 Die winkelmänner bitte ich zum buchbinder zu schiken,
und sich auch ein wenig um die monumenta boica erkundigen zu lassen.

E. an St. Agatha Tag 1830.

 „Mentem sanctam spontaneam, honorem Deo
  „et patriae librationem dedit sancta Agatha."
 Kommen Sie, wir wollen mit einander den gefrorenen
Bodensee, und all das teufelszeug, was die Schwaben und die

Schweizer darauf treiben, anschauen und im schlitten nach Güttingen, altnau: oder wo sie wollen, hinfaren, wollen Sie weib und kind mit nemen; so schike ich Inen den schlitten nach der episcopalis cella. Was sagen sie dazu? mir ist es ser zweifelhaft, ob wir diese ereignisse zum zweiten male erleben werden? und so denke ich, man solle die gelegenheit beim Schopfe ergreiffen; denn bis montag oder dienstag fürchte ich thauwetter.

Daß Sie den guten Leuten von Stekeboron jr recht angetan haben, bezeuge ich anmit sub fide archivali, und zwar mit dem beisaze, daß Sie Inen eher zu wenig als zuviel getan haben. Wenn Sie damit fertig sind, so lassen sie mich den curiösen tändelmarkt von Nürnberg auch lesen. Wenn Angela die tochter Eduards und schwester abt Gregors von Einsiedeln jezt über den Bodensee reisen wollte; so hätte sie vor windstürmen — wenig zu befürchten. ich habe eine hübsche gemalte scheibe von dieser Stiftung von Münsterlingen; Sie sollten dieselbe wol in eine Ballade fassen, die legende ließ manche naturschilderung zu. Ia wol ist es eine grimme Kälte und dazu noch immer im wachsen; mein Thermometer stehet heute einen ganzen grad tiefer als gestern.

Meine furcht vor der nachlässigkeit des Hr. Stadtschreiber Gonzenbach, war nicht ungegründet; denn bei nur flüchtigem durchblättern habe ich schon entdekt, daß er die zum XI. Band gehörigen Kupfer in den II. eingebunden hat. um so ärgerlicher für mich, als ich mir vorher die mühe gegeben hatte, Band für Band zu collationiren und zurecht zu legen. maladetta bestia! Wie ich annehme, sind auch in Schwaben alle See'en zugefroren und Donau und Rhein; wie werden die fische über nez und angel spotten! über reussen und fischer. Nun mein Freund! wenn man, one gott zu versuchen, bei dieser kälte nach Bürgeln und Sulgen faren kann, so kann mans auch nach Eppishausen und die frau pfarrerin kann eben so gut hieher als dorthin kommen: freilich kann ich armer celibataire Inen keinen kindtaufsschmaus anbieten, aber eine Flasche alten erwärmenden Rheinwein, so gut als einer im Thurgau liegt.

Ich schrieb in meiner angst um den guten arxius an den H. archivar Henne mit der Bitte um nachricht von dem befinden meines lieben freundes: statt dessen schreibt er mir einen brief voll von lauter hors d'oevres zurük und ich weiss bloss, daß Arx noch nicht begraben ist. Es giebt leute, die in einer ewigen kindheit bleiben.

Mein correspondent von frauenfeld schreibt mir kein wort von dem kriege seiner päpstlichen heiligkeit mit dem könige beider sicilien. Ich will doch nicht hoffen, daß die alte zeller geschichte wieder zum vorschein kommt; das wäre ja über das troyanische roß.

Stalderus Beronensis hat mir auch einen langen brief

geschrieben über eine neue ausgabe seines Idiotikons. Sauerländer hat noch 300 exemplare der ersten ausgabe auf dem laden liegen; will sich aber zu einer neuen auflage in 1 quartbande verstehen.

Wenn die 12 Bouteillen vom besten Steckborer wein angekommen sind, so lassen Sie michs doch auch wissen, damit ich der Weinprobe als alter weinschwelg beiwonen kann.

Die siegel und wappen des H. Hartmann habe ich noch bei handen und wünschte ser in Irer Anschauung darüber mit Inen zu sprechen. Es kómmt auch die beinahe vergessene Helvetia dießmal endlich zurük. Ich sende Inen auch einen Tübinger Katalog ad statum legendi; doch nur auf 8 tage, indem ich selbst einige bestellungen zu machen denke. gefällt Inen einiges daraus, so will ich es gerne mit dem meinigen verschreiben. Ich habe eine gute warme stube und ein noch wärmeres herz für meine freunde.

Tu autem vale et me amare

perge

Laßberg.

E. am 10. Febr. 1830.

Was sagen Sie mein lieber freund! zu dem einliegenden Briefe? und was wollen Sie, daß ich dem freiherrn v. Müller friedberg, der mich noch zu einem Seigneur d'Eppishausen macht, antworten soll? ich stelle es ganz in Iren willen, ob ich die verlangte recensorische anzeige Irer gesch. des Thurgaus machen soll, oder nicht? Sie wissen, daß ich weder schmeicheln noch heucheln kann, und die verschweigung meines namens habe ich gottlob' noch nie ursache gehabt zu verlangen. Daß Sie mich nicht als einen ungerechten oder neidischen mann kennen, hoffe ich; aber ich gestehe, daß ich ser ungeschickt bin zu loben, was soll ich tun? Soeben erhalte ich Iren brief von gestern, weil der bote stets zu faul ist, über die brücke zu gehen, und was er für mich hat, immer in der Farb zu Erlen abgiebt.

Die beiden Rúdenpanzer habe ich angelegt und den einen, der mir nicht zu enge war, behalten, ich denke, es ist der, welcher 34 bazen kostet und lege dieselben hier bei. Ungeachtet ich Inen vorgestern, das was Inen unterwegs begegnen werde vorgesagt habe, [:aber den alten leuten glaubt man nichts mer:] so tut es mir doch leide, daß Sie meinen schlitten nicht angenommen haben; aber ich freue mich hinwieder, daß Ihre gesundheit nicht schaden gelitten.

Daß Sie jezt den Agathias ganz ins Teutsche übersezen wollen, kann ich nicht billigen. warten Sie lieber, bis Sie nach einiger zeit im griechischen sich wieder ganz festgesezt haben. Sie werden, wenn Sie diesen Schriftsteller erst ganz bis zum ende gelesen haben, viele und grosse sprachschwierigkeit antreffen. Wenn Sie in aber gleich im ersten sturme von vorn herein zu übersezen anfangen; so wird notwendig eine große ungleichheit des stils entstehen, welche sie am ende einsehen und sich dann gemüssiget sehen werden, die frühere arbeit noch einmal zu machen. Daß Sie mit seinem stile nicht zufrieden sind, wundert mich nicht. Im VI. jarh. waren die Advocaten zu Smyrna blose wortkünstler und obschon man den stil des Agathias lobet [:wie z. B. gerh. Voß:] so finde ich in doch mer geziert, als warhaft zierlich. Ich will die stelle: τα ζαμολξίθος νόμιμα — bei Grimm aufsuchen; halte sie aber nicht für relevant.

Wie es denn bei jeder sache etwas zu bedauern giebt; so bedaure ich, daß wir unsere eisfart nicht schon am vormittag begonnen haben; wir hätten mer gesehen und erfaren. Ich meines ortes war dabei ganz vergnügt und habe bei den unzweifelhaft günstigen auspicien an gar keine gefar denken können — obschon sie in der reihe der möglichkeiten lag. wie ein junger und leichtsinniger mensch habe ich meine freude nicht in die brust verschließen können. gestern abends bekomme ich einen brief von einem freunde aus Schafhausen, der mir vorschlägt von Konstanz aus im schlitten auf dem see bis Lindau zu faren: aber das ist nun durch das eingefallene und warscheinlich anhaltende tauwetter unmöglich geworden. Daß der hauptmann Zellweger die κρυσταλλοφοβία hat, nimmt mich nicht wunder; aber seiner frau, ob ich sie gleich nur vom sehen kenne, hätte ich doch mer zugetraut. Wenn es wieder kalt werden sollte, so mache ich doch einen versuch nach Meersburg hinüber zu schlitten; könnten Sie nur mit mir kommen. Solche secular ereignisse muss man benuzen, soviel als man kann; wäre es auch nur denjenigen zu widersprechen, die hintendrein lügen.

Die Bären brazen folgen hier, mit der bitte, sie in Bischofszelle solen und an dem fußrande mit leder einfassen zu lassen, hinten am fersen muss dieser rand etwas höher sein, zuvor aber müssen sie wieder geflikt werden.

auch sende ich Inen das anniversarium Arowiense, welches ich jezt zu benuzen nicht zeit finde.

Gestern erhielt ich auch einen brief von H. gr. v. Mülinen, der sich auf 4 quartseiten beklagt, daß er nimmer schreiben kann. er will mir für den Episcopat. constant. aus dem Berner archive noch merere urkunden senden, und verspricht eine noch größere ausbeute, wenn er wieder bei seinen sammlungen in Thun ist. Er sagt mir daß die HH. v. Klingen schon 1270 im besize von hohen Twiel waren: also fiel meine vermutung, daß es unter Heinrich von Klingenberg dem bischofe erst an das haus Klingenberg gekommen, weg. 1266 war es doch gewiß noch im eigentum König Conradins. Ulr. v. Klingen [:der erbauer Klingenau's?:] soll es 1167 schon bebesessen haben, sagt H. gr. v. Mülinen.

In Schafhausen bemerkte man 22° Kälte. da sind wir noch besser dran. ich glaube jezt wirklich, daß der früling nicht mehr fern sei. so viel für heute.

Ir

Laßberg.

E. am 16. Hornung 1830.

Wie herzlich beklage ich Sie, mein lieber Freund! daß der unermüdliche schlachthaufe von Stekeboron, abermal einen so ganz grimmigen Anfall auf Sie getan hat! jezt gebe ich Inen keinen bazen mer für Ir teures Leben! am besten gefiel mir die anfürung der stelle Pauli ad Korinth. I cap. 8. vers 1; hätte der vortreffliche schriftsteller, doch auch den gleich darauf folgenden 2ten vers gelesen und für sich benuzt:

Εἰ δέ τις δοκεῖ εἰδέναι τι, οὐδέπω οὐδὲν ἔγνωκε καλῶς δεῖ γνῶναι.

Ich hoffe, damit hat nun die Kazbalgerei um den verplezten umhang ein ende! ein weiteres wort wäre missbrauch; denn wo selbst der begriff mangelt ist: ignoti nulla cupido, lassen Sie also den toren das lezte wort; oder ich fange an:

Sing o muse den zorn der göttergleichen von Stekborn,
Und den schreklichen Krieg um den durchlöcherten umhang, etc.

Das morgenblatt hat mir viel vergnügen gemacht, und ich bitte dem H. Decan dafür meinen verbindl. dank abzustatten. Ich habe darin einen gewissen H. D. Puppicofer kennen gelernt, der der naturhistor. gesellschaft in St. gallen abhandlungen über den weinbau, seinen ertrag und auf- oder abnahme vorliest, und obschon er meine Bazenchronik dabei benuzt hat, mir nichts davon mitteilet. Ey! Ey! — Ich habe, nicht für H. v. Mülinen, welcher nie eine verlangt hat, sondern für H. v. Müller Friedberg eine anzeige Ires historischen werkes gemacht, welche ich morgen absende; eine förmliche recension wollte ich nicht machen; vermutlich haben mich die von Stekboren abgeschrekt.

H. Zellweger hat mir über ein Dutzend öffnungen geschikt. Die urkunden zu seiner geschichte werden zuerst gedrukt, zum ersten teile allein sollen etwa 300 geliefert werden. Sie kostet in wie er sagt, 4—5000 fl. bares geld, man sollte also nicht glauben, daß er das msscpt. verkauft hat.

Hier schike ich Inen E. Münchs geschichte von Fürstenberg, die ich in 36 Stunden durchlesen habe — wenn ich sie wieder lese, verde ich warscheinlich erst das beste darin entdecken.

auch die Schw. Monats Chronik hat mich unterhalten und ich danke Inen dafür. Wenn wieder morgenblätter zu haben sind; so will ich mich empfolen haben.

Es folgt auch ein Sigenot, den ich samt meiner empfelung dem H. Dekan Dänniker zuzustellen bitte.

Der winter scheint noch immer nicht genug zu haben, doch schenkt er uns allgemach schöne nachmittage; bald wird es wol auch an die vormittage kommen; doch hoffe ich vor montag kein frülingswetter.

Wie ich hóre stehet das eis noch vest auf dem rúken des alten Podamicus und man gehet und färt hinúber. Wollen wir nicht auch wieder eine eisfart wagen? Etwa úber mittag nach Rorschach? oder wohin Sie wollen.

Zu hause viele grúße, auch dem tapfern H. oberamtmann und seiner Frau; der wie ich hoffe, die angst úber das wagstúk des teuren gemals doch nichts geschadet hat.

Νονὶ δὲ μένει πίστις, ἐλπίς, ἀγάπη τὰ τρία ταῦτα. μείζων δὲ τούτων ἡ
ἀγάπη λαοσπεργιαδες.

E. am 7. april 1830.

Ich bin gestern glúklich zwischen zwei regen durchlaufend in der villa Eponis angekommen; habe aber unter wege viel beschwerde von dem durch den Jupiter pluvius ser schlúpferig gemachten boden auszustehen gehabt; so daß ich verwundert bin, nie die erde gekússt zu haben: hingegen muß ich gestehen ser ermüdet meine stube wieder betreten zu haben: nichts desto weniger wurde noch bis ½12 ur im cod-trad. Sgall. gelesen, er ist mir wieder ganz neu vorgekommen, und ich verspreche mir eine große erndte darin zu machen.

Nun aber, womit ich freilich hätte anfangen sollen, empfangen Sie meinen besten Dank fúr die gastfreie aufnamc und Behandlung welche Sie dem alten meister Sepp haben angedeihen lassen; kommen Sie jezt nur bald, mit weib und kindern in die waldklause, damit ich es wett machen kann.

Wenn Sie mir hätten sagen wollen, was das Bier kostet; so hätte ich Inen heute mit dem karren [:karrada in d. altcu urkunden:] auch das geld senden kónnen; lassen Sie michs also wissen, damit ich nicht zu lange in Irer Schuld bleibe. Bei meiner zuhausekunft fand ich einen interessanten brief von dem lustigen ritter von Lang aus Anspach, welcher mir sein buch von den Bairischen [:im sinne der heutigen Geographie:] gauen sendet, und worin auch einiges von Rhätien und Thurgau vorkommt. auch eine abhandlung über die in Baiern verehrten heiligen [:kirchen patronen:] und eine ditto gegen die monumenta Boica, von denen er behauptet, daß auch nicht eine einzige urkunde richtig abgedrukt seie.

Ich komme morgen nicht zu Inen; sondern werde in der marcha Sumbrina meine Andacht halten.

Empfelen Sie mich aufs beste den Irigen, und in dem hause des H. oberamtmanns Scherb. Da es sonst nichts neues giebt; so bleibt alles beim alten, so auch

Ir ergebenster

JvLaßberg.

Seiner Hocherwürden
Dem Herren Pfarrer Pupikofer
zu

Bischofszelle.

E. am 4 Junij 1830.

Ich sende Inen, mein vererter Herr und nachbar! die Angela mit einem langen oder kurzen E. zu´rúk und um nicht in den verdacht zu kommen, als ob Ich Sie um einen verdienten rum bringen wollte; so enthalte ich mich aller bemerkungen über die einzelheiten der composition, und erlaube mir blos die, jedoch ganz unvorgreifliche, meinungsäusserung, daß es mir in dieser gestalt noch kein so eigentliches gedicht zu sein scheint und einer völligen umarbeitung bedarf; welche Sie sich bei einem so schönen und wirklich poëtischen stoffe, nicht werden reuen lassen, auch das dem H. Follen gegebene versprechen macht es Inen gewissermaßen zum cathegorischen imperativ.

Der codex traditionum augiae albae hält mich ser vest und freut mich alle tage mer; ich habe bereits 130 seiten abgeschrieben aber ich habe noch 60 weitere bis zur hälfte; dann mache ich eine pause; daneben arbeiten tapezirer, sattler, maurer und schlosser auf wenige schritte von mir, und machen mir mit allerlei tönen und gerúchen die geduld kurz und die zeit lang, was wollen Sie? man muss leben und leben lassen!

H. v. Meusebach hat mir durch einen H. David gessner V.D.M. der von Berlin nach dem nobile Turegum heimgekert ist, zwei literar. seltenheiten gesendet; aber nicht dazu geschrieben. Das eine ist der unvollendete III. band der Müllerschen sammlung, welcher nahe an 25000 verse von conrads v. Wúrzburg trojanischem Krieg und sonst noch einige gute sachen enthält.

Das andere ist Kochs compendium der teutschen literatur. 2 bde. in 8° welches Sie gewiss nicht one vergnúgen lesen werden; ausserdem aber giebts nichts neues in Theotiscis. Wolffs volkslieder habe ich schon zu H. Kunkler bibliopega in Amriswell gesendet um zu sehen wie der man arbeitet?

Vollen hat mir auch die zeichnung vom alten klingen geschikt, die aufnahme geschah von der seite der mûle und nimmt sich ganz gut aus. diese woche komme ich noch nicht an den Walter von klingen, aber montag wollen wir den erenmann aufs brett nehmen,

Sie haben einen ser schönen tag zu Irer reise über den Tannenberg gehabt, und ich bedaure den genuss dieser aussicht nicht mit Inen haben teilen zu können. aber meine handwerksleute werden diese woche noch nicht fertig. Hr. Huber macht viele und große pausen, das fördert nicht. Gestern kam er gar nicht und heute erst abends 4 ur. ich war gestern ein wenig an der sonne, und sie machte mir ser heiss. ich dachte dabei an die gallischen männer, welche jezt auf dem afrikanischen Sande lagern werden und gewiss nicht in die holen hände hauchen. Da am sountage nicht gearbeitet wird; so könnte es wol sein, daß wir uns auf mittag in Hauptwil antreffen würden. Meine stutte leidet noch immer an einem fuße; es ist ein elend wenn man pferde hat; ich warte mit sensucht auf den augenblik, wo die Dampfwagen allgemein eingefürt werden, um mir auch einen anzuschaffen. Hoffentlich bekommen wir auch noch maschinen, welche wenn sie einmal aufgezogen sind, codices abschreiben; dann will ich mir erst recht wol sein lassen und nichts als briefe schreiben. Leben Sie wol, mit groß und kleinen, die ich alle herzlich grüsse, und vergessen Sie ja nicht mir die appenzeller zeitung mitzubringen; worin H. freimut so strenge gezwaget worden sein soll. Bei H. oberamtmanns viele empfelungen von dem hofpoëten

Laßberg.

E. am 22. Junij 1830.

Meine ausflucht zu Inen, mein vortreflicher freund und nachbar! ward abermal verregnet und ich muss Sie leider one mündlichen abschied nach dem castellum thermarum, wie die römer das alte Baden hiessen, abreisen lassen.

Es ist wieder eine leise kunde von einem neuen — alten in unserer nachbarschaft befindlichen codex membranaceus zu meinen oren gekommen, welche in solchen fällen besser zu sein pflegen als jene des lezten Samstag von hier abgereisten H. hartmann. „Es sei ein großes altes buch auf pergament gedrukt, mit hineingemalten bildern von alten heiden." so äusserte sich der jezige besizer darüber. die handschrift lag ehemal auf einer benachbarten alten burg, und jezo auf einer alten büne. Ich soll noch in dieser woche die ansicht davon bekommen. warscheinlich hat die gebrochene schrift des XIV. iarh. den besizer veranlasst sie für alten druck anzusehen.

die hineingemalten heidnischen bilder lassen auf die so viel verbreitete weltchronik des Rud. v. Ems schliessen. vederemo!

Ich habe mich schon vor iaren darüber verwundert, daß in dem einst so gesangreichen Thurgau so gar keine codices mer vorhanden sein sollen; jezt fangen sie an aufzutauchen. Nil desperandum!

möchte doch der neuaufgefundene den schon so lange vermissten vorhang; oder Umbhang des Bligger von Steinach entbalten!

Wenn Sie von Zürich oder Baden aus den H. Prof. Vollen in seinem holen steine besuchen; so sagen Sie jm, daß es mich gar nicht gefreut habe in den zeitungen meinen namen unter den ausposaunten m. arbeitern der Alpenrosen zu lesen. ich liebe das digito monstrari nicht und das dicier heic est! eben so wenig.

Wenn Sie einmal an einem regentage v. Baden aus mir nachricht von dem allseitigen befinden Irer badegesellschaft und was Sie sonst in historicis und literariis überhaupt vernommen haben, nachricht geben wollen; so werde ich Inen ser verbunden dafür sein.

Der cod. weissenaugiae wird wärend Irer abwesenheit gewiss absolvirt; ich habe nur noch 60 blätter; aber in dem libr. censuum einige für die urachische geschichte wichtige geograph. notizen entdeckt, die ich auch noch extrahiren muss.

Eben erscheint der holzforster, um mich auf einen marken beschau von einem feilen stük wald zu füren — ich muss also abbrechen. Möge die Nymphe des Bades Inen und allen Iren begleitern schöne tage und heilbringendes wasser spenden, und sie optime laetus die schattigte villa epponis wieder besuchen. Empfehlen Sie mich Iren badefarern allen auf das freundschaftlichste.

Ist denn der neue mietsmann in der villa ottonis oder ottolonis noch nicht aufgezogen? ich werde bald suchen die bekanntschaft dieses mineralogen zu machen, um zu sehen, ob er unsere gesellschaft vermeren kann? Sie sollen in Baden nachricht über ihn erhalten. ich adresse (so!) in den Baren, in den großen bädern, nicht war?

Schliesslich noch eine bitte; inliegende 14 francen dem H. buchbinder Dieppold zu Baden in meinem namen für geliefertes papier zu bezalen, ich schike 16. weil ich keine münze habe.

Nun leben Sie wol, ich will es auch so machen, wenn ich nämlich kann; obschon:

> Non qui soletur, non qui labentia tarde
> Tempora narrando fallat, amicus adest.
>
> Laßbergius.

Unser fründlich willig dienst, und was wir Eren und guts vermögen: allzit zuvor!

Hochgelarter wyser und sunders lieber Frúnt:

Uns zwifelt nit Ir haben etlicher maßen vernommen, wie

wir vor kurzen tagen unversehenlich mit einem uslándischen
Kriegsvolk sind überzogen worden, davon ligen all húser
und schúren voll, und fúerend ein grúlich wesen mit trummen,
blasen, schüssen und handtiren; so daß wenn unsere muren
nit besser wárend, denn die von Jericho, so lág bald alles
am boden. Was volk und nazion dies fremd grúlich und
kriegerisch volk eigentlich sige, kúnnen wir úch für gewiss
nit melden; etlich fúerend ein uslendische sproch, als ob sie
von Winfelden; oder gar ennet der Thur her wárend; anderü
sprechend in einer mundart als obs vom see her kámind, den
armen geken glich; oder den seehasen; etlich hand gar ein
fraislich ussehen und wachsend jnen federn us den háupten,
die haissend ofenzierer, deren han ich drü in mim hus, die
sind allwil ainer grósser oder klainer als der ander, aber all
drú gsund u. úserig lút als man wo finden mag. Ainer haisst
Peter, der ist siner muetter gar klain entrunnen, sust aber
ein werhaft mandli, wie der heilig Peter ouch soll gewesen
sin, als er des hohenpriesters knecht ein or abhieb, des übrigen
aber ain frummer kriegsmann, wan er uns befrogt ob man uf
den sunntig och ain hailig meß haben móg? der ander haisst
Gul und kunnt us dem Niederlant, ains múllers sun, als ich
vernam, ducht mich doch als ob er mit dem wasser nit viel zu
schaffen hab; der dritte haisst Húberli und sie sagen er sig ein
major, hat aber kain roß mit brocht. Nu mógt Ir wol denken,
daß wir by tag und nacht in nit klainer sorg und angst leben
sitmals die wilden kriegslút sich für Eppishusen geschlahen
habend. Item am gestrigen tag ist ain her aus Frawfeld kommen der sollt den befel über das volk übernemen; da sind
sie mit dem banner uszogen uf unser frauenwies, und hand
da den ganzen tag ein erschreckenlich und ungestümm wesen
verfúrt, mit trometten, trummen und pfiffen desglichen mit
schüssen und hauen, und hand im sturmlauf alles gras in
grund und boden vertretten, daß kain halm mer ufrecht stot:
doch durch gottes wundersam hilf und fúrsehen niemen da by
wund oder blutrunstig ward. Die wil wir nun unz her in
steter angst und furcht vor dem schúligen kriegswesen leben
müssend; so gaht unser ernstlich bitt und flissig anhalten an
úch: Ir wóllet úch unsern úbelstand alles ernstes zú gemút
ziehen und úch in unsern nóten also bewisen, als úch als
unsern lieben nachbaren und eidgenossen des falls geziemen
will, mit dem verstand, das Ir jlig mit so viel mannschaft als
Ir uffbringen múget uns zúziehet, uns ze schirmen und von
dem frembden volk zu erlösen, als wir úch des und aller eren
und gúts genzlichen vertruwen, und mit gútem willen umb
úch ze verdienen haben wóllen. geben am 6. sunntag nach
pfingsten, uf unserer burg ze Eppishusen, als die berennt ward.
Sust nút mer.

           Josef von Laßberg Ritter.

Sendent uns och herzog Ernsten mit dem roßbanner und

eiweri Kammerbúchser Minna und Julianen; wan der find
daran vast mangel hat, und wir damit wol guetes zu schaffen
vermainend und verhoffend by unserem louffer úwer ver-
schriben antwurt.

———————

Eppishausen am 31. Juli 1830.

Herr Wegelin, der, obschon ein stadtkind, von der sonst
auch hierzulande nicht unbekannten Urbanitaet keine notiz
zu haben scheint, stattete mir seinen besuch und Iren brief,
mein bester freund und nachbar! erst gestern nachts um halb
9 ur, als ich eben die treppe herab stieg um mich zu meinem
frugalen nachtmale zu sezen. die von Inen verlangten bücher
sollen Sie alle samt und sonders erhalten. Was die grabstein
zeichnungen aus Basel betrift; so kommen dieselben, wenn
Sie auch kommen, just zu späte und ich bitte Sie mir, bis zu
meiner zurúkkunft aufzuheben, da sie nun zu meinem Dichter-
buche eine immer brauchbare zugabe sein werden. Daß ich
Iren, freilich auch spát geschriebenen, aber doch noch viel
später erhaltenen brief aus Baden, nicht beantwortete, verdiente um so weniger eine anspielung, als sein Inhalt mich
apodiktisch überzeugte, daß meine antwort Sie nicht mehr in
Baden erreichen würde. auch die Ritterzeit liegt mir nicht
mer am herzen, als jede andere, aus welcher ich etwas lernen
kann; zum beweise dessen, sage ich Inen mein Teuerster!
daß ich eben mit vielem vergnügen, die eben herausgekom-
menen: Memoires d'une femme de qualité lese, welche die
regierungsepoche Ludwig XVIII begreiffen und hóchst interessant sind.

allerdings hoffe ich in Bern einiges inne zu werden was
mir noch unbekannt, und wozu mir der III band des so eben
erhaltenen catalog: mssptor. Bernens. hofnung macht, besonders ein französischer Schwabenspiegel des XIV Jarh: ein der
zeit nach dem Waltharius des Ekehard nahe verwandtes epos:
Herricho [:heinrich:] comes forojuliensis, etc. aber alles was
ich in noten geschrieben oder in meinem alten kopfe zurük
nach hause trage kann für Sie mein verertester Pupicofre!
niemals ein geheimniß sein.

Ich habe vorgestern, bei meiner zurükkunft von St. Gallen,
briefe gefunden welche meine abreise verzógern und es mir
zur pflicht machen noch einige tage bei meinen penaten zu
verweilen.

Daß H. Mórikofer auf seiner Waldburgerreise mich nicht
besucht hat, kann ich eben nicht loben; allein des menschen
Wille ist sein himmelreich! — Waldburg als aussichtspunkt
kann weder die auf eine reise dahin verwendete zeit, noch
die kosten belonen; die aussicht ist nur nach der seite des
rheintales schön — nach dem östlich gelegenen Schwaben hin
verschwimmt sie in unabsehbare flächen, und vom Bodensee

sichet man nur den kleinsten teil: die aussicht auf dem Pfänder bei Bregenz ist 10 mal schöner, größer, und um eine kleine tagreise von Frauenfeld aus, näher. aber, es ist nun einmal mode geworden in Schwaben reisen auf die waldburg zu machen:
exspectata seges vanis delusit avenis!
Nun weiss ich nicht, ob H. Wegelin diesen morgen kommt die bücher und diesen brief abzuholen; sollte es diesen morgen nicht sein, so sende ich Inen die Irigen am nachmittage. ich neme keinen abschied; denn ich schmeichle mir noch mit der hofnung Sie etwa am montage noch in der waldklause zu sehen. Die ungeheure hize und der staub der strassen, haben mich in den lezten tagen beinahe blind gemacht, was Sie meinen schriftzúgen wol ansehen werden. Gott befolen!
von
Irem
Laßbergius.

Bern am 2. Septber 1830.
Mein teurer freund und nachbar! ich will nun mein Wort halten und Inen bericht geben von meinem tun und treiben auf meiner ganz abenteuerlosen reise. In Zúrich war mein erster gang zu dem biedern und guten Aurelius-Cicero, wo ich, neben herzlicher aufname, schöne, seltene und ser vortrefliche codices zu sehen bekam; darunter auch ein par merkwürdige St. Galler mit dem alten klosterbibliothekstempel, die in dem unglúksjare 1712 der dortigen bibliotheca manuscripta entfúret wurden. Dann gingen wir zusammen zu H. Pfarrer Vœgelin, an dem ich einen eben so feinen und gründlichen als gefälligen mann kennen lernte. auch H Dr Meyer-Quinctiliani wurde besucht, und meine ankunft schien ju zu freuen: auf den herbst will er uns in Thurgau besuchen. Indessen waren meine pferde gefüttert und ich fur frisch in die welt hinein, bis mein 4rädriges schif endlich zu Beromünster glüklich vor anker gieng, wo ich mich sogleich zu dem guten Stalder begab und mit altteutscher Herzlichkeit von jm aufgenommen und bewirtet wurde; denn er wollte mich durchaus nicht bei meinen pferden lassen, in seiner Bibliotheke sah ich viel neues zum sprachstudium gehöriges, auf der Probstei bei dem gutmütigen und gar nicht unwissenden Probst Meyer Schauensee manches merkwürdige alte, und machte da auszüge aus einigen urkunden; eine davon welche mir den M. Sänger Hesso von Rinach als chorherr zu Múnster u. Probst z. Schónenwert bekannt machte, schrieb ich ab. Die urkunden der zweiten stiftung [:1036:] durch gr. Ulr. v. Lenzburg wurden mir nur in abschrift gezeigt, die Originalien aber versprochen; sowie noch mereres, was davon gehalten wird, muss die zeit leren. Die capsa obsoleta gieng diesmal für mich nicht auf: aber habe ich ursache zu glauben, daß sie nicht so viel merk-

würdiges und altes enthalte, als Johannes Müller glaubte, was auch füglistallers, der sie persönlich kennen lernte, eigene meinung hierüber ist. Der kirchenschaz enthält einige alte geschnittene Steine, bücher in zierlich geschnizten dekeln von Elfenbein, gold, Silber, mit & one edelsteine und eine theolog: Hdschrft des XI Jarh: in Luzern wurde mir eins meiner pferde krank; ich benuzte diese zeit um einen ausflug nach Engelberg an den fuß des ungeheuren Titlis zu machen und die dortigen Handschriften ein wenig zu recognosciren, welche wol gegen 200 Bde. betragen mögen. darunter einige schäzbare classiker und ein chronicon ineditum des abt frowin aus dem XII iarh. ich glaube daß man einem, der auf dieser bibliotheke arbeiten wollte, alle mögliche freiheit und bequemlichkeit gewären würde: aber mit der zu Ittners zeiten so ser gerümten engelberg: gastfreiheit ist es am ende: mir gieng es da noch schlimmer als dem Walter von der vogelw. im kloster Tegernsee in Baiern; denn mir wurde nicht einmal ein glas wasser angeboten: aber der wirt zum Engel hat guten wein, und noch bessere forellen. beim Ingenieur Müller sahe ich schöne reliefs und eine schäzbare, doch dem staube zu ser ausgesezte Mineraliensammlung. in Stanz sah ich Volmars gemälde vom abschiede des Nikl. v. Flue, das mir weit besser gefiel als Vogels scheußliche versammlung zu Stanz, worin Niklaus so dünn als eine häringsseele mitten unter den gesandtschaftlichen carricaturen erscheint. zurückgekommen nach Luzern besuchte ich füglistaller, der fleissig an seinem glossarium carolingicum St. gallense arbeitet; Businger, den faulen Baltbassar; aber auch die histor: Sammlung seines fleissigern und gelertern vaters, die nun juris publici geworden ist und wo Sie mein Bester! noch viel brauchbares für Ire Thurgovia finden würden. Schade, daß der davon gedrukte catalog nicht so gut wie der Sinnersche von den Berner handschriften ist. Nun bin ich seit mereren tagen in Bern & arbeite auf der Bibliotheke; wo zwar noch kein bibliothecar, aber interimistisch ein ser gefälliger Prof: Drechsel angestellt ist, der mir mit aller treue an die hand gehet: allein das stadt Leben will mir so wenig gefallen, daß ich schon anfange zuweilen zwischen den zänen zu murmeln:

O rus! quando ego te aspiciam quandoque licebit etc.

Ende der woche kömmt H. v. Mülinen nach der stadt, dann wird mein weiterer reise plan verabredet werden. wenn ich die offnung des staatsarchives zu freiburg erhalte; so gehe ich nach freiburg um den dortigen Schwabenspiegel zu sehen.

Jezt aber neme ich abschied von Inen; denn die bibliothekstunde schlägt und die darf nicht versäumt werden. viele herzliche grüße an Sie und alle die Irigen; auch bitte ich mich im Scherb: hause und zu Hauptwil nicht zu vergessen.

aus der Wyssischen auction habe ich eine große kiste voll
bücher erstanden. nun guten tag und baldiges wiedersehen.
Sepp.

Ex villa Epponis 20 Novbrs 1830.

Clarissime Pupikofere!

Daß ich die epistel de dato 25 erst heute den 29. per Sulgen u. Erlen erhalten habe, sezet mich mer in verwunderung als Ire seit mereren wochen unterbliebenen besuche in der villa Epponis; denn, wenn man selbst unwol ist, gehet man eben so wenig gern zu langweiligen kranken, als zum tanze, und krank war ich nur allzulange an einem ser heftigen stekkatharr; so daß ich nur mit anstrengung sprechen konnte. vor ein par tagen bekam ich von einem rauchenden ofen ein Dacapo, heute gehet es aber schon wieder besser. Indessen muss ich Inen mein verertester! gestehen, daß ich würend dieser zeit gerade denselbigen gedanken hatte wie Sie, nämlich, daß sich zwischen Bischofszelle und Eppishausen eine unüberspringbare kluft geöffnet haben müsse; weil selbst briefe nicht einmal den weg herüber fanden. Ich bin nun auch in dem politischen puncte mit Inen ganz einverstanden, daß bei so gestalteten umständen und umtrieben, ein einsiedler nichts besseres tun kann, als sich zu seinen büchern zu halten, deren ich seit Irem lezten hiersein, keine kleine zal verzehret habe, wie ein alter Walfisch, dessen schlund nie voll wird. Ich beklage dieses volk, das sachen zu erstreben und auch schon zu haben sich einbildet, von welchen es offenbar die begriffe nicht einmal besizt.

Die resultate der neuen walen sind sprechende zeugen, von dem was wir one divinations vermögen von der zukunft erwarten sollen. Ich fürchte, daß die innere ruhe unseres beunruhigten kantons auf lange zeit gestört sein und noch mer fürchte ich, daß noch ehe man von selbst zur ruhe gelangt, ein: Ouos ego! aus osten uns einen eisernen frieden anlegen möchte. &c &c &c. Was die alpenrosen anbetrift; so gestehe ich, daß sie meinen hofnungen durchaus nicht entsprochen haben. das beste stük darin ist offenbar die Romanze von den beiden Gemsjägern welche den beschluss machet. der mir selbst dem namen nach unbekannte verfasser J. J. Reithard, gehört unstreitig zu den besten romanzendichtern, die teutschland wirklich hat. Von den iezt lebenden Schweizerischen aber, wird Im gewiss keiner den vortritt streitig machen. Daß die Angela eine umarbeitung erlitten hat, sagte ich gleich beim ersten vorlesen meinen beiden zuhörern und ich glaube daß sie dabei nicht verlor. Follens malegys ist gewiss eine wakre arbeit, nur scheint sie mir für einen almanach, der so wenig aufsäze zält, viel zu lang. Ist denn keine hofnung mer da, die schon so lange versprochenen copien der klingenschen grabmäler aus Basel zu erhalten? wenn ich nur wüsste an wen, ausser H. antistes Hanhart, man sich deshalb wenden könnte? Der geist des gebirges ist eine nachahmung der schon in einem andern almanache erschienenen, aber mit weit mer zartheit und gerne behandelten *kristallkönigin:* die Badekur zu Schinznach, hat eben so viel bessere als schlechtere vorgänger. an warhaft lyrischen gedichten ist ein warer mangel und in den vorhandenen eine große armut. So ist es mir vorgekommen; aber ich seze mit frommer resignation unter diese ansicht das: salvo meliori, das ich einst als geschäftsmann, dem handwerksgebrauch nach unter meine referate zu sezen pflegte.

die notiz von der ehemaligen nun verschollenen Kreuzlinger urkunde de 1150 ist richtig; aber um meine nachfrage in Stuttgart etwas umständlich und für den nachforschenden archivar erleichternd einrichten zu können, müsste ich von demjenigen actenstüke, dem Sie solche entnommen haben, eine getreue abschrift haben, welches Inen nicht schwer werden sollte zu bewirken. Die graven Friederich, Mangold und Rudolf halte ich für graven von Buchhorn, welche 1150 noch nicht ausgestorben waren, und wovon Rudolf zu Pfullendorf sass, advocatus monasterii Sti. galli war und zu ende des iarhunderts am heil. grabe zu Jerusalem starb — das profess tun in Kreuzlingen mag bei jm wol von einer öffentlichen wiedmung zum heil. grabe zu verstehen sein. Welf hingegen der angebl. schwager des ältern der 3 graven, war nie herzog von Schwaben; sondern zu Spolet.

Empfangen Sie meinen besten dank für die gütige besorgung der dorf offnungen, so wie der fischerordnung welche für mich ist, aber was habe ich für die 11¼ bogen zu bezalen? das bitte ich mir bald zu melden, auf daß es nicht vergessen werde. auch für die nachricht aus dem Schultheissischen collectaneen danke ich, als wenn sie mir neu wäre, da Ire freundliche absicht war, mir etwas unbekanntes mitzuteilen; ich habe sie bereits vor 15 iaren excerpirt; aber auch andere schriftsteller haben diese notiz, daß die von Klingenberg noch zu Bischof Heinrichs zeit bloße edelknechte, die von Kastelen aber schon freiherren waren, ist wol lippis et tonsoribus notum; aber es kommen auch edle von Kastel vor dieser zeit in urkunden vor, welche dienstleute der bischöfe, auf der burg ob Tägerweilen, und zu den freiherren von Kastelen vielleicht in demselben verhältnisse waren, wie die klingenberge von denen fhren. von Klingen.

Schmellerus der liebenswürdigste aller bibliothecare schreibt mir aus München am 18. Novbr. von einem wappenbuch auf pergament aus dem ende des XV Jarh. welches Conrad von Grünenberg ritter ein Constanzer gemacht haben soll, der unter andern auch 10 wappen von Minnesängern anfüret, die er in einem zu seiner zeit 400 iar alten buch will gefunden haben. darunter sind Gutenberg, Stainach, Ast, Ruche, Kuinzingen, und H. v. Owe. möchte vielleicht der weingartner codex gemeint sein? der aber so alt nicht ist. Wäre dies so wie ich vermute; so würde das zeugniss des ritters von Grünenberg ein interessanter beitrag zur geschichte des Weingartner codex, den ich noch immer für den vater des sogenannten Manessischen halte. Der Kaiser Heinrich VI. sezet mich aufs neue in die Schuld des guten H. von Imhof; aber nicht in verlegenheit, wie manch anderes geschenk tun würde; denn da weiss ich doch ebenso gewiss, daß es vom herzen kommt, als es auch zum herzen gehet. dieses bild hat einen anstrich von altertümlichkeit; aber gewiss irren alle die, welche glauben daß die maler des XIII & XIV Jarh. die darstellung des schattens auf iren bildern gar nicht kannten. Ein mittelding von solchem Sein oder Nichtsein ist der Wilh. Tell des H. Disteli in den heurigen alpenrosen, aus dem auch der versuchteste kunstfreund nicht wissen wird, was er machen soll? Meine Madonna ist am wenigsten verunglükt, und in technischer hinsicht untadelhaft, obschon die ungeschiklichkeit des kupferdrukers an manchen abdrüken unverkennbar ist, was aber der geschikten hand des H Meyer nicht zu schulden kömmt: aber was soll ich von dem ausdruke sagen? welcher der von mir gesehenen zeichnung gar nicht entspricht. die ängstlichkeit in der ausfürung auf der kupferblatte, hat in dem ausdruke etwas soll ich sagen gespensterhaftes; oder wenigstens geisterhaftes hervorgebracht, was die grazie des bildes größtenteils hinweggenommen hat. Irem urteile über die M. Usterischen carricaturen stimme ich unbedingt bei, und erinnere mich dabei an ein vor 30 jaren gelesenes englisches gedicht über einen antiquar der an Shakespeares geburtsort im garten dessen verbrochenen Pisstopf fand und in als einen kostbaren schaz in das brittische Museum lieferte.

Das bild den tod einer idealischen person in der schlacht am Morgarten erlittenen tod vorstellend, hat merere kunst vorzüge; aber gegen eine oder 2 lebende und sterbende, lauter steinerne figuren. auf diese weise werden die alpenrosen sich nicht lange erhalten.

Man sagt, Sie bewerben sich um eine der offen stehenden pfarren. So leid es mir tun würde Sie aus meiner nachbarschaft zu verlieren, so herzlich wünsche ich, daß Sie an dem neuen wonorte, reichen ersaz für das finden mögen, was Sie an dem gegenwärtigen zurüklassen.

Leben Sie wol und wenn Sie wollen; so besuchen Sie bald den hustenden einsiedler in der villa Epponis

Laßberg.

Sie werden durch H. Med. cand. von Liebenau den mir geliehenen band von Leús lexicon und ein Paquet von H. Pfarrer Schönhut empfangen haben.

Meine gáste, welche nun bald abreisen wollen, empfelen sich Inen und den Irigen freundlichst.

E: am 15. Hornung 1831.

P: P:

Ungeachtet Sie mein vererter Herr und Freund! eben kein großes verlangen nach den Schultheiss: collectaneen sehen liessen; sende ich sie Inen dennoch; weil ich mich beim durchgehen derselben überzeugt habe, daß dieselben manches enthalten, was Sie bei einer neuen bearbeitung Irer Thurgauer geschichte, zu vermissen bereuen würden. ich habe es versucht in beiligendem muster zu zeigen, wie man ein brauchbares register über den vorliegenden band anfertigen könnte; wollten Sie sich dieser bemühung unterziehen; so könnte ich nach und nach alle bánde von Constanz kommen lassen, und wir hätten dann ein vollständiges repertorium über die ganze scházbare sammlung; welche für die Thurgauische geschichte eine ergiebige fundgrube zu sein scheint. Manche bánde, welche ziemlich aphoristisch geschrieben sind, müsste man freilich zum großen teile ausziehen; aber das würde ja bei benuzung derselben zu irgend einer literar: arbeit onehin der fall sein.

Ich komme wieder wie der alte Kato mit seinem Karthago, auf die *Basler grabsteine* der HII und frauen von Klingen zurük. Mein staats und kabinets Spion H Fehr zu frauenfeld teilt mir aus seiner höchst wichtigen privatcorrespondenz die kunde mit, daß die gute stadt Basel sich wieder in vollkommenstem friedenszustande befinde, woraus ich schließe, daß sowol der originalbesizer H antistes Falkeisen, als auch der andere copialische geistliche H Diacon N. nicht mer auf feld- und lager-reden zu studiren brauchen und wage daher die bitte, wenn es one unbescheidenheit sein kann, in betreff der fraglichen copien wieder einmal nachfrage zu halten und sollicitando meine angelegenheit und mit derselben jene des alten Minnesängers Walter v. K. befördern zu helfen.

Heute habe ich einen brief von dem H. Hauptmann v. Besserer zu Ulm erhalten, der mich einladet, dem dortigen vereine, welcher die alten Lieder und Sagen Schwabens sammeln will, beizutretten. Die leute meinen; weil ich einen *Liedersaal* herausgebe, so könne ich die Lieder nur aus dem Ermel schütteln. Die zeit ist vorbei, wo man solche sammlungen machen konnte, unsere váter, zu deren zeit noch nicht alles verschollen war, hätten es noch gekonnt: aber die hatten anderes zu tun, und — de mortuis, non nisi bene!

Morgen ist mittwoche, vor zeiten erhielt ich an diesem tage besuch aus der Episcopalis cella — ach! vor zeiten, waren gute zeiten! — aber alles nimmt ein ende und somit

auch die besuche! Adieu, und viele grüße an weib und kind von
Irem
Laßbergius.

Dem hrn. Decan bitte ich, nebst meinem verbindichsten Dank die morgenblätter wieder zurückzustellen und In meinen bittlichsten wunsch wissen zu lassen: auch mit der andern hálfte des jargangs 1830 erfreut zu werden.

Noch eins soll ich Inen melden, näml: den binnen 11 tagen erfolgten hintritt des Karl Schónhut zu hohen Twiel an den folgen einer erkältung. R. I. P.!

E. am 1. märz 1831.

Lieber Herr und Nachbar!

Da mein Son Fridericus Ahenobarbus laut einem heute von jm erhaltenen schreiben, sich in soweit besser fület, daß er zu seiner zerstreuung wieder arbeiten kann; so verlangt er von mir die urkunden, die ich aus seinen archivalischen sendungen abgeschrieben habe, um sie auch für sich zu copiren; ich ersuche Sie daher mir diejenigen, welche Sie lezthin von hier mitgenommen haben, umgehend zu übermachen, damit ich sie mit merern andern übermorgen durch den Constanzer boten nach Sigmaringen verschiken kann. Sie wissen wol, den kranken muss man iren willen tun.

Sollten bei dieser gelegenheit einige morgenblätter mit spazieren können; so wäre dieses futter für Sonntag, welchen ich immer dem: dolce far niente, zu schenken pflege. Ludens gesch: habe ich mit großem vergnügen gelesen und verdanke Inen gerne diesen nicht allzutäglichen genuß. In den memoires du cardinal de Richelieu, Tome VIII. habe ich auch ein langes und breites über das von den Schweden bei belagerung von Constanz betrettene Schweizer gebiet funden, wobei der bekannte Kesselring öfters erwänt und bald colonel, bald sergent major genannt wird. der artikel gehet von Seite 263 bis S. 269.

Der märz stellt sich bei uns mit sturm- und schneegestöber ein; ist er ein vorbote der heute abend ankommenden constituzion? — gestern hatten wir in userm muldenförmigen tale eine totale überschwemmung, heute ist die schüssel wieder leer und aller schnee weg, et veterem in limo ranae cecinere querelam! — das ist wol auch eher das schiksal mancher konstituzion gewesen. was haben wir nicht schon alles erlebt, und was werden wir noch erleben? indessen — tempora labuntur, tacitisque senescimus annis!

Ich komme mir mit meinen sentenzen vor, wie der erliche Sancho Pansa mit seinen sprichwörtern.

Viele grüße an die Irigen von Irem ergebensten
J.Laßberg.
(Das halbe Blat ist abgeschnitten.)

E. am 15. märz 1831.
Reverende in Christo!

Der allzeit fertige briefsteller, H. Schönhut bischof in partibus infidelium zu hohen Twiel, beerte mich auch lezten samstag wieder mit einem einschlusse an Sie, mein verertester nachbar! ich säume also nicht seine homelie Inen zu übermachen.

Unter dem namen Krist, ist der aus der hand des H. Prof: Graff zu Königsberg hervorgegangene alte Otfried v. Weissenburg endlich auch in der villa Epponis angelangt. das buch ist auf gutes weisses papier mit schönen fetten und schwarzen lettern gedrukt was für alte augen ser angenem ist: aber die einleitende vorrede ist mir nicht einleitend genug, und ich bedaure, daß Graff, der nun doch zu den besten editoren gehört, wie Beneke und Lachmann ein geschworner feind von großen vorreden zu sein scheint. wenn ich an die gelerten des XVII u. XVIII Iarhunderts denke, die immer, auch bei den dikbauchigsten vorreden, glaubten es dem lector benevolus noch nicht klar und verständlich genug gemacht zu haben; so kann ich nicht anders vermuten, als, es sei allgemein angenommen, daß die menschen in der neuesten zeit auch an intellectuellen facultäten um vieles reicher geworden seien, und auch die ungelerten schon alles verstehen; was die gelerten sagen. mir bleibt dabei blos übrig meinen armen verstand unter dem glauben gefangen zu geben.

Künftigen freitag, wenn es der Jupiter pluv: erlaubt, denke ich auf ein par tage nach Schafhausen zu faren, und neme mir die freiheit hier ein paar s. v. unterbeinkleider z. übermachen. frau Pupikofer hatte schon im vorigen sommer die freundschaftliche gefälligkeit mir anzubieten, bei einem guten strumpfwirker mir änliche machen zu lassen, und ich sende hier das muster dazu. fällt das erste par gut aus; so würde ich dann freilich merere bestellen. unter andern novis, ist auch des H pfarrer Gratianus [:nicht des Decretensammlers:] geschichte von Reutlingen angekommen, u. von d. grafen v. Achalm:

Sunt bona, sunt quaedam mediocria, sunt mala plura!
Quae legis hic, aliter non fit, Avite! liber.

Also schon zu martialis zeiten war es so? warum sollte es denn nicht so bleiben? Im morgenblat fand ich einen aufsaz über d. Nibelungenlied v. einem H. Dr hermes, der mir im anfang ganz wol gefiel, bald aber merkte ich, daß der mann nicht v. hermes trismegystos abstammt; es scheint jm nur um eine große anzal drukseiten z. tun zu sein.

kann ich Inen in Schafhausen etwas bestellen; so biete ich Inen meinen ganzen politischen einfluss dazu an. Soeben erhalte ich briefe von meinem sone, es gehet immer besser, und von meinem guten Uhland, dems auch gut gehet. Vale et ama

Laszbergium.

Eppish. am 23. August 1831.

Reverende in Christo!

Der gehenkte Herr Henking schreibt mir unterm 14. dieses aus Karlsruhe und schliesset mir den einschluss an Sie an; heute erhalte ich den brief und heute erhalten Sie den einschluß. aus H Henkings brief erfare ich nichts über den hergang der sache; sondern bloß, daß er irgendwo eine anstellung zu erhalten wünscht; wozu er glaubt meine dienste brauchen zu können; was aber der fall nicht sein wird, da ich H. Henking nicht genug kenne, um In empfelen zu können, und auch in der äussern welt keine bekanntschaften mer habe, welche jm núzen könnten. Ich enthalte mich alles urteils über Henkings geschichte; aber ich bin überzeugt, daß er den lezten schritt früher oder nimmer hätte tun sollen.

Inen muß jezt sein, wie mir vorzeiten den andern tag nach einem balle; ich hörte noch immer die musik in meinen oren wiederhallen und Sie werden das wieder- und nachtoenen der gestrigen Lieder noch immer nicht verwinden können.

Zu meinem Katharr hat sich heute morgen, wie angeblasen, ein gichtischer Schmerz in der achsel gesellt; ich bin also auch in jeder bewegung des kopfs schmerzlich gehemmt. Hol der teufel das krank sein! wenn es einen am arbeiten hindert! Noch eins! ich verneme daß dieses Jar keine Alpenrosen erscheinen: H Follen ist jezt ein reicher mann geworden, und wird wol die Leyer an die wand hängen. H Braun schreibt mir aus München daß er am 20. über Bozen, Verona, Venedig, Bologna, Florenz, Pisa, Livorno, Genua, Mayland die westl. Schweiz nach Eppishausen reise. In einem alten Schlosse bei Botzen hat man eine menge alte wandgemälde entdeckt, welche aus dem Liede der Nibelungen, Heldenbuch &c: szenen darstellen, und in Irer art ser schön sein sollen.

Diese will er nun vorzüglich besuchen und untersuchen. Si quid novisti rectius istis, affer; si non, his utere mecum.

Vale et fave Laszbergio.

E am 17 Hornung 1832.

als ich heute in meinem nebenzimmer nach den im vorigen herbste verraumten analectis Fischingensibus suchte, fand ich statt derselben, einen schon am St. Silvester tage ein-

gepakten und für Sie pro ströna bestimmten kupferstich; den
ich auch wirklich abgesandt glaubte. So gehet es den alten
und vergesslichen leuten! mit denen man am ende am besten
tun würde, sie wie unsere heidnischen vorfaren, hinunter
zu schaufeln, damit sie keine dumme streiche mer machen
können.

Nemen Sie mein lieber nachbar! die kleine gabe
auch jezt noch an, als wenn sie zu rechter zeit gekommen
wäre und wenn Sie das Bild in Irer stube aufhängen
und manchmal ansehen; so denken Sie dabei auch ein oder
das andere mal an den alten einsiedler in der waldklause,
der Inen und den Irigen nicht nur am neuen jare, sondern
alle wochen und tage darin gutes wünscht.

Die Fischingischen excerpte habe ich noch nicht gefunden,
bin aber gewiss, daß sie nur untergeschoben und
nicht verloren sind: der gute H Zellweger würde doch in
seinem gegenwärtigen zustande keinen gebrauch davon machen
können, und in einigen tagen bin ich versichert sie wieder
aufzuspüren.

Über eine andere und neuere vergesslichkeit muß ich
mich vor Inen anklagen. H. Tobler in Frauenfeld sandte
mir 3 sogenannte hetrurische gefässe, welche zu Baiae bei
Neapel durch schweizer soldaten ausgegraben wurden, zum
ansehen. ich wollte sie nicht zurüksenden, one sie Inen gezeigt
zu haben; allein, Ir kurzer aufenthalt am mittwoche,
ließ mich nicht daran denken. ich sende sie Inen also jezt
zu, damit sie dieselben betrachten können, und bitte Sie nächste
woche, wenn Sie nach frauenfeld gehen, dieselben dem H.
Tobler wieder zuzustellen. der kopf auf der lampe schien
mir anfangs ein *Frosch* zu sein, weil ich das gefäß verkert
in die hand nam, ich hielt es für das zeichen des töpfers der
βάτραχος geheissen habe; allein da ich es umkerte, fand ich
einen Perseuskopf, den wol manche andere für einen Mercur,
was er nicht ist, halten werden. Das wäre so ein kleiner anfang;
oder besser beitrag zu einem künftigen Thurgauischen
Museum. adde parvum parvo, magnus acervus erit. Der artikel
in der Hallischen L. zeitung über Grimms rechts altertümer
hat mich nicht befriedigt; es ist doch mer inhalts anzeige,
als wirkliche recension. Ich sende Inen auch die 2 hefte
morgenblätter mit, und bitte mich bei H Decan zu entschuldigen,
daß ich sie so lange behalten habe.

Wenn Sie wieder von Frauenfeld zurükkommen; so hoffe
ich auf einen besuch von Inen und freue mich zu vernemen
was die väter des vaterlandes gutes machen. H H Anderwert
und Mörikofer bitte ich freundlich von mir zu grüssen.

Indessen Gott befolen! von

          Irem ergebensten
          J. Laßberg.

Erratum.
pag. 271 linea 21. lege Vogler statt Tobler.

E. am 31 März 1832.

Ich bitte mir zu vergeben, daß ich den Anzeiger nicht früher Inen zurüksandte; alte leute sind vergesslich! ich kann nicht sagen, daß mich der Inhalt der ersten lieferung besonders erfreut hätte. mit dem bischof Pathurich von Frankfurt hat der herr Maßmann wieder einmal einen gewaltigen stolperian gemacht. überhaupt ist in diesem blatte noch alles viel zu steinern, bleiern, hölzern; es sollte als noch mer leben, farbe und darstellung darein kommen, und ich hoffe, es wird sich nach und nach auch noch geben. ich, der ich der unternemung 8 freibogen und 15 suscribenten verschaft habe, bin doch nicht so glüklich ein blat erhalten zu haben — dann klagen die buchhändler daß die unternemung. im fache der A. T. Literatur aus mangel an absaz eingehen müssen!!! —

könnten Sie mir lieber freund! das kleine bild, was Inen der herr von Imhof von Eppishausen gemacht hat, auf einen tag zuschiken! — ich möchte es gerne ansehen und danach gedachten Herrn auch um eines bitten, das ich nach Gotha senden sollte.

Viele grüße an alle die Irigen von dem alten

Josefus Eremita.

Seiner Hocherwürden
Dem Herrn Diacon Pupikofer,
     zu
       Bischofszelle.

E. am 21. August 1832.

Nemen Sie nicht übel mein lieber freund und nachbar? daß ich Sie bitte mir Salvandys buch über die Revolution von 1830 zurükzuschiken: es sind schon über 5 wochen verflossen, daß ich H Oberrichter Vogler solches versprochen habe, und er müsste am ende in mein worthalten einigen zweifel sezen.

Gestern war H<u>r</u> Joh: Casp. Zellweger bei mir; er reiset ins bad nach Baden, und von da nach 14 tagen nach Stuttgart, wo er die Schul und Armen Anstalten will kennen lernen, und sich um einen, inen an der kantonsschule zu Trogen abgängigen lerer bewerben.

Der brave mann siehet wieder ganz gesund aus; doch ist nicht zu verkennen, daß er gealtert hat. Seine ansichten über den gegenwärtigen zustand der Schweiz und ire warscheinliche zukunft, sind auch ganz wie die meinigen, d. i. nicht herz noch den mut erhebend.

Haben Sie meine bitte, für den *anzeiger* ein verzeichniß der thurgauischen burgen, gebrochen und ungebrochen, anzufertigen, in gefällige rüksicht gezogen, und darf ich mir schmeicheln die kleine arbeit bald für den H v. Aufsess in empfang nemen zu können?

H. Zellweger sagte mir, daß Aurelius-Cicero, seit einiger zeit gewaltig liberalisire, und viele im bisher aufrichtig ergebene leute anfangen an im irre zu werden!

omnia nunc fiunt quae posse negaham. et nihil est, de quo non sit habenda fides!

Gott befolen von Jrem ergebensten

Laszberg.

auch die Schultheissischen handschriften werde ich bald zurükgeben müssen.

Seiner Wolerwürden
Herrn Diacon Pupikofer
zu
Bischofszelle.

Eppishausen am 1. Januar 1836.

Prosit Neu Jar!

Da bekanntlich das castrum doloris, sonst auch ofen genannt, in dem hintern und respective obern speisezimmer, lange zuvor geheizt werden muß, ehe er eine warme stube macht; so geschiehet andurch im namen des frommen und loeblichen gynaecäums zu Eppishausen die geziemende anfrage: ob unsere liebe nachbarn, die Episcopicellenses morgen kommen werden, das fest des heiligen Berthold in unserm armen Klösterlein mit uns zu feiern? In erwartung erfreulicher antwort, hat meine frau bereits ein halb klaffter holz in den fornax werfen lassen, auf daß Sadrach, Mysach und Abdenago morgen lobsingend darinne herum spazieren können. In frölicher Erwartung die beiden häuser Scherb & Pupicofer morgen persönlich grüßen zu können.

Semper idem
Laßbergius.

Eppishausen am 12 Januar 1838.

Erst mit der gestrigen post, mein vererter freund und nachbar! erhielt ich eine antwort von H. Prof. Wakernagel, welche in beziehung auf das glossarium des Du Cange folgendes saget:

„Der Basler Du Cange ist iezt Eigentum vom verleger „meines Lesebuches; ich kann Ihnen, wenn Sie michs wollen „besorgen lassen ein Exemplar für 16 Schw: Fr: verschaffen, „ein anderer muß etwas mer zahlen."

Ich erwarte also nun Ire weiteren aufträge, um dies kleine geschäft zu besorgen. Mir scheint, da die gemeinüzige gesellschaft doch gesinnt ist Inen ein geschenk von mereren Louisd'or zu machen; so könnten dem Ducange noch ein par andere bücher beigefügt werden: z. B: das Scherzische Glossar für das mittelhochdeutsche, welches in Straßburg noch immer zu haben ist; oder einige scriptores? —

Bei liegendes paket wurde mir von Dr. Liebenau vor einigen tagen aus Luzern beigeschlossen; er sandte mir zugleich einen cod: chart: Sec: XV enthaltend den Schachzabel des Conrad von Ammenhusen, welchen er für sich von den Capuzinern zu Luzern erworben hat, und aus dem ich die in meiner handschrift befindliche lüke ergánzt habe; er ist auch sonst vorzüglicher als der meinige.

In dem ich für die rükgehenden Literaturblätter aus Berlin danke, bitte ich zugleich viele male um verzeihung, daß ich sie so lange behalten habe.

Der catalogus Msaptorum Eppishusanorum ist leider noch immer nicht beendigt; ich werde alle augenblike gestört und steke so voller briefschulden aus dem alten jare her, daß ich zu keiner arbeit kommen kann.

Wir sind gottlob! alle gesund und vergnügt und wünschten unsere lieben gäste vom Berthelis Tage bald wieder bei uns zu sehen. Leben Sie wol, von uns allen gegrüßet, und grüßen Sie auch von uns alle unsere freunde.

Ir

Jos: v Laszberg.

Eppishausen am 25 April 1838.

Hier mein vererter freund und nachbar! erhalten Sie *zuerst* den catalog der frau Hofrátin von Thaleppe zu Stockach, in welchem Sie viel schönes und gutes finden werden. laßen Sie sich durch die darinne befindlichen Randzeichen + & > nicht irre machen und wenn Sie etwas damit bezeichnetes wünschen sollten, sich nicht davon abhalten: nur muß ich bitten mir den catalog spátestens in 8 tagen wieder zurükzusenden, damit ich selben kann nach Stokach abgehen laßen. da die besizerin es mir überlaßen hat, die preise selbst zu bestimmen; so werde ich bei denselben die gewönl: Auctions Catalog-preise zu grunde legen.

Mit vielem danke für Sie lege ich noch die Ida von Tokenburg hier wieder bei, aber mit wenig dank gegen den Verfasser. was hat doch der närrische mann, mit zurükstoßung aller geschichte, für ein lácherliches unding aus dem schönen romantischen stoffe dieser sage gemacht, und wie oft verrát er die meister, nach welchen er die studien zu seinem bilde [:crassa et invita Minerva!:] gemacht hat, Gott beware künftig die vaterländische geschichte vor solchen überlieferungen, deren verfaßer man mit recht, wie jener italienische Abbate, und vielleicht mit mer recht: Traditore nennen könnte.

Nun lieber freund? soll ich es sagen? — es will mir vorkommen, als wenn unsere Bischofszeller freunde uns das scheiden dadurch erleichtern wollten, daß sie in den lezten zeiten uns immer sparsamer mit irem besuche erfreuen; aber es wird inen nicht gelingen! wie konnten wir, besonders ich, ie vergeßen, ie aufhören mich wieder danach zu senen, wie oft in einer so langen reihe von iaren, ir freundschaftlicher umgang mich erheitert hat, und zu wünschen, daß auch in der zukunft, der kleine arm des schwäbischen meeres inen nicht zu breit sein und Sie nicht abhalten möchte, die alten dankbaren freunde zuweilen durch Ire gegenwart zu erfreuen, ubi

> Aliquando dextrae conjungere dextram
> Fas erit & notas audire et reddere voces!

Damit gott befolen von Irem
> ergebensten freunde
> JvLaßberg.

Darf ich bitten H Praes. Scherb die Inlage samt meinem besten danke zustellen zu lassen?

Eppishausen am 1. May 1838.

Vererter freund und nachbar!

Ich danke Inen herzlich für den lieben freundlichen brief, den Sie mir durch Sonderegger gesendet haben; obschon ich weit entfernt bin zu glauben, daß Sie ie so tief in meiner schuld staken, als Sie darinne ausgesprochen haben; so tut es doch meinem alten, aber nichts weniger als veralteten herzen, ser wol; ich werde in aufbehalten in dem archive meines herzens, und wenn ich aus den fenstern des ehemaligen bischöfl. Archives zu Meersburg, wo als meiner bücherkammer, doch mein meister aufenthalt sein wird & hinüber schaue in den herrlichen garten der Pomona und des Vertumnus; so will ich denken und mir selbst sagen: da drüben, rechts am fuße des Tannenbergs, wonet doch noch ein mann, von dem ich gewiß weiß, daß er mir wol will und dann wird auch der gedanke meinem alten herzen wieder wol tun: ia ich wage es zu hoffen, daß Sie mer als einmal im laufe des iares über den hellespont faren und den alten einsiedler in der Dagoberts burg freundlich überraschen und mit der gewonten altväterischen hausmannskost vorlieb nemen werden.

> At mihi seu longum post tempus venerat hospes,
> Sive operum vacuo gratus conviva per imbrem
> Vicinus, bene erat, non piscibus urbe petistis,
> Sed pullo, atque hoedo &c — und dann: .
> Aliquando dextrae conjungere dextram
> Fas erit et notas audire ac reddere voces.

Sie sehen, ich kann noch immer, wie ein alter magister, das citiren nicht lassen. aber ohe! jam satis!

Ich lese heute in der Constanzer zeitung, daß am elften May die alte Maculatur des ehemaligen Provincial Archives im alten Schlosse zu Meersburg versteigert wird. wie wáre es wenn Sie am 10. frühe mit mir dahin gingen, um am nachmittage noch einsicht von dem vorhandenen zu nemen, und den folgenden tag selbst zu kauffen was Sie glauben brauchen zu kónnen. angeblich sollen es einige 30 Zentner sein, und ich glaube nicht, daß der Zentner über 20 bazen, vielleicht noch geringer zu stehen kommen wird. Sie würden dann am abend des 9. hierher kommen, damit wir den folgenden tag recht frühe aufbrechen kónnten. Ob ich aber Sie auch wieder nach hause begleiten kónnte? kann ich freilich nicht für gewiß versichern. Vielleicht würde freund Imhoff sich entschliessen die kleine reise bei dem schónen wetter mitzumachen, wenn Sie die güte haben wollten mit im davon zu sprechen.

Die bücher werde ich in Stokach bestens besorgen; wenn Sie aber ein par der aufgeschriebenen nicht erhalten sollten; so denken Sie nur, ich habe Sie als mir mangelnd, für mich behalten. z. B. *Wasers Jahrzeitenbuch* und vielleicht *Goldast Catholicon*. *Manessen Minnesänger* wird Inen warscheinl. Decan Eytenbenz zu Bietingen wegschnappen, welcher schon lange darauf gespannt hat. Daß Sie das sonst so allgemein brauchbare *Chronicon Gotwicense*, welches eigentlich keine Chronik; sondern eine geschäzte sammlung diplomatischer abhandlungen ist, welche als Prodromus zu dem nicht erschienenen Chronikon dienen sollten, nicht aufgeschrieben haben wundert mich.

Durch Wakernagel habe ich ser angeneme geschenke aus Berlin und Göttingen erhalten. Wilh. Grimm schikt mir sein Rolandslied mit den dazu gehörigen bildern aus dem cod. palat. Lachmann 2 in der academie der Wißenschaften vorgelesene abhandlungen, seine anmerkungen zum Nibelungenliede, und einen neuen Gregorius vf dem Steine, vor welchem freilich Greuth zurüktretten muß. Man kann nicht alles sein und machen! hätte ich gewusst, daß Lachmann Lust zur herausgabe habe; ich würde Greuth nicht dazu angetrieben haben; allein mir lag daran, daß das schönste Gedicht Hartmanns v. A. einmal herauskomme, und wäre es nicht herausgekommen; so würde Lachmann vielleicht noch lange damit gezaudert haben: so hängt im menschlichen leben so vieles vom zufall ab. Zugleich mit den Berliner und Göttinger büchern erhielt ich 2 schriften von Jacob Grimm und Dahlmann, worinne sie die geschichte irer Landesverweisung erzälen. beide konnten weder in Leibzig, noch in Stuttgart das imprimatur erhalten, wurden daher in Basel gedrukt. also ist die Schweizer freiheit doch noch zu etwas gut.

die eine schrift, lässt mich einen blik in meines so lieben freundes Jacob Gr. herze tun, welches tief betrübt zu sein scheint, und das tut mir ser leide; denn ein solcher mann

sollte über áussere begebenheiten in soweit erhaben bleiben,
dafs er den innern gleichmut darüber nicht verliert: auch
one haus und heimat, hat er am felde der wifsenschaften einen
reichen aker, und an seiner feder einen wakern pflug; aber
mit bekümmertem herzen ist nicht gut akern. Leben Sie wol
und geben Sie mir gute antwort wegen Meersburg; sonst
kaufe ich den ganzen plunder, dann müfsen Sie doch kommen
und auslesen; den überrest aber muß ich der Dea cloacina
opfern. Viele grüße von uns allen an die Irigen von Irem
J. Laßberg.

Eppishausen 18 Mai 1838.
Mein lieber Freund und Nachbar!

... Was mir schon lange im Kopf herumgieng und mir auch
nicht leicht auf dem Herzen lag, muß ich denn nun schriftlich
sagen, weil ich unterließ es Ihnen auf unsrer kleinen Reise an-
zuvertrauen. Sie werden über das Dalpische Werk die Ritterburgen der Schweiz eine Beschreibung von Eppishausen liefern
und nicht nur meine Person soll darinnen in einer biographi-
schen Scizze auftreten, sondern auch meine Handschriften in
einem vollständigen Verzeichniße. Sie wißen nicht, welch ein
homo inglorius ich bin und wie wenig das digito monstrari
von jeher mich angefochten hat, Sie glauben vielleicht nicht,
wie herzlich ich es Hrn Brokhaus Dank weiß, daß er nicht
wie er anfangs wollte meine Individualität in sein Conver-
sationslexikon aufgenommen hat, und doch ist es so, und so
wünsche ich nun auch, daß in Dalps Werke so wenig als
möglich über meine Wenigkeit gesagt werde. Ich höre ja nun
bald auf der Schweiz anzugehören. — Was die Handschriften
betrift, so habe ich schon oft mich gefragt: ob es auch so
ganz fadenredlich sei, den Leuten zu sagen: in Eppishausen
findet man diese und diese Handschriften, die dann wann sie
hinkommen hören müßen: ja sie waren einmal da, jetzt aber
muß du sie jenseits des Wassers suchen. Ich traue es Ihrem
eigenen Zartgefühl zu, daß Sie nicht gerne für irgend jemanden die Veranlassung zu einem solchen mezasritte werden
möchten. Was ist also zu thun? —

ich denke, den artikel Eppishausen blos historisch zu
bearbeiten und die neueste Zeit entweder ganz zu umgehen
oder blos zu sagen: es war einmal ein Mann da, der hieß so
und so und hatte gute Bücher u. Handschriften und andere
antiquitäten u. theilte sie gerne andern mit, jetzt aber wohnt
er auf der schwäbischen Erde und ist und bleibt da derselbe
der er durch 26 Jahre in dem schönen Thurgau war. Ich
weiß es daß ich in der Schweiz einige wenige Männer zurük-
lasse, deren freundschaftliches Wohlwollen mir auch über die
blauen Fluten des Bodensee's folgen wird, und dieses Bewahrt-
sein genügt meiner ganzen Ruhmbegierde. Also zum Schlusse!

Wenn Sie werthester Freund es verlangen, so muſs ich

das Handschriften Verzeichnifs allerdings vollenden, weil ich
es versprochen habe, wenn Sie mich aber dessen erlassen, so
werde ich es Inen herzlich danken.
Wir grüfsen Sie und die Ihrigen.   Lafsbergius.

Eppishausen am 2. Juni 1838.

Mit vielem danke für die freundliche enthebung meiner
eingangenen verbindlichkeit, sende ich Inen lieber freund und
Nachbar, die Eppishausen betreffende papiere zurük. Sie
haben mir damit einen stein vom herzen genommen; denn
nichts kommt mich so schwer an, als: ein versprechen unerfüllt zu lassen. Wir erwarten nächste mittwoche einen besuch,
der wol merere tage bleiben und meine ganze zeit in anspruch
nemen wird. Oberstlieutenant von Laßberg mit frau und nichte
kommt von Neuburg an der Donau aus Baiern, eigens um
meine und der meinigen bekanntschaft zu machen; da muß
ich denn auch dem so dringenden und drängenden geschäfte
des einpakens auf einige zeit entsagen.

Empfehlen Sie uns den Irigen, Scherbs und unserm guten
Imhof, freundlichst von uns allen gegrüßet und gott befolen,
von Irem

ergebensten   Jv. Laßberg

Seiner Wolerwürden
Herren Camerer und Diacon Pupicofer,

                        zu
samt einer kiste bücher   Bischofszelle
enthaltend.   (frei.)

Eppishausen, am 13 August 1838.

Hier mein hochgeschäzter Freund! kommen endlich die
bücher; welche ich gerne früher geschikt hätte, wenn nicht
die beinahe täglichen farten an das Seeufer die pferde ununterbrechlich in beschlag nämen: heute haben sie rasttag, also
schadet inen die kurze promenade in der abendküle nichts.

Ich komme mir vor, wie eine garnison welche aus einer
capitulirten vestung abzieht, ie näher der lezte tag rükt, ie
mer sträubt man sich; allein, es muß nun einmal sein und da
hilft, wie Hanswurst sagt, kein zittern für den frost! Einen
schönen, vielleicht den schönsten meiner plane für die zukunft,
hat vor kurzem der tod zerstört! mein guter Friz wollte noch
4 iare dienen und dann an einem der ufer des Bodensee's
ganz der wissenschaft leben. unsere vereinte büchersammlungen würden uns vielleicht zu gleichen arbeiten vereinigt
haben.

Cur, quos jungit amor, fatum disjungis iniquum?

Nun ist mir die alte Meersburg auch viel weniger wert;
denn der mit mir gearbeitet, der mich fortgesezt hätte, für

den ich gesammelt und gearbeitet hätte, ist nicht mer! möge
denn Inen mein freund! mit Irem Ernst ein fröhlicheres ge-
schik bewaret sein.

Leben Sie wol und grüßen Sie die Irigen, von
Irem
nun an leib und seele hinkenden
Jv. Laßberg.

Sehen Sie Scherbs und Imhoff, so bitte ich sie von uns
allen zu grüßen.

Meersburg am 3 September 1839.
Vererter Herr und Freund!

„er lügt wie ein bott!" ist bei uns Schwaben eine allgemeine sprüchwörtliche redensart: sollte sie wol unsern nachbarn im Thurgau ganz unbekannt sein? wir erwarten die
entbindung meiner lieben frau nicht vor Weihnachten; aber
Iren glükwunsch zu einem iungen sone nemen wir, lieber
freund! als ein glükbringendes Augurium an, da auch alle
übrigen warzeichen bei der gesegneten darauf deuten.

In Überlingen musste ich mich mit 14 statt 21 bädern
begnügen; weil mein schwager Werner Droste früher als wir
in erwarteten, ankam. nach einem aufenthalte von 14 tagen
verließ er uns am lezten mitfwoche wieder und ist nun wol
zu hause angelangt.

In Überlingen fand ich eine 10 fuß lange und 13 zoll
breite, auf beiden Seiten beschriebene pergamentrolle des XIII
iarh., welche die ältesten Sazungen dieser ehemaligen Reichs-
stadt enthält. ich nam sie mit hieher und hatte bereits den
achten teil derselben abgeschrieben, als mir aus einem schweizerischen kloster eine ganze schachtel voll 36 urkunden, meist
aus dem XIII. iarh. mit vielen herrlich erhaltenen siegeln, zu-
kam, die ich nur kurze zeit behalten darf und folglich mit
unterbrechung jeder andern arbeit, alle tage hindurch abschreiben muß. dies soll mich aber nicht verhindern auf den
17 diesen in Frauenfeld, wohin Sie mich citiren, einzufinden;
wenn ich nämlich gesund und die witterung zu solcher reise
günstig genug sein sollte, denn non sum qualis eram, bonae
sub regno Cynarae!

Mit vergnügen hatten Jenny und ich gelesen, daß Sie
alle glüklich und wol und mit irer kurzen reise zufrieden,
noch am nämlichen tage da Sie mich verliessen, wieder bei
iren Penaten angekommen sind: danken Sie in meinem namen
Iren lieben kindern für die gute meinung, welche Sie von den
alten Schwaben gewonnen haben: ich habe das mit warer
freude gehört; obschon man auch hier sagen kann: fuimus
Troës! —

Sagen Sie im Scherb'schen hause, nebst vielen grüßen
von uns, daß, wenn sie iren besuch aufsparen wollen, bis

Jenny aus den Wochen ist, wir dann keine hofnung hätten sie in diesem iare mer zu sehen und wir uns noch immer schmeicheln, daß sie den herbst nicht vorúber gehen lassen werden, one die schwäbischen trauben zu verkosten. ebendasselbe bitte ich auch unserm guten Imhof, mit nicht weniger herzlichen grúßen auszurichten! Gottlob! sind wir alle wol und gesund, abgerechnet die gewönlichen gefarlosen üblichkeiten, welche den zustand meiner lieben frau zu begleiten pflegen. wir alle grüßen Sie und die Irigen viele male, und hoffen, wenn Scherbs ie kommen sollten, daß es in gesellschaft Irer frau pfarrerin und kämerin geschehen werde. Nun kere ich wieder zu meinen urkunden. Leben Sie wol! gott befolen! von Irem

ergebensten
Joseph v. Laßberg.

Recht gerne möchte ich noch vor eintritt des winters 5—10 fäßer wetterkalk von Herren von Muralt beziehen, den betrag dafür würde ich im bei meinem mandatarius H. Kaménisch in Guggenbühl anweisen. der transport könnte über Utwil, Güttingen oder Bottigkofen geschehen. Sie würden mich verertester freund! durch besorgung dieser angelegenheit ungemein verbinden; aber es müßte noch binnen wenigen wochen zu stande kommen; später fürchte ich, möchte der aufguß nicht mer gehörig vertroknen.

Seiner Wolerwúrden
Herrn Capitels Camerer Pupikofer
zu
Bischofszelle.
Meersburg am 2 . . . . 1839.

Verertester Freund!

Ich kann den Verwalter Bopp nicht nach den gesegneten fluren des Thurgaus abgehen lassen, one im einen gruß an unsere dortigen freunde mit zu geben. Wir sind nun zwar alle wol: allein wir haben schwere und schmerzliche tage erlebt! unsere schönsten und liebsten hofnungen sind auf einmal zu scheitern gegangen. Am 20 octbrs wurde meine gute Jenny von einer zu frühzeitigen geburt entbunden, und drei tage darauf stellte sich ein so heftiger blutfluß ein, daß ich wirklich durch merere stunden für das geliebte haupt in den ängstlichsten sorgen stund. Gottlob! ging alles glüklich vorüber. Wir grüßen Sie und die Irigen und Dr. Scherb's und unsern lieben Imhof auf das herzlichste und wünschen Inen einen guten winter; der aber bei uns gar nicht eintretten will. Adieu, gott befolen! von Irem

J. v. Laßberg,

Auf der alten Meersburg am 5. August 1840.

Ire allseitige glükliche heimkunft nach der cella episcopalis, haben wir aus Irem schreiben, mein vererter freund! mit vergnúgen ersehen. ist es doch als ob Sie den Jupiter pluvius mit sich fortgenommen hátten; denn seitdem haben wir táglichen Sonnenschein. Wie freut es mich, daß Sie mir gelegenheit geben wollen, Inen etwas angenemes zu erweisen, indem Sie mir erlauben Inen den einzelnen band der Lectionen des Canisius zu übermachen, welcher den Monachus San Gallensis de gestis Caroli M. enthált: behalten Sie in als ein andenken Ires ser alten freundes auf der viel álteren Meersburg und seien Sie versichert, daß ich bei vorkommenden fállen, nicht ermangeln werde, auf Ire wúnsche in betref der übrigen in Irem schreiben genannten búcher, den bedacht zu nemen. Wir haben nun unsere westphálische reise auf den náchsten früling vertaget, da unsre heimreise schon in die zeit fallen wúrde, wo die tage kurz und die náchte lang zu werden anfangen, folglich die dauer der heimreise sich auf eine unangeneme weise verlángern würde; wir hoffen nun, daß meine Schwiegermutter und Schwägerin diesen herbst zu uns kommen, den winter über bleiben und im früling uns mit nach dem Pumpernikellande nemen werden. Sie können lieber freund! uns also diesen herbst wol noch besuchen und dabei versuchen, ob die schwäbischen oder die schweizerischen trauben süßer sind?

Vorgestern und gestern hatten wir H Prof. De Wette und frau aus Basel zum besuche; sie kamen aus Graubündten und giengen gestern noch nach Berlingen, wo sie bei dem dortigen pfarrer ein par tage zubringen wollen. Ich aber bin wieder an das auspaken meiner búcher kisten geraten und hoffe endlich in ein par wochen damit fertig zu werden: dann kommt das ordnen, was aber warscheinlich bei eintritte des winters wieder unterbrochen wird; indessen muß man immer etwas tun.

Grüßen Sie von uns freundlichst Ire Reisegefárten, und auch den, welchen wir so gerne unter Inen gesehen hátten, unsern guten und lieben Imhoff. Und nun gott befolen! von Irem

alten hinkenden freunde
J. v. Laßberg.

Seiner Wolerwürden
Herren Capitels Camerer Diacon Pupikofer
zu
per Constanz & Frauenfeld.   Bischofszelle.

Auf der alten Meersburg am 10. Septembr 1840.

Am 5. August sandte ich durch das ordináre Botenschif von hier zur Abgabe an den Bischofzeller.Boten in Constanz,

einen großen quartband: Canissii lectiones antiquae Tom: I.
da nun schon ein monat verflossen ist; so neme ich die freiheit Sie vererter freund zu fragen, ob Inen diese sendung
zugekommen; oder ob ich deshalb nachfrage bei der hiesigen
Botenanstalt machen soll. Wenn es nach unseren wünschen
gehet; so befinden Sie und die Irigen sich ganz wol und dasselbe kann ich Inen gottlob! auch von uns allen sagen. Seit
Irer anwesenheit war unsere alte burg nie von gásten leer und
seit ein paar wochen hat Westphalenland eine menge von
bekannten und verwandten, vettern und basen über uns ausgeschüttet; und noch haben wir die H. H. von Brenken vater
und son und Guido Haxthausen, nahe verwandte meiner
lieben Jenny, bei uns. Ende dieses monats erwarten wir
Mamma Droste und meine schwägerin Nette, in begleitung
meines Sones aus Mainz; wir werden also auch den winter
hindurch nicht allein sein. Leben Sie wol, samt den Scherbischen, aufs herzlichste gegrüßet von
            Irem
                    aufrichtigen freunde:
                    Joseph von Laßberg.

Auf der alten Meersburg am tage aller Selen 1843.
    Lieber freund!
    anbei folgt eine urkunde, deren inhalt wie ich glaube,
Sie interessiren möchte; besonders wegen der zeugen, von
welchen ich die von Bottenhusen, Ernsberge, Saeldenhofen,
Waltstaige, deren wonorten ich diesseits des Bodensee's vergeblich nachspürte und demnach auf der Schweizer seite vermuten muß. koennen Sie mir über einen oder andern dieser
namen auskunft geben, so verbinden Sie mich. Nach gemachtem gebrauche bitte ich die abschrift an Herrn Lyceumsdirector Lender nach Constanz zu senden. mir ist die urkunde
wegen der graven von Heiligenberg wichtig, da der in derselben handelnde gr. Berchtold der vorlezte seines geschlechtes
war, welches 1306 mit seinem ältesten sone Berchtold erlosch.
der ursprung dieses alten gravengeschlechtes das schon im
elften Jarh. die advocatie über das hochstift Constanz besaß,
liegt noch immer im dunkeln; mir ist warscheinlich, daß sie
ein zweig der alten Linzgauer graven gewesen sein müßen,
da diese Gaugravschaft, nach dem erlöschen der graven von
Buchhorn, in der ersten haelfte des XII. iarhunderts an sie
überging. meine urkunden abschriften wachsen nachgerade zu
einem beträchtlichen Volumen an, und der gedanke, sie nach und
nach in einzelnen bogen gedrukt erscheinen zu lassen, und sie so
meinen freunden mit zu teilen, beschaeftiget mich fortwaerend;
sed vitae summa brevis spem vetat inchoare longam.
    In einer urkunde bischof Heinrichs [:von Klingenberg:],
zu Constanz kommt als Datum: *der vnbehugte Sonntag*, vor:
vergebens suchte ich darüber auskunft in meinem diploma-

tischen aparate. *unbehugt* heisst: unbeschuzt, unbesorgt; denn aus hugen, huegen = in acht nemen, ist unser heutiges *hegen* entstanden; sollte wol dieser Sonntag eine historische Beziehung haben? und ein dem Bistume Constanz eigentümliches fest sein? die urkunde ist von 1303. si quid novisti rectius istis, affer!

Diesen herbst sind wir mit besuchen aus Wien, Prag, Carlsruhe, Heidelberg, Zürich, Stuttgart, und aus dem Norden Teutschlands überhauft worden, meistens prophetenjünger, wie meine schwiegermutter sie nennt, welche dem alten meister Sepp iren literarischen gruß brachten und in seinem büchersaale arbeiteten. binnen 24 stunden kamen Mone aus Carlsruhe, Archivar Baumgartner und Bibliothecar gr. von Karajan aus Wien, und der gute Schmeller aus München in der alten Meersburg an. Sie koennen denken mein vererter freund! daß bei solchem andrange mir gar keine zeit etwas für mich zu arbeiten gewaeret wurde. ich troeste mich nun damit, daß wenigstens der winter mir so viel muße bringen werde, um einige laengst begonnene arbeiten zu vollenden.

bei uns hat vor ein par tagen die weinlese angefangen; aber man weiß noch nicht, ob die trauben sich werden druken lassen, das heißt: ob sie irgend eine brühe geben werden; indessen hat man schon von rotem gewächse zu 12 fl. den Ohm verkauft. wol bekomms denen, die den sauren saft trinken müssen! —

Wir sind jezt zahlreicher als gewönlich bei tische. mein son ist aus Prag zu uns in urlaub gekommen, meine Schwiegermutter mit irer tochter Nette aus Westphalen, leztere bleiben über den winter bei uns.

Sonst ist alles wol und grüßet mit mir Sie und die Irigen auf das freundschaftlichste, wir bitten auch unsere grüße bei H. Dr. Scherbs und in Hauptwil auszurichten. Sehen Sie J. C. Zellweger, Rector Mœrikofer; so richten Sie auch da meine grüße aus. und hiemit gott befolen!

von   Irem
Jv.Laßberg.

BRIEFE PUPIKOFERS AN JVLASZBERG

JOHANN ADAM PUPIKOFER geb. 17. März 1797 zu Unter-Tuttweil bei Wengi im Turgau. Zu Frauenfeld besuchte er die Lateinschule, von 1813 an das Collegium Carolinum in Zürich; studierte fleißig Philosophie, besonders Kants Kritik der reinen Vernunft, Lockes Logik, legte genaue schriftliche Auszüge daraus an. Nach rümlich abgelegten Prüfungen im Philosophicum

u. Theologicum 1817 Ordination als Prediger. Vikar in Güttingen bei spärlichem Gehalte, aber auch erst 21 Jare zälend. 1821 besuchte von Laßberg P. der schon dem Geschichtsstudium des Turgaus sich zugewandt hatte, das erstemal von Eppishausen aus. 1821 sidelte P nach Bischofszell über und ward dort Diakon. 1837 zog v L. fort nach der alten Meersburg. Im Anfang der dreißiger Jahre war die Familie Haxthausen zum längern Besuch bei v L. Bald kamen sie wider u. P ward ins Vertrauen gezogen, als Jenni von Droste-Hülshoff (1834) seine Neigung gewann. Von 1839 an sah man sich nicht mer häufig. Zu Gustav Schwabs „Bodensee" liferten v L. u. P das meiste Material (Stuttg. 1837). Ps. Hauptwerk die Geschichte des Turgaus erschin 1828, 1832 in 2 Bänden und jezt in neuer verbeßerter Auflage. Gust. Schwabs Ritterburgen der Schweiz 1828—39 enthalten vile Beiträge Ps. a. 1862 gieng P. nach Frauenfeld als Statsarchivar. † 28. Juli 1882.

Hochwohlgeborner Herr!

Indem ich Ihnen Bodmers Ausgabe der Minnesänger mit vielem Danke zurücksende, kann ich mich nicht enthalten, Ihnen meinen herzlichen Dank für Ihre Gastfreundschaft nochmals auszudrücken.

Nauclers Chronik werde ich Ihnen, wenn sie für den Fußboten zu schwer sein sollte, mit erster günstiger Gelegenheit übermachen.

Für das thurgauische Neujahrsblatt, besonders rücksichtlich der Erzählung der Erbauung Bischofszells, bitte ich um Nachsicht. Ungelehrten Lesern dürfte manches noch zweifelhafte nicht als unzuverlässig dargeboten werden, und die Hindeutungen auf den damaligen Zustand des Volkes hätten vielleicht entweder ganz weggelassen oder mehr ausgeführt werden sollen. Ihre Belehrungen werden mir höchst willkommen sein, und ich bitte Sie angelegentlichst darum.

Schon zwei Male habe ich Sie wegen der Klingenbergischen Chronik zum Nachschlagen veranlaßt. Damit das nicht zum dritten Male und wieder vergeblich geschehe, bemerke ich Ihnen folgende Notiz in Tschudis Chronik. Tom. I. p. 104. a. „Anno Domini 1206 im Hornung haben die drei Waldstätte: Uri, Schwyz und Unterwalden sich 10 Jahre lang zusammen verbunden, als Herr Johannes von Klingenberg, Ritter, der Alte us dem Turgöw beschribt, der anno 1240 und darnach gelebt hat, wie das bezügt sin Urenkel, auch Herr Johannes von Klingenberg Ritter genannt, der zu Näfels in Glarus umkam, auch er und sin Sun, Johannes genannt, Irer Ziten Geschichten beschriben habend." In Hallers kritischem Verzeichnisse aller Schriften, welche die Schweiz betreffen (seine

Bibliothek der Schweizergeschichte besitze ich nicht) heißt es Bd. IV; p. 158 und 160, daß in J. Langhans: Von Auf- und Abgang der Herzogen von Zähringen, ein Stück der Klingenbergischen, 1388 geschriebenen Chronik vorkomme. Wo nun wohl diese Chronik sich befinden möge? Von der Chronik Heinrichs von Klingenberg scheint sie bestimmt verschieden zu sein.

Genehmigen Sie, hochwohlgeborner, geehrtester Herr, die Versicherung wahrer Hochachtung und steter Dienstfertigkeit, mit der ich die Ehre habe zu sein

Ihr ergebenster

Bischofszell, den 20 Dec. 1824.   Pupikofer.

Hochwohlgeborner Herr!

Mit herzlichem Danke sende ich Ihnen hiermit Neugarti episc. Const. und Zapfii Monum. zurück; ich fand sehr viele Belehrung, besonders in dem erstern Werke, und möchte mit so vielen Freunden der alten Geschichte wünschen, daß auch der zweite Theil gedruckt würde. Von Zapfii Monum. bitte ich Sie um den zweiten Theil, sowie auch um das Chronicon Peterhusanum.

Von alterthümlichen Neuigkeiten gelangt, wenn sie so entfernt sind, wenig in des Bischofs Celle. Doch hatte Herr Pfarrer Kirchhofer die Gefälligkeit, mir ein Heft seiner Auszüge mitzutheilen, worin manches werthvolle aus dem 14. und 15. Jahrhundert vorkommt. Die Reimchronik vom Appenzeller Krieg ist ihnen wahrscheinlich durch den Herausgeber bekannt geworden.

Indem ich Sie, hochwohlgeborner, verehrtester Herr! meiner ausgezeichneten Hochachtung versichere und Sie um Ihre fernere Gewogenheit bitte, habe ich die Ehre zu sein

Hochdero ergebenster

Bischofzell, den 24. Febr. 1825.   Diac. Pupikofer

Hochwohlgeborner, verehrtester Herr Freyherr!

Obschon ich Ihnen durch keine förmliche Beyleidsbezeugung meine herzliche Theilnahme an Ihrer Trauer über den Hinschied Ihres trefflichen, so allgemein hochgeschätzten Freundes des Staatsrathes von Ittner bewiesen habe, kann ich Sie dennoch versichern, daß auch mich jene Trauerbotschaft, und zwar um so mer geschmerzt hat, da ich den edlen Mann lezten Herbst wenigstens für einige Augenblicke zu sehen bei Ihnen das Vergnügen hatte, und aus Ihren eigenen Aeußerungen wußte, welch' großen Werth Sie auf die Freundschaft desselben setzen. Möge Sein Verlust Ihnen die Gegend um Konstanz nicht gleichgültig machen, und somit auch mich des Glücks berauben, in Ihnen einen Gönner und Beförderer meiner historischen Studien, und einen edelmüthigen Gastfreund zu verlieren! Die gütige Vorsehung möge Ihnen jenen Verlust durch ein anderes Gut wenigstens auch erträglicher machen!

Da ich voraussetzen darf, daß Sie die Fortsetzung des Raumerschen Werkes nicht ungerne lesen werden, wenn Sie nicht schon damit bekannt geworden sind, erlaube ich mir das Vergnügen, Ihnen hiermit den fünften Band zu übersenden. Den sechsten Band wünschte ich Ihnen bald selbst in Eppishausen zu überreichen. Zwar bin ich in die deutschen Alterthümer nicht so eingeweiht, daß ich ein kompetentes Urtheil über diesen Theil des Raumerschen Werkes ablegen könnte; aber das muß ich wenigstens gestehen, daß es meinen Erwartungen und Wünschen am wenigsten entsprochen hat. Ob vielleicht nicht mehr zu leisten war, mögen Sie beurtheilen.

Ganz auffallend war mir die endlich erfolgte Ankündigung der Herausgeber der Quellenschriftsteller der deutschen Geschichte und der Umstand, daß nun die St. Gallischen Schriftsteller schon in den ersten Band kommen, die Sammlung selbst nicht über die Jare 500 zurück gehen soll. Ich glaubte, Ihre Bearbeitung der Historia Waltharii werde die Reihe eröffnen.

Ein Herr Dalp aus Chur, Buchführer in einer Gießischen Buchandlung hat mich letzthin um Beiträge zur Herausgabe einer Beschreibung aller Ritterburgen der Schweiz aufgefordert, und er macht sich Hoffnung auf eine günstige Aufnahme dieses Werkes. Ich zweifle aber, daß der Absatz in der Schweiz groß sein werde; die Deutschen müßten sich mehr dafür interessiren, wenn der Erfolg Gewinn bringen sollte. Unterdessen verweigere ich dem Herausgeber meine Beiträge nicht, in der Hoffnung, durch Ihre Unterstützug einiges nicht unwichtiges aus dem Thurgau liefern zu können.

Letzthin war ich so frei, Sie um Mittheilung des Chron. Peterhusanum zu bitten, das in dem Prodromus Germani sacra stehen soll. Haben Sie dieses Werk gerade in Ihrer Bibliothek und ist es Ihnen entbehrlich, so wiederhole ich hiermit meine Bitte, indem ich die in Neugarti episcopatu Const. über die Kyburger angeführten Stellen nachzusehen wünschte.

Unter dem Titel von Rügers Chronik, wie derselbe im Verzeichniß angegeben war, kaufte ich unlängst eine Schaffhauser Chronik, in welcher Auszüge aus dem Archive des Klosters Allerheiligen vorkommen, die, wenn sie, was ich noch nicht vergleichen konnte, unbenutzt sind, manches Interesse gewähren möchten.

Genehmigen Sie, Hochwohlgeborner, hochverehrter Herr!

die Versicherung unveränderlicher Hochachtung und Ergebenheit von

Bischofzell, den 26. May 1825.   Ihrem Diac. Pupikofer,

Hochwohlgeborner Herr!

Schon zum dritten Male suchte ich Sie umsonst auf Ihrem Musensitze zu Eppishausen in den drei letzten Wochen auf; und immer umsonst, so daß ich nun fast die Hoffnung aufgeben muß, Sie vor Anbruch des Winters noch sehen zu können; denn rauh weht schon der Wind über die Berge her, nicht geeignet, Sie lange in Eppishausen zu fesseln. Ich nehme daher die Freiheit, Ihnen schriftlich mitzutheilen, was ich lieber mündlich gesagt hätte.

Allervorderst sage ich Ihnen herzlichen Dank für die gütige Mittheilung der Notitia imperii; ich habe das ganze Werk durchblättert, vieles gelesen, einiges excerpirt, und mich überzeugt, daß die Combination in diesem Werke noch vieles auffinden möchte, was der bloß das einzelne auffassende Blick so leicht übersieht.

Wenn ich mich recht erinnere, glaube ich einmal von Ihnen vernommen zu haben, daß Herr Uhland den Dichter Hartmann von Owe auf ähnliche Weise wie den Walter von der Vogelweide zum Gegenstand einer Abhandlung machen wolle, aber die Heimath desselben nicht kenne, und auf Reichenau rathe. Nun finde ich im Jahr 1610 einen Pfarrer zu Keßweil und 1611 zu Scherzingen des Geschlechts von Owe. Es möchte dieses eine Spur sein, dem Wohnsitze dieses Geschlechtes näher zu kommen, und ich werde nicht unterlassen, in Zürich über die Lebensverhältnisse jenes Mannes Nachfrage zu halten.

Je mehr ich Grimms deutsche Grammatik lese, desto weniger kann ich mich in seine Ansichten finden. Ich kann nicht recht begreifen, wie im Laufe der Zeiten die gothischen Vokale und Konsonanten in andere Töne übergegangen seien, und sich somit die Dialekte der verschiedenen Jahrhunderte auseinander entwickelt haben. Ich glaube bisher im Gegentheil, daß bald der baierisch, bald der schwäbische, bald der fränkische Dialekt sich in der Schriftsprache geltend gemacht, und über andere Dialekte erhoben habe, je nachdem in diesem oder jenem Lande mehr Liebe zur Literatur herrschte. So läßt sich ja in Bodmers Sammlung der Minnesänger bei gleichzeitigen Verfassern Verschiedenheit des Dialektes nachweisen, und in Bayern ertönen jetzt noch die gothischen Laute. Sollte ich in meiner Ansicht irren, so unterziehe ich mich gerne Ihrem hierin kompetenten Urtheile; möchte indess, weil mich die Sache interessirt, doch etwas weiter nachforschen, als ich bisher gethan, und zu diesem Ende hin die Denkmäler der altdeutschen Sprache bei meinen Forschungen über die Landesgeschichte, zum Gegenstand meiner Nebenstudien machen. Aus diesem Grunde bitte ich Sie um Mittheilung von Müllers Sammlung und des Gottfried von Strassburg Werke, oder um anderes, was noch förderlicher für meinen Zweck oder für Sie entbehrlicher ist. Wenn ich dieser Bitte noch diejenige um den dritten Band des Liedersaales und das Nibelungenlied Ihrer Ausgabe beifüge, so thue ich das nur in der Erwartung, dafs Sie mir den Preis derselben ansetzen; denn ich wüsste nicht, wie ich Sie auf andere Weise entschädigen könnte. Auch nehme ich Ihre Güte sonst so sehr in Anspruch, dass ich schon lange der Unbescheidenheit mich anzuklagen Ursache hätte.

Ein Recensent der Kirchenzeitung, die in Darmstadt herauskommt, hat die Predigten des Franciskaners Berthold ganz verlästert: Der Inhalt derselben sei werthlos, die Sprache abscheulich. Ich hätte wohl Lust etwas zu entgegnen, wenn ich denken könnte, dadurch etwas zu nützen, und vielleicht thue ich's dennoch. Uebrigens bin ich bei nochmaligem Durchlesen jener Predigten auf eine Stelle aufmerksam gemacht geworden, aus welcher sich das Zeitalter des Verfassers ziemlich genau bestimmen lässt. Er sagt p. 391 „Sie werden sich am Ende der Welt so untereinander schlagen, dass ihr Blut untereinander fliesst. Das hat nun angehoben, da der von Ungarn und der von Böheim stritten und der König von Frankreich, der auch einen grossen Streit jenseits des Meeres hat, und der Graf Peter von Savoyen, und Graf Rudolf von Habsburg und Graf Hermann von Heimberg und der Bischof von Würzberg und König Prinz mit deutschem Volke." Ob der letztere nicht selbst Konradin gewesen sein möchte?

Sollte ich Sie, Hochwohlgeborner, hochverehrter Herr, nicht mehr in diesem Herbste in Eppishausen zu sehen das Vergnügen haben, so wünsche ich Ihnen von Herzen einen recht angenehmen Winteraufenthalt und reiche Fundgruben für Ihre verdienstlichen Forschungen. Möge der Lenz Sie denn wieder mit den Schwalben herführen und Ihre Gewogenheit mir ferner Aufmunterung und Stärkung geben.

Genehmigen Sie die Versicherung, dass ich mit unbeschränkter Hochachtung und Freundschaftlichkeit verbleibe

Ihr ergebenster

Bischofzell, den 29. Weinmonat 1825.   Diac. Pupikofer.

BRIEFE PUPIKOFERS AN JVLASZBREG
(Fortsezung)

Hochwohlgeborner, verehrtester Herr!

Mit herzlichem Danke sende ich den ersten Band von Kopps Bildern und Schriften der Vorzeit an Sie zurück. Ich habe die Schrift mit Vergnügen gelesen und werde Sie mit Gelegenheit auch um Mittheilung der Fortsetzung bitten. Ebenso dankbar bin ich Ihnen für die Auszüge aus Öhms Chronik. Schon Tschudi erzählt vom Tode Graf Wezels von Bürglen ad. a. 1074 und auch Neugart episc. I. p. 412 bezieht sich darauf, ohne nähere Aufklärung zu geben, so daß allerdings die Umstände, welche Öhm angibt, wichtig sind. Aber der Continuator Hermanni berichtet ad. a. 1061, daß Burchardus und Wezilo Zollerani umgekommen seien im Kampfe gegen den Zähringer. Wäre hier nicht eine Verwechslung möglich?

Wie ich den Codex probat. von Herrgott durchgieng, fiel mir in charta 157 der Ort Chenzinga bei Riegel im Badischen auf. Ist vielleicht dies der Stammort derer von Kenzingen, die dem Inhalte der Charte zu Folge Vasallen der Habsburger gewesen sein müßten? Laut Ch. 510 scheint der Vogt Jacobus von Vrowenfeld mit dem Edeln von Wiesendangen verwandt gewesen zu sein. Die Edeln von Wiesendangen aber waren Dienstleute zu Kyburg. Das Wappen der Hofmeister zu Frauenfeld und der Edeln zu Wiesendangen ist bei Stumpf fast übereinstimmend.

Mit Myllers Sammlung altdeutscher Gedichte bin ich leider noch nicht zu Ende gekommen. Sollten Sie derselben bedürfen, so belieben Sie zu befehlen; wo nicht, so erlauben Sie mir dieselben noch einige Wochen zu behalten.

Im Anfange dieser Woche fand ich Sie noch nicht auf Ihrem Musensitze. Künftige Woche, bis zum Donnerstag, habe ich Geschäfte in Frauenfeld, und will Ihnen die verlangten Urkunden besorgen. Auf solche Weise muß ich noch lange Ihres belehrenden und angenehmen Umgangs entbehren.

Genehmigen Sie, Hochwohlgeborner, verehrtester Herr, die Versicherung dankbarer Hochachtung und Ergebenheit von

Ihrem

Bischofzell den 3. Dec. 1825.　　　　　Diac. Pupikofer.

Hochwohlgeborner, verehrtester Herr!

Mit herzlichem Danke sende ich Ihnen hier Myllers Sammlung von Minneliedern zurück. Ich muss nochmals um Verzeihung bitten, dieselben so lange behalten zu haben.

Dem Gallus Öhem habe ich gestern zwei Kopien von Arboner Urkunden beigelegt; dieselben sollten genau sein; selbst einige Nachläßigkeiten und Auslaßungen des Textes wollte ich nicht verbessern. — Die dritte wichtigere Urkunde von Marquart von Chemenat werde ich Ihnen nächstens gleichfalls zustellen.

Meinen Besuch bei Ihnen werde ich, wenn Sie es gütigst erlauben, künftigen Mittwoch oder Donnerstag wiederhohlen. Doch nein, am Mittwoch kan es nicht sein! Also am Donnerstag. Unterdessen habe ich die Ehre zu verharren Dero
ergebenster
Bischofzell, den 11. März 1826.   Diac. Pupikofer.

Hochwohlgeborner, verehrtester Herr und Gönner!

Schon die verflossene Woche hätte ich Ihnen gerne mit Herrn Oberamtmann einen Besuch abgestattet, und Ihnen einige Ihrer Bücher wieder zurückgestellt; allein die rheumatischen Schmerzen, die immer wie Cosaken, bald in den Zähnen, bald in den Ohren und in andern Theilen des Körpers herumstreifen, haben mich damals an der Erfüllung meines Wunsches gehindert, und haben immer noch so vielen Einfluß, daß ich mich aus Furcht vor einem Rückfall vielleicht mehr zu Hause halte, als gerade nöthig wäre.

Für Schilters Glossar, Eberts Ueberlieferungen, Vulcans Jornandes, Gräters Iduna bin ich Ihnen sehr dankbar. In der Enträthselung der Kaisersbacher Glockenschrift glaube ich wenigstens einen Schritt vorwärts gethan zu haben. Ich finde nähmlich deutlich die Buchstaben: populi ob.li... dum sonare... ceter u. bin versucht zu lesen: populi ob colligendum sonare... ceter. Die Phrase wäre freilich nicht sehr gut Latein. Die Figur... wäre als Abkürzung für col zu nehmen, daß ... dum gelesen werden müsse, zeigt das gothische Alphabet. Was vor ceter hergehe, darüber mag ich keine Muthmaßung aufstellen.

Darf ich Ihre Güte ferner in Anspruch nehmen, so möchte ich Sie um den Nachlaß Fredegars und Aimoins bitten und um Notkeri Balbuli vita Caroli M. Ich überarbeite soeben diese Periode der Thurgauer Geschichte, und möchte einige Citate nachsehen. Vielleicht macht es Ihnen Vergnügen die Reise des Oberstl. Fischer zu durchgehen, die ich deshalb beilege.

Ihr Neffe befindet sich bei Herrn Brunschwyler wohl. Jedoch hat Herr Brunschwyler, in der Erwartung, daß Sie bald selbst nach Bischofzell kommen, noch für keinen Religions- oder Musikunterricht gesorgt, wird Ihnen aber darüber Vorschläge machen.

Genehmigen Sie, Hochwohlgeborner, hochzuverehrender Herr und Gönner, die Versicherung meiner aufrichtigsten Hochachtung und Dankbarkeit, womit ich die Ehre habe
zu sein
Hochdero
Bischofzell den 12. Dec. 1826.   Ergebenster
Diac. Pupikofer.

Hochwohlgeborner, verehrtester Herr und Gönner!

Wie ich mich hinsetze, um das Bedürfniß mündlicher Unterhaltung mit Ihnen durch schriftliche Mittheilung in etwas zu ergänzen, kommt Ihr Bothe mit Ihren Aufträgen. Ich werde nicht ermangeln, dieselben auszurichten. Die Gelder nach Aarau werden morgen abgehen.

Schon die ganze Woche hatte ich von einem Tage zum andern meine Wanderung nach Eppishausen weiter hinausgeschoben. Die Witterung war auch oft gar zu kraus. Gestern Abend schien sich bessere Witterung einzustellen, und ich machte mich zur Reise bereit; da brechen heute Vormittag wieder die Flocken herunter, daß ich den Sturm des Berchtholdstages wieder zu sehen glaubte. Nun heitert es sich zwar wieder auf; allein es ist schon zu spät; morgen habe ich Amtsgeschäfte, Samstag Rüsttag. Aber am Montag hoffe ich durch nichts, Sie zu sehen, abgehalten zu werden.

Für die Bücher, die Sie hiermit zurück empfangen, sage ich meinen besten Dank. Den Lazius und Bucelin wünschte ich nur noch einige Tage zu behalten. Wenn Van der Meer in der Geschichte seines Gotteshauses nicht genauer und getreuer wäre als in dem Theile, wo er ein Bruchstück der römischen Geschichte behandelt, so wäre er sehr zu bedauern. Lazius wirft doch alles auch gar zu sehr unter einander!

Letzte Woche habe ich einige alte Urkunden aus dem Mersburger Archiv zu Frauenfeld copirt, nähmlich eine Urkunde Bischof Conrads vom Jahr 1222, worin bezeugt wird, daß Dietericus Criwaclinensis abbas durch seinen Bruder Heinrich quondam Azzonis filius canon. Constant quoddam praedium in langen Rikenbach schenkt; eine Urkunde von Eberhard und Arnold von Bürgeln, welche ihr Dorf Lippersweyl an St. Johann verkaufen 1284 praesentibus Omen et ... dicto de Eppenberc, Walther dicto Jöheler, Burch d. de hove, Cunr. d. de Bruggern, Cunr. d. Waekkerli etc. eine Urkunde Bischof Heinrichs von 1301 praesent. C. de Clingenberg. praepos., Alberto de Castello, Ulr. de Richental, Berth de Luzelonstetten sacerdotibus canonicis, Alberto de Clingenberg fratre nostro. Das bischöfliche Siegel hat unter den Füßen des Episcopus ein Zeichen, worin ich das Wappen der Clingenberger erkennen zu müssen glaubte. Von demselben Bischof ist eine Urkunde aus dem Jahre 1309, da er doch 1306 gestorben sein soll. Ich werde Ihnen die unvollkommene Abschrift der entsetzlich undeutlichen Urkunde mitbringen, um mir das Räthsel lösen zu lassen.

Könnten Sie mir in etwa acht Tagen das Klingenzellische Copialbuch zurück senden? Ich sollte dasselbe vor Ende dieses Monats wieder wegsenden.

Genehmigen Sie die Versicherung treuer Ergebenheit und Hochachtung von
                              Ihrem
                        Diacon Pupikofer.

Noch eine die Minnesänger betreffende Notiz fand ich in Busingers Geschichte von Unterwalden, Luzern 1827. p. 25: „die uralten Urbarien und Urkunden von Sarnen geben nachstehende Reihenfolge der an der Kirche Sarnen gestandenen Pfarrer: Rast Kilchherr um 1300; dann Pfarrer Marthy und noch fünf andere, endlich Bamberger Udalrich um 1379. Die neugewählten Pfarrer von Sarnen müssen dem Stift Beromünster vorgestellt werden. (p. 24.)

(Von Laßbergs Hand): Puppikofer ex episcopicella,
mense Januario anno 1827.

Hochwohlgeborner Herr und Gönner!

Daß Sie gestern in Bischofzell und in meiner Hütte waren, ohne daß ich das Vergnügen haben konnte, Sie zu sehen, trübte mein Vergnügen über die Nachricht von Ihrem Wohlbefinden. — Die gütige Mittheilung der hier zurückkommenden Kataloge verdanke ich Ihnen sehr; es wäre mir sehr angenehm, wenn Sie mit Ihren Bestellungen zugleich für mich den Neugart, Schilter und Haltaus kommen ließen. In der Schweiz bekommt man diese Sachen fast gar nicht. Auf andere Schriften, die ich wohl auch brauchen könnte, verzichte ich, da der Transport so ferne her geht. Mit der Bitte, Ihrer Gewogenheit mich ferner zu würdigen, bin ich

Hochdero

Ergebenster

Bischofzell, den 8. Jan. 1827.   Diac. Pupikofer.

(Von Laßbergs Hand mit Bleistift:)   Schilter 22
Neugart — 2 = 48
Haltaus — 11 = —
$\times$ 35 f. 48 x

Hochwohlgeborner Herr und Gönner!

Gestern hätte ich gerne Ihrer Fräulein Nichte einige Worte an Sie mitgegeben; allein so schlecht die Witterung war, scheint sie doch für die Leute gut genug gewesen zu sein, die mir lange Weile machen sollten.

Bei der Bezahlung der drei Contos, die Sie mir zu berichtigen auftrugen, zeigten sich 10 xr Ueberschuß, die ich beilege.

Herr Provisor Mörikofer schreibt, daß die Druckerpresse, die in Frauenfeld ausgeboten worden sei, eine Steindruckpresse sei; hingegen in der Schaffhauser Zeitung glaube er die Anzeige einer feilgebotenen Buchdruckerpresse gelesen zu haben. Ich besitze weder das Thurgauer noch das Schaffhauser Blatt, um nachsehen zu können; doch stand ich in derselben Meinung wie Sie.

Das Reisewerk des Herrn Schwab habe ich mit Vergnügen gelesen; doch glaube ich, dasselbe hätte noch belehrender gemacht werden können. Unter den Gedichten scheinen mir die beiden von Hohbach den Vorzug vor den meisten andern zu verdienen, obschon ich hierin mir kein Urtheil anmaße. Schade, daß in der Carte nicht alle Burgruinen angezeigt sind.

Von Aurbachers Volksbüchlein erwarte ich viel angenehmes und ich bin Ihnen für diese neue Bekanntschaft sehr dankbar. Mir ist unterdessen gar nichts neues oder altes eingegangen, als der Jahresbericht der Schweizerischen naturforschenden Gesellschaft, der wirklich sehr gehaltreich ist.

Im Anfange der künftigen Woche werde ich mir das Vergnügen machen, Sie zu besuchen. Unterdessen wünsche ich Ihrem Rheumatismus aufthauende Frühlingswitterung, damit er ein Vorbote für die baldige willkommene Abreise des Winters sei.

Bischofzell, den 23. Febr. 1827.

Diac. Pupikofer.

Noch darf ich nicht vergessen, Sie aufmerksam zu machen, daß in dem Wüstischen Katalog von Zürich unter Nr. 912 Murers Helvetia s., und Langs Abriß feilgeboten ist. Das erstere Werk ist auf f. 4; das letzere auf f. 1, 30 ß angesetzt. — Ist die Einsiedler Chronik auch etwas von Werth?

Mein Msc. von der Thurg. Geschichte übergebe ich Ihnen zur gütigen Beurtheilung. Es wird mich freuen, wenn Sie sich die Mühe geben wollen, dasselbe durchzugehen, und mir das fehlerhafte anzumerken.

Was ich in der Geschichte thun kann, ist ohnedieß, nur durch Ihre Gewogenheit aufgemuntert, zum Keime geworden und in Stengel und Laub aufgestiegen; durch Ihre fortgesetzte Pflege könnte wohl auch noch die Blüthe und Frucht hervortreiben.

In herzlicher Ergebenheit

der Obige.

Hochwohlgeborner, verehrtester Herr!

Indem ich Ihnen den Canisius sende, erlaube ich mir, einige Bemerkungen beizufügen, mit der Bitte, daß Sie Ihre Bemerkungen über diese Bemerkungen machen möchten.

Mir kömmt der monachus s. Galli de gestis Caroli M. so fabelhaft nicht vor, als man hat behaupten wollen. Allerdings sind manche unwahrscheinliche Begebenheiten erzählt, die sich durch die Sage und das Kloster so gestalten mochten; allein die Barschheit, mit welcher der König hier zu handeln gewohnt ist, geben mir ein besseres Bild von seinem Charakter, als z. B. das historische Gemälde von J. N. v. v. S.

F. II. P. III. In l. 1. § 35 (p. 70) kommt ein Liederdichter sehr übel weg. Ich möchte fragen, ob der

Gerardus in der praef. l. II (p. 71) derselbe
sei wie l. II. § 3.
l. II. § 11 ist der Hosentausch und Anfangs-§ 13
der Krezer; § 20 der Thurgauer Riese. Es
scheint mir fast, daß Walafridus Strabo T. II.
P. I. (p. 233) im Epigramm de Einharto Magno
denselben Riesen meine, nur verstehe ich die
zwei letzten Verse nicht recht:
Magnorum quis enim maiora receperat unquam
Quam radiare brevi nimium miramur homullo.

Unter den übrigen Gedichten des Walafridus fiel mir die „enumeratio abbatum Augiae" auf (p. 206. f.) und das epigramm ad Amicam p. 245. Letzteres wäre des Verfassers der Klostergeschichte oder Sigwards nicht unwürdig. Nur sind die drei letzten Verse nicht mehr recht gemüthlich. Ueberhaupt möchte ich den Walafrid ein wenig studieren; seine Dichtung gefällt mir besser als die des gelehrten Salomo III.

Ich rücke immer wie ein Krebs von hinten nach vorn, wie ich auch gelesen habe, und so komme ich zu der Stelle, mit der ich hätte anfangen sollen: T. I. p. 151. Der Graf Nibelungus mochte wohl ein gelehrter Mann gewesen sein: wenigstens kannte er die Begebenheiten der Burgunder und Hunnen. Da er die Collectio chronicorum hat fortsetzen lassen, darf man ihm doch so viel Dichtersinn zuschreiben, daß er die Sänger an seinem Hofe begünstigt habe. Ich wünsche sehr, den hier fehlenden Theil der Collectio bei Ruinart zu lesen.

Da im Appenzeller Monatsblatte in der Abhandlung von den Bären auch Ihrer gemalten Scheibe Erwähnung geschieht, so lege ich dasselbe bei. Wahrscheinlich ist Herr Zellweger der Verfasser.

Im Steinkopfischen Catalog ist wohl manches Werk, das mich freuen würde; aber ich muß meine schwachen Kräfte einstweilen auf die historischen Werke ausschließlich anwenden.

Künftigen Sonntag Abend wird hier ein Feuerwerk abgebrannt, das ungefähr 1½ Stunden dauern und artige Sachen zur Schau bringen soll; wenn Sie nicht selbst, so möchte doch Ihre Fräulein Nichte Vergnügen daran finden; mein Häuschen steht als freundliche Herberge offen.

Die Reise nach Weinfelden habe ich auf künftige Woche verschoben, um das Vergnügen zu haben, mit Ihnen zu reisen. Wenn es trocken wird, so können wir gar schön auf dem Wartbühl, wo der Herr Pfr. Bischof selbst Gastwirth ist, den Mittag zubringen. Doch am Montag ist es mir, am Donnerstag Ihnen nicht gelegen; ich schlage daher den Mittwoch oder Freitag vor und komme am Abend vorher zu Ihnen, oder am Morgen in der Frühe.

Meine Frau läßt Ihnen noch herzlich für den schönen Fastnachtskuchen danken.

Mit ausgezeichneter Hochachtung und Ergebenheit
Ihr

Bischofzell, den 1. März 1827.   Diac. Pupikofer.

Seiner Hochwohlgeboren dem Herrn Baron von Laßberg
zu Eppishausen.

Hochwohlgeborener Herr und Gönner!

Mit vielem Bedauern habe ich vernommen, daß Sie wieder einen Fieberanfall gehabt haben; doch ist es gut, daß derselbe so bald wieder nachgegeben hat; möge bald jede Spur davon verschwinden!

Ihre Bemerkungen über den Bären, den Ihnen das Monatsblatt hat aufbinden wollen, sind von der Art, daß sie ad populum male informatum et melius informandum gebracht werden sollten. Wollen Sie nicht einen kleinen Aufsatz für die Redaktion ausarbeiten, oder mir erlauben, derselben die berichtigenden Notizen mitzutheilen? Wer schweigt, hat Unrecht, nach dem Urtheile des Publicums. Wenn Herr Scheitlin übrigens den Aufsatz gemacht hat, so durfte *Er* Ihnen wohl den Namen eines berühmten Alterthumsforschers geben; es kommt viel darauf an, wer etwas sage. Auch würden wohl hunderte sich gerne Alterthumsforscher und berühmt nennen lassen, die lange nicht so viel als Sie für die Aufhellung des Alterthums gethan haben.

Mit vielem Danke sende ich Ihnen die 2 Bände des Bucelin. Ich bemerkte, daß Sie bei der Genealogie der Herren von Neuenburg hinzuschrieben die Thumben und die Burg desselben Namens am Untersee als ihr Stammhaus andeuteten. Nun finde ich bei Gerbert hist. Nigrae Silvae p. 198, daſs dieses Neuenburg 1280 dem Ulrich von Klingen gehörte. Die Burg Neuenburg in valle Rhenana verkaufte Hugo Thumb an die Herzoge von Österreich 1363. (Gerbert cod. epistol. Rudolphi 1. p. 75.) — Auch die Zeichnungen des Manefs. Codex stelle ich Ihnen dankbar zurück; wenn ich dieselben nur nicht zu lange behielt! Sollte sich der turnirende Walter von Klingen nicht wohl als Zugabe zur Thurgauer Geschichte schicklich finden? Ein Holzschnitt, zum grofs Oktav oder klein Quart verjüngt, müſste nicht sehr kostbar sein.

Gestern habe ich ein wenig Zahnschmerz aus der Filiale Hauptwyl heimgebracht; doch werde ich mich nur durch schlechte Witterung und Verschlimmerung des Übels abhalten lassen, Sie morgen oder übermorgen zu sehen. Die Weinfelder Reise will ich unterdessen verschieben.

Mit herzlicher Ergebenheit und Hochachtung
Ihr

Den 5. Mart. 27.   Diac. Pupikofer.

Hochwohlgeborner Herr und Gönner!

Gestern war ich schon im Begriffe, über den Berg zu steigen, um zu sehen, wie es zu Tusculum stehe, als der Wind ein Heer von Regenwolken daherführte, und mich daheim zu bleiben nöthigte. Sollte es die ganze Woche so anhalten, so wäre es mir angenehm, wenn Donnerstag Abend Ihr Wagen mich der Mühe, durch die Sümpfe des Waldes zu waten, überhöbe; doch hoffe ich unterdessen bessere Witterung.

Die Presse hat sich gefunden. Wie Sie aus der Beilage sehen, ist Herr Pfr. Liggenstorfer im Besitze derselben. Nach einer heute erhaltenen Mahnung wünscht er schnellen Entschluß, da Heldenagger in Basel dieselbe auch wünschen. Ich werde ihm morgen schreiben, daß er bis nächsten Sonntag einer bestimmten Antwort gewärtig sein könne.

Herrlibergers Topographie mögen Sie einige Wochen behalten; daß sie nicht besser conditionirt ist, habe nicht ich verursacht.

Für die vita Caroli meinen herzlichen Dank.

In den letzten Tagen las ich u. a. das Chron. Weingartense und Anonymi Weingartensis de principibus Gwelfis in Canisii lectionib. ad. a. 1601. T I. Ist der letztere nicht auch später noch herausgegeben worden? Ich glaube fast, es bei Ihnen gesehen zu haben und bitte Sie um die Mittheilung. Die Annales Steronis eben daselbst, sonst auch von Velser herausgegeben, sind artig, geben aber für unsere Gegenden wenig Ausbeute. Noch besser haben mir die Annales Eberhardi de inferiori Altaich zugesagt; man sieht es dem Verfasser überall an, daß er, wie er im kurzen Vorworte sagt, iuxta Hismenium sibimet ipsi canens geschrieben hat. Vom Papste Clemens, der den Conradinus so unglücklich machte, schreibt Stero ad. a. 1265: „Dominus Guido quondam miles uxoratus habens duas filias per uxorem postea factus episcopus Podiensis — eligitur in Romanum pontificem." Er scheint das Soldatenherz nicht ganz ausgezogen zu haben! Derselbe Stero berichtet, daß der Franziskaner Bertold 1250 durch seine Predigten berühmt worden sei und 1253 sich Mühe gegeben habe, den Herzog Otto von Bayern wenige Wochen vor seinem Tode zu mildern Gesinnungen gegen die Kirche zu bewegen.

Hinter Ihrem Buchenhain sind Sie vor dem Westwinde wohl beschützt; aber mein Häuschen bläst er ganz durch, und er spottet des quos volo! Wenn ich nicht ende, so bläset er mir auch noch die Gedanken durcheinander, und dies darf nicht geschehen, da ich morgen predigen muß.

Ganz der Ihrige

Den 13. März 1827. Diac. Pupikofer.

Hochwohlgeborner Herr und Gönner!

Wenn ein Wunsch post festum erlaubt ist, so wünsche

ich von Herzen, daß Ihr gestriges Namensfest unter recht günstigen auspiciis begonnen und Ihnen recht gute omina mitgebracht habe. Daß ich diesen Wunsch nicht persönlich Ihnen überbracht habe, werden Sie damit entschuldigen, daß ich in den gesellschaftlichen Formen nicht sehr eingeübt bin und überdieß gestern meine besten Wünsche nicht hätte aussprechen können, da der Samstag und der Sonntag mich ganz heiser machten.

Aber meine Nachlässigkeit, betreffend den Auftrag, Ihnen Siegellak zu besorgen, bitte ich sehr zu verzeihen. Als ich vorgestern den Bücherpack mit des Heß. monumentis öffnete, ersah ich erst Ihr Billet, in welchem Sie mir den Auftrag gaben. Gutes Siegellack in Bischofzell zu erhalten, ist nun freilich in diesen Zeiten schwer; seit der Kaufmann Ott sich aus dem Staube gemacht hat, bekam ich kein gutes Siegellack mehr von den hiesigen Kleinhändlern.

In fugam vacui sende ich Ihnen hier eine Portion von meinem kleinen Vorrathe. Leider ist auch dies nur mittelmäßig. Befehlen Sie aber, so will ich Ihnen recht gutes von Herrn Knöpfel in St. Gallen kommen lassen; bestimmen Sie aber auch die Farbe.

Ihre Fragen, die Buchdruckerpresse betreffend, habe ich an den Besitzer abgegeben, derselbe antwortet mir heute, wie Beilage zeigt.

Dr. Büsching hat nach den Buchhändler Anzeigen den „Armen Heinrich", wahrscheinlich verneudeutscht herausgegeben. Sonst weiß ich gar nichts neues. Der heilige Eppo ist überhaupt ein besserer Neuigkeits- und Alterthumsforscher als unser episcopus anonymus und seine Chorherren. Doch ja, noch das, daß Dr. Schläpfer von Trogen den Bären-Aufsatz verfaßt hat. Ich erwarte nun täglich, daß der heilige Ambrosius mir stummen Fisch zu predigen kommen wird, damit ich wieder singen könne; so lange das nicht geschieht, werde ich auch Eppishausen meiden.

Genehmigen Sie unterdessen die Versicherung meiner ausgezeichneten Hochachtung, womit ich zu sein

die Ehre habe

Ihr ergebenster

Bischofzell, den 20. Mart. 1827.

Diac. Pupikofer.

Hochwohlgeborner, geehrtester Herr und Gönner!

Letzten Dienstag war es mir, weil der Bote so spät kam, unmöglich, auf Ihre freundschaftliche Anfrage zu antworten; denn die Schulexamen nahmen mich gerade in Anspruch.

Mein Katarrh ist soweit geheilt, daß die Heiserkeit sich verloren hat; aber der Husten ist zurückgeblieben, und nachdem ich acht Tage lang auf die Heilkraft der Natur gewartet hatte, mußte ich endlich meine Zuflucht zur Kunst nehmen. Wann ich in Ihrer gastfreundlichen Villa wieder einkehren könne, weiß ich nicht, wohl auch der Arzt nicht. Die Zeit bringt Rosen, weiße und rothe, wie das Loos fällt, sagt einer Ihrer Korrespondenten. Sehr vielen Dank für Ihre litterarischen Mittheilungen! Die grammatischen Streitigkeiten haben mich sehr erlustigt. Aber sollten unsere Klingenberger nicht vom Maine her eingewandert sein? die Namen wenigstens finden sich bei den unsrigen auch: Heinrich, Albert, Walter; doch die Johannes entsprechen nicht. Das Chartarium Dertonense habe ich noch nicht durchgehen können; nur einen Crivellarius habe ich bei oberflächlichem Ueberblicke bemerkt; ich wollte lieber, es wäre ein Crivellinensis. Ich wurde übrigens dadurch erinnert, die Ihnen letzthin gezeigte Urkunde für Sie zu copiren und bitte Sie, sich gelegentlich an dieselbe zu erinnern, wenn Ihnen vom Dietrich abbas, oder Henricus sacerdos oder dessen Vater Azzo etwas vorkommen sollte. — Im Constanzer Catalog (den ich noch einige Tage behalten will) wird der erste Band von Kaspar Langs Grundriß angeboten; da das Zürch. Exemplar um das doppelte des Anschlags wegging, und meine Preise nicht zureichten, werden Sie wohl dieses Bruchstück nicht verschmähen, da der erste Band die Hauptsache enthält, der zweite hingegen für uns ohne Werth, mit lauter dogmatischen Disputationen angefüllt ist, die Hottinger zu widerlegen die Mühe genommen hat. Murers Helvetia s. stieg in Zürich über das Doppelte des Anschlags.

Die künftige Woche sollte ich den Canisius wieder zurücksenden; wollen Sie denselben länger behalten, so will ich in Zürich Anzeige machen, damit keine Mahnung komme.

Mit unveränderlicher Hochachtung und Ergebenheit

Ihr

Bischofzell, den 29. März 1827.

Diac. Pupikofer.

Hochwohlgeborner, verehrtester Herr und Gönner!

Ihre Theilnahme an meinem Befinden freut mich gar sehr; das einzige unangenehme dabei wäre nur, wenn Sie sich das Übel zu gefährlich vorstellten. Ich habe Ihnen vielleicht selbst dazu Anlaß gegeben, da ich, sobald ein Frühlings-Catarrh mich befällt, mich an eine vierteljährige Krankheit dieser Art im Jahr 1817 erinnere, und seit jener Zeit selbst bald in Schrecken gerathe, wenn mir etwas auf der Brust fehlt. Gegenwärtig bin ich beinahe ganz hergestellt, und nur die schlechte Witterung hindert mich, über den Berg zu steigen und die fürchterliche Charwoche, in welcher ich mehr Predigten halten muß, als Tage sind, und daher gar sehr vor einem Rückfall mich in Acht zu nehmen habe. Was Sie mir vom Predigen sagen, fühle ich wohl; allein was kann ich thun? Im Thurgau ist keine Stelle, wo ich mein Brot leichter finden könnte als hier; auf einer auch kleinen Landpfründe wäre der Dienst noch beschwerlicher.

Die Stelle vom crecinger werde ich Ihnen copiren; auch Schwab's Bodensee binden lassen.

Ich lege Ihnen das älteste Protokoll von Dießenhofen bei; findet sich auch wenig ausgezeichnetes darin, so ist doch ein kleiner Beitrag zur Erhellung des Dunkels nicht ohne Werth. Das Papier hat nicht durchgehends das Manufactur-Zeichen. Ueber das Alter geben die gegen das Ende eingeschriebenen Bürgerrechts-Verleihungen Auskunft.

In Ihren Bedenklichkeiten über den Verfasser der historia Caroli würde ich ganz einstimmen, wenn es sich nicht aus § 3 des zweiten Buches ergäbe, daß der Schreiber des Buches oft die eigensten Worte seines Gewährsmannes anführt und es dadurch den Schein erhält, als spräche er von sich selbst. Dort sagt er nämlich: In bello autem saxonico, cum per semetipsum aliquando fuisset occupatus quidam privati homines, quorum etiam nomina designarem, nisi notam arrogantiae devitarem etc. Ich glaube, hier spricht Adalbertus, aus dessen Mund der Mönch die Erzählungen aufschrieb.

Für Ihre Bemerkungen zum ersten Abschnitt der Thurgauischen Geschichte bin ich Ihnen sehr verpflichtet; den zweiten Abschnitt habe ich bald überarbeitet, und ich empfehle dieselben zum voraus Ihrer strengen Zucht.

Indem ich mich und die Meinigen Ihrem Wohlwollen bestens empfehle und mit Ihnen sehnlich dem Frühling entgegensehe, habe ich die Ehre zu sein

Ihr

Bischofzell, den 3 April 1827.   Ergebenster

Diac. Pupikofer.

Hochwohlgeborner, verehrtester Herr!

So geht es, wenn man der Wahrheit nicht ganz treu bleibt! Ich übergab Schwabs Bodensee dem Buchbinder, als wenn das Buch mein wäre, mit allen von Ihnen bemerkten Vorschriften. Wie ich aber gestern Mittag wissen will, wie es damit stehe, sagt mir Mstr. Gonzenbach, er habe das Buch nicht planiert, in der Voraussetzung, daß mir so viel daran nicht liegen werde, da ich schon Bücher hätte durchschießen lassen, ohne daß sie hätten planiert werden müssen, nun könne er es nicht mehr planieren, da es bereits geschnitten sei und überdies wenigstens 2—3 Tage zum Trocknen erfordern würde. Nun ist der Fehler gemacht; wie er gebessert werden könne, weiß ich nicht. Was der Einband koste, hat mir der Buchbinder nicht anzeigen lassen, und selbst gesehen habe ich ihn heute nicht.

Die eintretende milde Witterung hätte mich nach Eppishausen verlockt, wenn ich nicht noch medicinieren müßte. Doch geht es jetzt zum Schlusse, und ich hoffe, diese Woche ganz hergestellt zu endigen. Sie hier zu sehen, wäre mir sehr erfreulich. Zu Ihnen könnte ich künftige Woche nur am Montag kommen oder am Freitag; doch ist der Freitag der himmlischen, nicht der profanen Minne geweiht, und Sie verreisen wohl nach Konstanz? Das Leucojum vernum hat bald verblüht.

Für die übersandte Urkunde vergaß ich Ihnen vorgestern in der Eile zu danken. Ich hatte mir dieselbe in meinen Excerpten aus Neugart ad. a. 844 (Nr. 306) angemerkt, aber nur flüchtig ausgezogen, und so ist mir die größere Vollständigkeit sehr willkommen.

Den § vom crecingarius habe ich ganz abgeschrieben, da die Wirkungen desselben so weitgreifend waren, als kaum je ein Trunk Wein; man sieht aber daraus die geniale Despotie des Herrn Carolus.

Ob ich die Erwiderung im Appenzeller Blatt recht abgefaßt habe und ob die Duplik besser sei als die Proposition und die Replik, muß ich Ihnen zur Beurtheilung überlassen. Ich halte übrigens den Streit für geendigt.

Ich fieng diese Woche den Ligurinus zu lesen an; aber Herr Dümgé hat, besonders in seiner Dedication, ein verdammtes Latein! In der Dissertation wird es etwas leichter, wenn nicht mein Gefühl von der Angewöhnung herkam. Ich bin sehr aufmerksam, ob ich in dem Dichter keine Beziehung auf die Chartas Dertonenses fände.

Genehmigen Sie die Versicherung unveränderlicher Hochachtung und Ergebenheit von
Ihrem
Bischofzell, den 5. April 1827.
Pupikofer.

Hochwohlgeborner geehrtester Herr!

Was der Bote damit gemeint habe, als er am Donnerstag in Ihrem Namen mich fragte, ob ich am Freitag bei Hause sei, ist mir ganz unerklärlich, da meine Hoffnung, Sie gestern hier zu sehen, unerfüllt geblieben ist. Sonst hätte ich mir vorgenommen, Freitag Nachmittags Ihnen meine Aufwartung zu machen und Ihnen zu sagen, daß ich durch das Regenwetter verhindert wurde, am Dienstag von Wengi nach der Karthause Ittingen zu wandern, und Mittwochs wieder zu Hause anlangte, ohne etwas erbeutet zu haben. Künftigen Montag verreise ich wieder, um in Wengi die Ehe meines Bruders am Dienstag einzusegnen, und bei dieser Gelegenheit noch einen Versuch zu machen, ob ich nicht endlich einmal durch die Clausuram virginum Cisterciensis ordinis Claustralium in Tänikon eindringen könne; denn ich hörte, daß der Abt von Wettingen am 1. May daselbst zur Einweihung der neuen Äbtissin und zweier neuer Nonnen anlangen und sich einige Tage lang aufhalten und nach Gewohnheit die Clausur öffnen werde. Die Tage der Feierlichkeit selbst habe ich genau nicht erfahren können. Da Herr Landammann Anderwerth ohne Zweifel dem Feste beiwohnt, so könnte es Ihnen, im Einverständnisse mit demselben, noch viel weniger fehlen, in die verschlossenen Zimmer und Gänge zu gelangen und selbst gemahlte Scheiben zu kaufen, da mir der Glaser von Ettenhausen (dem ich Ihre Adresse gegeben habe) erzählt hat, daß er schon oft gemahlte Scheiben im Kloster als alte Waare weggenommen und nach Winterthur verkauft habe, und man hiemit im Kloster keinen sehr hohen Werth darauf legt.

Die Batzen-Chronik folgt hier auch wieder mit Dank zurück. Ich bitte sehr um Verzeihung, daß ich dieselbe so lange behielt. Den übrigen, von Ihnen geliehenen Büchern, für deren Benutzung ich Ihnen gleichfalls sehr verpflichtet bin, lege ich das neueste Heft der Helvetia bei.

Indem ich Ihrer fernern Gewogenheit mich und die Meinigen bestens empfehle, habe ich die Ehre, zu sein

Ihr

Ergebenster

Bischofzell, den 28. April oder   Diac. Pupikofer.
am Waltherstage 1827.

Hochwohlgeborner Herr und Gönner!

Es wollte mir gestern nicht gelingen, von Hause noch zu rechter Zeit wegzugehen und über den Hummelberg zu steigen, und so blieb denn auch Ihr Ulmer Catalog zurück. Damit indessen Ihre Bestellungen nicht zu sehr verspätet werden, sende ich denselben nun durch den Boten, und bitte Sie, Ihren Bestellungen noch die Nummern: 7294 Dasypod, 7869 Corpus iuris, 8935 Gebhardi, 8948 Gregorii beizufügen.

Wohl möchte ich noch manches wünschen; aber man muß sich mäßigen. Ueberdies vertröste ich mich immer auf Sie, daß Sie ohnehin das beste für Sich anschaffen und dasselbe mir zu benutzen vergönnen.

Verzeihen Sie doch, daß ich Ihnen den Betrag für die Constanzer Bücher letzthin zu geben vergaß. Zu solchen Geschäften war ja gar keine Zeit. So viel ich mich erinnere, besteht Ihr Guthaben in f. 6. 16 xr, die ich hier beilege.

Im anniversario Sulgensi habe ich wohl einiges, aber nur weniges gefunden; u. a. auch Herren von St. Johann, Edelknechte Junio die Theobaldi episc. Der Eberhard von Mettlen ist kein adelicher, sondern ein bürgerlicher, da das Geschlecht Eberhard zu Mettlen und in der Umgegend noch häufig ist.

Das Anniversarium Hütlingense würde ich beifügen, wenn es nicht ein so großes Format und so schwere Deckel hätte, daß der Inhalt damit in gar keinem Verhältnisse steht. Ich habe alles herausgeschrieben, und übersende Ihnen somit meine Auszüge, in denen Sie gleichwohl einiges finden werden.

Was ich im Monumentum Guelficum gefunden habe, will ich Ihnen das nächste Mal sagen und dann zugleich das lange behaltene Buch, aus dem ich noch einiges ausschreiben möchte, zurückstellen. Ich bemerke nur, daß ich eine von Ihnen nicht angestrichene Stelle bemerkt habe, welche die Schenkung Ouingens an das Bisthum aus einer Mersburgischen Urkunde bezeugt.

Mit herzlicher Ergebenheit

Ihr

Bischofzell den 19. Mai 27.   Diac. Pupikofer.

Hochwohlgeborner Herr und Gönner!

Die paar Tage, die sie für Ihre Abwesenheit bestimmt hatten, sind zu Monaten geworden, und ich hatte bald eigentliches Heimweh zu Ihnen. Dennoch kann ich so schnell nicht kommen, als ich wünschte. Ein rheumatisches Uebel, das mir seit bald zwei Monaten im Körper, besonders in der linken Seite des Kopfes herumzieht, und wogegen ich jetzt Ptisane schlucke, hält mich bei Hause gefangen. An meinen gewöhnlichen Geschäften werde ich indessen nur periodisch gehindert.

Als Vorläufer meines auf den Anfang der künftigen Woche verschobenen Besuchs sende ich einige Ihrer Bücher voraus. Bevor ich wußte, daß Sie zu Hause seien, wollte ich dieselben nicht schicken, da ich mir die Möglichkeit dachte, unterdessen davon Gebrauch machen zu können. Maßmanns Aufsatz las ich recht gerne und danke Ihnen sehr dafür.

Vor einigen Tagen habe ich Lachmanns Ausgabe Walthers von der Vogelweide erhalten, einiges darin auch gelesen. Als Vorrath ist das Ding recht brav, aber die neue Recension des Textes und die Auswahl der Lesearten gefiel mir nicht ganz. Sie wissen wohl, wie wenig Gewicht mein Tadel hat; ich spreche meinen Zweifel blos aus, um Sie um Belehrung zu bitten.

Geijérs Urgeschichte von Schweden ist Ihnen vielleicht auf der Reise entgangen. Ich lese dieselben mit vielem Vergnügen und lege sie Ihnen bei. Der Andeutungen auf altdeutsche Dichtung mangelt es darin nicht.

Meine liebe Frau freut sich Ihrer Wiederkunft gar sehr. Wir beide empfehlen uns Ihrer ferneren Gewogenheit.

Bischofzell den 4. August 1827.

Diac. Pupikofer.

Hochwohlgeborner Herr und Gönner!

Familien-Angelegenheiten rufen mich auf einige Tage in die Nähe der Sängerburg Wengi, und ich werde daher diese Woche Ihren Musentempel nicht besuchen können. Um mich gleichwohl bei Ihnen im Andenken zu erhalten, sende ich Ihnen beiliegend die frommen Lieder des Hofmeisters Fritz von Anwyl, die ich durch meinen Bruder von Herrn Antistes Falkeisen in Basel erhielt, und als Beitrag zum Comentar über Ihre gemalte Scheibe auch Ihnen mitzutheilen mir das Vergnügen mache. Wenn ich wieder zu Ihnen komme, will ich mir auch die Frau Hofmeisterin ein wenig fixiren; denn aus dem Lied auf die Königin von Ungarn scheint sich ein großer Respekt für die Frauenzimmer zu verrathen, und diesen hat dem guten Manne wahrscheinlich die Frau Hofmeisterin eingeflößt. Hottinger erwähnt in der Fortsetzung der Müllerschen Schweizergeschichte des Hofmeisters p. 437 und 484. Note 66. Es scheint so ziemlich entschieden, daß diese Lieder nach des Verfassers Entscheidung für die Reformation gedichtet wurden.

Herr Rudolf ritter vnd Etzzel gebrüder von Ende frie herren verkaufen hainrichen vnd hugen den häven gebrüdern burgern ze Costenz — das gericht zu güttingen — um 180 Pfund Pfen. und verpflichtet sich die Einwilligung ihres Bruders Wilhelm zu diesem Kaufe auszuwirken. 1331. Samst. nach Valentin. Daß nun dieser Kauf geschehen, von Wilhelm von Ende dazu eingewilligt, und von der Mutter der genannten drei Verkäufer, Adelheit von Ennd, durch ihren Vogt Graf Eberh. von Nellenburg den Jungen, ihren Ohm, auf Güttingen verzichtet worden sei, bezeugt Bischof Nicolaus 1338. Samst. nach Valentin.

Unter dem Schemel des bischöflichen Stuhls sind rechts das bischöfliche, links das Kenzingische, Hofmeistersche oder Wisendangische Wappen:

(Schild mit Kreuz)   *(Schild mit zwei Hörnern)*

Diese Wappen sind auf dem Siegel noch etwas kleiner, als ich sie hier gezeichnet habe; aber deutlich genug erkannte ich, daß die beiden Hörner unten nicht vereinigt sind; auch stehen sie ganz so gerade auf. — In dem Loche auf dem Rücken des Siegels ist das Zeichen:

(Ein querligender aufwärtsgerichteter Flügel, darunter ein L.)

Jene Adelheit war die letzte des Stammes von Güttingen. Sie führt in einer andern Urkunde einen gerade getheilten Schild, rechts den Endischen Löwen halb, links die halbe Güttingische Rose. Wilhelm von Ennd war ihr Gemahl. Auffallend ist, daß die Schreibart End, Ennd, Enne und Enn in den Urkunden so vermischt gebraucht wird. Die Siegel haben Enn. — Ist aber der Ennsche Löwe nicht etwa der adoptirte

Klingensche? Sie erheuratheten Altenklingen wie Güttingen, und scheinen doch immer voll Schulden gewesen zu sein.

Den Lyrer habe ich mit Vergnügen gelesen, und ich stimme ganz zu den Ansichten Wegelins. Das Stadtbuch der Stadt Hervord scheint mir wirklich interessant. Allein ich habe jetzt nicht Muße genug, die Sprache zu entziffern. Für beide Mittheilungen danke ich Ihnen sehr.

Ihren Rheumatismus soll der Guguck holen, damit ich Sie beim brausenden Sauser bald recht fröhlich wieder sehe und Ihr Arm den vollen Humpen heben möge.

Ihr

Bischofzell den 17. Oct. 27.   Diac. Pupikofer.

Mein Lieber!

(vdHagen MS. 2,37)   Walter von der Vogelweide.

II. p. 1. b. talanc heute.
II. p. 5. a.
Noch hüte wird ein sturm von mir vernommen
Das der von Arbon (Narbon) gewaltiklicher nie gehielt
Do er der heiden vil verschriet als in die menge jach
Uf alischanz er genug der helme spielt.

Niemand kann mit Birken Kinderzucht bewirken
Wo die Thräne fließen mag, da bedarf es keinen Schlag.
Da bedarf es keinen Schlag, wo die Thräne fließen mag.
Niemand kann mit Birken Kinderzucht bewirken.

Hütet eure Zungen; das geziemt den Jungen,
Stoß den Riegel vor das Thor; laß kein böses Wort hervor,
Stoß den Riegel vor das Thor; das geziemt den Jungen.
Hütet eure Zungen.

Hütet eure Augen; daß sie etwas taugen.
Laßt das gute sie erspähen und das böse übersehen.
Und das böse übersehen. Daß sie etwas taugen.
Hütet eure Augen.

Hütet eure Ohren. Oder ihr seid Thoren.
Weilen böse Worte drinn, So entehrt das euren Sinn.
So entehrt das euren Sinn, Weilen böse Worte drinn.
Oder ihr seid Thoren. Hütet eure Ohren.

Hütet wohl die dreie. Leider allzufreie.
Zungen, Augen, Ohren sind schalkhaft oft und Ehrenblind.
Zungen, Augen, Ohren sind Leider allzufreie.
Hütet wohl die dreie.

Hochwohlgeborner Herr und Gönner!

Der zweite und dritte Band des thesaurus rerum Suevicarum sind mir nebst andern Schriften letzten Sonntag richtig zugekommen und ein Gruß vom gnädigen Herrn nnd von der gnädigen Frau ward mündlich durch den Boten ausgerichtet. Daraus sah ich, daß Sie den ritterlichen Frauendienst nicht nur lesen, sondern auch noch zu üben fortfahren, und ich wünschte, daß Ihre Besuchende noch lange bei Ihnen verweilen möge, da die Zerstreuung, welche sie Ihnen gewährt, wie ich letzthin bemerkte, auf Ihr Befinden sehr günstig einwirkt.

Den Tobelschen Nekrolog habe ich abgeschrieben und zwar beinahe ganz vollständig; doch konnte ich, wie Sie bemerken werden, den Charakter der Schrift nicht überall angeben. Es sind wirklich, wie Sie bemerkt haben, interessante Namen darunter; auch Eppo von Cecincon findet sich wieder.

Den Suterschen Catalog habe ich zwar noch nicht durchgesehen; doch soll er interessante Sachen enthalten, besonders im Fache der alten Litteratur und der Geschichte. Sollten Sie Schriften darin bemerkt finden, die mir vor andern aus förderlich sein könnten, so bitte ich Sie, mich darauf aufmerksam zu machen, da meine mangelhafte Litteraturkenntniß mich leicht das wichtigste übersehen läßt.

Sehr lieb wäre es mir, wenn Sie mir Hormayrs Tyrolische Beiträge, vorzüglich die von Müller l. 1. c. x. n. 68. und c. x. n. 41. citirten Stücke, senden würden. Der Druck ist leider schon über die ostgothische Geschichte hinaus in das siebente Jahrhundert der Thurgovia vorgerückt, und so kann ich von Agathias keinen Geb. auch mehr machen, als für die anzuhängenden Noten und Beweisstellen; indessen hat Stumpf denselben wohl benutzt und kaum etwas wichtiges ausgelassen.

Wo steht doch der von Notker herrührende Vers: Dura viris et dura fide, durissima gleba? v. Arx 1. p. 175 a) citirt Vadian; aber in welcher Schrift Vadians soll man suchen?

Mögen Sie, wenn Sie über das beschneite Thal hinüber nach Norden sehen, nicht vergessen, daß hinter dem Walde, den Gletschern der Alpen viel näher in enger Clause eingeschlossen gar oft an Sie denkt

Ihr

Bischofzell den 15. Nov. 1827. Pupikofer.

Hochwohlgeborner Herr und Gönner!

Die Witterung ist zu streng, als daß ich mit meinen halb kranken Zähnen an Eppishausen denken und durch den Schnee waten dürfte. Wie sehr mir dieß leid thut, können Sie am besten erwägen, da auch Sie wohl schon das unangenehme Gefühl empfunden, Ihre Gedanken über Lieblingsbeschäftigungen nicht mittheilen zu können.

Für einige früher gebundene Schriften und für die hier mitfolgenden fordert der Buchbinder 53 xr.

Das mitkommende Heft der Helvetia hat manche interessante Notiz, doch freilich mehr über die neuere Geschichte.

Der Waldmannsche Handel und seine Folgen liegt nun ziemlich offen da.

In der Hoffnung, daß Sie mir mein langes Ausbleiben nicht übel deuten, und Ihrem gütigen Andenken mich empfehlend bin ich
Ihr
Am Tage der Sängerin Cäcilie 27.   Diac. Pupikofer.

Hochwohlgeborner Herr und Gönner!

Mit herzlichem Danke sende ich Ihnen den T. II und III der rerum Suevicarum zurück. Ich habe denselben mit Vergnügen durchgeblättert, und großen Theils, besonders den 2. Band und den Anfang des dritten Bandes gelesen und dadurch manche dunkle Begriffe aufgestellt. Hertensteins Abhandlungen haben mich vorzüglich angezogen.

Es ist schon sehr lange, seit ich bei Ihnen war; allein kaum waren meine Rheumatismen ein wenig aus den Zähnen gewichen, so erkrankte meine gute Frau, so daß ich, nun noch überdies mit einem neuen Zögling belästigt, bis über die Ohren in Geschäften stecke und manchmal, bald von den Kindern, bald vom Amte, bald von der Schulmeisterei und Schriftstellerei, bald von allen zugleich in Anspruch genommen, nicht weiß, wo mir der Kopf steht. Indessen mit meiner Frau geht es wieder besser, und dann wird wohl alles erträglichere Gestalt bekommen. Es könnte sogar geschehen, daß ich diese Woche noch für einige Nachmittagsstunden zu Ihnen käme.

Die vom Buchbinder gefertigten Broschüren mit der Helvetia und der Abschrift der Tobelschen Anniversarien-Bruchstücke werden Sie doch empfangen haben? Dem Suterschen Catalog lasse ich einen andern folgen, in welchem einige interessante Stücke sind. Ein sehr geschätzter Zürcherscher Lehrer, Herr Chorherr Bremi, hat mir die Verbreitung dieses Catalogs sehr empfohlen, da der Wittwe des jüngst verstorbenen Besitzers der Bibliothek eine Wohlthat dadurch erwiesen werde.

Aber meiner Bitte um die Tyrolischen Beiträge Hormayrs haben Sie mir nicht entsprechen wollen, zu gerechter Strafe, daß ich Ihnen meine Aufwartung so lange nicht mehr mache? Daß ich nicht konnte, that mir sehr leid; daß Sie mich noch strafen, schmerzt mich doppelt. Tantacne in coelestibus irae! Doch Sie werden gedacht haben, so lange die halbe Schatzkammer Schwabens in meinen Händen sei, bedürfe ich der Tyrolischen kaum. Allerdings! Und jetzt kommen bald die natales Redemtoris nostri und die heiligen Genealogien werden mir die profanen Untersuchungen und Grübeleien schon aus dem Kopfe jagen. sic tempora labuntur.

Neues oder, was bei Ihnen gleichbedeutend ist, Altes habe ich durchaus nichts mehr aufgetrieben; desto mehr wahrscheinlich Sie. Indem ich mich neugierig nach Ihren Relationen sehne, verbleibe ich mit herzlicher Ergebenheit und Hochachtung

Ihr

Bischofzell den 11. Dec. 1827.

Diac. Pupikofer.

Mein Lieber!

Neues Gsangbüchle
von viel schönen Psalmen und geistlichen Liedern durch etliche Diener der Kilchen zu Costenz und anderstwo merklichen gemeret, gebessert und in geschickte Ordnung zusammen gestellt zu Übung und Bruch jrer auch andern Christlichen Kirchen.

Gedruckt zu Zürich bei Christoffel Froschauer.
Im Jahr MDXL.

p. 198. Ein christlich morgengsang.

F. J. V. A.

Ich resigier ufopfer Dir min her und got
all mine not die mir dieß tags zugegen ist. :,:
Forcht mich nit seer vor tüfels heer und sinem gschell
wält sünd und hell, dann Du allein min bschirmer bist.
Und nimmst mich an als din Vogtmann und eigen knecht
bhaltst mich by recht, das mir die sun erworben hat,
Doch genzlich an all min zuthan verdienst und lon
damit ich hat den fryen zug und ziehen mug.
da mir min herz und gmüt hinstet.

Gloub Göttlichs wort, sey mir ein port, diß tags yngang
und anfang, das ich im glouben vest mög bston :,:
Göttlich warheit und grechtigkeit sey min harnisch
das mich erfrisch vor fhurin pfylin des satan;
Bschüch meine füß, on all verdrieß mich dazu rüst
das ich erwach im frid das Evangelium.
Und blieb dabey, damit ich frey gewapnet sy'
wider des tüfels falsche trüg mich beschirmen mög
im glaub rechtfertig werd und frum.

Der helm des heils hofnung irs teils schwert Gottes leer.
sey mir ein gweer wid' des tüfels menschengsatz :,:
All min begir ich referier in Gottes hand
so mag niemand in keinen weg mir bieten trotz,
Was mich anficht, ist min flucht gricht zu Gottes huld
bekenn min schuld Vß brochnen und zerschlagnen gmüt
als unglück der wält falsche tück Gott mir zuschick
das soll min morgenopfer syn in solchem schyn
stell all min sach zu siner güt.

p. 222. Ein lied vff der Küngin von Ungern lied, vff deßelbigen art und melody.

Fr. J. V. A.

Göttlicher Nam sin lob und eer allzyt sich meer
im himmel vnd vff erden :,:
Vß edlem stamm ein küngin her christlicher leer
mit züchten vnd geberden.
Ihr guter gloub thut bwärte prob zeigt gut werk an
Dabei wills bston und nit abtrünig werden.

Durch mittel wäg Gott würken thut mit gnaden gut
sin wunder zu erzeigen. :,:
Langsam und träg gardt vff sin rut, sin zorn und wut
gottlosen zu gschweigen.
Volgt bald darnach hart stroff und rach ganz zorniglich
nit unbillich, denn all welt ist sin eigen.

Bethulia belägert ward ganz streng und hart
von Holofernes handen. :,:
Mit bitt und gschrey wiblicher art die vff Got harrt
das Volk ward bhüt vor schanden.
Allein durch bitt Wittfro Judith erlaßt sy Gott
Vß großer Not, glück zu in unsern landen.

p. 223. Ein ander Gsang in nächstgemeldeten melodyen
Psal. CXXV.

Fr. J. V. A.

Wol denen, die mit sorg und mü des Herren gheimniß bhüten:,:
Und suchend in mit Herz und sinn und wahrhaftigen gmüten.
Vnd sind nit träg all sine wäg on allen abstig zwandlen.
As trüwen knecht sin gricht und recht mit allen menschen
zhandlen.

Wol denen ist, die nit sind gmist mit menschen gsatz und
gbotten :,:
Ziehen sich von wöllen nit ston by den gottlosen rotten.
Wöllen allein sich machen gemein des Herren gbott zu halten.
Was sin will sey jn lassen frey in all iren sachen walten.

Wol ist dem man den Gott wil lan sin brot mit arbeit
gwünnen :,:
Und jm zuschybt von sinem lyb soll . . .

(hier ist ein Blatt ausgerissen.)

Hochwohlgeborner Herr und Gönner!

Wie gerne käme ich heute wieder zu Ihnen, um zu hören, was Sie in Irer französischen Alexandreis aufgefunden haben, und nochmals die gaukelhaften Zeichnungen derselben zu durchblättern: allein statt dieser Freude hält mich ein Rheumatismus so am Schmerze gefesselt, daß ich nur seufzen, und kaum noch in einzelnen Zwischenstunden etwas lesen und den

Geist erfrischen kann. Wenn das ora pro nobis in der Litanei nur auch unser einem Hülfe brächte!

Ich sende Ihnen hier Hormayrs Schriften mit Dank zurück. Ich habe darin gefunden, was Müller in den Tirolischen Beiträgen fand, nämlich die Stammtafeln der Rhätischen, Istrischen und Thurgauischen Grafen; auch die Herleitung der Herren von Müllinen oder Heceliscell. Im dritten Bande las ich den Abschnitt über die Meranischen Helden und ihre Verherrlichung im altdeutschen Gesange besonders gerne. In der zweiten Hälfte des dritten Bandes fand ich indessen manches für die Geschichte des deutschen Gesanges merkwürdige von Ihnen nicht angezeichnet z. B. p. 319 Wirnt von Gravenberg; p. 407 und 454 Heinrich von Sonnenberg als Vasall der gesangliebenden Meraner und vielleicht Vetter des Dichters; p. 397 die von Rotenburg in ähnlichen Verhältnissen; p. 440. ff. Heinrich und Albrecht und Berthold von Nifen; Soboto von Tanhausen; collat. p. 255 not.

Unser B. dictus Gast ist Zeuge, als 1266 die Brüder Friedrich und Wilhelm von Toggenburg, und Diethelm und Friedrich ihre Neffen, Söhne des Grafen Kraft (des Dichters?) dem H. von Heitnau, ihrem Vasallen gestatten, das Gut zu Allenwinden und im Haige, samt dem Hügel, worauf er eine Burg gebaut hatte, an die Comthurei Tobel zu verkaufen. Andere Zeugen sind Eppo de Cecinkou, C. de Schonowe, Diethelm de Windegge, Johanes de Deinberch, frater hiltebr. de Woenstein, Ulr. de Goldelinge. Der Gast ist der letzte. —

Wollen Sie die Güte haben, mir einige folgende Bände Hormayrs zu senden, so verrichten Sie meiner geängsteten Seele eine Wohlthat, die mehr erfrischt, als alle remedia hypocratica. In der Hoffnung daß Sie und ich von unsern Uebeln befreit bald wieder heiterer die Welt anschauen, bin ich

Ihr

Bischofzell, den 17. Jan. 1828.   mit Liebe Ergebener

Diac. Pupikofer.

Hochwohlgeborner Herr und Gönner!

Ihre gütige Erinnerung machte mir letzten Dienstag viele Freude. Ihr Billet war mir ein Beweis, daß Sie meiner wirklich nicht vergessen haben, wenn es mir auch manchmal vorkömmt, die ganze Welt habe mich vergessen, seit ich das Haus hüten muß.

Mein Befinden ist eigentlich so schlimm nicht; häufig wiederkehrende Rheumatismen im Kopf, besonders in den Backen machen mir zwar oft Schmerzen; daneben kann ich aber doch so passabel mit den Büchern Verkehr treiben. Nur die Kirche sagt mir gar nicht gut zu.

Von Hormayrs Archiv habe ich nun noch den ersten Band durchgegangen und das meiste gelesen. Ich setze voraus, daß Sie mir die folgenden Bände noch einige Wochen zu behalten erlauben. Gefällt Ihnen die Carte des Kantons Zürich, so will ich Sie gerne an Sie abtreten.

In der Hoffnung, daß ich Sie bald entweder hier oder in Eppishausen sehe, traue ich darauf, daß die Zeit Flügel hat, und wie sie das gute ausarten läßt, auch das Böse hebt oder mildert.

Mit unveränderlicher Hochachtung und Liebe
Ihr

Bischofzell den 7. Febr. 1828.   Diac. Pupikofer.

Hochwohlgeborner Herr und Gönner!

Ich hoffte immer, Ihnen diese Bücher selbst überbringen und dabei die Schlittbahn benutzen zu können; denn wenn ich mich recht in einen Schlitten einpacken könnte, glaubte ich für meine Rheumatismen nichts fürchten zu müssen. Jetzt aber ist kein Schnee mehr gefallen, und mein Übel ist, ohne einen solchen Exceß gemacht zu haben, obwohl in etwas schwächerem Grade zurückgekehrt. Ich bleibe daher zu Hause und thue mit erzwungener Freiwilligkeit darauf Verzicht, Sie heimzusuchen.

Und wie geht es Ihnen so in der Einsamkeit. Ich höre, die Frau Doctor sei verreiset, und Fräulein Elise noch in den Saturnalien begriffen; Sie also ganz verlassen!

In Hormayrs Archiv 1812 p. 449 scheint einige Aufklärung über eine Ottonische Münze zu sein, die ich vor etwa einem Jahre bei Ihnen zu sehen das Vergnügen hatte. Ich kann mich nicht erinnern, daß unter den vielen Schriften, die Sie darüber nachschlugen, diese gewesen sei.

Letzthin habe ich in den Copialien des hiesigen Archivs gefunden, daß um 1330 Edle von *Husen* hier verbürgert, und im Besitze eines Kornzehntens zu Sorendal waren, die früher Herrn Ulrich von *Mülinen* gehört hatte. Das Siegel zu sehen hatte ich noch nicht Gelegenheit, werde dieselbe aber nächstens zu bekommen suchen. Um dieselbe Zeit ist Hans Zingenbar einer der reichsten hiesigen Bürger. War Zinzibar und Zingenbar ursprünglich ein Ingwer- oder Spezereihändler oder ein nomen proprium? Das Geschlecht Frauenlob habe ich nur bei dem Stadtschreiber um 1450 gefunden; er scheint nicht einheimisch gewesen zu sein, wie denn überhaupt unsere Städtchen, Wyl, Dießenhofen, Bischofzell meistens fremde Stadtschreiber und Schulmeister hatten.

Wollen Sie mir gütigst mit Ihrer Gelegenheit wieder eine Fortsetzung der Hormayrschen Werke zusenden, so werden Sie mich erfreuen. Die Diutiska hatte ich fast vergessen; sie hatte sich unter meine Papiere verschoben. Den Manlius

nehme ich mit, wenn ich einmal zu Ihnen zu kommen das
Glück habe. Leben Sie wohl und bleiben Sie gewogen
                                   Ihrem
  den 19. Febr. 1828.   Diac. Pupikofer.

   Wenn mein angekündigter Besuch sich nicht bis heute
verspätet hätte, wollte ich zu Ihnen kommen: da ich nun dem
Triebe meines Herzens nicht folgen kann, so soll wenigstens
ein Papierstreifchen mich bei Ihnen in Erinnerung bringen.
Für Lambert, für die Frithiofsaga und für Herrad vielen Dank;
Ihr Merk ist immer noch bei mir; Sie werden ihn aber wohl
nicht gerade brauchen; ich möchte etwas ausschreiben. Ich
habe einige Seiten des codex probat. für die Thurgovia zu-
sammengeschrieben, und mich dabei entschlossen, auch die
Dießenhofer Urkunden, die ich Ihnen letzthin nicht als dazu
gehörig vorwies, dazu zu nehmen; es sind derselben zwar
nur drei, eine von 1251, eine andere von 1258 und eine von
1260; aber die letztere enthält ein Convolut von wieder vier
Urkunden, unter welchen diejenige von 1178 die Stiftungs-
urkunde von dem alten Grafen Hartmann, einen nicht unwich-
tigen Beitrag zu Hüllmann gibt. Vielleicht gebe ich auch
noch Auszüge aus dem alten Dießenhoferschen Stadtbuch,
damit die Litteratoren Gelegenheit bekommen, uns zu sagen,
wer der episcopus Cassalensis sei. Wollen Sie mir durch
Jean List wissen lassen, ob Sie im Anfange der künftigen
Woche noch zu Hause sind? Ich stehe immer in Sorgen, Sie
möchten einmal den Reißaus nehmen, ohne daß ich mich vorher bei Ihnen verabschiedet hätte, und es liegt in meiner
Sorge neben der Liebe zu Ihnen noch etwas Eigennutz; ich
möchte nämlich, damit ich bei Ihrer wahrscheinlich langen
Abwesenheit nicht hungern müsse, Ihre Bibliothek noch ein
wenig in Anspruch nehmen. Kennen Sie Bonstettens Briefe
an Matthisson? Ich las dieselben sehr gerne und lege sie bei.
Meine Frau und Kinder tragen mir Grüße an Sie auf. Bleiben
Sie gewogen
                                   Ihrem
  Bischofzell, den 30. Mai 1828.   Ergebensten
                                              Pupikofer.

   Mein verehrtester Herr und Gönner!
   Es thut mir doch sehr leid, daß Sie gestern (durch die
schlechte Witterung wahrscheinlich) verhindert wurden, hierher zu kommen, um die Reise nach Rapperswyl anzutreten.
Muß denn auch immer etwas dazwischen treten? Kein Hin-
derniß wäre von meiner Seite der Reise entgegen gewesen;
zum voraus war für den Sonntag vorgesehen. Jetzt freilich
ist mir die künftige Woche so günstig nicht mehr; und wenn
ich am 13. Juli über die Alpen reisen will, so kann ich die

Woche vorher auch nicht leicht von Hause weggehen. So scheint also das Plänchen scheitern zu wollen!

Mit vielem Danke sende ich Ihnen Wessenbergs Bilder und die Constanzer Chronik. Ein Exemplar der Thurg. Geschichte auf Schreibpapier zum Durchschießen liegt für Sie bei dem Buchbinder. Über den ganzen Vorrath, der bei mir liegt, disponiren Sie; denn Ihnen gehört ja der größere Theil des Inhalts. Wenn Sie nicht noch heute herkommen, so komme ich Morgen zu Ihnen, damit ich wenigstens so viele Stunden diese Woche bei Ihnen sei, als ich Tage mit Ihnen zuzubringen hoffte.

Bleiben Sie gewogen

Ihrem

Bischofzell den 19. Jun. 1828.   Pupikofer.

Verehrtester Herr und Gönner!

Der Buchbinder Gonzenbach sandte mir Ihr Exemplar von der Thurg. Geschichte, um es Ihnen zu übermachen, was ich hiemit thue. Ich lege die Fortsetzung meines codex probationum bei, nebst der Zürch. historischen Zeitschrift. Sie haben die letzte schöne Woche nicht zu einem Spaziergange nach Bischofzell benutzt; dafür regnet es nun wieder und selbst der Barometer vermag nichts dagegen. Wenn Sie Ihren versprochenen Besuch nicht noch diese Woche abstatten, sondern weiter, bis auf die künftige Woche verschieben, so geben Sie Acht, wenn Sie ungewaschen draus kommen: denn meine Frau gedenkt alsdann das Herbstwasser- und Reinigungsfest zu feiern. Wollen Sie uns in dem Andenken der Frau Doktor und der freundlichen Adelheid auffrischen, so werden Sie uns sehr erfreuen. Zwischen Ihnen und mir lasse ich es gerne, wie Sie sagen, beim Alten.

Ihr

den 15. Sept. 1828.   Pupikofer.

Mein verehrtester Herr und Gönner!

Ungemein erfreut haben Sie mich durch Ihr gehaltvolles Schreiben und die so interessante Beilage. Wenn ich nicht durch dringende Ursachen zurückgehalten worden wäre, hätte ich gerne den Berg, der zwischen Ihnen und mir liegt, übersprungen, um Sie zu fragen, wie Sie doch, ohne von Hause zu gehen, überallher so viel merkwürdiges sich verschaffen können. Ihrem Zauberpfeifchen stehen Winde und Seen zu Diensten, wenn es darauf ankommt, Ihre alterthümlichen Sammlungen zu bereichern; aber freilich wissen die Diener Alrunas wohl, daß Sie der Liebling Ihrer Meisterin sind.

Mit der Handschrift der Güttingischen Offnung, deren

Alter ziemlich annähernde Merkmale gibt, verglichen, scheint mir die Ermatingische Offnung in das Ende des vierzehnten Jahrhunderts zu gehören. Es ist zu bedauern, daß das lezte Blatt mangelt; denn wahrscheinlich standen darauf noch Allotria, die für die Geschichte nicht ohne Interesse wären. Gerne würde ich von Ihrer Erlaubniß, die Ermatingische Offnung in meinen codex probationum einzureihen, Gebrauch machen; wenn die Chronologie es noch gestatten würde. Ich könnte zwar auch noch einen Anhang machen; allein da ich noch einige Urkunden weggelassen habe, um den Raum zu schonen und andere in Weinfelden fand, so will ich lieber einen Nachtrag auf den zweiten Band aufsparen.

In Wasserburg habe ich keine unmittelbare Bekanntschaften; aber durch Herrn Forster in Nonnenhorn könnte ich vielleicht den Herrn Pfarrer bewegen, das Msc. zur Einsicht für einige Tage abzulassen. Wenn nicht die Abfassung des Thurg. Neujahrsblattes und die Vollendung der Thurg. Geschichte mich für die nächsten Wochen in Anspruch nähmen, könnte ich die Lust, selbst nach Wasserburg zu reisen, nicht unterdrücken. Wenn das Ende des Oct. gut ist, so kann es um so eher geschehen, da es so zu sagen, Pflicht für mich ist, Bregenz und Lindau einmal zu sehen. Noch bin ich ein Fremdling daselbst.

Wollen Sie nicht einen kleinen Spaziergang nach Wyl machen? Ein Herr Gühlinger bietet daselbst gegen 80000 Kupferstiche aus allen Zeitaltern und Schulen der Kunst und eine bedeutende Zahl alter Bücher feil; auch Gemälde will er veräußern. Ich habe die Sammlung noch nie gesehen, und muß sie also beaugenscheinigen, sobald es sein kann. Wenn ich am Montag bei der Rückkehr aus dem Pastoral-Congreß, der in Altnau abgehalten wird, bei Ihnen ankehre, so werde ich Sie fragen, ob Sie am Dienstag, Donnerstag oder Freitag nicht die Entdeckungsreise mitmachen wollen. Auch nach Weinfelden muß ich nochmals gehen, da ich wieder eine Spur von bisher verhaltenen Urkunden aufgefunden habe.

An Herrn Grafen von Müllinen wird Morgen ein Exemplar der Thurg. Geschichte abgehen. Ich hätte gewünscht, die bereits gedruckten Urkunden mitsenden zu können; allein ich kann das einzige Exemplar, das ich habe, nicht entbehren.

Herr Mörikofer hat mir den Entwurf seiner Beschreibung der Thurg. Burgen mitgetheilt, und ich soll ihm noch, vor der Ausarbeitung Noten dazu machen. Ich wünschte, er hätte jede Burggeschichte als ein ganzes dargestellt. Indem er alle Burggeschichten zusammen reiht, wird er zu historisch und so wollen die poetischen Momente nicht recht passen. Wollen nicht Sie Klingenberg bearbeiten? Der Stoff wäre sehr interessant, und durch Sie bearbeitet, müßte die Schilderung Klingenbergs ein Muster für die Mitarbeiter werden.

Ihnen und Ihren Luzerner Gästen empfehle ich meine

Frau und mich zu geneigtem Andenken; möge es mir gelingen, Sie bald wieder heimzusuchen! Die bei Ihnen verlebten Stunden sind für mich immer die genußvollsten. Wenn sich Gegenwart und Vergangenheit vereinen, so ist Freude ohne Furcht; Gegenwart und Zukunft im Bunde hingegen ist von Besorgniß unzertrennlich: Dies wohl der Grund, warum Geschichtsforscher gewöhnlich heiterer als die Propheten sind. -- Leben Sie wohl, wie es von Herzen wünscht

Ihr Ergebenster

Bischofzell, den 4. Oct. 1828.   Diac. Pupikofer.

Hochwohlgeborner, hochverehrtester Herr!

Diese ganze Woche hieß es: Du sollst dich nicht gelüsten lassen deines Nächsten Hauses —; denn die Wege waren so schlecht, daß eine so zarte Natur, wie ich bin, nie aus den Stadtmauern, geschweige denn in die villa Epponis zu gehen wagte. Daß Sie dessen ungeachtet an mich dachten, bewies mir letzten Donnerstag eine stumme Sendung von litterarischen Neuigkeiten, die mir sehr angenehm sind.

In den wieder in ihre Standquartiere zurückkehrenden 2. und 3. Bande von Anton fand ich zwar wenige neue Nachrichten, aber manches, was ich schon wußte, wurde dadurch geordnet. T. III auf Seite 439 und 440 kommt ein *C. von Trymberg* vor, etwa ein Verwandter des Dichters? Seite 313. Der Ausdruck *brigeln* kommt der baigle in der Ermatinger Offnung im Tone und in der Bedeutung nahe. S. 345 wäre für Herrn Zellweger in seiner Abhandlung über *Wun* und *Weid* wohl auch zu beachten gewesen.

An Hennes urkundlicher Darstellung der Schweizergeschichte werden Sie wenig Freude finden: im ganzen Buche ist ja keine Urkunde unmittelbar benutzt. Sollte man nicht einem solchen Archivar den Staubbesen geben?

Meine Frau läßt Ihnen für die Clauriaden sehr danken. Sie hat sich müde daran gelesen; ich auch, aber in einem andern Sinne.

Morgen hoffe ich endlich die Beilagen zur Thurgauischen Geschichte zu erhalten und Ihnen ein Exemplar für das verlorene senden zu können. Soll ich dasjenige an Herrn von Müllinen nicht mit einem Schreiben von Ihnen begleiten lassen? Wenn ich nicht übermorgen selbst zu Ihnen komme, so erwarte ich, was Sie an Herrn von Müllinen mitsenden wollen, bis Dienstags Morgen.

Ich habe diese Woche das Weinfeldensche Neujahrblatt ausgearbeitet und mich dabei selbst auf den Pegasus gewagt. Sagen Sie mir, ob der Versuch ein Mißgriff war und gestrichen werden soll.

Auf des langen Berges Rücken
Wohnte einst der Herren Pracht;
Gräben, Mauern, Thürme, Brücken,
Schild und Speer und Schwert und Schlacht
Schützte Ihrer Herrschaft Macht.

Und der Landmann, tief im Thale,
Sieht mit Graun zur Burg hinan;
Denn ihm droht aus hohem Saale,
Geht er nicht die Sklavenbahn,
Mit der Geißel der Castlan.

Feige in der morschen Hütte
Kennt er weder Pflicht noch Recht;
Ohne Einsicht, roh von Sitte,
Ist, an Leib und Seel geschwächt,
Er an Seel und Leib ein Knecht.

Jetzo liegt die Burg in Trümmern,
Und der Freiheit Feuer glühn;
Seht wie nun die Dörfer schimmern,
Seht wie Furcht und Trägheit fliehn,
Und die Fluren schöner blühn!

Daß ich auf beiden Seiten die Farben etwas zu stark auftrug, fühle ich wohl; aber die Dichterbrille färbt ja alle Gestalten etwas anders, als sie in der Natur sind.

Ihre Frau Doctor — ist sie noch immer krank? Ich bin nun schon zwei Male in Eppishausen gewesen, und habe sie nicht gesehen, das dritte Mal hoffe ich sie nun ganz gesund anzutreffen.

Wenn ich auf Morgen vorbereitet sein werde, nehme ich wieder ihre Bücher zur Hand, und so wird wenigstens in Gedanken Ihnen nahe sein

Ihr

Bischofzell, den 15. Nov. 1828.   Pupikofer.

Hochverehrtester Herr Baron!

Letzten Samstag wurde es mir nicht zu gute, zu den Ihnen übersandten Büchern auch nur ein Wort außer flüchtigen Notizen zu Grimm beifügen zu können. Ich hoffte, Sie bald zu sehen und Ihnen mündlich zu sagen, wie viel Freude die deutschen Rechts Alterthümer mir gemacht haben; allein ich wurde am Sonntage aufgefordert, für zwei Tage in häuslichen Angelegenheiten mich zu entfernen, und Morgen soll dieß nun geschehen; ich kann also am Freitag keine Schwabenknöpfle und Baierische Knödel mit Ihnen essen.

Letzten Montag war ich in St. Gallen, um seit drei Jahren zum ersten Male wieder der naturforschenden Gesellschaft, deren unwürdiges Mitglied ich bin, ein Zeichen meines Lebens zu geben. Ich habe aus der Vadianischen Bucherei

Schinzens Beiträge, die Sie einst zu sehen wünschten mitgenommen. Es scheint mir, es sei manches lesenswürdige darin; das aber, was Sie erwarteten, wohl nicht; denn dieser Schinz ist nicht der J. Heinrich, der über die Geschichte der Welfen, Toggenburger, Regensberger geforscht hat.

Ich weiß nicht, ist es mir im Traume oder im Wachen eingefallen, daß die Anelago, Andilag etc. worüber Grimm sich den Kopf zerstößt, nichts anders, als die investitura sei; wir sagen ja jetzt noch statt ankleiden nur anlegen; Ankleidung würde also bei uns Anlage heißen und dadurch gar wohl jene gerichtliche Formel bezeichnet werden können. Ich erinnere mich nicht, ob Grimm von der Investur besonders handle. Den Haltaus und Ducange habe ich leider nur einmal gesehen in meinem Leben.

Mörikofer wird Ihnen die deutsche Marschalken Urkunde nächstens senden.

Ihren freundlichen Hausgenossen, die bei der kalten Witterung ohne Zweifel alles Reisen vergessen, wünsche ich einen recht warmen Ofen, und Sie bitte ich um die Fortsetzung Ihrer gütigen Gesinnungen gegen

Ihren

Bischofzell, den 4. Dec. 1828. Pupikofer.

Mein verehrtester Herr und Nachbar!

Wie übel es doch Ihrem Schneehuhn ergangen ist! Wohl war in der Todesstunde desselben kein geringer Trost die Hoffnung, von einem sachverständigen Gaumen der Feinheit und Schmackhaftigkeit gerühmt zu werden und somit wenigstens einen Schatten des Nachruhms einzuernten. Wie schmeichelhaft mochte die Aussicht sein, in der Zelle des heiligen Eppo zum Opfer zu dienen, und von einem so hocherfahrenen, des edeln Weidwerks durch und durch kundigen Jäger gespeist zu werden! Nun kommt es einem Chorsänger in die Hände, der nichts anders als Erdäpfel und Kalbsbraten zu beurtheilen versteht, und alle Hoffnung auf eine auch nur augenblickliche Berühmtheit ist verschwunden! Was wird die gute Frau Doctorin dazu sagen? Unser einer denkt dabei an die Brosamen, die von des Reichen Tische fielen, und dankt gar schön.

Aber selbst im alten Jahre nochmals zu Ihnen zu kommen, will mir nicht gelingen; ich sollte die commentationes fatales des edeln Mannes Rütiner in einigen Tagen zurück gehen lassen, und bin kaum zur Hälfte damit fertig. Was er doch von der Frau des gelehrten Fritz Jakob von Anwyl schreibt! Tom. I. p. 31 heißt es:

Uxor Jacobi Fritz von Anwyl tum cum libros bibliopola adfert: „Supersunt aegrotanti podagra." vel immensum pretium dicit poscere, ne emat. Si vir sciret, contunderetur. Lieset man dieß nicht auch im Gesichte der herrischen Frau auf Ihrer gemalten Scheibe.

Herr Dekan Däniker wünscht Ihnen guten Empfang der Morgenblätter, die Sie mit Muße durchgehen können. Die frühern Jahrgänge hat er nicht mehr. Mit der Abfassung des Thurg. Neujahrstücks bitte ich, Nachsicht zu tragen. Das Schaffhausersche werden Sie wohl bereits bekommen haben: aber Herr Pfr. Kirchhofer lobt die Empfänglichkeit dafür nicht sehr.

Wir haben am Neujahrs-Abend auf dem Schlosse ein Abendessen, welchem Herr Oberamtmann und Herr Dekan Däniker mit Ihren Frauen beiwohnen werden; wir werden auch Punsch anfertigen und den jungen Leuten und den Laien Gelegenheit zum Tanz verschaffen. Wollen Sie nicht auch dabei sein? Am Tage des heil. Bertholdus, der im Kalender freilich nach dem unschuldigen Schäfer Abel den Ehrenplatz läßt, spreche ich um ein Süppchen in Eppishausen ein: da werden Sie doch wohl nicht ausweichen? Und nun Gott befohlen das alte Jahr! Das neue bringe Ihnen recht viele Antiquitäten ins Haus und nehme Ihnen keines der Güter, die Sie besitzen. Mir erhalte es Ihr freundliches Wohlwollen und das Vergnügen, recht oft bei Ihnen zu sein. Leben Sie wohl. wie es von Herzen wünscht

Ihr

Bischofzell, den 30. Dec. 1828.   Diac. Pupikofer.

Hochwohlgeborner Herr und Gönner!

Da ich einen Pack Bücher von Ihnen erwartete und dieser nicht angekommen ist, so bin ich etwas unruhig geworden; nicht etwa deswegen, weil ich der Bücher sehr bedürfte, sondern weil ich fürchte, Sie möchten von einem Rückfall betroffen und wieder krank geworden sein. Doch vielleicht sind Sie nach Heiligenberg verreist, durch Gäste gehindert oder über eine neue Entdeckung im alten Bardenhain so versessen, daß Sie des armen Diakonus an der Sitter ganz vergessen haben.

Daß ich weder so glücklich in Entdeckungen, noch so vergeßlich bin, sollen Ihnen mitkommende Schriften beweisen. Das alte Zürich hat, wie ich hoffe, auch für Sie manches bemerkenswerthe; die Helvetia und das St. Gallische Neujahrsblatt sind Fortsetzungen. Für den Gebrauch der Müllerschen Alterthümer bin ich Ihnen sehr dankbar; sie dienten mir zum Theil als Erläuterung zum alten Zürich. Sollte das Appenzellische Landbuch nicht auch Beiträge für Herrn Grimm enthalten?

Mit Grimms Alterthümern bin ich bald fertig; daß so viele mir unverständliche nordische Stellen angeführt und nicht übersetzt sind, verdrießt mich nicht selten.

Leben Sie wohl und gedenken Sie zuweilen
Ihres
Bischofzell, den 17. Jan. 1829. Pupikofer.

Mein hochverehrter Herr und Gönner!
Schon seit acht Tagen wartet die mitkommende Lieferung des Morgenblattes auf Gelegenheit nach Eppishausen befördert zu werden; ich hatte mit Herrn Oberamtmann verabredet, Ihnen einen gemeinschaftlichen Besuch zu machen. Aber wie es geht, wenn man mit grossen Herren sich einlässt, der Geschäfte, Hindernisse, Aufschiebe sind Tausende, und vor lauter Arbeit kommt man zu keiner Ausführung. Wie wir nun endlich Zeit hatten, das Vorhaben zu vollbringen, schüttet der Himmel so viel Schnee herunter, dass wir, wenn es noch länger so fortgeht, fürchten müssen, im eigentlichen Sinne begraben zu werden.

Mein langsamer Copist hat mir endlich zwei Offnungen, von Erchingen und von Wellhausen geliefert; zwei andere habe ich ihm wieder aufgetragen, nämlich diejenige von Büren und von dem Berggerichte. Sie mögen übrigens Herrn Grimm bemerken, daß alle St. Gallischen Offnungen, d. h. die der Alten Landschaft und der Thurgauisch St. Gallischen Gerichte Romanshorn, Keßwyl, Zihlschlacht, Blidegg, Roggwyl, Hagenwyl, Buhwyl, Wuppenau u. s. w. ganz übereinstimmend sind, und unter den Äbten Ulrich und Gebhard angenommen wurden. Ältere Offnungen könnten freilich noch in St. Gallen liegen; doch zweifle ich, daß ihrer viele seien. Die Grimmschen Alterthümer werden Sie wieder im Besitze haben. Verzeihen Sie, daß ich dieselben so lange behielt. Ich hatte einige Notizen dazu gemacht, die ich Ihnen gerne mitgetheilt hätte; aber ich weiß gar nicht, wie es gekommen ist, daß mir das Papier, worauf sie geschrieben waren, verloren ging. Ungenügend war mir besonders die Abhandlung über die Competenz der einander untergeordneten Gerichte, der Meyer, der Vögte, der Centrichter, der Landrichter u. s. w.

In der Hoffnung, Sie bald wieder zu sehen, bin ich Ihr
Ergebenster
Bischofzell, den 10. Febr. 1829. Diak. Pupikofer.

Mein verehrtester Herr und Gönner!
Daß Sie letzten Montag nicht bei Hause waren, war wirklich ein fataler Umstand. Wir fanden uns in der frohen Hoffnung in Eppishausen ein, unsere gute Laune recht laut äußern zu können; denn die Vögelein hatten uns gar heiter gestimmt —, und nun war der Sänger ausgeflogen und hatte uns nicht einmal einen Gruß zurück gelassen. Ich möchte nun zwar, was ich damals verloren habe, gerne in der künftigen Woche nachholen; allein mein Schwager Rüsch in Speicher, der einige Wochen lang Strohwittwer ist, ruft mich auf einige

Tage zu sich, damit ich ihm die Traurigkeit seines liebenden und schmachtenden Herzens stillen helfe. Dienstag Morgens werde ich die Appenzellischen Höhen besteigen. Wäre Herr Zellweger daheim, so würde ich Sie anfragen, ob Sie nicht mitkommen wollten.

Von Herrn Dekan Däniker sind einige Morgenblätter eingegangen; er wünscht dieselben in drei Wochen wieder zurück. Ich lege die von Werdmüller vervollständigten Memorabilia Tigurina Bluntschlis bei, in welchen Sie manchen Beitrag zur Geschichte des alten Adels, z. B. auch der Herren von Rambach finden werden. Die schlecht gelungenen Abschriften zweier Offnungen für Herrn Grimm senden Sie nur dann ab, wenn Sie dieselben brauchbar finden. Den Ochs, einige Italica und einen Theil Eppishusana habe ich immer noch nicht so durchlesen und ausgezogen, daß ich die Rechnung schließen könnte; ich bitte also um Geduld mit dem langsamen Arbeiter.

Dieweil heute Rüsttag ist, so nenne ich mich kurzweg
Ihren herzlich ergebenen
Bischofzell, den 18. April 1829. Diak. Pupikofer.

Mein verehrtester Herr und Gönner!

Mein Correspondent in St. Gallen verlangt Bluntschlis und Werdmüllers Memorabilia wieder zurück, weil er dieselben zur Anfertigung eines neuen Katalogs in die Bibliotheke zurückgeben müsse. Ich muß Sie also bitten, mir den Band, den Sie haben, zuzusenden. Da ich das ganze Werk noch nicht benutzt habe, so lasse ich mir dasselbe später wiedergeben, und so steht es auch wieder zu Ihren Diensten.

Die Minnesänger habe ich durchblättert und somit meine dringendste Neugier, besonders rücksichtlich der Thurgauer Sänger, befriedigt. Da die nächsten Tage mich amtlich beschäftigen, so will ich Ihnen die Sammlung nicht länger vorenthalten.

Mein lieber Schwager dankt Ihnen gar sehr für den angenehmen Tag, den Sie ihm gewährt haben. Ich hatte den doppelten Genuß, bei Ihnen und bei meinem Schwager zugleich zu sein, und selbst ein Gast, noch die Pflicht der Gastfreundschaft zu erfüllen.

Leben Sie wohl und suchen Sie in des Bischofs Celle bald heim Ihren

den 14. Mai 1829. Pupikofer.

N. S. Am leichtesten könnten Sie das Buch morgen, d. h. Freitag Nachmittags durch den Herrn Alispach hierher gehen lassen.

Mein verehrtester Herr und Nachbar!

Daß Sie letzten Donnerstag noch zu guter Zeit unter ein gutes Dach gekommen seien, will ich hoffen. Ungeachtet

Ihrer schlimmen Weissagung gelang es auch mir, meine Hütte zu erreichen, bevor die Schleussen des Himmels sich öffneten.

Ich sende Ihnen hier mit vielem Danke den Baselschen Ochs, der denn doch ein ganz respektabler Ochs ist, und sich um mich sehr verdient gemacht hat. Wollen Sie mir noch die zwei letzten Glieder des theuern Corpus senden, so wird mir das sehr lieb sein.

Sie haben in Band I—IV fleißig angemerkt, was auf die litterarischen Alterthümer Bezug hatte, und besonders auch den Marschällen Thüring Aufmerksamkeit geschenkt. Sie erlauben mir aber wohl, daß ich bezweifle, daß diese Thüring dem Geschlechte des Minnesängers angehört haben; denn die Baselschen Marschall heißen ja nicht alle Thüring, sondern wohl auch Günther, z. B. III, 95. sowie überhaupt, der Name Thüring in Basel ein häufiger Taufname war. Bd. V, p. 155 u. 156 Note kommen hingegen neben den Müllenen, Sürlin und Meyer auch Dürring vor, die Edelknechte gewesen zu sein scheinen. Auch Leu bemerkt, daß die Dürring in Basel Bürger waren.

V, 47 ad a. 1310 lebte in Kleinbasel ein C. Türli.

—> Nomina imperativa: V, 57 Trittherfür; p. 289 u. 752 Springinklee; p. 623. Hebdenring. Andere fand ich bei zufälliger Lektüre. Schaflützel wohnen im Toggenburg, Halblützel im Thurgau. Auch Steigauf sind mir schon vorgekommen.

Noch habe ich von Zürich gar keine Nachricht. Sind Sie glücklicher als ich? Wenn Sie Ihre Bücher bekommen, so werden Sie wohl die Reiselust vergessen und diese Woche in Eppishausen zubringen.

Herr Dalp spricht mich um mein, wie er sagt, bei Ihnen viel vermögendes Vorwort ein. Ich weiß nicht, wer ihm solche Dinge erzählt hat; doch jetzt fällt mir wirklich bei, daß Sie mir noch keine Bitte abgeschlagen haben, und so möchte ich es wohl versuchen, meine Bitte mit derjenigen des Herrn Dalp zu vereinigen, daß Sie zu seinen Burgenbeschreibungen einen Beitrag leisten möchten. Wählen Sie Klingenberg, oder Steinach, oder geradezu Eppishausen selbst. Ihre einfache, humoristische Darstellungsweise hat in Ihren Vorreden so allgemein angesprochen, daß man einer Burgbeschreibung von Ihrer Hand mit der größten Aufmerksamkeit entgegen käme. Und wie würde Herr Schwab sich freuen, Ihre Schilderung mit einem dichterischen Kränzchen zu bekrönen!

Verfängt auch meine Bitte nicht bei Ihnen, wollen Sie immer so grausam gegen Herrn Dalp sein, und stürzt er sich dann einst in Verzweiflung über Ihre Härte und Unerbittlichkeit in den Brunnen zu Selters und Seidschütz —, nun, so wasche ich meine Hände in Unschuld, und bleibe dessen ungeachtet mit den Gefühlen ehrfurchtsvoller Freundschaft Ihr

Ergebenster

Bischofzell, den 13. Juni 1829.   Diak. Pupikofer.

Fortsezung folgt

BRIEFE PUPIKOFERS AN JVLASZBERG
(Schluß)

Mein verehrtester Herr und Nachbar!

Herr Oberamtmann Scherb wünscht Sie morgen zu sehen, und wird Nachmittag um 3 oder 4 Uhr bei Ihnen eintreffen. Ist Ihnen dieser Besuch nicht gelegen, oder sind Sie nicht zu Hause, so erwarte ich keine Empfangsbescheinigung für dieses Billet; sind Sie für gute Freunde zu Hause, so lassen Sie mir dies gütigst wissen.

Ihr Zahnschmerz und Ihr einseitiges Gesicht sind seit mehreren Tagen zur alten Norm zurückgekehrt, wie ich hoffe, und haben für immer Abschied genommen. Auch ich hatte diese Woche einen Schmerz, nämlich die Abwesenheit des Herrn Pfarrer Kirchhofer, tief empfunden. Für dieses Leiden waren indessen Wein und Bier und flotte Freunde und eine einschläfernde Hitze gute Heilmittel. Von Steckborn habe ich einen ganzen Korb Urkunden mitgenommen, aber leider findet sich darin wenig für Sie. Die römischen Alterthümer in Eschenz habe ich gesehen und werde Ihnen davon erzählen; aber von einer Stecknadel weiß man nichts; der Spiegel des Rings hat diese Gestalt: (Zeichnung) in Mosaik. Die Aufschrift der Steine ist ungefähr so: (Zeichnung).

Es ist alle Wahrscheinlichkeit, daß dies gedankenlose Phantasien eines Kindes sind, das sich im Schreiben übte; denn die Schriftzüge selbst sind so, daß man aus den doppelten unbeholfenen Strichen das stumpfe, nur abgebrochene Werkzeug, Rüthchen, Schwefelholz u. dgl. wohl erkennen kann. In Hoffnung, Sie gesund und im Besitze neuer Entdeckungen zu finden, sehe ich über meine Amtsgeschäfte hinaus fröhlich auf morgen Abend hinüber, um von Ihnen sagen zu hören, was der junge Römer auf den Ziegeln durch sein quid eiꝙ $\frac{1}{5}$ VIII und durch seine Griechischen π u. s. w. habe sagen wollen, und was vor zweitausend Jahren bei dieser Spielerei sein Gemüth belebte, das jetzt schon so lange verstorben ist. So lange ich lebe, bin ich Ihr

Pupikofer.

Bischofzell, Samstag den 27. Juni 1829.

Dem hochwohlgebornen Herrn
Baron von Laßberg zu Eppishausen
    sammt einem Korb Gemüse.

—

Mein verehrtester Herr und Nachbar!

Ihr ritterlicher Fehdebrief hat mich sehr verzagt gemacht, um so mehr, da ich weder den Muth, noch die Gelegenheit habe, Ihrem Überfall in den nächsten Tagen zuvorkommen zu können; denn morgen rufen mich Geschäfte nach St. Gallen, und ich weiß nicht, ob ich Donnerstag Mittag zu Hause sein werde oder bis zum Abend säume. Ich rufe indessen die heilige Treuga an, deren Gesetze jedem Ehrenmanne verbieten, an dem Tage, da der Herr verrathen wurde, Gewalt zu unternehmen, und diejenigen die auf einer Wallfahrt begriffen sind, wie gerade ich ans Grab des heiligen Gallus, in der Zeit Ihrer Abwesenheit zu schädigen. Ihren edlen Zorn zu begütigen, sendet Ihnen meine Frau, was hier der Frühsommer in Gärten und auf Bäumen aufzubringen vermochte, was freilich, da wir vom großen Füllhorn Floras und Pomonas und anderer wohlthätigen Gottheiten etwas seitwärts abgekehrt zu sein scheinen, nicht viel ist. Sollten Sie dadurch friedlich gestimmt, in freundlichen Absichten zu meiner Hütte kommen, so werden Sie, auch wenn ich nicht hier bin, die Thüre offen und einen Becher schäumenden Biers und weichen Weines bereit finden. Bin ich am Freitag Vormittag nicht bei guter Zeit bei Ihnen, so haben mich nur liebe St. Galler Gäste, die ich erwarte, zurückgehalten, und da wären Sie und Ihr verehrter Freund und Hausgenosse hier sehr willkommen.

Es machte mir wahre Freude, zu denken, wie glücklich Sie mit Herrn Uhland leben, wie Sie ihm alles mittheilen können und so ganz verstanden werden, und wie Sie hinwieder so manches vernehmen, was Ihnen Freude macht. Oft beneide ich Ihre stille Einsamkeit mitten in Ihren Bücherschätzen, und jetzt hätte ich fast Lust, Ihren geselligen Verkehr zu beneiden. Doch in wissenschaftlichen Dingen ist ja der einzelne in dem Maße reicher, je mehr andere dasselbe Gut mit ihm theilen, und wenn Sie daher auch alles hätten, habe ich deswegen nicht weniger.

In der Landvogtei-Regierung sind meine Kräfte seit acht Tagen fast erschöpft worden, und meine Sinne erstorben. Es sind nicht jene dicken, üppigen Urwälder Amerikas, wo kein Fuß vorwärts kann, aber doch der Kopf Schatten genießt, sondern lauter Weißdorn- und Hagebuttensträucher, wo man nicht durchdringen kann und dazu noch von der Sonnenhitze versengt oder durch kalte Nordwinde bis auf's Mark durchweht wird. Drum hat der weise Solon gesagt, vor dem Ende sei niemand glücklich zu preisen: ante finem nemo scriptor beatus censendus est.

Von ganzem Herzen Ihr

Ergebenster
Diak. Pupikofer.

B'zell, 8. Juli 29.

Mein hochverehrter Herr und Gönner!

Schon ein Mal war Ihnen der Besuch des Herrn Oberamtmanns, seiner Frau Gemahlin und zweier oder dreier Personen aus meinem Hause zugedacht und zum Theil auch angekündigt. Nun geschieht es zum zweiten Male, und, wie sich hoffen läßt, mit mehr Glück als das erste Mal. Morgen also, am Tage, da das Gedächtnißfest der heiligen Anna zu den Zeiten, als man noch nicht so aufgeklärt, aber fromm war, gefeiert zu werden pflegte, wird Abends um 4 Uhr ein Wagen, mit zwei braunen Pferden bespannt, von einem Bedienten, der eine graue mit Silber besetzte Livree trägt, geleitet, vor Ihrer Thüre halten, und da werden Sie wohl nicht ermangeln, durch die Kanonen, die Sie in der letzten großen Fehde aus dem Zeughause hervorgeholt haben, einige Knallschüsse abzufeuern. Schon setzt sich zwar Nebel am Himmel an, als wenn wir von dorther morgen wieder eine Ladung Schrecken erhalten sollten; allein wir werden uns standhaft halten und unsere Ohren recht dicht mit Baumwolle stopfen, und die Augen mit Pech waschen, damit weder Donner noch Blitz uns etwas anhaben könne. Sic stat voluntas.

Der Herr Doktor Meyer ist mit Ihrem Quintilian gar fröhlich hier eingezogen und kann Ihre Gefällig- und Gelehrsamkeit nicht genug bewundern. Er freute sich sehr, daß meine Weissagung so gut eingetroffen war; denn ohne mich hatte er kaum gewagt, zu Ihnen zu gehen; ich aber konnte ihn nicht begleiten, da mein Schwager, der Arzt, bei mir auf Besuch war und alle meine Zeit in Anspruch nahm.

Wenn Dorows Behauptungen wahr sind, so kommen die Griechen zuletzt sehr schlimm weg. Statt als Original-Volk erscheinen sie bald als gewandte Franken, die, was die Deutschen Tiefes und Schweres gedacht, in gefällige Form einzuhüllen und als ihre Erfindung auszugeben wissen. Daß sie auf diese Weise so vieles, was sonst verloren gegangen wäre, erhalten und gerettet haben, ist freilich auch ein Verdienst, und bereits haben sie zweitausendjährigen Ruhmes dafür genossen. Cuique suum.

Mit der Bitte, daß der Jupiter pluvius und der Jupiter tonans und noch vielmehr der Jupiter cornifer ferne von uns und unsern Frauen in B. bleibe, sehe ich dem Abende mit Vergnügen entgegen, wo wir unter den alten Büchern, Minervens Eulen durch Kaffeegeplapper aufschrecken und nebenbei aus Vater Noahs Safte nippen werden.

Herzlich der Ihrige

Diak. Pupikofer.

Bischofzell, den 25. Juli 1829.

Bischofzell, den 8. Aug. 1829.

Mein verehrtester Herr und Gönner!

Wie Sie aus der Beilage ersehen, wünscht man noch einige Actien zur Vollendung der Schönsicht auf Hohenrain bei Wäldi zu verkaufen. Wollen Sie das gute Werk fördern helfen, so thun Sie damit dem Himmel, dem dadurch so viele Menschen um achtzig Schuh näher kommen werden, einen großen Gefallen, und ich zweifle nicht, daß derselbe Ihnen, Ihren Vordern und Nachkommen das gute Werk mit den schönsten Aussichten in Zeit und Ewigkeit lohnen werde.

In St. Gallen war ich, und in Speicher und Trogen war ich; aber fürs erste war die Witterung schlecht, fürs zweite Herr Henne und von Arx im Gymnasium mit dem Examen beschäftigt, fürs dritte Herr Zellweger wieder einmal nach Bern auf die lange Zollbank versetzt, und so opferte ich drei Tage für nichts und wieder nichts auf. Einzig bei Herrn Candidat Wegelin in St. Gallen sah ich einige Auszüge aus St. Gallisch-Thurgauischen Urkunden, und bei Herrn Kupferstecher Hartmann eine Reihe Siegelabdrücke und Zeichnungen, die für Sie mehr Interesse gehabt haben möchten, als für mich.

Wahrscheinlich sind Sie verreist und mein Gruß verhallet umsonst in Ihren Klostergängen. Sei's drum! Mögen Sie nur viel Vergnügen haben! Wandere ich dann in der folgenden Woche nach Eppishausen und finde die Thüre verschlossen, so setze ich mich vor Ihre Kapelle und den Arm aufs Knie gestützt und das Kinn in die Hand geschmogen, laß ich mir vom alten Fingal einige hochbeinigte Schottentänze vortanzen, bis das Herz wieder zur Freude aufwacht.

Von ganzem Herzen Ihr

Pupikofer.

Mein hochverehrter Herr und Gönner!

Der heilige Martin ist wahrscheinlich mit Ihnen oder mit mir unzufrieden; denn sonst hätte er nicht so manches in den Weg gestellt, das mich zu seiner Ehre in der villa Epponis ein Fest zu begehen hinderte. Daß er mir's nicht übel nimmt, wenn ich nicht zu ihm bete, hoffe ich um so mehr, da so viele Tausende am Martinstag, an ihre Zinsbeutel greifend, zu ihm seufzen: aber das, vermuthe ich, beleidigt ihn, daß Chronologen sein Fest am ganz unrechten Tage begehen, nachdem uns doch sein Freund Gregorius Turnonensis durch das Beispiel der Genauigkeit vorangegangen ist. Da er nämlich im Jahre 400, 402 oder 404 gestorben ist, so war der Jahrestag im Kalender um drei Tage nur verrückt, und so sollte sein Andenken am 13. November gefeiert werden. Auf diesen Tag wollte ich nun wirklich zu Ihnen kommen: aber da war ja das schrecklichste Wetter, das man sich denken mag. Nachdem ich also am 10. wegen Amtsgeschäften nicht kommen konnte, und gestern der Witterung wegen: so folgere ich, daß der Heilige mir nicht gar gewogen sei. Wir wollen sehen, wie es am Montag oder Dienstag gehe.

Die Beilage kommt von Herrn Pfarrer Kirchhofer. Wahrscheinlich sendet er Ihnen wieder Dorföffnungen.

Sobald ich meine Thurgauische Geschichte mit Urkunden ausgestattet habe, will ich auch die Mülheimische Offnung copieren. Ich finde keinen Copisten, der die Schrift lesen könnte. Herr Dekan Däniker hat die Weinsberger Weiber noch nicht zurück. Wenn sie nur nicht gar zu sehr abgenutzt werden.

Herr Dalp schreibt, daß ich ihm doch ja eine Beschreibung der Steinachburg senden soll; er bedürfe derselben noch zum zweiten Bande. Wollen nicht Sie das gute Werk verrichten? Ich habe bei der eben vollendeten Thurg. Geschichte und dem Neujahrsblatte meine Feder ganz müde geschrieben.

Auch durch Berg und Wald und Sturm, Regen und Schnee bin ich doch nicht gehindert, mich in Ihre blaue Stube oder in Ihr neues grün tapeziertes Cabinetchen zu denken. Dies thue ich, indem ich mich Ihren Hausgenossinnen und vor allem auch dem Meister Sepp zu Diensten empfehle als Dero
litterarischen Schildknapp
Pupikofer.

B'zell, 14. Nov. 1829.
Insunt documenta visu dignissima.
Dem hochwohlgebornen Herrn
Baron von Laßberg in Eppishausen.

Verehrtester Herr und Gönner!

Der gestrige Tag war für meine Thurgovia ein wahrer Glückstag. Wie ich erfreut über die schöne Ausbeute, die ich bei Ihnen gemacht habe, nach Hause zurück komme, finde ich eine Schachtel mit einem Schock Urkunden angefüllt, unter denen, neben mehreren ganz unbedeutenden, einige sich vorfanden, die auch für Sie Interesse haben mögen. Diejenige von 1175 erwähnt eines *Friedrich von Schönenberg*, der wohl 100 Jahre jünger sein mochte als der Sänger, aber doch für das Dasein des Vornamens in diesem Geschlechte zeugt. An der Urkunde von Luterachhusen hängt das Siegel Heinrichs von *Klingenberg*, ganz dasselbe, das ich in No. 27 der Thurg. Urkunden beschrieben habe. Die Urkunde von 1222, ein Doppelexemplar der No. 3, zeigt uns, daß der abbas Dietericus Crwcelinensis kein anderer als der Crivcelinensis in unserer Nähe ist. So kommt eines um das andere ans Licht. Wollen Sie die Güte haben, mir diese Urkunden bis zum Anfange der künftigen Woche wieder zurück zu senden, so liefere ich die Schachtel wieder nach Frauenfeld, um wo möglich einen neuen Transport kommen zu lassen.

Für andere mitkommende Schriften Hagens und Legis (?) danke ich nochmals.

Ich hoffe, daß Sie Ihre gestrigen Versäumnisse bald wieder eingeholt haben, und jetzt Ihre Augen, nach der kurzen Ruhe, nur desto wackerer seien.

Indem ich mich und die Meinigen Ihrer Gewogenheit

ferner empfehle und Frau Doktor Lüthert von meiner Frau und mir zu grüßen bitte, bleibe ich Ihr
ergebenster Nachbar
Pupikofer.

Bischofzell, 19. Nov. 1829.

Noch eins! Ich möchte zur Thurg. Geschichte ein Verzeichniß der Quellen der Thurg. Geschichte beifügen und sollte dazu Hallers Bibliothek der Schweiz. Geschichte benutzen. Wenn Sie also in den nächsten 14 Tagen Ihren Wagen einmal nach Bischofzell senden, so lassen Sie das Buch doch gütigst mitlaufen.

Dem hochwohlgebornen Herrn Herrn
Baron von Laßberg zu Eppishausen.

Mein theuerster Herr und Meister!

Weil Sie viel, ich im Grunde wenig zu thun habe, schrieb ich beiliegende Hugoldshofer Urkunde für Sie ab. Ich glaube, es werde kein iota fehlen, so sehr habe ich mich diesmal beflissen; damit Sie vergleichen können, lege ich das Original bei. Sie können mir dasselbe wohl wieder mit dem Briefe für den Grafen von Müllinen zurücksenden.

Die Heidelberger Urkunde und Ihre Registratur Urkunden lasse ich bei dieser Gelegenheit in die villa Epponis zurückwandern. Ich danke Ihnen gar sehr dafür. Nur einige behalte ich noch zurück.

Sigenot wird Morgen in St. Gallen sein, und bis Sonntag soll die Arbeit wieder bei mir bereit liegen. Wenn ich nicht diätetisch und homiletisch auf das Weihnachtsfest mich vorbereiten müßte, würde ich den Riesen selbst hintragen und unter die Presse legen.

Ihr Husten ist ein fataler Gast; doch wird er sich wohl jetzt wieder fortmachen, da der Nebel weicht und der Himmel heiter wird.

Stets der Ihrige
Pupikofer.

den 17. Dez. 29.

Mein hochverehrter Herr und Gönner!

Es thut mir unendlich leid, daß ich den Buchdrucker Wegelin nicht habe bewegen können, den Sigenot zu drucken. Es grauete wohl dem guten Manne vor dem gewaltigen Riesen. Dann hatte er das Papier, das Sie wünschten, nicht im Vorrathe; er fürchtete wegen der Correktur Verspätung durch den Boten, der ihm das Manuscript allemal erst nach drei Tagen zurückbringe, hiermit, bei einer doppelten Correktur, sechs Tage Säumniß mache; dann kommen drei Festtage, 25, 26 und 27 Dezember dazwischen, so daß ihm, dem Buchdrucker, auch dadurch die Zeit sehr verkürzt werde. Wenn Sie auf die eigene Correktur hätten verzichten wollen, wäre er bereit gewesen, die Arbeit zu übernehmen: aber dies durfte ich nicht zugeben, da ich aus Erfahrung weiß, wie genau Sie in dieser Rücksicht sind. Ich weiß Ihnen also keinen andern Rath, als, verwandeln Sie das Neujahrsgeschenk in ein Fastnachtsbüchlein oder in ein Osterei; unter diesem Titel werden Ihre Freunde die Gabe nicht weniger dankbar annehmen. Wenn aber der Riese Sigenot wüßte, wie schmählich man sein Heldenlied in der Krämerstadt zurückgewiesen habe, er würde seinen Unmuth kaum verhalten, und man müßte ein neues Lied von der Rache singen, die er an der ausgearteten Gallenzelle genommen habe.

Ich sende Ihnen bei dieser Gelegenheit die noch übrigen Urkunden, die ich letzthin noch zurück behalten hatte, mit Ausnahme der Eppishauser Offnung, samt dem letzten Druckbogen der Thurg. Geschichte, und einer nicht sehr interessanten Fortsetzung der Helvetia. Bei den Ötlishauser Urkunden ist sehr auffallend, daß in den ältesten Briefen die Burg als Freigut, nach der Reformation aber als Lehen erscheint. Haben die Schenken ihr freies Recht verkauft oder vergessen?

Die Urkunde von 1175 druckte Wegelin mit kurzem s, weil es ihm an dem langen mangle. Ob er noch andere Willkürlichkeiten sich erlaubt habe, weiß ich nicht, da er meine Handschrift mir nicht zurück gab.

Heute haben wir Schulprüfungen; dann folgen geistliche Angelegenheiten die Menge, so daß ich weder Eppishausen sehen, noch mit historicis mich abgeben kann. Leben Sie unterdessen wohl unter Ihren alten Weisen und Sängern, und lassen Sie Ihrem Wohlwollen ferner empfohlen sein

Ihren

Diakon Pupikofer.

Bischofzell, 21. Dez. 1829.

Mein verehrtester Herr und Gönner!

Ich war gerade mit der Abfassung einer heiligen Rede beschäftigt, mit der ich morgen das Neue Jahr eröffnen soll, als Ihre Anfrage mich in eine ganz andere Welt, vom Himmel auf die Erde versetzte. Wenn dies etwas böses ist, so mögen Sie es selbst verantworten; mir thut es nur leid, daß ich Ihnen keine bestimmte Auskunft geben kann. Wir nämlich, meine Frau und ich, haben uns immerhin vorgenommen, Sie übermorgen zu begrüßen; aber wir wissen eben nicht, ob wir Gäste bekommen oder nicht, und ob diese Gäste am Samstag noch bei uns verweilen oder wieder heimkehren. Ich bitte Sie daher, lassen Sie doch nur keine Zubereitungen machen. Sind wir allein, so kommen wir mit Herrn Oberamtmanns Schlitten, vielleicht auf den Mittag, vielleicht nach dem Essen;

wollen Gäste mitkommen, so lassen wir es Ihnen am Abend vorher wissen oder kommen ebenfalls erst nach dem Essen. — Sehen Sie, was für Sorgen die Weiber uns Männern machen! Hätte meine Frau von dem Besuche nichts gesagt, wie ich's wollte, so wäre all' dieses nicht. Aber die Frauen sind immer geschwätzig, und indem sie nicht belästigen wollen, belästigen sie doppelt. O, die Evastöchter!

Ich sende Ihnen hier 2 Bände der Gruberschen Encyklopädie. Nicht ich, sondern mein Vorgänger hat den Band so verderbt, nämlich Herr Dekan Däniker. Der Schelmuffski mag auch zu seinen Brüdern zum Simplicius und Simplicissimus und ihren Geschlechtern zurück kehren. Ich danke Ihnen für desselben Mittheilungen.

So sinke nun in das Meer der Ewigkeiten, du altes, müdes Jahr! Es wird mir um vieler Rücksichten willen unvergeßlich sein, und des Angenehmen viel in demselben verdankte ich Ihnen. Möge das neue Jahrzehnt, das mit morgen anfängt, Sie sanft auf den Händen tragen und mir Ihr Wohlwollen bewahren!

Herzlich der Ihrige   Pupikofer.
den 31. Dez. 29.

Mein hochverehrter Herr und Meister!

Allerdings bin ich von der Winterreise, auf welcher ich so manche warme Freude genoß, glücklich wieder in meine Wohnung eingetreten, und so gut es sich thun ließ, habe ich den Mangel an Meditation am Sonntage durch die heimgebrachte Geistesfrische ersetzt; aber zu Ihnen über den Berg wandern, um Ihnen zu sagen, wie sehr mich der Besuch bei Follen erquickt habe, konnte ich noch nicht; denn ich mußte den versprochenen Stelldichein in Herisau in Ausführung bringen und durch Schnee, Eis und finstern Nebel zur warmen Suppe des Kürbsenpfarrers eilen. Seither sitze ich in meiner Stube und lecke an einigen von Herisau mitgebrachten Confitüren, u. a. an Steiners curiosem Tändelmarkt (Nürnberg 1748); auch werden Versuche gemacht, die Stiftung von Münsterlingen für die Alpenrosen zu erzählen. Gestern und heute war auch mein lieber Schwager von Speicher mit seiner Frau bei mir, und da gab es wieder mancherlei winterliche Erzählungen, und Pläne für den Sommer, so daß die Stunden verflossen, wie der Reif im Glanze der Aprilsonne. Was sonst kann man bei dieser grimmen Kälte (sie war gestern morgen 17°) in einem so prosaischen Städtchen anfangen?

Die Wappensammlung des Herrn Hartmann habe ich schon bei ihm selbst gesehen; doch hätte ich sie gerne unter Ihrer Leitung nochmals durchwandert, denn Ihre Critiken und Ergänzungen sind immer unterrichtend; allein die bereits erwähnte Kälte und die Besuche hielten mich ab. Ich weiß nicht, ob ich diese Woche noch zu Ihnen kommen kann; denn

ein Fraubasen- und Wochenbett-Besuch in Bürglen und Sulgen
werden mir diese Woche wohl noch einen guten Tag kosten.
Herrn Hartmann habe ich nicht eigentlich aufgetragen, Ihnen
seine Wappensammlung zu senden, sondern nur geäußert, daß
Sie Vergnügen finden würden, dieselbe zu sehen, und Herr Hartmann bei Ihnen noch manche Ergänzung finden dürfte. Es freut
mich indessen, daß er meine Andeutung für sie so günstig erklärt
hat. Er hat mir auch eine Zeichnung vom Schlosse Steinach, vom
Walde bei Mörswyl her aufgenommen, zu Handen Herrn Dalps
übermacht; sie gefiel mir nicht; gleichwohl habe ich sie Herrn
Dalp überschickt und ihm überlassen, damit nach Belieben zu
schalten.

Meine Erwiderung an die Stadt Steckborn werden Sie
wohl auch gelesen haben. Obgleich mir die Sache nicht sehr
angenehm ist, so machte sie mir doch Spaß. Raufereien haben
ihren eigenen Reiz; darum gibt es wahrscheinlich auch so viel
Streit. Nur ist's wunderlich, wenn so alte Herren, wie seine
Heiligkeit zu Rom und seine Majestät zu Neapel sind, sich
noch vor dem Volke herumzanken. — Der Schweizerische
Beobachter in Zürich hat auch schon von meinem Kriege vernommen und erinnert an einen ähnlichen Streit, den letzthin
die Dorfzeitung erzählt habe. Die Besitzer des verdächtigten
Weines sandten dem Gegner ein Duzend der besten Bouteillen,
und dieser Beweis ward überwiegend gefunden. Erhalte ich
das Duzend Flaschen nicht ebenfalls, so fehlt es entweder an
der Stadt oder am Wein!

Herr Stadtschreiber Gonzenbach, der Ihren Gelehrten die
Negligés zuzuschneiden pflegt, war vor acht Tagen mit der
heiligen Bavaria nicht zu Ende gekommen. Er verhieß, sie
auf heute zu fertigen, und ich hoffe, daß er Wort halten wird.

Von dem alten Arxius habe ich nichts gehört. Wäre er
gestorben, so hätte wohl der Erzähler davon etwas gesagt;
es müßte denn die letzte Feuersbrunst die Köpfe so verwirrt
haben, daß man sogar die Todten zu ehren vergessen hätte.

Sobald der Thermometer wieder unter 8° steht, komme
ich wieder zu Ihnen; sonst wäre es, meint meine gute Frau,
so viel als Gott versucht. Unterdessen wünsche ich Ihnen
und mir einen so warmen Ofen, als warm die Liebe ist, mit
welcher Ihnen zugethan bleibt Ihr

Pupikofer.

Bischofzell an Mariä Lichtmeß 1830.

Mein verehrtester Herr und Meister!

Aus Auftrag meiner lieben Frau sende ich Ihnen hier
zwei gestrickte Panzer, die gegen den Boreas und alle seine
Verbündete treffliche Dienste thun und für die krystallischen
Lanzenspitzen der Glacies allen möglichen Schutz gewähren
sollen. Der Preis des einen ist 26, der des andern 34 Batzen;
über Ihre Wahl zwischen beiden geben Sie uns gefälligst

Nachricht. Eine Anzahl Knöpfe läßt meine Frau beilegen, indem sie, auf ungefähre Schätzung Ihres Körperinhaltes hin, dieselben einzunähen nicht wagte. Es ist zu hoffen, daß Ihre Köchin in der Näherei so viel verstehe, als zur Einreihung der Knöpfe nöthig ist.

Da ich die Königinhofer Handschrift und Follens Bildersaal so weich betten kann, so will ich denselben länger hier zu bleiben nicht zumuthen. Für die erstere besonders danke ich Ihnen gar sehr. Das Lied des Königs Wenzel mag in der böhmischen Sprache wirklich schön sein, da die Uebersetzung Swobodas schon so hoch über der älteren deutschen des Maneßschen Codex steht. Es scheint, auch die Minnesänger haben mit mehr Glück selbst componirt, als fremdes sich angeeignet. Schade, daß die schöne Blüthe der ältern böhmischen Litteratur und Bildung von so fürcherlichen Ungewittern so ganz zerknickt wurde.

Ich war gestern erst wenige Schritte von Ihrer Wohnung entfernt, als es mich zu reuen anfing, Sie verlassen zu haben; denn so weich war der Schnee, daß ich keinen festen Tritt thun konnte und nur mit Mühe mich endlich durcharbeitete. Vom Hummelberge herunter war ein stehender Sumpf von halb geschmolzenem Schnee, und ich wunderte mich, daß das Eis mich nie zum Falle brachte. Von der Zehe bis zum Scheitel mit Schweiß übergossen, kam ich nach Hause. Indessen blieb ich munter, verlor sogar einen Theil meiner rheumatischen Schmerzen, und freute mich zuletzt der fortitudo, die ich Ihrer Einladung und dem Ungewitter, zwei sehr gefährlichen Potenzen der Versuchung, entgegengesetzt hatte. Damit ich Sie desto eher überzeuge, daß mich wirklich nicht der Eigensinn hintrieb, so sage ich Ihnen, daß ich diesen Vormittag schon einige Seiten schriftlich aus dem Agathias übersetzt habe und entschlossen bin, das ganze Werk in unsere Sprache überzutragen. Wenn Agathias in seinem prooemium von der unsterblich machenden Kraft der Geschichte spricht und dabei sagt: eine historia

τὰ Ζαμόλξιδος νόμιμα καὶ ἡ Γετικὴ παραφροσύνη —

so ist mit dieser Gothischen Verschrobenheit wohl nichts anders als die germanische Heldensage gemeint, die alle Thaten der Helden ins Ungeheuere vergrößerte und wol auch entstellte, aber doch in so hohen und würdigen Tönen besang, daß sie bis auf die spätesten Zeiten wiederhallten. Hat W. Grimm obige Stelle in seiner Heldensage schon angeführt?

Im übrigen gefällt mir des Agathias Styl wenigstens in der Vorrede nicht. Seine copia verborum besteht meistens in Synonymen, die neben einander gestellt sind, ohne daß ein Grund dazu vorhanden ist, und wenn die Tautologie auch nur in einzelnen Adjektiven und Participien, nicht in ganzen Sätzen besteht, so ist sie doch um so unangenehmer, je öfter solche Pleonasmen wiederkehren. Der Rechtsanwalt scheint seinen

Styl auf zerstreute oder übel hörende Richter berechnet zu haben, die einzelne Ausdrücke und Sätze nicht immer beachten und daher durch Wiederholungen entschädigt werden müssen. Wenn in Reden so etwas hingehen mag, oft sogar Bedürfniß ist, so findet im Schreiben das Gegentheil statt: Tautologien zerstreuen!

Mit dem größten Vergnügen erinnere ich mich des Abenteuers unserer Seefahrt. Ich kann sagen, daß mir lange nichts so viele Freude gemacht hat. Bei der Wanderung über die Eisbrücke war ich zwar nicht eigentlich lustig, wie ich denn überhaupt selten mich geräuschvoll freuen kann; aber seither zaubert mir die Phantasie die Streifparthie immer schöner vor, und besonders seit der Frost gewichen ist, fühle ich mich ganz glücklich, daß ich genossen und gesehen habe, was so vielen jetzt zu Wasser geworden ist. In Bischofzell hält man uns für Helden und Tollköpfe: denn stellen Sie sich vor, der Hauptmann Zellweger, der mit seiner Frau in Utwyl war, wagte sich mit keinem Fuß auf das Eis, und seine Frau wurde von ihm in das Gelübde genommen, daß sie das Eis ebenfalls meide!

In der Helvetia, die ich Ihnen hier beilege, waren die Aktenstücke des Wigoldinger Handels für mich merkwürdig; doch sind sie nicht vollständig. Daß das erste Gedicht schon gedruckt sei, wußte ich nicht, sonst hätte ich es nicht unter meine Urkundensammlung aufgenommen. Aber welch ein Zelot muß der jetzige Herausgeber (so viel ich höre Pfarrer Vok in Arau) sein, daß er die kirchliche Animosität wieder so recht giftig in Gang zu bringen sucht. Sein Vorbericht und einige Noten (besonders die elende auf S. 397) beweisen doch gar zu sehr seine Vergangenheit. Wie würde er wohl die Geschichte selbst beschreiben? Ich denke im Geiste eines Henne oder Geiger.

Vergessen Sie Ihre Bärentatzen und Leibhosen nicht, damit alles reparirt werden könne, bis ein neuer Frost kömmt.

Leben Sie wohl, und bleiben Sie versichert, daß ich mit herzlicher Zuneigung bin Ihr Ergebenster

Diak. Pupikofer.

Bischofzell, 9. Febr. 1830.

Mein verehrter Herr und Meister!

Daß Sie vom Graven von Müllinen zu einer Anzeige der Geschichte des Thurgaus aufgefordert wurden und derselben zu entsprechen nicht ungeneigt sind, freut mich sehr; oder wie sollte ich das Urtheil eines Mannes ablehnen wollen, der das Kind sozusagen von der Empfängniß an kennt und mit seiner Entwicklung so ganz vertraut ist? Nur eines möchte ich wünschen: daß Ihre Beurtheilung, statt für den Erzähler, für eine eigentliche historische Zeitschrift niedergeschrieben würde, da weder das Publikum noch der Referenten-Ton des Erzählers alles sagen läßt, was gesagt werden könnte. Eigentliches Lob verdient meine Schrift nicht; denn sie ist weder erschöpfend noch klassisch; daß Fleiß darauf verwendet wurde, und ich in wahrem Sinne die Bahn brechen mußte, bleibt wohl das Hauptverdienst.

Im übrigen muß ich Ihnen doch auch sagen, wie Sie nach meiner Ansicht, und vielleicht durch meine Veranlassung zu dem Amte eines Recensenten gekommen sind. Die Trachslersche Buchhandlung wollte, daß ich bei der Redaktion des Erzählers eine recensorische Anzeige, nach Art des Erzählers, bewirken solle; ich erwiderte, daß ich mit der Redaktion des Erzählers in keiner Verbindung stehe, sein litterarisches Urtheil als sehr oberflächlich kenne (z. B. über Hennes Diviko und Schweizergeschichte), indessen wisse, daß auch Männer der alten Schule, besonders der Grav von Müllinen günstig über meine Arbeit geurtheilt haben. Hierauf zeigte mir die Buchhandlung an, daß sie Herrn Landammann Müller-Friedberg ein Exemplar d. Thurg. Geschichte, mit Verweisung auf den Graven von Müllinen, zugesandt haben. Das Schreiben des Graven lege ich hier bei. Ich wollte es Ihnen schon früher zeigen, da hatte ich es verschoben.

Die Uebersetzung des Agathias soll nur eine Übung sein und ist zum Druck nicht bestimmt. Beim bloßen Lesen nimmt man es mit den Einzelheiten nicht genau, besonders denkt man an den deutschen Ausdruck nicht. Ich habe es als Studio so gehalten; schwere Stücke habe ich immer schriftlich übersetzt, und ich habe dabei erfahren, daß eine übersetzte Seite weiter fördert als zehn flüchtig gelesene Seiten. Die beigedruckte Uebersetzung des Persona fördert die Arbeit sehr; doch habe ich erst noch einen Bogen Handschrift, indem ich allerlei Journalistik zu fördern hatte.

Herr Dekan Däniker fragte mich, ob die Beschreibung der Kirche zu Hall im Kunstblatte wohl für Sie Interesse haben möchte; ich bejahte es, und so erhalten Sie das Heft in der Beilage. Das englische Buch über die Barden möchte wohl für Sie auch nicht unwichtig sein; es ist im Litteraturblatt Nr. 95 angezeigt.

Ihre Aufträge sollen möglichst gut besorgt werden. — Das Morgenblatt wünscht Herr Dekan Däniker am Dienstag wieder zurück.

Mit herzlicher Ergebenheit bin ich Ihr
Bischofzell, 12. Febr. 1830. Pupikofer.

Sr. Wohlgeboren Herrn Herrn
Baron von Laßberg zu Eppishausen.

Mein verehrter Herr und Meister!

Die Bärenpratzen sind bis heute mit Mühe fertig geworden; wenn der Bote nicht Umwege scheut, und der Geist des Ritters von Mamerzhofen nicht auf die Insignien seines Schildes Jagd macht, so sollten sie dieselben noch diesen Abend wieder benutzen können. Ich wünsche, daß die Arbeit ganz Ihren Wünschen entspreche. Die Kosten dieser Aus- und Verbesserung steigen auf fl. 1. 40 xr. Doch haben Sie an der letzten Sendung noch einige Kreuzer zu Gute; die Kreuzerzahl habe ich vergessen, und meine Frau, meine eigentliche Rechenmeisterin, ist nicht zu Hause, daß ich sie fragen könnte.

Der Buchbinder hat mich wegen der Herbipolensium zu sich berufen und mir angezeigt, daß am ersten Band eine Lücke sei, und ich fand wirklich, daß der letzte Bogen der Vorrede fehle. Wenn allenfalls derselbe bei Ihnen zurück geblieben ist, so läßt er sich leicht (finden), ist er verloren, so ist's freilich ein Schaden, aber doch der kleinste, der begegnen konnte. Der Buchbinder wünscht ebenso die letzte Büchersendung zurück, um die Kupfer in Ordnung zu bringen. und hat mich ersucht ihm dazu behülflich zu sein.

Geschäfte hindern mich, weiter zu schreiben. Am Freitag hoffe ich Sie zu besuchen. Montag ist Pastoral-Congreß.
Ganz der Ihrige
den 15 II 30. Pupikofer.

Ihr liebes Schreiben bekomme ich diesen Augenblick. Allerdings lege ich die Hand auf den Mund und denke, der Herr hat's gethan. Morgen habe ich Amtsgeschäfte, Donnerstag ist Jahrmarkt und Besuch, Freitag allein bleibt mir übrig, und was dann die Witterung mache?

Verehrtester Herr und Nachbar!

Da Herr D. nur acht Tage Lesezeit für die zwei Hefte Morgenblätter festsetzt, will ich die Übersendung derselben nicht verzögern. Ich habe wohl auch einige Augenblicke darin geblättert; aber wenig anderes als die Correspondenzen aus Paris näher beachtet. Ich bin noch im Rückstande mit den aus Utwyl heim genommenen Notizen, die ich Ihnen mitzutheilen versprochen habe. Sie folgen hier.

1830 Feb. 6. Vorm.
9 Uhr 40 Min. Thermometer 17°. Abreise von Utwyl.
10 „ 7 „ „ 18° Eisdicke 6" Entfern. 5000' Nbg.
„ 6 5''' „ 10000
„ 20° „ 5" „ 15000
unverändert „ 20000
„ - 24000
„ „ 30000
12 „ 40 „ Ankunft bei der Ziegelhütte in Fischbach, Entfernung v. Utwyl 32641'

Zweite Messung nach Immenstaad, vom Wasserstandpfahl aus bei Utwyl gegen das rechte Kirchthurmeck von Immenstaad.

Da, wo die Schiffleute das erste Viertheil der Entfernung setzen, betrug das genaue Maß

	5975',	die Eisdicke	55.'''
In der Mitte	13900'.	„ „	45.'''
Im 3ten Viertheil	20800'.	„ „	35.'''
Im 4ten Viertheil	27996'.	„ „	35.'''

Es ist auffallend, wie beinahe genau die Schiffleute die Mitte beobachtet haben. Das erste Viertheil setzten sie hingegen zu früh. — Es ist wohl auch zu zweifeln, daß die Eisdicke am Ufer bei Immenstaad nur 35''' betrug; das Eis wird sich doch auch dort früher angelegt haben.

In Münchs Fürstenbergischer Geschichte fallen mir noch manche Irrthümer, Trugschlüsse neben denen auf, die Sie in so großer Menge angezeichnet haben. Wenn ich den Band vollendet habe, will ich sie recapituliren und Ihnen ein Verzeichniß davon mittheilen. Für die Bekanntmachung würde Ihnen indeß Herr Münch so wenig Dank wissen als der Schinderhans dem Beutel, der ihn zwickte. Wenn es auch nicht so arg wäre, so könnte man noch sagen: Permitte nobis debita nostra, sicut et nos permittimus debitoribus notris. So aber muß man selbst die religio vom judicium ausschließen; man darf die Vernunft nicht gefangen nehmen, wenn sie solchem Mißbrauche ausgesetzt ist.

Die Monumenta habe ich vom Buchbinder noch nicht zurück. Um den Porto zu sparen, wäre ich geneigt, dieselben so lange bei mir zu verwahren, bis die Andacht Sie wieder einmal hieher triebe, oder der erwachende Frühling Sie locken würde, Ihre benachbarten Freunde zu besuchen. Sobald indessen einmal ein schöner, trockener Tag ist, und ich von St. Gallen wieder zurück bin, werde ich Herrn von Imhof zu Ihnen bringen. Schade, daß dieser sonst so liebenswürdige Mann keinen Wein trinkt, keine als gemahlte Schönheit liebt, und selbst am Gesang wenig Freude zeigt.

Am feinen Papier bin ich ausgekommen. Doch ist auf diesem hausbackenem die Versicherung nicht weniger herzlich, daß ich mit ganzer Seele bin Ihr Ergebenster

Diak. Pupikofer.

Bischofzell am Tage des
Märtyrers Leander 1833.

Hochverehrter Herr und Nachbar!

Die schlechten Witterungs-Prognostika hielten Herrn Oberamtmann und mich gestern von der St. Galler Reise ab, oder vielmehr, es waren unsere Frauen, die uns, in der Besorgniß, unsere Gesundheit möchte davon Schaden nehmen, davon zurück mahnten. Ich habe unterdessen an einen Bekannten geschrieben, daß er mir Nachricht geben möge, wie es mit Herrn von Arx stehe.

Von Kupferstecher Hartmann erhalte ich beiliegende Sendung. Was darin auf Sie Bezug hat, werden Sie aus seinem Schreiben lieber selbst entnehmen, als daß Sie es von mir exegisiren lassen.

Ihre Recension ist im Erzähler abgedruckt. Ich bin mit Ihrem Urtheile ganz einverstanden; doch ist Ihre Elle viel größer, als die des Erzählers, und ich glaube, mancher, der beim Erzählen sonst ein Uebermaß heimtrug, hätte bei Ihnen noch nachliefern müssen.

Wenn nichts besonders einfällt, so gehe ich über 8 Tage, das ist künftigen Montag, ganz bestimmt nach St. Gallen, vielleicht auch nach Speicher und Trogen. Wollen Sie mitgehen, so geben Sie mir, wenn ich künftigen Freitag nicht zu Ihnen komme, einen Wink oder ein Itinerarium, damit ich Sie zu finden wisse.

Von Kortüms Geschichte des Städtebundes, 2. Band, wünsche ich Kenntniß zu nehmen. Haben Sie die Güte, mir das ganze Werk mit Gelegenheit zu übersenden. — Um Siegellack habe ich geschrieben.

Mit herzlicher Ergebenheit Ihr

Pupikofer.

Bischofzell, 2. Mart. 1830.

N. S. Wollen Sie das Hartmannsche Schächtelchen zugleich mit Ihren Zeichnungen wieder nach St. Gallen zurück gehen lassen? Ich bedarf desselben nicht mehr.

Mein hochverehrter Herr und Meister!

Der Herr Knöpfel von St. Gallen hat mir für Sie ein Pfund von seinem berühmten Siegellack gesandt und zugleich von dem Befinden des Herrn von Arx Nachricht gegeben. Lesen Sie seinen ausführlichen Bericht selbst; ich glaube, Sie werden sich überzeugen, daß mit dem armen Arxius nicht mehr viel anzufangen ist, und somit werden Sie wohl auch nicht Lust haben, ihn zu besuchen.

Morgen muß ich einige Arbeiten in meinem Gärtchen dirigiren, und werde also nicht zu Ihnen kommen. Was macht Ihr Husten? Bei dem jetzigen scharfen Winde wird er sich wahrscheinlich besser befinden, als Sie. Ich habe diese Woche wieder einige Anfälle von Zahnschmerzen gehabt, und, wenn ich sie als Zeichen des Frühlings ansehen darf, habe ich nicht Ursache, mich darüber zu grämen.

Die Herbipolana sind gebunden, die Boica restaurirt. Aber mit den letztern ging es sonderbar. Ich lies nach Ihrem Verlangen die Tafeln des Bandes II, die im elften Bande waren, in den zweiten versetzen; wie ich nun aber nochmals vergleiche, so sehe ich, daß sie doch in den elften gehören und das Zeichen II als arabische Ziffer gelte. — Die Kupfer des zweiten Bandes, die Baumburgensia und Chiemseensia, bei

denen wohl die pagina, nicht aber der Band angegeben ist, mußte ich aus dem 5., 6., 9. und 10. Bande zusammensuchen. Sehen Sie nun zu, ob ich recht gethan habe, oder nicht.
Hochachtungsvoll bin ich Ihr Ergebenster
Pupikofer.
Bischofzell, 5. Mart. 1830.

Mein verehrtester Herr und Meister!

Statt in der Abbatia Criucilinensi nach verborgenen, vielleicht gar nicht vorhandenen Schätzen zu graben und in dem aufblühenden Frühlinge Auge und Herz zu weiden, hält mich das finstere Gesicht das unserer terra alma mater mit seinen Thränen und Seufzern liebkosenden Stier- (Juppiter ammon) Neumonds im Hause zurück; und eine tussissaxifraga, die mir unlängst im Leibe erwachsen ist und mir beschwerlich zu werden anfängt, wird jenem Arrestbefehle so lange Nachdruck geben, bis ein Hexentränklein, bereitet vom dicken Bodensee-Ritter, mich davon befreit haben wird. Und bin ich denn wieder gesund und frei, so werden, so viel ich höre, dreitägige Schulprüfungen in der letzten Aprilwoche mich in Anspruch nehmen und meine Pläne abermals verrücken. Sie sehen also, mein Versprechen, Ihnen die Fürstenbergische Stammtafel in der Zeit, daß Sie sich mit Münchs Buche beschäftigen, zu überbringen, kann ich nicht halten, und so sende ich Ihnen dieselbe durch den Boten. Ich füge die Bitte bei, daß Sie mir dagegen Neugarts Codex, den Sie mir vor einiger Zeit zusagten, zum Troste in meiner Verlassenheit schicken und dadurch dem Himmel ein Dankopfer für die St. Gallischen codices bringen möchten, mit denen Sie so unerwartet gesegnet wurden. Ich lese eben Wegelins Geschichte des Toggenburgs und werde dadurch veranlaßt, in Neugart einiges Thurgauische nachzuschlagen und zu vergleichen.

Können Sie wohl glauben, daß ich Ihr Schreiben vom 7. April erst am 15. April las, als ich von Ihnen zurück wieder nach Hause kam? Und doch thut der Zufall so oft das Unglaubliche. Ihre Einladung mit Weib und Kindern Ihren hiesigen Besuch in Eppishausen zu erwidern wird nicht fruchtlos in der Luft verhallen, wie so viele meiner Predigten. Die Kinder freuen sich schon jetzt auf die Feiertage im Anfange Mais, in der Erwartung, ich werde Sie durch den dunkeln Wald in das Zauberschloß führen, wo die Engel und Teufel so stattlich an den Wänden herum hängen. Ich konnte Sie am Donnerstag vor dem Klopfen und Poltern nicht fragen, ob es Ihnen recht war, daß ich das halbe Hundert Bierkrüge voll machte; indessen, da Sie selbst innerhalb 10 Tagen nicht remonstrirt haben, so müssen Sie dieselben jetzt wohl rechtlich behalten. Herr Schlatter hat mir darüber mitfolgenden Conto ausgestellt, und zu den fl. 5.24 desselben habe ich für 50 Krüge à 6½ xr f. 5.25 nebst 24 xr für Stöpsel bezahlt, was zusammen eine Summe von f. 11.13 ausmacht.

Sie haben schon einige Mal geäußert, wie wünschbar es wäre, daß die im alten Thurgau zerstreuten Geschichtsforscher sich einmal vereinigten; nun werden Sie an der Landsgemeinde Herrn Zellweger sehen, und könnten sich also mit demselben verständigen, ob er an einem historischen Congresse Antheil nehmen wollte. Bieten Sie Eppishausen zum Versammlungsorte an, so will ich als ein tugendhafter Schreiber auch einige Einladungen nach Frauenfeld und Zürich fertigen. Sie, Zellweger, Kirchhofer, Vögeli, Henne, Wegelin, Mörikofer, wären schon eine heilige Siebenzahl, an die ich und mancher andere ehrliche Mann sich so gerne anschließen würde. Freilich wird Herr Zellweger als *Zollweger* auch diesen Sommer über wider geplagt sein, und der Episcopatus fällt Ihnen vielleicht auch noch zu einer Zeit auf die Schultern, wo Sie sich gerne entlastet sähen.

Gestern erhielt ich von der Orellschen Ausgabe des Cicero Vol. III. pars I. oder die Briefe. Herr Orell streitet sehr gegen Wunderli, Bardili u. a. Ciceronianer und behauptet, der von Petrark aufgefundene Mediceische Codex sei nicht blos der älteste, sondern auch der Vater aller andern Codices der Briefe Ciceros. Ersteres wollte man ihm gelten lassen, aber letzteres nicht; darum schrieb er 24 eng gedruckte Seiten und schließt: Wenn jene ihm nicht glauben wollen, so illi — ut volent postea eam emendent conjecturis, corrumpant, interpolent ex Codd. suorum et edd. sec. XV colluvie. — Weil ein deutscher Buchhändler den Orellischen Text zu stereotypisiren unternommen hat, müssen wir Subscribenten dafür büßen, indem der letzte Theil erst herausgegeben wird, wenn ein Züricherscher neuer Textabdruck zu Stande gekommen sein wird.

Sie hatten sonst die Güte, mir den Schweiz. Geschichtsforscher mitzutheilen. Für das letzte Heft aber nehme ich Sie nicht in Anspruch, da Herr Dekan Däniker mir dasselbe eingehändigt hat. Ich habe indessen erst noch die Ueberschriften der Arbeiten gelesen, und u. a. bemerkt, daß Zellweger seine Chronologie der Äbte den richtigeren Ansichten Wegelins angepaßt hat.

Die Italica sende ich Ihnen zurück, ohne daß ich mein Reisetagebuch nachgeholt hätte. Es fliegt davon ein Blättchen um das andere aus meinem Gedächtnisse fort, und was noch haftet, muß der Klio zum Opfer dargebracht werden. Was liegt auch daran? Ich habe ja nichts gesehen, das nicht von Tausenden schon wäre bemerkt und beschrieben worden.

Wollen Sie Sonntags, 2. Mai Abends, in Hagenwyl einen Männerchor, von Bischofzellschen, Hauptwylschen und Egnachschen Sängern aufgeführt, anhören, so werde ich Sie dort auf der Burg des alten Hagen antreffen, und mit Ihnen in Ihr oder mein Haus zurückwandern. Bleiben Sie unterdessen freundlich gesinnt Ihrem Ergebensten

Diak. Pupikofer.

Bischofzell, 20. April 1830.

Mein verehrter Herr und Gönner!

Es war meine Absicht, heute bei Ihnen ein Mittagssüppchen einzunehmen und Ihnen beim Hypenbrechen Gesellschaft zu leisten; allein Amtsgeschäfte rufen mich nach Hauptwyl und übermorgen ist das Fest ascensionis Christi, worauf ich morgen mich vorbereiten muß. Damit also Herrn Grimm die Offnungen, die ich copirt habe, nicht länger vorenthalten bleiben, sende ich Ihnen dieselben durch den Boten. Ich hoffe, Herr Grimm werde sich über die Hofrechte, die im Fischenthale (auch Wald liegt in diesem Thale und Rüti) herrschend waren, nicht wenig freuen. Die Allegate zur Erklärung der streitigen *Theilungen* finden sich im Hofrechte zu Wald, wo es heißt, eine Wittwe möge den ihr zugefallenen Antheil an liegenden Gründen den *rechten geteilden* verkaufen, und wenn ein Verstorbener weder Vater- noch Muttermag hinterlasse, da erbtind die, so der güter Theilung hettind. Noch klarer spricht sich die Fischenthaler Offnung § 13 und 19 darüber aus; da aber die §§ numerirt sind, so schreibe ich dieselben nicht ab. Dem Herrn Zellweger werden Sie wohl diesen Fund aus seiner ihm, wie es scheint, selbst nicht durchgängig bekannten Schatzkammer zur Kunde bringen.

Die glänzende Mahlzeit, die Herr Oberamtmann zu Ehren seiner kinderreichen Gemahlin zurüsten läßt, wird künftigen Sonntag statt haben, und Sie werden auf den Mittag erwartet. An einem schönen Wunsche auf das Wohlergehen des kleinen Julius werden Sie es wohl nicht fehlen lassen, wenn schon derselbe nicht im Julius erzeugt, nicht im Julius geboren wurde, und seinen Stammbaum weder zum Julius Cäsar noch zum Julius, dem Sohne des Äneas, hinauf leitet.

Meine Verse zum Andenken der ohne Zweifel schönen Angela, die wir in der großen Kälte so lange umsonst in Ihrer Rüstkammer suchten, wo sie sich unter alten Waffen und Weinkrügen versteckt hat, lege ich Ihnen mit innigster Bescheidenheit vor. Urtheilen Sie, ob Sie die Arbeit Herrn Follen für seinen Zweck wollen einsenden lassen, oder nicht; denn ohne Ihre Ansicht darüber vernommen zu haben, möchte ich nicht aus meiner nüchternen Prosa hervortreten, um mich unter die Dichter zu reihen. An rothen Stiften zum Unterstreichen wirds Ihnen doch nicht fehlen?

In Mülheim war ich gestern nicht; also kann ich Ihnen nicht melden, was daselbst zum Heile des Landes gerathen und beschlossen worden sei. Ohne Zweifel wird des gestifteten Guten eine große Zahl sein, und Jakob Fehr wird dem Vernehmen nach wohl auch etwas davon zu sagen wissen. Unser Oberst Egli, sonst auch einer der dicksten (wie der Holländer sagt), ist ebenfalls hier geblieben, und gestern auf dem Markte herumspazirt, wahrscheinlich in der Absicht, den Appenzeller aus der Volksmenge heraus zu forschen und ihm das Fastnachtspiel mit Blut zu bezahlen. So war auch der junge Herr von Weinburg, genannt Rennhard, auf unserem Markte, hat mir aber den alten Appenzellerkrieg nicht mitgebracht; da ich den edlen Herrn nicht selbst sah, konnte ich ihn nicht an seine Vergeßlichkeit erinnern.

In der Hoffnung, Sie am Sonntag Abend eine Weile wenigstens zu sehen, oder noch lieber Ihnen unsere neue Matraze zum Nachtlager anbieten zu dürfen, bitte ich Sie, mir und den Meinigen ferner gewogen zu sein. Herzlich der Ihrige

D. Pupikofer.

Bischofzell, den 18. Mai 1830.

Mein hochverehrter Herr und Gönner!

Von Tag zu Tag sehe ich einer günstigern Witterung entgegen, die mir erlaube, Eppishausen wieder zu sehen; und immer kommt Regen und wieder Regen, und der Barometer selbst will immer mehr verzweifeln. Ich bin zwar so feige nicht, daß ich nicht einem trüben Himmel allenfalls noch Trotz bieten dürfte; allein im Sommer geht man doch lieber in der Sonne spazieren, als mit dem Regendache, und wenn die Hausfrau Hoffnung macht, mitzugehen, darf man vollends von Sturm und Regen nichts sagen. Sehen Sie, so ist's gekommen, daß ich nun schon seit drei Wochen nicht mehr bei Ihnen war, ganz gegen die Regel, daß man auf dem Wege der Freundschaft kein Gras soll wachsen lassen.

Indem ich dieses mein trauriges Liedlein diesen Morgen sang, langte ein Brief an, der mir glauben machen wollte, es sei sehr gut gewesen, daß ich nicht zu Ihnen gewandert sei, weil ich Sie nur an einer dringenden Arbeit versäumt hätte. Herr Wegelin schreibt mir nämlich, er befinde sich des Weißenauer Codex wegen in tödtlicher Angst. Er habe Ihnen geschrieben, wie der Codex bei der Bibliothek-Visitation vorgewiesen werden müsse, aber von Ihnen weder Codex noch sonstige Antwort erhalten; wenn Sie verreist seien und den Codex in Eppishausen eingeschlossen haben sollten, so möchte ich doch sehen, ne respublica detrimentum capiat. Vorläufig will ich heute Abend den guten Mann trösten, daß er das theure Buch noch zur rechten Zeit erhalten werde; geschieht letzteres nicht, so lege ich mich auf Ihre Kosten zu Baden in Geiselschaft, so daß der Codex Ihnen bald theuer zu stehen kommen soll.

Für Ihre Bemerkungen über die Angela anceps und derselben Geschichte danke ich Ihnen recht herzlich; daß die dichterische Weihe mir fehle, fühle ich wohl, und noch mehr sehe ich, daß der Bilderreichthum in der Darstellung mir fehlt. Ich lebe mehr in der Welt des Verstandes, als der Phantasie. Ich habe noch keine Umarbeitung versucht, und werde wohl damit noch eine Weile zuwarten. Herrn Follen will ich dafür den Traum Walters von der Vogelweide überlassen, damit das Versprechen, das ich mir abschwatzen ließ, nicht ganz unerfüllt bleibe. Ich habe seither noch einige Strophen Walters umgearbeitet, und will dieselben Ihnen bei nächster Gelegenheit vorlegen.

Was sich bei Steckborn altes gefunden habe, wird Ihnen der überall spionirende Fehr berichtet haben. Herr Mörikofer sandte mir von zwei Münzen beiliegende Siegelabdrücke; ich kann den Inhalt nicht enträthseln: die Züge ATFIR entsprechen den jetzigen arabischen Schriftzügen nicht. Wohl gibt Mabillon darüber Aufklärung. Ich habe Auftrag gegeben, mir einige Münzen zu kaufen, oder wenigstens noch mehrere Siegelabdrücke zu verschaffen; daß mein Wunsch erfüllt werde, darf ich freilich nicht hoffen, da die Steckborner ihre Schätze nicht an ihren Todfeind werden ausliefern wollen. In Gottes Namen! Wir wissen doch nun wenigstens das bestimmt, wie viele Grane die Münzen gewogen haben, und verdanken diese Untersuchung ohne Zweifel Herrn Freienmuth.

Ich bin sehr neugierig, Ihre Kritik über die Freienmuthsche Staats-Ökonomie zu hören. Die Appenzeller Zeitung hat schon in zwei Nummern dagegen gesprochen; die Zürchersche Freitagszeitung von Bürkli hat gemeint, es sei dem Verfasser wohl nur darum zu thun, seinen eigenen und den Staatsgeldern, sowie denen seiner Vettern und Basen das Bestehen eines hohen Zinsfußes zu sichern. Eine ähnliche Absicht will Herr C. Zellweger im Büchlein aufgespürt haben. In 14 Quartseiten, die er für mich niederzuschreiben die Güte hatte, zeigte er, wie unpolitisch das System Freienmuth sei, und wie unwahrscheinlich selbst die Prämisse, auf welche er folgert. — Auch ich, auch Herr Oberamtmann Scherb, auch Herr Oberstlieutenant Egli haben uns mit unsern Federn gegen den Erbfeind des thurgauischen Credits eingelassen. Ich glaubte vorzüglich deswegen dazu berufen zu sein, da ich vor 8 Tagen in St. Gallen vor allen guten und schlechten Freunden über die fides thurgovica Rede stehen mußte.

Unsere Badereise soll an Johannes des Täufers Abend vor sich gehen; wir hoffen, er werde uns, wenn er schon Täufer heißt, doch nicht mit Regen, sondern lieber mit Feuer taufen. Vorher noch, vielleicht Morgen Abend schon, werde ich Ihnen für Herrn Grimm sechs Bogen Offnungen, die ich noch collationiren muß, und das Solothurner Wochenblatt überbringen. Herr Lüthi muß ein trefflicher Mann sein, der nicht blos für alte Urkunden, sondern auch für tiefe Dichtkunst Geschmack hat. Unserm geadelten Müller ist er freilich etwas unbillig, noch mehr aber dem alten Arx. Ich habe auch beiläufig gesagt, die Bemerkung gemacht, daß Sie mehrere Urkunden mit Episc. Const. angemerkt haben, ungeachtet sie rein Lausanensia sind.

In der Hoffnung, Sie bald zu sehen, bitte ich Sie, mich und die Meinigen Ihres ferneren Wohlwollens zu würdigen. Herzlich der Ihrige

Pupikofer.

den 15. Juni 1830.

Mein verehrtester Herr und Gönner!

Sie sind am Sonntage wieder nicht nach Hauptwyl gekommen; gestern auch nicht, und heute darf man Sie eben so wenig erwarten. Also muß ich ohne einen eigentlichen Abschied von Ihnen genommen zu haben, vereisen? Wie Gott will, und Ihr codex Weissenaugiensis gebietet! Ich nehme doch die Überzeugung mit mir, daß Sie auch über den alten pagus Tigurinus hinaus an mich denken.

Ich habe in meinen Auszügen nachgeschaut, ob ich einen Ulrich von Klingen in einer Kreuzlinger Urkunde finde, aber habe keinen getroffen. Ich muß mich meines noch so jungen und doch so schlechten Gedächtnisses schämen! Die ältesten Spuren des Geschlechtes von Klingen möchten indess in der Tradition liegen, daß Wiborad, die Heilige, demselben entsprossen sei. In ihrer Biographie wird bemerkt, daß die Burg ihrer Eltern Konstanz nahe (also nicht an der Aare) lag. Das klingende Klingen des Herrn von Arx (Monumenta II, p. 162) und Lirers Schlacht an der Schwarzach, wo ein Klingen Feldhauptmann war, gibt wohl zu Andeutungen und Muthmaßungen Stoff. Der älteste Klingen, der mir urkundlich vorgekommen, ist Audalricus, bei Gerbert *Hist. Nigr. Silvae. cod. prob. p. 109.*[1]) Sollten Sie Öhms Chronik noch nicht gefunden haben, so mögen Ihnen meine Auszüge, die ich hier beilege, ein Nothbehelf sein. Thurgauische Sachen habe ich sorgfältig angemerkt. — In Rügers Chronik von Schaffhausen kommt kein Klingen zum Vorschein, was um so auffallender ist, da viele thurgauische Edelleute an Aller Heiligen Vergabungen machten. — In Werdmüllers (Bluntschlis umgearbeiteten) Memorabilia Tigur. werden I, S. 85, die Herren von Klingen, ohne weitere Angabe, als Mitstifter von Bubikon genannt; daselbst heißt es II, p. 130: „Die Freiherren von Hohen-Klingen oder Alten-Klingen, so hernach das Schloß Hohen-Klingen erbaut, waren schon zu Anfang des XII. seculi Kastvögte des Stiftes" zu Stein nämlich. Laut I. p. 267 war Fides von Hohen-Klingen als Äbtissin von Zürich gestorben 1358. Freiherr Walter von der Alten-Klingen ward 1375 von allen An-

---

[1]) *Ist da nicht zu finden.* (*Note von Laßberg.*)

sprachen an die Äbtissin und das Stift zum Frauen-Münster durch den Ausspruch dreier erbetener Richter abgewiesen. Ob diese Ansprüche auf die verstorbene Äbtissin sich bezogen haben, wird nicht gesagt. — Als Korrektur zu I, p. 125 der Thurg. Geschichte muß ich bemerken, daß Altenburg zwischen Hugoldshofen und Altenklingen laut des Memoranden-Buches im Schlosse Altenklingen, kaum zu Altenklingen gehörte; denn es heißt daselbst: „Die Herrschaft Märstetten hatte auch eine Burg zu Altenburg, die Klingenberg einverleibt wurde." Überdies steht jene Altenburg auf der rechten Seite des Kämmenbachs, der die Kirchspiele Wigoltingen und Märstetten scheidet.

Adelgund, Freiin von Klingen, war Verlobte des Freiherrn Georg von Zimmern: er starb aber noch vor dem Beilager; sie ehlichte nach desselben Tod Eberhard von Rosenegg (Hist. Nig. Silvae I, p. 212).

Wie verhält sich die Burg Klingen, die dem Markgraven von Hochberg gehörte, zu unserm Klingen? (Lazius p. 507; Ochs I, p. 411).[1])

Aus vorstehenden Bemerkungen sehen Sie, wie gerne ich Ihnen zu Ihrem Walter Beiträge geben möchte, und ich würde noch mehr beifügen, wenn ich nicht wüßte, daß Sie vor mir schon alles ausgebeutet hätten. Nur ein Blättchen mit der Inschrift zu Altenklingen und Auszüge aus den dortigen Memorandenbuch sammt einem Bande Leus lege ich noch bei, damit Sie von meinem guten Willen vollends überzeugt werden.

Und nun leben Sie wohl, und folgen Sie bald nach an den Strand der schäumenden Limmat, wo Ihnen mit Vergnügen entgegen sieht Ihr Ergebenster

Pupikofer.

Bischofzell, 22. Jun. 1830.

Sr. Hochwohlgeboren dem Freiherr von Laßberg
in Eppishausen.

Mein hochverehrter Herr und Nachbar!

Die Monumenta waren schon versiegelt, als der Bothe kam; nur das Siegel zu lösen, wird Ihnen nicht schwer werden, da Sie der Wundermann sind, der die verzauberten Bücher alle herauf beschwört und die Geheimnisse der alten Welt im neuen Spiegel sehen läßt. Glück zu! Wie sehr verlangt mich, Nachricht von Ihnen und Ihren Entdeckungen in Baden zu erhalten. Herrn Diebold will ich Ihre Rechnung bezahlen und den Rest getreulich zurückbringen, wenn der Hunger mich nicht zwingt, anvertrautes Gut anzugreifen. Herrn Follen zürnen Sie nicht; wenigstens sage ich ihm nichts davon. Lesen Sie zur Beruhigung Ciceros Brief V, 12, und entreißen Sie

---

[1]) *Die angeführten Orte sagen das nicht oder nur unbestimmt.* (*Note von Laßberg.*)

den Alpenrosen nicht das Stäbchen, an dem sie sich noch gegen den Sturm fest halten. Her Oberamtmann läßt Ihnen sagen, daß Sie doch mit Ihrer Vorstellung an den Kleinen Rath eilen möchten, bevor eine Vorklage erhoben werde.

In der Nähe und Ferne bleibt Ihnen mit herzlicher Liebe zugethan Ihr

Pupikofer.

Bischofzell, 22. Jun. 1830.

Wahrscheinlich wird Herr v. Imhof mit seinem Bruder dem Regimentsoberst aus Heilbronn Sie nächster Tage besuchen. Derselbe hat den Feldzug gegen Alexander und Napoleon mit gemacht, kann Ihnen also viel erzählen.

Baden, 2. Jul. 1830. bis 5. Jul.

Mein hochverehrter Herr und Gönner!

Schon seit acht Tagen wohne ich in den schweizerischen Thermophylen, und in der steten Zerstreuung habe ich bald alles, das Denken und Schreiben verlernt; nur von Zeit zu Zeit taucht aus der Fluth die Erinnerung an so viele liebe und gute Menschen auf, die auch außerhalb Baden wohnen, und dann senden meine Frau und ich recht herzliche Stoßseufzer in die Ferne, um damit die Götter zu versöhnen, daß sie den Leichtsinn, in dem wir leben, nicht strafen. Daß ich auch häufig an Sie denke, mögen Sie um so mehr glauben, da auch das Gewissen an die bisher versäumte Pflicht, Ihnen zu schreiben, alle Tage einige Male mahnt und mich für meine Trägheit straft. Noch nie ist mir indeß ein süßes Geschäft so schwer geworden; die Dinte schleicht, die Feder schleift, und die Hand selbst ist so unsicher, als wenn ich erst gestern vom Schreibmeister der Lehrjahre entlassen worden wäre. Wahrscheinlich hat das Dampfbad, das ich gegen meine Kopfrheumatismen anwende, seinen Einfluß geltend gemacht und die Nerventhätigkeit herunter gestimmt. Auch ohne dies ist ja der Wassergeist dem Feuergeiste so entgegen, daß man sich nicht wundern muß, wenn das in altum tendo ein wenig die Flügelkraft verliert.

Wie wohlthätige Witterung Johannes baptista uns gebracht hat! Sehen Sie, wie auch ich den Heiligen vertrauen gelernt habe. Kaum waren wir in Bischofzell abgereist, als der Himmel sich öffnete, und seither haben wir alle Ursache, zufrieden mit ihm zu sein. Einige Male waren wir bald versucht, über allzu grosse Hitze zu klagen, und es bedurfte der Erinnerung an die Massen von Heu, welche im Thurgau noch auf Wärme warten, um die Ungeduld noch zurückzuhalten. Herr Oberamtmann (der mir Grüße an Sie aufträgt) und ich wohnen neben einander, und eine Thüre verbindet unsere Zimmer, so daß die Frauen ohne Ende mit einander plaudern. Bekanntschaften habe ich noch keine gemacht, die für Sie

Interesse hätten und mir bleibenden Gewinn versprechen konnten. Einzig im Kloster Wettingen war ich und verglich daselbst, aus Mangel an Zeit nur oberflächlich, einen Necrolog mit den Auszügen im Herrgott; den ältesten Necrolog konnte ich nicht sehen, weil der Pater Großkellner abwesend war. In einigen Tagen werde ich aber nochmals hingehen. Ich habe die Hoffnung, noch einige Ausbeute, vorzüglich in der Beziehung zu machen, daß ich die Zinse, welche für die Anniversarien geschenkt wurden, anmerke, was bei Herrgott vernachläßigt wurde. Von Walter von Klingen z. B. wird gesagt, daß er 40 ₰ vergabt habe.

Bei Buchdrucker Diebold habe ich Ihre Rechnung mit L. 14. 36 berichtigt, so daß Sie noch 17 Batzen bei mir gut haben. Sein autographon werde ich Ihnen persönlich zu überreichen das Vergnügen haben.

Im nobile Turegum habe ich niemand als einen Buchhändler besucht und gar nichts neues erbeutet. Follen, Orell, u. s. w. will ich auf der Rückreise sehen, wenn's möglich ist auch den grämlichen camerarium Bubiconensem, Herrn Lindiner, wenn er noch lebt. In Niederweningen soll auch ein grosser Manuscripten-Schatz von einem kürzlich daselbst verstorbenen Amtmann Weidmann liegen, der in seinen Amtsverhältnissen mit allem möglichen Fleisse Urkunden des Bisthums Constanz in allen Klöstern sammelte, aber so unordentlich dabei zu Werke ging, daß Zeitungsartikel, Familien-Rechnungen, Urkunden u. s. w. überall durch einander gemischt seien, und bevor einem Fremden die Benutzung gestattet werden könne, von den Familien-Gliedern untersucht und gesondert werden müssen. Man hat mir die Hoffnung, die reiche Quelle zu benutzen, dadurch vor der Nase abgeschnitten, doch so daß ich hoffen darf, in einigen Jahren dennoch dazu zu gelangen.

Von Herrn Antistes Falkeisen habe ich über den Stifter von Klingenthal eine nicht ganz befriedigende Auskunft, doch das Versprechen erhalten, mir noch mehr, als ich verlangte, in einigen Wochen zuzusenden. Ich bat ihn um eine Copie der Klingenschen Grabmäler und um Mittheilung dessen, was ihm etwa *sonst* zur Aufklärung derselben kund sein möchte. Er bemerkte, daß er von Appellationsrath Peter Vischer bereits dafür angesucht worden sei, und demselben seine Notizen zur Hand gestellt habe, daß er aber von den Monumenten des Klosters Klingenthal exakte, durch Em. Büchel verfertigte Abzeichnungen besitze (die ich bei ihm gesehen habe) und mir von den merkwürdigsten derselben durch Herrn Diacon Übelin Copien verfertigen lasse. — Unter diesen Monumenten werden ohne Zweifel auch die Zeichnungen von den in Frage stehenden Grabmälern sein, wofür ich eigentlich bat; das Übrige mag als willkommene Zugabe dienen. Wenn nur Herr Übelin nicht zu lange warten läßt!

Auch den Kirchenhistoriker Heß von Zurich, einen halb närrischen Gelehrten, der hier wohnt, habe ich besucht. Ich sah bei ihm einen Catalog des Antistitial-Archivs von Zürich und fand in demselben u. a. auch einen Pergament-Codex des Schwabenspiegels, dem ich in Zürich nachgehen werde. Noch manches andere, aus der Hinterlassenschaft Stumpfs, Bullingers, u. s. w. schlummert bei dem Vorsteher der ehrwürdigen Zürcherschen Geistlichkeit, unter dem theologischen Banne des protestantischen Geistes, der das aevum medium so feindselig behandelt hat. Wenn nur der Wächter des Schatzes seinen alten Hass gegen mich, der ich ihm nicht orthodox genug war, nicht geltend macht!

Herr Oberst von Imhof hat uns hier besucht. Ich war gestern in Aarau und sah weder Zschocke noch Tanner, weil — — — gute Freude die *kostbare* Zeit ihnen und mir vertändelten. Kaum werde ich den Weg nochmals machen. Ihr versprochener Brief bleibt immer noch aus, trifft mich vielleicht gar nicht mehr hier, da ich am 9. Juli verreisen, am 16. wieder zu Hause sein werde. Kommen Sie am 18. Juli nach Bischofzell, so werden Sie herzlich willkommen sein Ihrem

Pupikofer.

Mein verehrtester Herr und Nachbar!

Gestern wollte ich Sie in ihrer Einsiedelei besuchen; allein der Einsiedler war ausgeflogen und seine Sakristei verschlossen, so daß ich vom Reliquienschatze auch keinen Daumen zu sehen bekam. Es thut mir sehr leid, daß Ihr Herr Sohn mit seinen Urkunden schon verreist ist; ich hoffe derselbe werde wenigstens auch so lange bleiben, bis der Zürcher Codex des Schwabenspiegels verglichen sei, und diese Arbeit werde mir schon noch Zeit geben, die Tage so recht nach meiner Bequemlichkeit zum Spaziergange nach Eppishausen auszulesen: allein, während ich auf dieses Vergnügen so sicher rechnete, war es bereits unmöglich geworden. Denken Sie sich meinen Schmerz, als ich so getäuscht, in der Mittagsstunde, meinen Rückzug antrat, und, wie Xenophon, in die Kreuz und Quere durch Wald und Wiesen und Felder irrend, umsonst den nächsten und schattigsten Pfad einmal zu finden suchte und überall mit Kreuzwegen, verlornen Bahnen, Gesträuch und Sumpf kämpfte. Mein alter Trostgedanke, da bin ich ja noch nie gewesen, da ist ja wieder ein mir unbekannter angulus terrae, erhielt meinen Muth aufrecht, und recht heiter langte ich wieder zu Hause an.

Sie haben letzten Sonntag ein Wörtchen fallen lassen, als wäre die Möglichkeit vorhanden, daß Sie schon künftige Woche verreisen würden. In diesem Falle könnte ich Sie kaum mehr sehen, da die drei ersten Wochentage mich nach St. Gallen fordern, und sich an diese gelehrte Ausschweifung noch leicht ein anderer Ausflug nach Gais, Blumenegg, oder gar über den See anhangen könnte. Damit ich nicht länger Ihr Schuldner bleibe oder während Ihrer Entfernung gar das debitum vergesse, sende ich Ihnen hier die 17. Batzen, welche mir laut bereits abgelegter Rechnung bei Diebold in Baden übrig geblieben sind. Auch bitte ich, daß Sie bei Ihrer Abreise mir die Monumenta zustellen lassen möchte. Herr Reg. Rath Freienmuth verlangt sie einzusehen, um sie vielleicht in die Kantons-Bibliothek anzukaufen. Wollten Sie zu meinem Gebrauch auch Ihre Handschrift von Konrads v. Ammenhausen Schachzabel mir anvertrauen und Schwabs Bodensee dazu (sintemal ich im künftigen Neujahrsblatt Gottlieben beschreiben soll), so würden Sie auf mein freundschaftlich gesinntes Haupt Kohlen der Dankbarkeit häufen, deren Gluth auch nach mehrmonatlicher Abwesenheit noch fortglimmen müsste, ja, wie das ewige Feuer der Vesta für Ihr und mein Hauswesen Glück befördern und jeden Unfall möglichst entfernen würde!

Vor einigen Tagen theilte mir Herr Dekan D. das Verzeichniß des von Prof. Wyß hinterlassenen Bücherschatzes mit. Da ich nicht zweifle, daß Sie schon damit bekannt seien, send ich Ihnen dasselbe nicht; doch kann ich mich nicht genug über die reiche und kostbare Sammlung verwundern. Ich denke, Herrn Jenni einige Aufträge zu geben. Bei dieser Gelegenheit dachte ich mir oft das Glück eines Mannes, wie Wyß war, der mitten in den Vorräthen der Gelehrsamkeit als Professor und Bibliothekar und Dichter obendrein ein herrliches Leben genießen mußte, und ich konnte den Wunsch nicht unterdrücken, in ein Verhältniß zu kommen, wo ich ebenfalls ganz der Wissenschaft leben könnte, ohne durch praktische Theologie immer wieder unterbrochen zu werden. Bei uns ist es indessen nicht zu erwarten, daß die Historie oder Philosophie einem Mann jemals andere Nahrung gebe, als für den Geist, und auch dieser ist noch der Hungersnoth ausgesetzt, wenn der Zauberer in der Burg Eppos mit seinen Schlüsseln davon zieht.

Wenn etwa der Herr Grav von Müllinen fragt, was ich treibe und er damit auf mein Stillschweigen deutet, das sein verbindliches Schreiben vom 12. Jenner immer noch unbeantwortet läßt, so vertreten Sie mich doch gütigst mit Ihrer Fürsprache und sagen Sie ihm, daß ich mich in großer Verlegenheit wegen der Stammbäume befinde, die aufzustellen er mir anempfohlen hat. Ich habe es wohl schon versucht, etwas von der Art zu machen; allein kein einziges thurgauisches Geschlecht gibt genug Data, um auch nur drei zusammenhängende Geschlechtsalter zusammenzufinden. Wir haben überhaupt zu diesem Zwecke noch zu wenige Vorarbeiten, und wenn ich ungegründete Conjekturen aufstellte, Sie, Sie würden mir schön auf die Finger klopfen, daß ich mit Horaz über den strengen Orbilius aufschreien müßte. Ich will sehen, ob ich den Herbst über noch etwas in St. Gallen und Fischingen zusammen treibe; denn ich habe wieder wahre Sehnsucht, in Urkunden zu wühlen. Aber τὸ Deum amare omnibus praecedit, wie ja auch der Steckbornsche Recensent bemerkt hat.

Wahrscheinlich kommt heute oder morgen Freund Mörikofer zu Ihnen und wird morgen Abend zu mir herüber wandern, um mit mir oder ohne mich das jenseitige Bodenseeufer zu sehen; denn so war es verabredet, als ich in meiner Badzerstreuung St. Gallens vergessen hatte. Könnte das nicht für Sie ein Beweggrund werden, am Ausflug nach St. Gallen u. s. w. Theil zu nehmen und das Nest in Wasserburg auszunehmen, bevor die Vögel daselbst ganz ausgeflogen sind? Ich stehe Ihnen nicht dafür, daß ich nicht, selbst auf die Gefahr hin, als ein Schismatiker abgewiesen zu werden, einen Versuch auf die alte Kiste mache, um wenigstens den Minoriten Berthold heim zu tragen, und wie würden Sie sich grämen, daß Ihnen einmal etwas durch einen Ihrer Jünger weggeschleppt worden sei.

Meine Frau, welche wieder auf guter Besserung ist, läßt Ihnen ihre Ehrfurcht bezeugen. Soll ich Sie vor Ihrer Abreise nicht noch einmal von Angesicht zu Angesicht sehen, so wünsche ich Ihnen eine glückliche Fahrt und daß Sie, wenn Sie in das Land der Kranichschnäbler schiffen, den Karfunkel nicht vergessen heimzubringen. Ihr Ergebenster
Pupikofer.

Bischofzell, 24. Jul. 1830.

Mein hochverehrter Herr und Nachbar!

Weil ich Herrn Mörikofer, der seine Reise bis nach Waldburg ausdehnen wollte, obgleich er mich bis Mittwoch Abend späte warten ließ, wegen des bevorstehenden Sonntags nicht folgen konnte, und mir überdies der kleine Doctor medicinae Köchlin von Zürich, der ein Sprößling der Herren von Singenberg sei und ihre Stammburg besuchen will, seine Herkunft auf heute angezeigt hat, obgleich ihm bis jetzt beliebt hat, nicht zu kommen, kann ich weder mit Herrn Mörikofer, noch allein, den Abschiedstrunk in Eppishausen holen, sage Ihnen dagegen nochmals und zwar durch Herrn Wegelin, der mich um Ihre Bücher sollicitirt hat, und den ich am besten zur Hauptquelle zu weisen glaubte, auf Ihre bevorstehende Reise meine herzlichen Glückwünsche und füge die Bitte bei, den von mir bereits bezeichneten Büchern gütigst noch Uhlands Gedichte beilegen, mich für meine Unbescheidenheit entschuldigen und bald wieder in Ihren Büchersaal zurückkehren zu wollen, und eben so mir den Ort zu bezeichnen, wohin ich die Grabsteinzeichnungen, wenn sie einmal von Basel ankommen sollten, zusenden müsse, ob etwa zu Herrn Follen, der im Nothfall selbst die Vergleichung mit der von mir gegebenen Beschreibung machen könnte, wenn Ihre Entfernung dies für Sie selbst unmöglich machte, oder nach Bern, Luzern, Zürich, Uri, Schwyz, Unterwalden, Zug u. s. w.. von woher oder vielleicht auch anderswoher ich zwar kein schriftliches Andenken von Ihnen erbitten oder erwarten darf, wenn es schon mich außerordentlich freuen würde, zu wissen, wie Sie über Meer und Land, über unförmliche Flöße und Dampfboote die Erinnerung an mich mittrugen, und Sie mir überdies für mein aus Baden geschriebenes Billet eine Erwiderung aus der Ferne schuldig sind, ein Recht, das ich nur dann nicht geltend machen darf, wenn, was freilich nicht ausbleiben wird, die ungestalten Fratzen der Zauberwelt Ihnen wieder Sibyllenblätter aus der Ritterzeit zuführen, und Ihre Aufmerksamkeit so ganz beschäftigen würden, daß die Gegenwart für Sie verschwände und Sie nicht nur Ihre Klienten, sondern selbst Essen und Trinken darüber vergäßen, in welchem Falle ich ehrfurchtsvoll zurücktrete und zuwarte, bis der Priester der Eleusischen Geheimnisse wieder seinen geheiligten Mund öffnen und sich mittheilen will Ihrem beeilten und unwürdigen Schüler

Pupikofer.

d. 30. Jul. 1830.

Bischofzell, 25. Nov. 1830.

Mein hochverehrter Herr und Meister!

Ist es nicht, als wenn zwischen Eppishausen und Bischofzell die Erde einen Riß bekommen hätte, so daß wegen der Kluft niemand hinüber und herüber gelangen könne! Schon mehrere Wochen weiß ich gar nicht, wie es bei Ihnen und um Sie steht. Sie meinen wohl, ich sei selbst daran Schuld, hätte selbst bei Ihnen nachsehen können; allein die feuchte Witterung hat mir wieder schmerzhafte Nägel in die Zähne und Schläfe gebohrt, so daß ich nur, wenn die Noth gebeut, nicht zu Lust und Scherz mein Zimmer zu verlassen wage, und da Ihnen Ihre blaue Stube lieber ist, als der finstere Nebel, und die weiche Ottomane angenehmer als der Straßenkoth, können und wollen Sie freilich auch nicht zu mir kommen, und so bleiben wir einander so fremd, als wenn wir auf zwei verschiedenen Hemisphären wohnten.

Sed quoniam senescentem mundum tanquam ad finem tendentem praeceps concludit brevitas, res gestas litteris mandari provida maiorum sanxit autoritas. Diesem guten Beispiele folge ich nach und nach und bemerke Ihnen aber vor allem aus, daß die Leute in unserer alternden Welt, und besonders heute, sehr jugendlich und trotzig aussehen und wirklich im Begriffe sind, den Grund zu einem Staatsbaue zu legen, der der Ewigkeit trotzen soll. Ungeachtet nur die Bürger durch das Gesetz berufen waren, drängten sich doch auch die Nichtbürger

in die Versammlung, in der Meinung, sie gehörten wohl noch
sie mit mehr Recht als die Berufenen zu den Auserwählten. Was
Sie jetzt mit einander in den heiligen Hallen über die Politik
verhandeln, möchte ich wohl wissen; allein ich will mich nicht
selbst einmischen, wenn ich schon so gut Recht oder Unrecht
dazu hätte, als andere, sondern halte mich einstweilen am
Buchstaben des Gesetzes und tröste mich meiner Mäßigung
dadurch, daß ich meine Legitimität vor Ihnen rühme.

Follen hat mir gestern die Alpenrosen gesandt, und,
wie er schreibt, auch Ihnen dieselben zugeschickt. Wenn Sie
die Angela lesen, so werden Sie sich über ihre jetzige Gestalt
wundern; allein sie ist eigentlich gar nicht mehr mein Geschöpf, da Follen derselben ein anderes Kleid übergeworfen
hat. Weil er es mir nicht nachlassen wollte, meine entworfene
Arbeit der Vergessenheit zu übergeben, so sandte ich ihm
dieselbe mit der Bedingung, daß er selbst den Stoff, wenn er
etwas tauge, uniforme und gestalte, was er nun auch gethan.
Nur der dritte Theil der Romanze ist größten Theils unverändert geblieben. — Den übrigen Text habe ich noch nicht
gelesen, wohl aber die künstlerische Ausstattung besehen, und
da scheint mir Ihre Madonna wirklich die Hauptzierde, der
Gärtner Stax aber die Hauptschwäche. Ich glaube überdies,
der Satyriker sollte sich Leute seiner Zeit wählen, und halte
daher die zu ihrer Zeit vielleicht ganz passende Zeichnung
für veraltet. Mehr oder weniger läßt sich dies auf alle drei
Stücke des Usterischen Nachlasses anwenden.

„Drei Grafen, wahrscheinlich Montforte, thun in Kreuzlingen Profeß. Der erste, Friederich, ein Schwager Welfs,
Herzogs in Schwaben, schenkt Horgenzell; die zwei andern,
Enkel Friedrichs und Welfs, waren Brüder, und zwar wurde
der eine, Namens Mangold, Herr zu Buchhorn, nach Propst
Heinrichs Tode zum Abte gewählt; der andere, Namens Rudolf, begnügte sich mit den vier niedern Weihen und begabte
das Stift mit der Pfarre Chelun an der Schussen und mit den
Dörfern Owangen, Mözebrun und Hugenwyler [im Thurgau].
Als Bischoff Hermann die Kirche Chelun weihte, machte ein
Ritter Rüdiger von Hagenbach dem Grafen Rudolf den Besitz der Kirche streitig, wurde aber vom Bischoff rechtlich
zurückgewiesen, und Welf zum Schutze des Klosters aufgerufen. Graf Konrad von Heiligenberg als aduocatus des Kelnhofs, unterstützte Rudolf. 1150. (Original Hirschlatter Lade 1,
Nro. 24.)"

So lautete eine Notiz des Klosters Kreuzlingen, über die
urkundliche Auskunft sehr wünschbar wäre, die aber das
Archiv des Klosters nicht mehr geben kann, weil die Urkunden entweder verloren oder extradirt worden seien. Ich
untersuchte die angegebene Lade und ihre Nachbarn sorgfältig; aber keine Spur fand ich ich von den angeführten Urkunden. Könnten Sie in Stuttgart etwas darüber erfragen, so

würden Sie dadurch dem episcopatus Constantiensis nicht weniger als der Thurgovia und Suevia einen Dienst leisten. Auch in Kreuzlingen hat man mir weitere Nachsuchungen versprochen; aber Sie wissen wohl, wie langsam solche im Winter von Statten gehen, besonders wo sie nicht aus Wissenschaft betrieben werden, sondern nur erbeten sind.

Für Herrn Grimm habe ich einige Copien besorgen lassen, die ich hier beilege; es sind die Öffnungen von Hefenhofen, Engwylen und Weinfelden und die Fischerordnung, zusammen 11¼ Bogen. Sie haben die Fischerordnung ausdrücklich verlangt, sonst hätte ich dieselbe nicht copiren lassen: denn für Alterthumskunde und Dialektologie scheint daraus wenig zu gewinnen. Dagegen ist die Fischerordnung allerdings eine Haupturkunde für die Geschichte des Sees und seine Umgebung. Eine Fischerordnung vom obern See ist mir noch nie in die Hände gekommen.

Noch eins: Als ich bei Herrn Rosenlecher in Schultheiß Kollektaneen blätterte, las ich im ersten Band p. 66. „Bischof Heinrich von Klingenberg, seine Mutter was edler als sein Vetter, *was eine von Castell, eine Burgerin von Constanz.*" Daß es dort so heißt, das schwöre ich, die Hand auf die Reliquien der alten Sänger legend.

Und was macht Ihre Gesundheit, was Ihre Gäste? Ich denke mir alles Gute davon. — Den Kaiser Heinrich sendet Herr von Imhof, und einen Gruß dazu, den ich persönlich hätte abgeben sollen. — Leben Sie wohl und vergessen Sie nicht ganz Ihren

Pupikofer.

N. S. Unser bibliopega Gonzenbach ist Kantonsrath geworden; ihm wird wahrscheinlich der jüngere Allispach beigesellt!

Mein hochverehrter Herr und Nachbar!

Indem ich heute nach Hause kam, lag schon ein Paket für Sie bereit, in welchem wahrscheinlich Morgenblätter enthalten sind. Die Gelegenheit benutzend, schließe ich Ludens Geschichte des deutschen Volkes bei und füge die Bemerkung bei, daß der Eigenthümer derselben, Herr Provisor Mörikofer, nur bis zu den einliegenden Zeichen gelesen und daher zur Befriedigung seiner Neugierde den Wunsch geäußert habe, das Werk bald wieder zu erhalten. Vierzehn Tage Zeit dürfen Sie sich indessen, wie ich denke, doch wohl nehmen. — Ungeachtet mit dem zweiten Bande der Subscriptions-Preis geschlossen wurde, ist doch noch bei Trachsler in Zürich ein Exemplar um den Subscriptions-Preis erhältlich, wenn es nicht seit dem Julius verkauft wurde. Der letzthin erschienene fünfte Band geht bis auf Karl den Großen.

Das freundschaftliche Schreiben, mit welchem Sie gestern

den übersandten Band Schultheß Kollektaneen begleiteten, hat mir, nachdem Sie mich bereits mündlich von desselben Inhalt benachrichtigt hatten, einen angenehmen Nachgenuß gewährt, mich aber auch zugleich etwas scharf berührt. Sie scheinen mir vorzuwerfen, daß ich wenig Interesse für eine Schrift gezeigt habe, von der Sie doch voraussetzen zu dürfen glaubten, sie werde mich sehr ansprechen. Sie scheinen mir abermals vorzuwerfen, daß ich nicht wie früher in meinen Besuchen zu Eppishausen fleißig sei. Der letztere Vorwurf ist insofern sehr schmeichelhaft für mich, als er mir ein Beweis ist, daß Ihnen meine Besuche angenehm seien; aber wenn derselbe aus der Meinung hervorgegangen wäre, daß ich an Interesse für historische Gegenstände und somit wohl auch an Interesse für die villa Epponis abgenommen habe, so würden Sie mir zum Theil Unrecht thun —; ich sage zum Theil, wie fern nämlich allerdings körperliche Leiden, denen ich seit mehreren Monaten anheim gegeben war, meine wissenschaftliche Thätigkeit etwas gelähmt haben und selbst meine Besuche bei Ihnen seltener machten. Dagen kann ich Sie versichern, daß mir diese an mir von mir selbst wahrgenommene Erscheinung schon schmerzhaft genug war, und ich wohl eher des Trostes, als eines Vorwurfes bedurft hätte. Doch auch dieser Vorwurf ist zu spät gekommen, da ich wieder neue Lust und Kraft fühle und selbst meine Besuche bei Ihnen wieder fleißiger zu wiederholen angefangen habe. Wenn es mit meiner Gesundheit nun so fort geht, so sollen Sie keine Ursache haben, weiter über mich und mein Wegbleiben zu klagen; denn jedermann weiß ja, daß ich meine Freistunden nirgends lieber zubringe, als bei Ihnen, und was in Bischofzell selbst die Kinder wissen, das werden Sie doch wohl selbst auch glauben!

Das Register über Schulth. Kollektaneen will ich schon machen, und ich hoffe, es werde ganz nach Ihrem Sinne ausfallen. Allerdings wird der Gewinn für die Thurgovia nicht unbedeutend sein, wenn auch die übrigen Bände von mir benutzt werden können, und damit Herr Rosenlächer nicht in Verlegenheit komme, will ich eilen, so viel Zeit und Arbeit gestattet.

Meine Frau trägt mir ihre Empfehlungen an Sie auf. Sie behauptet, letzte Nacht gar nicht wohl geschlafen zu haben; so ungewohnt ist ihr meine Abwesenheit. Dagegen wünscht sie, daß Sie ihr einen Platz in Ihrem Wagen gestatten, wenn wir einmal nach Blumenegg wallfahren.

Der Bote wartet, und so schließe ich mit der Versicherung, daß ich mit herzlicher Ergebenheit bin Ihr

Pupikofer.

Bischofzell, 17. Feb. 1831.

Mein hochverehrter Herr und Nachbar!

Der guten Nachrichten, die Sie von dem Befinden Ihres Herrn Sohnes erhalten haben, freue ich mich von ganzer Seele, und zwar um so mehr, da derselbe immer mehr Ihrem eigenen Litteraturfache sich zugeneigt und somit Ihnen von einer neuen Seite Ihre Tage zu erheitern verspricht. Möge desselben Genesung bald völlig erfolgen!

Die Urkunden, die Sie mir zur Copierung mitgegeben hatten, waren schon letzten Freitag abgeschrieben; aber noch hatte ich die Siegel nicht gezeichnet, als Herr von Imhof mich abrief, und so blieben die Schriften länger bei mir, als ich selbst wollte. Wenn nur nicht auf ähnliche Weise auch Schultheß Kollektaneen abgefordert werden! Denn in der Abschrift des Schwabenkrieges bin ich erst über die Hälfte weggerückt. Es gibt immer so viel anderes dazwischen! Beiliegende Urkunde habe ich aus meiner Sammlung für Sie abgeschrieben und von meiner unvollkommenen Zeichnung des Siegels eine wahrscheinlich noch unvollkommenere Copie genommen. Die Zierrathen um den Schild, die Sterne, Hellebarde und Dreiblätter mögen sich aber doch wohl erkennen lassen. Ich will gerne Ihre Bemerkungen über derselben Bedeutung vernehmen. Bitzenhofen wird wohl in Schwaben liegen; oder ist's wohl Ihre Mühle zu Bießenhofen, auf welchen Kreuzlingen Ansprüche aufbewahrt, bis die neue Konstitution derselben Geltendmachung gestattet? Laut Folgerungen aus viertägigen Privatnachrichten wird heute in Bern die Censur abgeschafft und jeder Sauerteig des Patriciats ausgefegt worden sein. Darum stürmts so von Westen her! Unsern Geschichtsforscher Stierlin hat die sterbende Parthei zum Dekan der Bernerschen Geistlichkeit ernannt, weil er einen für die Patricier günstigen Einfluß auf die Geistlichkeit verspricht. Wenn er Ursus statt Stierli hieße, wäre es ein schreckendes Omen.

Für Ihre Notiz aus Richelien meinen Dank. Mit Gelegenheit will ich davon Gebrauch machen.

Herrn Dekan Däniker habe ich auf die Morgenblätter aufmerksam machen lassen; allein er hat Posttag und kann erst um 3 Uhr nachsehen. Vielleicht entspricht er — vielleicht nicht —. Nur 4 Triumphbogen hat man Herrn Bornhauser in Arbon eingerichtet. Das neue Lied zu seiner Ehre soll von Konstanz herstammen. Überall her bläst man auf den edlen Mann zusammen.

Meine Frau empfiehlt sich Ihnen, so unwillig sie auch Samstag Morgens über mich und Sie war. Ich aber bin, wie immer Ihr

Ergebenster
Diak. Pupikofer.

Bischofzell, 1. März 1831.

Mein hochverehrter Herr und Nachbar!

Es sind hier keine Abdrücke der neuen Verfassung zum Verkaufe ausgeboten worden; daher konnte ich Ihnen letzten Samstag auch kein Exemplar senden. Herr Oberamtmann hat mir nun aus der Verlegenheit geholfen, indem er einige der unter die Beamten zu vertheilenden Exemplare übrig behielt und mir somit eines zu Ihren Händen abtrat. Nehmen Sie dasselbe als eine kleine Entschädigung des Staats dafür an, daß derselbe Ihrem Stande jeden Anspruch auf ein Amt entzogen hat. Heute Vormittag waren von 468 Stimmfähigen unsers Kreises 315 bei der Abstimmung anwesend; 18 weigerten sich gegen die Annahme der Verfassung; 297 aber stimmten ihr zu.

Ein Produkt eigener Art ist der Catalogus der St. Gall. Verfassungsräthe. Selbst mit Gefahr, daß sie denselben schon durch Herrn K. Rath Allispach kennen, sende ich Ihnen das merkwürdige Aktenstück, doch unter der Bedingung, daß Sie dasselbe nicht aus dem Lande senden, indem die Ausgabe vergriffen sein soll und ich sonst kein Exemplar besitze. Ich wünsche sehr, daß unser Verfassungsrath einen ähnlichen Censor finde. Ein solcher Merkurius ist wohl im Stande, faulende Stoffe wegzuschaffen. Am besten gefiel mir Hermann von Muolen! Doch sind noch andere Charaktere vielleicht treffender gezeichnet.

Von den Römermünzen sollen auch Ihnen einige Dutzende zum Ankaufe angeboten worden sein, und wirklich sollen Sie mehrere Stücke gekauft haben. Es war mir diese Nachricht ein Trost, als ich von anderer Seite hörte, der ganze Schatz sei bereits verkauft. Ich war gestern auf der Stelle, wo er gefunden wurde. Viele Arbeiter waren noch beschäftigt, den Grund umzuwühlen und fanden zuweilen noch einige Stücke. Übrigens ist der Boden gelblichter Thon, der keine Spur von früherem Anbau zeigt; erst seit 10 Jahren ist jenes Stück Feld gereutet worden, und noch liegt es im Schatten des südlich neben demselben sich ausdehnenden Waldes, von dem vielleicht Waldkirch den Namen hat. Ankäufe habe ich seither keine mehr gemacht, da man das Stück nur zu 12 Pfg. verkaufen will, unser Hausirer aber gar 40 xr. dafür fordert.

Herr Henking hat mich durch meinen Bruder einladen lassen, doch recht bald mit Ihnen in Blumenegg einen Besuch zu machen. Da er mit Bauen beschäftigt ist, entfernt er sich selten vom Hause, so daß wir ziemliche Gewißheit hätten, ihn anzutreffen. Ich meinerseits bin aber morgen und Freitag mit Schulexamen, und künftigen Montag mit dem Jugendfest beschäftigt, so daß ich diese Woche nicht einmal Eppishausen, geschweige denn Blumenegg sehen kann. Wollen Sie Montag Nachmittag unsere junge Welt vor dem obern Thore tanzen und wettlaufen und schießen und schaukeln sehen und mit uns und Herrn Oberamtmanns Familie ein Abendessen in der Remise verzehren helfen, so werden Sie uns herzlich willkommen sein.

Mit Bedauern läßt Ihnen meine Frau sagen, daß Ihre Unterbeinkleider von dem Strumpfwirker Bockstorf noch nicht gefertigt seien. Eines kranken, nun gestorbenen Kindes halb durfte derselbe seit einigen Wochen seinen Webstuhl nicht mehr schwirren lassen, und so blieb denn auch Ihre Bestellung hängen; dagegen will sich Meister Bockstorf verpflichten, die von Ihnen gewünschte Arbeit, von jetzt an gerechnet, in möglichst kurzer Frist zu liefern.

Indem ich mich und die Menigen Ihrer freundschaftlichen Gewogenheit empfehle, bin ich Ihr

Ergebenster

Diak. Pupikofer.

Bischofzell, die *Bruti*, alias
Clet. & Marc. 1831
(26. April).

Mein hochverehrter Herr und Nachbar!

Damit Sie ja Herrn Uhland das Thanhuserlied nicht länger vorenthalten, sende ich Ihnen dasselbe nicht nur in originali, sondern auch von einer copia begleitet zurück; denn es wäre doch nicht recht, wenn aus dem einzigen Grunde, daß Ihr Herr Singmeister auch Ihr Fechtmeister war, jene merkwürdige Melodie nicht unter Ihre Notizen über den Minnegesang aufgenommen werden sollte. Wenn Sie wieder zu mir kommen, wird Ihnen meine Tochter den Thanhuser vorsingen, und Sie thun ihr alsdann wohl den Gefallen, ihr auch die übrigen Strophen mitzutheilen.

Herr Pfarrer Vögeli wünscht zu wissen, von welcher Familie der Rudolfus thesaurarius ecclesiae Constant. gewesen sei, der 1300 ff. vorkömmt, auch Propst vom Zürich-Großmünster war, obwohl nie in Zürich residirend und XI. kal. Oct. 1309 starb? Können Sie darüber Auskunft geben, so werden Sie vielen Dank einernten; denn es scheint Herrn Pfarrer Vögeli viel daran gelegen zu sein.

Ich lege Ihnen hier meinen Auszug aus den Schultheiß. Kollektaneen bei, damit Sie prüfen, ob er als Register genüge. Angenehm wäre es mir, auch den ersten oder dritten Band dieser Kollektaneen durchgehen zu können.

Wir sind hocherfreut über den angenehm zugebrachten Tag letzten Mittwoch wieder nach Hause zurückgekommen. Ich will hoffen, daß die Feuchtigkeit des Waldes auch Ihnen keinen Schaden gebracht habe.

Mit herzlicher Ergebenheit bin ich Ihr

Diac. Pupikofer.

Bischofzell, 5. Mai 1831.

Mein hochverehrter Herr und Nachbar!

Wie sehr bedaure ich Sie, daß die unfreundliche Gicht mit dem Katharrh sich verbunden hat, Sie bei Hause fest zu halten, da doch die Witterung zur Reise so freundlich einladet! Hätte ich nicht diese Woche das köstliche Vergnügen, herum zu wandern, und halb vergessene Menschen und Gegenden neu kennen zu lernen, so recht innig geschmeckt, so würde ich Sie weniger beklagen und Sie vielleicht noch beglückwünschen, daß Sie so leicht sich in Ihrer Bücherwelt fest halten lassen; so aber kann ich die Mahnung an die schnelle Flucht der Horen nicht unterdrücken, damit Sie weniger vergessen, daß auch Sie den Sommer nicht verstreichen lassen, ohne durch fremde Luft neue Kraft und Munterkeit für den Winter gesammelt zu haben.

Von Steckborn, wo alles so freundlich und vergnügt war, reisete ich, umgeben von einer jubelnden Sängerschaar, unter Kanonendonner zu Schiffe nach Stein, dann zu einem Freunde nach Thäyngen, hierauf an den Jahrmarkt nach Schaffhausen. Hier traf ich den von Baden zurück gekehrten Pfarrer Kirchhofer an, mit dem ich sehr vergnügt den Tag theils bei seinem Schwiegervater, Professor Metzger, theils im Archiv Aller Heiligen zubrachte. Auf dem Rückwege untersuchte ich zu Klingenzell die Siegel der in meiner Thurgovia abgedruckten Urkunden und bemerkte unter anderm, daß bei Nro. 46 die von Pfarrer Kirchhofer erhaltene Note unrichtig sei, indem das erste Siegel einen Helm mit einem halben Hunde darauf enthält, das zweite den Altenklingen'schen Löwen weiset. Der Stein, den Sie daselbst sahen, ist immer noch da; ich sagte dem 91jährigen Propheten, daß er denselben an Herrn Rosenlächer in Konstanz schicken solle, von woher Sie ihn am besten bekommen. — Auch in Liebenfels war ich, und zwar der Gemälde und Gewölbe wegen, von denen ich schon so oft gehört hatte, und deren Vernachläßigung mir schon lange zum verdienten Vorwurf gereichte. Ich glaube, früher gehört zu haben, in dem nordöstlichen Eckzimmer stelle das Wandgemälde unter anderm auch Adam und Eva beim Paradiesesbaume dar; allein es ist nicht so; sondern ein wilder haariger Mann wird von einer Dame an einem Liebesseil gehalten; zwischen ihnen und über ihnen schwebt ein geflügeltes Herz; unter ihnen zieht sich auf einem in die Weinranken eingeschlungenen Bande die Inschrift durch, und zwar unter dem Manne:

ich bin . . . vnd wild vnd fürt mich ain wiplich bild;

unter dem Weibe:

ich zaig dir mine anmut, wie min hertz fliegen tut.

Das ist nun freilich auch etwas von Versuchungsgeschichte; aber doch nicht ganz in mosaischer Darstellung! Die zweite Inschrift, die sich unter einem Gewaffneten bei Hasen und Tauben vorbei zieht, konnte ich nicht enträthseln. Was sagen Sie aber von dem Meister, der solche Sachen gemacht hat, und von dem Herrn, der sie bestellte? Die zwei Wappen über der Thüre des Zimmers scheinen, besonders, da sie noch zum Theil in das Wandgemälde verflochten sind, über den damaligen Besitzer Auskunft zu geben; denn rechts (dem Beschauer zur Linken) steht das Wappen der Muntprat (Zeichnung), links das beigezeichnete, dessen Geschlecht ich nicht kenne. An dem Thürgewölbe, das aus dem Vorderhause, unter welchem die sonderbaren Gewölbe mit so finstern Wandzeichnungen sind, steht die Jahrzahl 1488. Sollten letztere Gewölbe, in welche man durch die Kapelle hinunter geht, nicht zu einer Familiengruft bestimmt gewesen sein?

Sie sehen, daß ich mein Steckenpferdchen so gut mit mir auf die kleine Reise genommen habe, als Herr Braun das seinige auf die große. Mit Ihnen bin ich auf desselben genauere Berichte sehr neugierig; aber das möchte ich Ihnen doch empfehlen, nicht zu ruhen, bis Herr Pfarrer Kirchhofer Ihnen die Stiftungsurkunden von Aller Heiligen für den Episcopatus abschreibt, oder Sie selbst eine Abschrift davon nach *Ihrer* Art nehmen können. Diese Documente wiegen ein Dutzend anderer auf. Aber freilich haben die Zeugen noch keine Siegel, sondern nur noch die †. †.

Für die Übersendung des Henkingschen Briefes meinen verbindlichen Dank! Ich soll ihm eine Rechnung bezahlen, die er an meinen Bruder stellt, wogegen er meinen Bruder als schuldlos erklärt. Ich kann natürlich darüber nicht eintreten, wenn sogar die Forderung an m i c h gegründet wäre; denn er hat ja seine Bücher, und also auch seine Forderungen zu Hause gelassen und kann nicht mehr gültig quittiren.

Künftige Woche gehe ich nach Frauenfeld zur heil. Synode, muß also auf Eppishausen verzichten. Sollten Sie sich endlich befähigt fühlen, ein Reischen zu wagen, so begleiten meine herzlichen und besten Wünsche Ihren Weg. Wollen Sie mir unterdessen, und bis Sie wieder zu Hause sind, die Sammlung eidg. Kriegslieder von Prof. Wyß leihen, so würde ich gerne einige copieren und über das Ganze ein Verzeichniß machen.

Ich bin mit herzlicher Ergebenheit Ihr

Pupikofer.

Bischofzell, 27. Aug. 1831.

(27. August 1831.)

Ad usum Laßbergii.
Luden II. p. 546 u. 547. Note.

„Was Ihre, in Novis Actis societ scient. Upsal. Tom. III, p. 29 saget, beweiset gewiß, daß der Codex aregenteus nicht vor dem Ende des VI. Jahrh. geschrieben sein könne, und daß er in Italien geschrieben. In der That setzt auch diese Arbeit ein anderes Leben voraus, als die Gothen vor der Gründung ihres Reiches in Italien geführt hatten. Sie mußten, nach ihrer eigenen Meinung wenigstens, in festen Verhältnissen stehen, reich sein und große Herren. Zwischen der Arbeit des Wulfila und dieser Handschrift liegen also zum mindesten anderthalb hundert Jahre. Vier Menschengeschlechter waren hingestorben. Und die Gothen hatten diese ganze Zeit sich auf römischem Boden, unter Griechen und Römern herum getrieben. Sie hatten sich ohne Zweifel sehr verändert, Vieles gelernt und Vieles vergessen. Wenn daher die Schrift nicht rein teutsch ist, so folgt noch nicht, daß Wulfila nicht mit ganz eigenthümlichen Buchstaben und durchaus gothisch geschrieben habe. Oder man müßte annehmen, daß die Handschrift bloß mechanisch nachgeahmt sei, um als gelehrte Rarität aufbewahrt zu werden, unbenutzt und unverstanden."

ib. p. 587. Note 13.

„So wenig, wie aus den Nibelungen kann sich für diese Zeit etwas aus der Historia Waltharii schöpfen. — Man kann sich wohl ein Mal über dieses Klosterexercitium etwa aus dem dreizehnten Jahrhundert freuen und vergleichet wohl auch gegen diese Bearbeitung dunkeler Erinnerungen mit anderen Bearbeitungen derselben, aber einen Gewinn für die Geschichte sucht man vergeblich. Weder des Entdeckers überschwengliche Begeisterung für diesen Fund, noch das billige Lob manches Freundes Teutscher Sage und Teutschen Sanges, oder selbst der merkwürdige Ausspruch, mit welchem dieses mühselige Produkt der Versmacherei jüngst beehrt worden ist — „es sei ein unschätzbares Überbleibsel aus hohem Alterthum" — „ein unvergleichlich treues Gemälde deutsch-fränkischer Heroenzeit" — vermögen dasselbe zu einer historischen Quelle zu machen. Die Welt gestaltet sich, wie in jedem andern, so auch wohl in dem Kopfe eines Mönchs eigenthümlich; aber die wahre Welt ist nur für die Geschichte, und der Dichter gibt lediglich die seinige, er mag ein guter Dichter sein oder ein schlechter."

Boethio patritio Theodoricus rex: „Cum rex Francorum convivii nostri fama pellectus a nobis citharœdum magnis precibus expetisset. . . ." Regi Luduino: „Citharœdum etiam arte sua doctum pariter destinavimus expetitum, qui ore manibusque consona voce cantando gloriam vestrae potestatis oblectat."

Zwinglis Werke II, 1. p. 345 „Sollte es schänzlen gelten, weist wohl, daß man dir das Lied singen möchte von der *schönen Marien bis an die stolzen Müllerinn.*"

Mein hochverehrter Herr und Nachbar!

Mit vielem Dank sende ich Ihnen zwei Lachmann'sche Schriftchen zurück die Sie mir zu leihen die Güte hatten. Ich muß zwar sagen, daß ich durch die Kritik der Nibelungen-Sage wenig erbaut worden bin und von Herrn Lachmann etwas ganz anderes oder vielmehr nichts über einen Gegenstand erwartete, der so unergründlich ist. Nicht die Urfabel des Liedes ist ja die Hauptsache, sondern was der Dichtergeist des Volks daraus gemacht hat.

Haben wir in den Worten Laich, Froschlaich nicht eine Andeutung des Ursprungs der Benennung Leiche? Die Verse und Strophen hängen ja auch so zusammen, daß man nirgends an dem gewohnten Orte einen Ruhepunkt findet, sondern, wenn ein Gedanke aufhört, durch das Metrum fortzulesen gezwungen ist. Nehmen wir jene etymologische Bedeutung an, so müssen wir uns nicht wundern, wenn in die Leiche der mittelalterlichen Dichter so viel Wasser sich eingedrängt hat.

Da ich mit dem ersten Band von Crusius fertig bin, will ich Ihnen denselben nicht länger vorenthalten. Es fällt mir auf, daß Sie, gegen Ihre Gewohnheit, so wenige Gedenkzeichen in das Buch eingelegt oder eingeschrieben haben. Ich merkte mir einiges, was auch für Sie zwar nicht an sich, aber in so fern, als es sich auch bei Crusius findet, fremd oder nicht ganz erinnerlich sein mag:

S. 501. nennen sich die Grafen von Tübingen auch von Rugk und Gernhausen; damit ist zu vergleichen, was S. 590 u. 669b von den Lehensmännern zu Ruck steht. Konrad und Heinrich, Schwestersöhne derer von Ruck.

S. 547a. Marg. v. Habsburg 1131 ist sonst gar nicht bekannt.

S. 546a. Poppo von Kyburg kommt ebenfalls sonst nirgends vor.

S. 633b. Mechthild von Kemenatun und Arbon.

S. 650a. Konrad v. Ramschwag.

S. 735. Heinrich von Meißen und sein schönes Turnier.

S. 682, 820b, 825b. Anwyl.

S. 850a. Der Dichter *Kumier*.

S. 857a. Eberhard v. Toggenburg, vgl. 852a, sonst unbekannt.

S. 881b. Neithard, der Fuchs.

S. 956. Enthauptungsmaschine zu Hall.

Es ist nur zu bedauern, daß Crusius so oft sich selbst widerspricht und durch entgegengesetzte Angabe das Vertrauen auf seine Autorität in Angelegenheiten schwächt, die er allein erzählt und wovon er keine Nachweisungen gibt. Noch eines: Wie kommt es wohl, daß im Geschlechtsverzeichnisse Konradins p. 831 dem Konradin eine Nachkommenschaft gegeben wird? Ist's Übereilung des Autors oder des Setzers?

Ich habe, indem ich p. 698a, 733a und besonders p. 863b über das Geschlecht Sulmeister und ihr Wappen las, bedauert, daß ich das Wappen des Schulmeisters von Eßlingen nicht vergleichen konnte, und so hatte ich auch über die Angelegenheiten Ulms und der Reichenau bei p. 651 mit großem Leidwesen meine Auszüge aus Gallus Öhm vermißt. Ich weiß gar nicht, wem ich dieselben geliehen haben könnte. Wohl bot ich dieselben Ihnen zu der Zeit an, als Sie Ihre Abschrift vermißten; aber ich kann mich nicht erinnern, daß ich Ihnen dieselben wirklich gab. Man sollte sich eben solche vereinzelte Bogen zusammen binden lassen mit andern; ich will es nun wirklich thun und werde Sie daher, wenn ich wieder zu Ihnen komme, um die Fischinger Archiv-Auszüge bitten, so fern Sie bis dann Zeit haben, dieselben zu durchsehen. Auch um den Thomas Morus muß ich Sie alsdann ersuchen, da er nicht mir, sondern dem Leseverein angehört und von mir weiter spedirt werden soll.

Farels Leben habe ich, Ihre Erlaubniß voraussetzend, Herrn von Imhof geliehen, der von dem Besuche bei Ihnen glücklich und ohne an seiner Gesundheit Schaden zu nehmen, nach Hause zurückgekehrt ist und nun an Farel und seinem Verfasser manche beifällige und kritische Freude findet; denn durch seine Selbstbildung hat er sich von manchem Vorurtheile frei gemacht, das selbst Männer, die Anderer Lehrer sind, nicht haben loswerden können.

Von dem Ur-Parzifal und andern Französisch-Gallischen Epopöen habe auch ich nun im Morgenblatte gelesen. Wenn alles, was dort gesagt ist, aus der Wahrheit fliesst, so muss auch ich noch das Altfranzösische lernen; denn weder Griechen noch Römer können alsdann einem Deutschen Entschädigung für das gewähren, was jene erst jetzt aus dem Staube hervorkriechende Litteratur gewähren wird. — Bis aber diese Versprechungen durch die Presse in Erfüllung gebracht sind, gebe ich mich unterdessen mit Thurg. Urkunden, die wieder durch die Tobler Offnung, von der Sie auch eine Abschrift haben sollen, vermehrt worden sind, zufrieden und mit den Schätzen, die Ihr Tusculum so zuvorkommend darbietet.

In der Hoffnung, Sie bald wieder zu sehen, und zwar wieder gesund und fieberfrei, bin ich Ihr Ergebenster

Diakon Pupikofer.

Bischofzell, 10. Dez. 1831.

Erhalten am 13. Christmonat 1831. (Note v. Laßberg.)

Mein hochverehrter Herr und Gönner!

Während Sie in Ihrem Musensitze mit Ihren Gästen die angenehmsten Stunden genießen, sind Ihre auswärtigen Freunde Ihres Stillschweigens wegen sehr um Sie besorgt, wie Beilage von Herrn Zellweger zeigt. Es ist dies nun schon die dritte Anfrage, die Ihres Befindens halber von verschiedenen Seiten her an mich gelangt ist. Ich hoffe, daß Sie den guten Herrn Zellweger durch einen recht langen Brief oder Besuch bald von seiner Sorge befreien und ihn dafür auf das angenehmste entschädigen werden.

In Eile; doch auch so Ihr Ergebenster
Pupikofer.

Bischofzell, 19. Jenner 1832.

N. S. Morgen Abend, den 20., werden Herr Dr. Scherb und ich mit unseren Frauen bei Herrn von Kaniz zu Öttlishausen zubringen. Ich habe zwar keinen Auftrag, Sie einzuladen; aber daß Sie willkommen sind, wenn Sie mit Ihren Gästen kommen mögen, wissen Sie schon sonst. Wir treffen um 5 Uhr ein, nachdem wir in Hauptwyl die verstorbene Frau Oberst Zellweger werden bestattet haben.

Mein hochverehrter Herr und Nachbar!

Ihren Boten kann ich nicht zurückkehren lassen, ohne demselben einige Worte meines herzlichen Dankes an Sie mitzugeben. Könnte ich nur meine Worte mit einem Denkzeichen begleiten, das so werthvoll und ansprechend wäre, wie die Gruppe Rebekkas und Eliesers; aber ich armer Mann, ich novus homo unter meinen Mitbürgern, habe über nichts anderes zu gebieten, als über das omnia mea mecum porto! Nehmen Sie meine herzliche Ergebenheit als die Gabe an, mit der ich Ihnen immer zugethan bleiben werde.

Ich habe diese Woche über meine Bücher etwas anders geordnet und mein Büchergestell um ein Drittheil erweitert und bin da aufs neue auf eine schöne Zahl Schriften gestoßen, die ich ebenfalls Ihrer Gewogenheit verdanke. So waren Sie, seit den 10 Jahren, die ich in Bischofzell weile, nicht nur mein Bibliothekar, sondern auch mein wohlfeilster Buchhändler, und was noch mehr ist, der Direktor meiner historischen Studien. Was ich darin leistete, war grössern Theils Ihr Werk.

Der bernersche Kunsthändler, von dem Sie mir letzthin erzählten, soll in Büren vor einigen Wochen ein Gemälde von Holbein aufgefunden haben, das ehemals in Konstanz war und seit einigen Jahrzehnten verloren gegangen ist. Herr Oberst Egli, der gerade in dem Hause war, als der Kauf vorging, versichert, dass der Käufer 10 Louisd'ors dafür bezahlt habe. NB. Unser Büren an der Thur ist gemeint, nicht das Bernersche.

Die Schachtel an Herrn Vogler will ich besorgen. Ich danke Ihnen für die Gelegenheit, eine solche Rarität mit Muße beschauen zu können.

Indem ich Ihre fernere Gewogenheit erbitte, bin ich mit der freundschaftlichsten Hochachtung Ihr Ergebenster
Diakon Pupikofer.

Bischofzell, 18. Febr. 1832.

Mein hochverehrter Herr!

Das kleine Bild von Eppishausen wünschen Sie? Aber ich habe dasselbe nicht mehr. Ich sandte es an Herrn Dalp, und ich versprach auch einen Text dazu, sobald die Platte fertig sei. Das letztere ist noch nicht erfolgt; des Textes wegen aber ist es mir lieb, daß ich nun gezwungen bin, Ihnen ein halbes Geheimniß zu verrathen; denn nun darf ich Sie offen um Mittheilungen und Kritiken angehen. Das Bild selbst betreffend, will ich Herrn von Imhof fragen, ob er nicht die Skizze noch besitze; doch ohne Ihren besonderen Auftrag werde ich Ihren Wunsch ihm nicht verrathen dürfen? Ich weiß, das es ihm lieb wäre, Ihnen eine Gefälligkeit erweisen zu können, und daß er dann um so öfter es wagen würde, Sie zu besuchen.

Wie mich doch das Glück einmal von Ihnen aus begünstigt! Schon vor acht Tagen erhielt ich die zweite Lieferung des Anzeigers, und da Sie dieselbe so wenig als die erste empfangen haben, sende ich Sie ebenfalls Ihnen zu, und zwar ungelesen: denn die ganze letzte Woche gieng mir in Amtsgeschäften auf, und von der angefangenen sind schon wieder 4 Tage zum voraus subscribirt. Es macht mich manchmal fast traurig, daß meine Muße so enge beschränkt ist; aber was thut nicht die vanitas publica, wie man unser jetziges Staatswesen nennen möchte, und die, welche daran arbeiten?

Es war heute ein herrlicher Frühlingstag. Warum sind Sie nicht herüber gefahren? Es hätte Ihnen gewiß gut gethan. Oder fürchteten Sie den ersten April? Man sagte mir, der Gugguck habe sich schon hören lassen, und Andere denen ich das erzählte, meinten, man habe mich in den April geschickt. Nun, er wird schon noch kommen, wenn nicht heute, doch am 10. April, seinem termino ultimo bei uns.

Leben Sie wohl. Am Montag inspicire ich in Buwyl und gehe bei dieser Gelegenheit nach Wärtbühl, am Dienstag in Neukirch, am Mittwoch in Kenzenau, am Donnerstag vielleicht bei Ihnen.

Von Herzen Ihr

Pupikofer.

Bischofzell, 1. April 1832.

Mein hochverehrter Herr!

Herr Dr. Kern versichert, von Ihnen keinen Brief empfangen zu haben, also an den daraus entstandenen Irrungen ohne Schuld zu sein. Er wird künftige Woche in Weinfelden sein und von dort aus zu Ihnen kommen; aber da er den Tag noch nicht bestimmt weiß, kann er auch nichts genaueres darüber bestimmen. Die Kommissionen des großen Raths, der Erziehungsrath, der Kriegsrath, das Obergericht u. s. w. nehmen den guten Mann von allen Seiten so in Anspruch, daß er beinahe nie Herr seiner Zeit ist. Höchst wahrscheinlich indessen wird der Donnerstag Abend Ihren Rechts-Consulenten zu Ihnen führen.

Unsere Reise nach Dießenhofen gieng, der stürmischen Witterung und der schlechten Pferde des neuen Hauptortes u. a. hindernden Umstände ungeachtet gut von Statten; allein die Mémoires des Marschalls von Mont Luc brachte ich Ihnen nicht mit, weil Herr Benker dieselben nicht besitzt. Dagegen sende ich zu Handen des Herrn von Liebenau einige Schriften, die derselbe kennen zu lernen wünschte. — Auch die letzte Sendung des Anzeigers lege ich bei für den Fall, daß Sie den Tanhuser noch nicht sollten im Drucke gesehen haben.

Wenn Ihr neuer Wein sauset, werde ich mir das Vergnügen machen, Sie heimzusuchen. In Dießenhofen hat die gute Gesellschaft mir vielen Geschmack für den Sauser beigebracht, und da will ich dann bei Ihnen eine Repetition in meinen gemachten Fortschritten vornehmen.

Bis dieses geschieht, und noch lange darüber hinaus bin ich Ihr Ergebenster

Pupikofer.

Bischofzell, den 10. Nov. 1832.

Mein hochverehrter Herr und Gönner!

„Wer sich entschuldigt, eh' man klagt, der zeigt, daß er gefehlet hat." Diese alte Gnome ist mir so frühe und so nachdrücklich eingeprägt worden, daß ich, indem ich dieses Blättchen zur Hand nehme, in Besorgniß gerathe, Sie möchten von jener Regel Anwendung auf mich machen, und es als Beweis *meiner* Nachlässigkeit ansehen, daß Dr. Kern, gegen meine Zusicherung, nicht bei Ihnen erschienen ist. Es würde mich sehr schmerzen, wenn sie so von mir dächten; darum wollte ich nicht säumen, Ihnen zu berichten, daß Dr. Kern Ihnen morgen seines Ausbleibens halb seine Entschuldigung senden wird. Er war nur am Freitag bei uns in Weinfelden. Die Siebener Kommission des Großen Rathes hielt ihn stets in Frauenfeld fest. So viel er mir sagte, will er den Tag des Gerichtes, das Ihre Sache beurtheilen soll, zuerst erfragen und dann, wenn anders dieser Tag sich in seine Geschäftsordnung einreihen läßt, bei Ihnen Instruktion hohlen. Einstweilen versprach ich, den Präsidenten über den Gerichtstag anzufragen, um alsdann möglichst schnell Herrn Kern in Kentniß zu setzen.

Nachdem ein langer Gesetzesentwurf wird ins Reine geschrieben und dem Kleinen und Großen Rath ausgehändigt sein, genieße ich eine Geschäftsferie von drei Wochen, in welcher Zeit ich wieder ein wenig in die alte Welt mich versenken zu können hoffe. Bei solcher Muße, wissen Sie wohl, bin ich nirgends lieber als bei Ihnen, und darum werde ich auf Ihre

gewohnte Gastfreundschaft wieder Anspruch machen. Ihnen und Herrn von Liebenau mich und die Meinigen zu freundschaftlicher Gewogenheit empfehlend, bin ich Ihr Ergebenster
Diak. Pupikofer.
Bischofzell, 17. Nov. 32.

Herrrn Baron von Laßberg
zu Eppishausen.

Mein hochverehrter Herr und Nachbar!

Die Inlage sendet mir Herr Mörikofer zu Ihren Handen. Ich wollte sie Ihnen gestern selbst überbringen, allein die Witterung war gar zu schlecht. Heute reise ich nach Frauenfeld, künftigen Montag auf den Rigi, und so kann ich kaum am Freitag Abend vom Märzenkopf aus, wo ich Inspektion halte, Ihre Aufträge in Eppishausen nach Einsiedeln oder Luzern und Zürich abhohlen. Sollte die Witterung am Freitag zu ungünstig sein, so senden Sie Ihre allfälligen Depeschen gefälligst durch den Bothen.

Mit herzlicher Ergebenheit bin ich stets Ihr
Bischofzell, 16. Juli 1833.
Diac. Pupikofer.

Hochwohlgeborener, Hochverehrtester Herr
und Nachbar!

Sie und Ihre Frau Gemahlin im Laufe dieser Woche, nach Ihrer endlich erfolgten, so lange ersehnten Heimkunft, mit dem Ausdrucke meiner herzlichen Freude zu bewillkommnen und Sie um Fortsetzung Ihres mir seit einer langen Reihe von Jahren erwiesenen Wohlwollens zu bitten, war im Anfange dieser Woche mein fester Entschluß. Ich wollte auf dem Heimwege von Kreuzlingen am Dienstag Abend oder Mittwoch bei Ihnen einsprechen, um mit Augen zu sehen, wie glücklich Sie in Ihrem neuen Verhältnisse seien. Allein die feuchten Nebel, die sich mir auf die Brust warfen, zwangen mich, möglichst schnell heim zu kehren und meiner Gesundheit auf das anrückende Weihnachtfest zu pflegen, und so um Gotteswillen einen so lieben Wunsch, den Wunsch, Sie in dieser Woche noch zu sehen, obschon mit widerstrebendem Herzen, abzugeben.

Damit mein Wegbleiben Ihnen nicht als Zeichen des Mangels an Theilnahme erscheine, mochte ich gleichwohl diese Woche nicht vorbei lassen, ohne Ihnen einen Beweis zu geben, daß ich sehr oft an Eppishausen denke, und daß ich, wenn ich Fausts Künste verstände, über den Berg und Wald mich hinübergeschwungen hätte.

Ihre Theorie ist zur Praxis, die Minnesängerei zur Minnefängerei geworden. Wir haben uns oft über alte Rechtsbestimmungen beschäftigt. Vielleicht gibt beiliegendes Copialbuch Ihnen Gelegenheit, auch hier die Theorie zur Praxis zu verwandeln und alte Herrschaftsrechte oder Besitzungen, die ehemals mit Eppishausen verbunden waren, wieder zu gewinnen. Kann und soll das nicht sein, nun, so machen Sie mir die Freude, Ihnen wenigstens die Rechtstitel zugestellt und so von meiner Seite gethan zu haben, was ich konnte; sie mögen immerhin zur Vervollständigung Ihres Eppishausenschen Archivs dienen.

Herr von Liebenau sagt mir, daß Sie manche schöne Sachen, für die Theotisca mit heimgebracht hätten. Leider kann ich nicht sagen, daß ich in diesem Fache seit Ihrer Abreise einen Fund oder Fortschritt gemacht habe. Ich bin der schlechteste, nachläßigste Schüler des trefflichsten und glücklichsten Meisters! Doch ich hoffe immer, es könne werden, was noch nicht ist.

Indem ich Sie bitte, den armen Diaconus in des Bischofs alter Zelle nicht ganz zu vergessen und meiner herzlichen Ergebenheit versichert zu bleiben, habe ich die Ehre, Ihnen und Ihrer Frau Gemahlin mich und die Meinigen zu gütigem Wohlwollen zu empfehlen. Ihr

Diac. Pupikofer.

Bischofzell, den 20. Dez. 1834.

Hochverehrtester Herr Baron!

Glück auf! spricht der Bergmann, wenn er seine reichen Minen begrüßt. Auch Sie haben, so viel ich mit Freude höre, ein Paar köstliche Kleinode zu Tage gefördert, und hoffentlich ist damit noch nicht der ganze Schatz ausgebeutet. Niemand wünscht herzlicher, als ich, daß Sie und Ihre Frau Gemahlin sich des Tages, der die Zwillingsblümchen hervorrief, sich recht lange und ungetrübt freuen mögen!

Der Überbringer dieser Zeilen, Glaser Rietmann von hier, wünscht, daß ich ihm an Sie eine Empfehlung gebe, indem er durch Germann in Sitterdorf erfahren habe, daß Sie eine Anzahl neuer Fenster in Arbeit zu geben wünschen. Rietmann ist hier der beste Arbeiter seines Handwerkes und wird Sie ohne Zweifel gut bedienen. Er hat sich auch schon häufig mit Einfassung gemahlter Scheiben abgegeben und könnte Ihnen wohl auch in dieser Beziehung Dienste leisten.

Bei dieser Gelegenheit sende ich Ihnen endlich den Heinz von Stein. Ich hätte, da Lyrer dem Jahr 922 die Schlacht an der Schwarzach zuschreibt, die Katastrophe Burkhards I. und II. mit Heinz von Stein in Verbindung gebracht. Welch' ein reicher Stoff hätte hätte sich dann, dargeboten! Sogar unser Bischof Salomo wäre zu Diensten gestanden, und Erchanger und die Hunnen und Gisela und Bertha!

Mit der vollkommensten Ergebenheit habe ich die Ehre zu sein Ihr

Ergebenster

Pupikofer.

Bischofzell, 8. März 1836.

Mein hochverehrtester Herr Baron!

Schon seit 10 Tagen liegen die Statuten der Gothaer Lebens-Assekuranz bei mir, welche kommen zu lassen ich Ihrer Frau Gemahlin versprochen hatte. Ich war entschlossen, dieselben selbst zu überbringen. Allein die Pfarrerwahlangelegenheiten, deren Leitung mir oblag, und die Versammlung des Erziehungsrathes und endlich der seit mehreren Decennien größte Schnee, der jetzt uns in Blokade hält, kamen dazwischen, und so wird wohl sogar die Ostern vorbei gehen, ohne daß ich den Berg übersteigen kann. Ich sende also unterdessen die Gothaer Statuten durch den Boten, jedoch nicht ohne die Besorgniß, daß sie der gnädigen Frau so wenig gefallen werden als die Leipziger Statuten: beide sind eben Assekuranzen nicht für die Lebenden, sondern für die Überlebenden, und nicht auf Jahrgehalte, sondern auf Kapitalsummen.

Da Frau Pfarrer Däniker bald abreist, soll ich Sie zugleich ersuchen, im Laufe dieser Woche diejenigen der übersandten Bücher, die Ihnen nicht gefallen, zurückzusenden. Sie will dieselben mit nach Zürich nehmen, um sie dort an die Antiquare zu verkaufen. Übrigens, wenn Sie auch nur einiges Brauchbare darin finden, so wird sich Frau Pfarrer Däniker gefallen lassen, daß Sie die Preise selbst bestimmen.

Seit ich bei Ihnen war, habe ich drei Tage lang an der Grippe niedergelegen, und etwa 10 Tage war ich zur Arbeit beinahe unfähig. Ich wünsche sehr, daß Ihnen nicht ähnliches wiederfahren sei, daß vielmehr der Jahrestag Hildegunds und Hildegarts und das Fest des heiligen Joseph Ihre Lebenslampe mit dem Rosenöle lebensfroher Kraft und Liebe frisch gefüllt habe.

Die Gesellschaft der Alterthümer in Zürich hat mir ihr erstes Heft von Nachrichten und Zeichnungen zugesandt, mit dem Ansuchen, ich möchte ihr die Erlaubniß auswirken, die Todtenhügel bei Altenklingen aufgraben zu dürfen. Jenes erste Heft enthält Nachrichten über den Inhalt der bei Zürich auf dem Burgstal Wurp oder Burghölzli gefundenen Gräber, und ist wirklich als eine Bereicherung unserer schweizerischen Litteratur anzusehen. Ich wandte mich an Herrn Doktor Zollikofer in St. Gallen, um durch ihn von der Familie Zollikofer die Erlaubniß zur Aufgrabung der Totenhügel von Altenklingen zu erhalten und legte meinem Gesuche jenes Heft bei. Könnten Sie mein Gesuch bei Gelegenheit unterstützen, so dürfte ich hoffen, daß es eher Gehör finde.

Weil Sie an allem Theil nehmen, was mich berührt, wage ich es, Ihnen einige Arbeiten vorzulegen, welche mich seit mehreren Jahren beschäftigten, und vor deren pedantischer Gestalt Klio so erschrocken ist, daß sie mir ihre Gunst fast ganz zu entziehen scheint. Vielleicht erleben die Lesebücher die Ehre, daß Sie mit Ihren liebenswürdigen Mädchen einst darin spazieren gehen. Oder werden Sie es vorziehen, denselben das A, B, C auf Honigkuchen gedruckt vorzulegen, um Minervas erste Weisheit in doppeltem Sinne in succum et sanguinem zu verwandeln?

Wenn ich den Schnee vor meinen Fenstern so hoch aufgelagert sehe und die Finken vor meinem Fenster um Brosamen flehen, so denke ich oft an den guten Herrn von Rugge, dem der lange Winter so wehe that. Ich kann zwar nicht über großes Leid klagen; aber die Ostern sähe ich doch lieber im grünen Gewande als im weißen.

Gott sende uns bald den frohen Frühling und erhalte mir und den Meinigen Ihr und Ihrer Frau Gemahlin freundliches Wohlwollen.

Ihr ergebenster

Diak. Pupikofer.

Bischofzell, den 22. März 1837.

Hochverehrtester Herr Baron!

Ihre so freundliche Einladung, mit Ihnen nach Meersburg zu reisen, hätte ich sogleich beantworten sollen; allein nachdem ich am Montag hier, am Dienstag in Utwyl, am Mittwoch in Arbon weitläufigen Schulprüfungen beigewohnt und den Donnerstag Morgen in Romanshorn bei meinem Schwager im Gasthause zum Schiffe verplempert hatte, hatte ich in den heißen Mittagsstunden, in die Winterkleider eingehüllt, so mühselig mich nach Hause geschleppt, daß ich bald gesotten, bald gebraten zu sein glaubte, und durchaus nicht im Stande war, etwas anderes zu thun, als den Bierkrug an den Mund zu setzen. Unterdessen reiste aber die Eppishauser Post wieder ab, und gestern hatte ich wieder Examen in Gottshaus, so daß ich Ihnen auch keine mündliche Antwort bringen konnte.

Ungeachtet ich nun am Montag der gemeinnützigen Gesellschaft und am Dienstag und Mittwoch dem Erziehungsrathe beiwohnen muß, mache ich mir dennoch zum Vergnügen und zur Pflicht, Ihr Anerbieten anzunehmen. Ich werde also am Mittwoch Abend bei Ihnen in Eppishausen eintreffen und mir den Donnerstag und Freitag frei erhalten, um der vaterländischen Geschichte den Dienst zu leisten, welchen ihr die weisen Landesväter verweigert haben, mich glücklich schätzend, wenn ich auch nur einige Protokolle dem zermalmenden Holländer des Papierers entreißen kann, gesetzt auch, daß dafür einige Romane oder Zeitungen weniger gedruckt werden könnten. Sind die Staatsverhältnisse des Bisthums Konstanz zu den Thurg. Besitzungen auch nicht von welthistorischer Bedeutung, so denke ich: Σπαρτης' ελαχες ταμτανκος μει.

In Bezug auf das Chronicon Gottwicense müssen Sie sich nicht verwundern, daß ich dasselbe nicht in die Reihe der von

mir gewünschten Schriften setzte; ich kenne nämlich den
speciellen Inhalt nicht. Hambergers Direktorium hätte mir
wohl Auskunft geben können; allein ich besitze dasselbe nicht.
Sehr lieb wird es daher mir sein, wenn Sie jenes Buch auch
noch auf meine Rechnung bestellen wollen. Bis eine solche
Gelegenheit für mich wieder erscheint, können Jahrzende vergehen;
daher will ich nicht knausern. Dis pietas mea et musa
cordi est. —

Herrn von Imhof werde ich morgen von der Reise
sprechen und ihn zur Theilnahme zu bewegen suchen. Wenigstens
soll er Ihnen spätestens am Dienstage wissen lassen,
ob er sich dazu entschließen könne. Die schönen Tage werden
ihn ohne Zweifel bewegen, Ihnen persönlich Auskunft über
seinen Entschluß zu geben.

Zu Ihren Novitäten von Basel und Berlin meine Glückwünsche!
Mir fließen solche Sachen spärlich und spät zu,
und was sollte ich auch damit anfangen? Ich habe so wenig
Zeit dafür, daß ich sie nur flüchtig ansehen, nicht lesen könnte.
Übrigens ist es doch mit der Freiheit des Wortes seit 1813
sehr zurückgegangen, wenn ein Jacob Grimm das Imprimatur
nicht mehr erlangen mag.

In meinem Innersten erfreut über Ihre freundschaftlichen
Zusicherungen, werde ich lebenslänglich im Andenken bewahren,
was Sie gewesen sind und fürder sein werden Ihrem

Ergebensten
Diac. Pupikofer.

Bischofzell, 5. Mai 1838.

Hochverehrtester Herr Baron!

Zu Handen Ihrer hochverehrten Frau Gemahlin soll ich
Ihnen im Auftrage meiner l. Gattin sagen, daß ein Nadelgeld
von 24—30 xr. für das Dutzend Hemden an die Näherin diese
ganz zufrieden stellen werde. Es gibt Leute, die mit wenigem
zufrieden sein müssen!

Unsere Heimreise am Montage war nicht ganz ungetrübt.
In Hohentannen erreichte uns der Regen, und die zarten Schuhe
vertrugen sich sehr schlecht mit dem aufgeweichten Wege;
doch die Gesundheit litt dadurch keine Anfechtung. — Es ist
dies das zweite Mal, daß die Rückkehr von einer Kapitels-Kommission,
mit der ich einen Familien-Besuch bei Ihnen verband,
sich so unangenehm gestaltet hat, und ich möchte wohl
wissen, ob die geistliche Gesellschaft oder der Mönch, der Eppishausen
gebaut hat und ohne Zweifel geistliche Frauen und
Kinder nicht leiden konnte, daran Schuld sei.

Am Montage vergaß ich, Sie zu bitten, daß Sie mir meinen
Entwurf der Geschichte des Schlosses Eppishausen wieder
zustellen möchten. Ich verzichte auf eine Biographie von
Ihnen und auf ein Verzeichniß Ihrer Manuscripte, weil es

Ihnen unangenehm scheint, Ihr Andenken weiter mit Eppishausen verknüpft zu sehen, si nihil ex tanta superis placet urbe relinqui.

Mit herzlicher Hochachtung Ihr Ergebenster
Diac. Pupikofer.

Epcellae, prid. Cal. Jun. 1838.

Hochverehrtester Herr Baron!

Vor allem meinen aufrichtigen Dank für die Mittheilung der Preisnote der Tscheppischen Bücher. Ich finde die Preise so billig angesetzt, daß ich kein Bedenken trage, alle meine bezeichneten Nummern zu übernehmen; denn nicht so bald dürfte eine Gelegenheit sich darbieten, zu diesen Werken zu gelangen. Und wenn ich auch jetzt im Augenblicke nicht Gebrauch davon machen kann, so hoffe ich auf eine Zeit, die mir mehr Muße geben wird, und in welcher ich, durch administrative Geschäfte mit Erfahrungen bereichert, auch im Felde der Geschichte mit schärferem Sinne und beßerem Takte arbeiten könne. Bei einem Besuche werde ich also die Bücher zusammen packen und zugleich den Geldwerth zu Ihren Handen stellen. Einzig in Beziehung auf Bucelin behalte ich mir noch eine Vergleichung vor. Ich besitze nämlich die 3 ersten Bände, von denen der dritte als partis secundae pars tertia bezeichnet ist, in der ersten Hälfte die genealogia der comm. Barbiens. — Zollicofer, in der zweiten paginirten Hälfte die Ahnen des Ern. Bogislaus dux de Croy et Arschott. — v. H. comes de Turri abhandelt. Sollte diese zweite Hälfte etwa als vierter Theil bezeichnet werden? Doch kaum. Der zweite Band meiner Ausgabe trägt die Jahrzahl 1662, der dritte keine Jahrzahl.

Daß es in Ihrem Gemüthe immer noch dunkel sei, das begreife ich. Ach, der Schmerz über Ihren großen Verlust wird noch lange in Ihrer Seele haften! Denn Ihr Herr Sohn war Ihnen ja nicht blos Sohn, sondern Freund, Mitarbeiter in der Wissenschaft; er war ein edler Mensch, ein thätiger, umsichtiger Staatsmann. Welche Freude für einen Vater, ein solcher Sohn! Und welch' ein Schmerz, ihn zu verlieren! Centnerschweren Sinn legt eine solche Erfahrung in die Worte:

Cum semel occideris et de te splendida Minos
    Fecerit arbitria
Non Torquate genus, non te facundia, non te
    Restituet pietas.

Und doch schätze ich den Mann glücklich, der im kräftigen Mannesalter sterben und vor dem Siechthum langer Krankheit aus der Welt gehen kann. Wenn ich an meinen hochverehrten Freund Kesselring denke, an seine Wissenschaft, an seine Rechtlichkeit, an seinen Feuereifer, in unserm an Intelligenzen so armen Kantone Gutes zu wirken, und an seine nun zwei Jahre schon andauernde schmerzhafte Ohnmacht, die ihn verurtheilt, mitten in den äußerlich günstigsten Verhältnissen gleichsam bei lebendigem Leibe zu verwesen, so traure ich mehr, daß er noch lebt, als daß er voraussichtlich bald sterben muß. — Aber was läßt sich den Fügungen des Himmels entgegen setzen als Ergebung und Beharrlichkeit und die gläubige Zuversicht, daß dieser Zeit Leiden nicht werth seien der Herrlichkeit, die an uns geoffenbaret werden soll?

Durate et vosmet rebus servate secundis.

Auch Ihnen werden in diesem Leben noch manche Lebensfreuden erblühen. Ihre Zwillingsmädchen sind so liebliche Röschen, ein Geschenk der Vorsehung, Ihnen die Dornen vergessen zu machen, die Ihren Pfad umlagern und Ihren Fuß zerreißen. Gott erhalte die guten Kinder ferner gesund, daß ihre harmlose Fröhlichkeit täglich einem neuen Jugendgarten um Sie hervorzaubern, in dessen farbigem Glanze selbst die Herbst- und Wintersonne sich frisch verkläre!

Gott mit Ihnen, mein hochverehrter, väterlicher Freund! Das Gefühl der Liebe und Dankbarkeit gegen Sie wird nie erlöschen in dem Herzen Ihres treu ergebenen

Diac. Pupikofer.

Bischofzell, 21. Juli 1838.

Mein hochverehrtester Herr und Freund!

Ungeachtet die Nachricht von dem Ihrem Hause wiederfahrnen Heile von Ihnen für falsch erklärt worden ist, freue ich mich derselben dennoch, weil Sie von Ihnen so günstig gedeutet worden. Ich überlasse mich der Zuversicht, daß darin etwas prophetisches liege.

Dagegen hat die zürchersche Revolution in die Hoffnung, Sie am 17. Sept. in Frauenfeld zu sehen, einen Strich gezogen. Aus Furcht, die Zahl der Besuchenden möchte klein, der Reiz, durch politische Erörterungen zu zerfallen, groß werden, hat die Direktions Kommission beschlossen, die Versammlung zu verschieben, wie Sie das wahrscheinlich in der Thurg. Zeitung schon gelesen haben, wovon ich Ihnen aber doch, der größern Sicherheit wegen, noch besondere Nachricht zu geben, nicht unterlassen wollte.

Ihre Aufträge an Herrn Dr. Scherb habe ich treulich ausgerichtet. Sie werden ohne Zweifel bald den gewünschten Besuch bekommen.

Herr von Muralt hat den Kalk auf künftigen Montag disponibel zu machen versprochen. Ich warte täglich auf die Utwyler Fuhrleute, um mit denselben den Lieferungs-Kontrakt abzuschließen. Indessen glaubt Herr Muralt, es möchte die Jahreszeit bereits zu spät sein, den Kalkguß noch zu fertigen; denn wenn er nicht ganz austrocknen könne, so halte er nicht.

Daher habe er Herrn Landammann Zellweger in Trogen diesen Herbst noch einen Kalkguß fertigen zu lassen, abgerathen.

Herr von Imhof erwartet seinen Herrn Bruder erst in einigen Wochen, da er gegenwärtig im Hessenlande bei der Fräulein Imhof sei.

An Ihrem Urkundenschatze hätte ich gerne auch Theil genommen; allein es liegt jetzt mehr als der Hummelberg zwischen Ihnen und mir. Doch tröste ich mich mit der Hoffnung, daß Sie vorkommende Brosamen der Thurgoja aufbewahren werden. Ich bin noch nie von Ihnen weggegangen, ohne durch Ihren Überfluß bereichert worden zu sein.

In meinem Hause genießt alles der besten Gesundheit. Dasselbe setze ich bei Ihnen voraus, und wenn die Gebete und Wünsche eines Akatholiken vom Himmel berücksichtigt werden, so glauben Sie nur, daß Sie und die lieben Ihrigen etwas von Ihrem allseitigen Wohlbefinden auch uns verdanken.

Mit steter Freundschaft und Verehrung bleibt Ihnen ergeben Ihr

Diac. Pupikofer.

Bischofzell, 12. Sept. 1839.

Bischofzell, 26. Sept. 1839.

Mein hochverehrtester Herr Baron!

Soeben von Frauenfeld zurückgekehrt, vernehme ich, daß Herr von Muralt Ihnen die 10 Fässer Kalk über Konstanz übermacht und Ihnen zugleich zu dem Dienste sich bereit erklärt habe, Ihnen einen mit der Verfertigung der Kalkgüsse vertrauten Mann zu senden; es liege ihm nämlich daran, daß die Arbeit gelinge, und so wäre es ihm selbst lieb, dieselbe durch technische Kunstfertigkeit gesichert zu wissen. Sie mögen also gefälligst disponiren, und Ihre Befehle entweder mittelbar durch mich oder unmittelbar an Herrn von Muralt ertheilen. Zu näherer Aufklärung über die Spedition des Kalkes muß ich indessen nachtragen, daß ich zwar mit den Utwyler Fuhrleuten unterhandelte, aber von einem Tage zum andern aufgezögert wurde, und daher zuletzt nichts besseres zu thun wußte, als Herrn v. M. selbst die Spedition zu übertragen, in der Meinung, daß, wenn Sie vielleicht auch 15 xr mehr Gebühr für das Faß zahlen, dies weniger wichtig sei als eine Verzögerung bis zum Frühjahre. Auch glaubt Herr v. M., da der Kalkguß überdeckt werde mit Erde, so sei keine Bedenklichkeit, denselben diesen Herbst noch zu fertigen. Etwas anderes wäre, wenn er der freien Luft über den Winter ausgesetzt wäre. — Dies wissen Sie freilich schon längst; allein als gewissenhafter Diener berichte ich alles, was zur Sache gehört.

General Imhof ist seit 10 Tagen in Hauptwyl, und unser lieber Imhof hat seine letzte Willenserklärung nach seinem

Beirathe unterzeichnen lassen. Es war mir bei dem Akte ganz wehmüthig; aber Imhof selbst blieb so ruhig, wie er immer ist, im Gegentheile, er schien freudig in dem Bewußtsein, einmal mit der Welt abgeschlossen zu haben. Das wird ihn aber nicht hindern, seinen Bruder über den See zu Ihnen zu geleiten. Noch weiß ich indessen den Tag nicht. Da wir aber auf morgen Abend zu einem Abendessen mit Herrn Scherbs nach Hauptwyl eingeladen sind, so schließe ich daraus, daß die Abreise nahe sei, und daß Sie der Ankunft der lieben Gäste im Anfange der künftigen Woche entgegensehen dürfen. Ich würde sie gerne begleiten; aber Amtsgeschäfte machen Dienstag bis Freitag meine Anwesenheit in hier unerläßlich, und ob ich bei Gelegenheit des Seminar Examens in Kreuzlingen am 14. oder 21. Oct. und den darauf folgenden Tagen zu Ihnen hinüberschwimmen könne, ist sehr zweifelhaft. Gebundene schwimmen schlecht, selbst wenn sie die Hexerei verstehen.

Soll ich Ihnen noch etwas von der Politik schreiben und von der Regierungs Liederlichkeit und dem heiligen Eifer des Unverstandes der Volks Souveränität? O nein! Taciti deploremus vanitatem.

Gott befohlen seien Sie mit Ihrer Frau Gemahlin und Ihren lieblichen Kindern; das ungesehene mit eingeschlossen! Mit der innigsten Verehrung bleiben Ihre Bischofzellischen Freunde Ihnen zugethan, besonders Ihr

Pupikofer.

Sr. Hochwohlgeboren
Herrn Baron v. Laßberg
 in Meersburg.

Mein hochverehrter Herr und Freund!

Ihren Auftrag in Betreff des Kästchens der alten Müllerin habe ich nicht vergessen; aber ich hätte Ihnen den Bericht darüber lieber selbst überbracht. Da das nun nicht sein kann, so nehme ich die Feder zu Hülfe, um Ihnen zu sagen, was mein in Kunstwerken unerfahrenes Auge an dem Dinge beobachtet habe: das Kästchen ist c. 1¼ Fuß hoch, 1¼ breit und 1¼ lang, von leichtem Holze, ähnlich dem Feigenholze, fein geglättet, schwarz.

Die andere Seite des Kästchens ist so eingerichtet, daß sie nach auswärts sich öffnet, wie die Klappe eines Schreibtisches; sie läuft dabei in feinen Fischbändern, mit denen sie an die Bodenseite des Kästchens befestigt ist. Das Schloß ist in die Klappe eingelassen und wird durch einen Haken, der an der obern Seite des Kästchens festgemacht ist, zum Schlusse eingelegt.

Das Innere besteht aus drei übereinander geordneten Abtheilungen. In der obersten und untersten Abtheilung ist

eine ganze Schublade. Die mittlere Abtheilung ist in zwei
Hälften geschieden, von denen jede eine eigene Schublade hat.
Fünf Seiten des Kästchens sind mit Perlmutterblumen,
die durch goldfarbene Blätter und Stiele verbunden sind, verziert;
doch die obere Seite, welche zudem am meisten in's
Auge fällt, scheint Beschädigungen erlitten zu haben; denn
in einer Ecke ist die Perlmutter gleichsam massenhaft, so daß
der Charakter der Blätterbildung verwischt ist. — Die Vorderseiten
der Schubladen innerhalb sind ebenfalls mit Blumenranken
verziert.

Zur Befestigung und Sicherung sind endlich die Ecken
des Kästchens mit messingenen Beschlägen versehen, welche
ehemals vergoldet sein mochten.

Dies ist alles, was ich Ihnen von der antiquarischen
Merkwürdigkeit schreiben kann. Um 2 Louisd'or könnte man
jetzt das Ding haben, obgleich Sie selbst, nach den Angaben
der Besitzerin, dasselbe 40 Gulden gewerthet haben sollen.
Geben Sie mir den Auftrag, es zu kaufen, so stehe ich ganz
zu Ihrem Befehle.

Unser Freund Imhof ist zwar noch am Leben, aber nicht
besser. Er wird in dieser Woche zum dritten Male durch Abzapfung
der Wasseransammlung wieder etwas Erleichterung
finden, aber leider nur auf Kosten seiner wenigen noch übrigen
Kräfte. Ein Glück für ihn, daß er keine acuten Schmerzen
und freien Kopf hat. Die Lectüre hilft ihm immer noch
den bleiernen Gang der Zeit vergessen. Wenn das Laub fällt,
wird wohl auch seine müde Hülle sich zum ewigen Schlummer
legen. Gedenken Sie seiner im Gebete, daß er nicht zu
lange harren müsse. Er seufzt nach dem letzten Stündlein —
und kann doch nicht vergessen, daß die alte Herrlichkeit des
deutschen Reiches zu *seiner* Zeit zerfallen sei.

Auch Zellweger habe ich vor einigen Wochen gesehen.
Eine der ersten Neuigkeiten, die er mir mittheilte, war die,
daß er aus einem Wassertrinker wieder ein Weintrinker geworden
sei und sich dabei ungemein wohl befinde. Bei dieser
Nachricht steigt in Ihnen gewiß der Wunsch auf, einen Humpen
mit ihm zu leeren. Allein er treibt es noch nicht weiter
als auf drei Löffel Johannisberger täglich, steht also kaum in
Gefahr, des Ordens der Mäßigkeitsvereine verlustig erklärt zu
werden. Dagegen arbeitet er immer noch rüstig an seiner
Geschichte der französischen Gesandtschaft in der Schweiz und
ihrer Intriguen im XVIII. Jahrhundert. Ich habe einige Bruchstücke
davon gesehen, die wirklich ungemein interessant sind.

Gerne möchte auch ich mich rühmen, fleißig zu sein. Allein
die administrativen Arbeiten, die ich zu verrichten habe, gleichen
den Frohnen, die im freien Reiche der Wissenschaft auf
keine Stimme Anspruch haben. Wohl gibt es einzelne Erholungsstunden,
in denen ich geschichtliche Notizen sammle;
was ist aber das im Vergleiche zu dem, was erfordert würde,

um Schritt zu halten mit Fachmännern? Ich werde ein Großes geleistet zu haben glauben, wenn ich diesen Herbst noch die Regesta des Stiftes Fischingen zu Stande bringe. Die Besteigung der alten Toggenburg hat mich sehr dazu aufgemuntert. Es war ein gar herrlicher Tag, als ich, auf den noch wenigen Trümmern stehend, nach Heiligenberg hinüber schaute und wiewohl vergeblich, auch die Thürme von Meersburg suchte. Wären Sie bei mir gewesen, gewiß, sie hätten ebenfalls mit großem Interesse die kühnen Nagelfluhwände, auf denen die alten Grafen ihre Veste gebaut, bestiegen, und nicht mit weniger Interesse in den Bruderwald hinunter geblickt, in welchen die Legende den Sturz der frommen Idda verlegt hat. Wir Schweizer müssen wirklich unpoetische Naturen sein; sonst hätte jene Stelle bessere Schildereien geweckt als wir z. B. in Bornhausers Idda finden.

Ohne Zweifel haben Sie das Haus voll Gäste, und solcher Gäste, die Ihnen besseres bieten, als ich vermag. Ich erlaube mir daher nur noch die Bitte, der gnädigen Frau und den kleinen Fräulein mich in empfehlende Erinnerung zu bringen und Ihre freundschaftliche Gesinnung ferner zu erhalten Ihrem

Ergebensten

Pupikofer.

Bischofzell, 15. August 1843.

Hochverehrtester Herr und Freund!

Die vorgerückte Frühlingszeit hat schon oft die Mahnung an mich gethan, meinen unvergeßlichen Gönner und Freund auf der alten Meersburg heimzusuchen; allein neuerdings hat sich tiefer Schnee über den Gau gelagert, und alles scheint im Winterfroste erstarren zu sollen. Ich selbst trage eine tiefe Schmerzenswunde in meiner Seele; denn vor wenigen Wochen hat mir der Tod eines meiner Kinder entrissen. Wenn ich daher auch nicht über das Wasser steure, das uns von Ihnen trennt, kann ich doch nicht anders, als Ihnen wenigstens brieflich von dem Verluste, der uns betroffen hat, Anzeige zu geben.

Unsere liebe, sinnige und kenntnißreiche Wilhelmine, die als Kind so freundliche Herberge in Eppishausen zu finden gewohnt war, lebt nicht mehr. Schon einige Jahre litt sie an einer scruphulösen Halsgeschwulst, welche allen angewandten Arzneimitteln zum Trotze stets zunahm, doch bei einer im übrigen guten Gesundheit auf dem Wege der Operation Heilung hoffen ließ. Das gute Kind unterzog sich der Operation auch mit wahrem Heldenmuthe; denn sie hatte sich für Übernahme einer Lehrstelle in der französischen Schweiz vorbereitet und dachte, sogleich nach geschehener Heilung dahin zu verreisen. Die Operation wurde in Heiden im Kanton Appenzell von einem Arzte vorgenommen, der schon mehrere

Personen glücklich von demselben Übel befreit hatte. Auch giengen nach der Operation drei Wochen vorüber, ohne zu Besorgnissen Veranlaßung zu geben, als ein Fieber dazu kam, das am 26. März unerwartet zum Tode führte. Die Vereiterung soll bei der zellenartigen Beschaffenheit der Geschwulst durch den Hals durchgedrungen sein und in die Brusthöhle sich ergossen haben. Die Selige erwartet auf dem Friedhof in Heiden ihren Auferstehungstag.

Wie sehr dieser Verlust uns Eltern und besonders auch Julchen schmerze, darf ich Ihnen nicht erst sagen. Willhelmine war ja eine so gute und wohlgesinnte Tochter und Schwester und gegen alle Menschen so freundlich und theilnehmend, daß man sie schätzen und lieben mußte.

Vor wenigen Tagen ist auch Botschaft gekommen, daß General von Imhof zu Stuttgart zu den Vätern heimgegangen sei. Die drei Geschwister haben einander bald folgen müssen. — Und unser Freund Vögeli in Zürich lebt zwar, sieht aber fast nichts mehr; denn seine Augennerven haben eine Art Lähmung erlitten, und dadurch ist auch zugleich seine geistige Kraft fast zur Unvermögenheit reduziert.

Alles traurige Berichte! Indessen, so war der Welt Lauf von jeher: das wußten die, welche der Macht des Schicksals unterlegen sind, und werden wir auch selbst erfahren, wenn wirs nicht sonst glauben möchten.

Um so mehr wundert es mich aber, wie es Ihnen gehe und wünschte ich zu vernehmen, daß Sie noch munter und frisch sind. Wenn sie mir nicht schreiben, so werde ich persönlich Bericht holen, sobald ich einmal für einige Tage loskomme, was freilich vor Ablauf eines Monats schwer halten wird. Ihre lieblichen Kinder sind gewiß wieder um ein gutes Stück gewachsen, und in allen Geschicklichkeiten und Tugenden recht vorgeschritten; denn man sagte, daß die Mamma nun auch in der Fräulein Tante eine Gehülfin gwonnen habe, das Erziehungsgeschäft zu fördern. Auch die Poesie wird bei Fräulein Nette den Winter über sprossen und Blüthen getrieben haben; denn der Herbst war ja so gut und ergiebig, daß seine Wärme dem Frost keinen Zugang gestattet haben kann, der Geist des Frühlings also nicht gestört worden ist. — Bis ich näheres darüber erfahre, denke ich es mir so und vergnüge mich an diesen Gedanken.

Auch für mich war sanitarisch der Winter gut; allein die Studien giengen schlecht. Wohl half ich wacker mit, das Projekt der Kantonsschule zu zimmern, und wir erlangten dazu auch die Beistimmung der Souverain Repräsentanten: Aber ob die vier Jahre keine Störung in die Ausführung bringen werden, ist noch eine unbeantwortete Frage. — Von neuen Büchern erhielt ich Stähelins Wirtembergische Geschichte, las sie aber noch nicht; der Ballast, der mitgegeben wurde, ist auch gar zu groß, wenngleich interessant. Edlibachs Chronik, die ich früher in Ihrem Manuscripte gelesen und benutzt habe, brachte mir dagegen einige angenehme Stunden, vielleicht aus dem Grunde, weil ich dabei immer Herrn Vögeli als Mitherausgeber im Sinne hatte. — Doch auch in der Bischofzellischen area obsoleta, wie Sie das Stiftsarchiv oft zu bezeichnen pflegten, fand ich noch einige schätzenswerthe Sachen und anderes hoffe ich noch zu finden. Ich bedaure nur, daß ich in 6 Wochen die Registratur vollendet haben soll und doch noch ein so großes Stück Arbeit vor mir sehe. Es will mir bald scheinen, es sei wirklich wahr, daß man, je älter man werde, mit den Geschäften immer schwerer fertig mache. Auch das wird so sein müssen. Es wäre auch gar zu traurig, wenn man mit der Arbeit am Ende wäre und doch noch sich arbeitskräftig fühlte.

Um über der Vorwelt die Gegenwart nicht zu vergessen, füge ich bei, daß Herr Dr. Scherb den Winter gut überstanden und gleichsam neue Lebenskräfte gewonnen hat. Die Rückkehr seines Sohnes August von der Universität scheint namentlich dazu beigetragen zu haben; denn er hat in demselben einen hoffnungsvollen Gehülfen und Kunstjünger gewonnen. Unsere Familien haben auch, was im früheren Winter nicht mehr regelmäßig geschehen konnte, die Sonntagsabende wieder gemeinschaftlich zugebracht. Manchmal haben wir uns auch recht lebhaft an Sie erinnert, besonders am Berchtoldstage. Ach, das war noch eine schöne, goldene Zeit! Wie manchen herrlichen Genuß gewährten Sie mir! Die Erinnerung daran wird lebenslang dankbar in meiner Seele haften. Möge Ihnen auch dafür Gott noch lange Ihr theures Leben fristen und mir Gelegenheit gewähren, Ihnen fortwährend zu beweisen, daß ich bin Ihr hochachtungsvoll ergebener

Pupikofer.

Bischofzell, 18. April 1847.

St. Gallen, d. 27. Febr. A. 1830.

Wohl Ehrwürdiger Herr Diacon!

Sie werden unstreitig letzthin mein Schreiben und die Zeichnung des Schlosses Steinach erhalten haben. Ich bemerke Ihnen, daß ich wenige Tage nach Empfang Ihres werthen vom 17. Jan. dem Herrn Baron von Laßberg auch geschrieben, und ihm einige Tafeln aus meinem Stadtwappenbuch erster Bearbeitung und eine Parthie aus meinen Kollektaneen eines Schweizerischen Wappenbuchs zur Einsicht einiger Arbeit von mir gesandt habe. Ich ersuche Sie nun, wohl Ehrwürdiger Herr Diacon, mir gefälligst zu melden, ob Herr Baron von Laßberg gegenwärtig vielleicht nicht zu Eppishausen oder unpäßlich sei oder nur noch keine schickliche Zeit gefunden habe, mir zu antworten; ich sollte die erstgenannten Tafeln möglichst bald wieder haben und wünschte daher einige

Auskunft. Ich hoffe auf jeden Fall, er werde das Packet richtig erhalten haben. Preise der verschiedenen Behandlungen habe ich ihm keine gemeldet; nur auf den seltenen, unglücklichen Fall des Verlierens oder Verderbens für den Boten einen Werth von 3 Thalern auf das Paket geschrieben, der natürlich keine Taxe für die Sachen an sich ist. — Ich würde Sie bitten, wenn ich Ihnen so viele Mühe machen darf, beikommende kleine Skizze eines heiligen Galls dem Herrn Baron zukommen zu lassen als Probe der Nachahmung von Fensterscheiben. Ich habe zu bemerken, daß es als Ausführung zu flüchtig ist;[1]) aber ich glaube, überzeugt sein zu können, daß die Färbung schwerlich klarer und leuchtender auf Papier wird herausgebracht werden können. Die Probe ist nur dafür eingerichtet, einige verschiedene Farben auf kleinem Raume zeigen zu können u. s. w.

Ich füge Ihnen auch noch ein kleines Gemälde eines indischen Käfers bei, der Buprestis ocellata, ebenfalls auf die bekanntlich von mir wieder erfundene Manier, die Metallfarben darzustellen, behandelt ist, eine Manier, die ich der alten Initialbuchstabenmalerei zu danken habe und wohl zuerst auf naturhistorische Gegenstände anwandte. Der Preis ist von einem solchen Stück immerhin 6 Schweizerfranken. Haben Sie die Güte, Wohl Ehrwürdiger Herr Diacon, diesen etwa Herrn Dr. Oberamtmann Scherb zu zeigen, und wenn Sie es für dienlich finden, allenfalls auch Herrn Baron von Laßberg zu senden. Ich weiß zwar nicht, ob er sich auch für Naturgeschichte interessirt; doch fand ich in Schriften einen fürstl. Heiligenbergischen Oberforstdirektor Freiherr von Laßberg, der ein sehr naher Verwandter des Herrn Baron zu Eppishausen gewesen sein muß, als Naturforscher.

Genehmigen Sie nun die Versicherung meiner vorzüglichen Hochschätzung, mit der ich die Ehre habe, zu sein

Ew. Wohl Erwürden ergebenster

W. Hartmann.

Verehrtester Herr und Gönner!

Da Ihr getreuer Fridolin mit dem Aufsuchen von Pantoffeln beschäftigt ist und sich also noch einige Minuten hier aufhält, benutze ich diese Gelegenheit, Ihnen einige Novitäten zusammen zu lesen. Ich selbst konnte dieselben nicht überbringen, da ein Schnupfen, der mit den Sternschnuppen einige Ähnlichkeit hat, in meinem Kopf seinen Sitz genommen hat, und ich nun diese innere Erleuchtung oder Verfinsterung abwarten muß, bis sie ihren Schneckengang vollendet hat.

---

[1]) Weil ich keine alte zarte Fensterscheibe in Original bekommen konnte, die Manier gehörig abzusehen.

Den Thek Schriften aus Ihrer Registratur werden sie kaum mehr erkennen; so lange habe ich denselben behalten. Doch hätten Sie wohl unterdessen von den landvögtlichen Mandaten auch keinen Gebrauch gemacht.

Unser Julchen läßt Ihnen und der Frau Doktor nochmals herzlich danken. Es wollte sich nicht bewegen lassen, der guten Adelheid einen Brief zu schreiben, aus Furcht, derselbe möchte in gelehrtere Hände kommen. Gar viel schön Grüße aber soll ich, meinte es, der lieben Adelheid bringen, wenn ich nach Eppishausen gehe.

Indem ich mich und die Meinigen Ihrer freundlichen Gewogenheit empfehle und Sie bitte, uns auch bei der Frau Doktor in Erinnerung zu bringen, bin ich, wie immer

Ihr Ergebenster

Diak. Pupikofer.

Ohne Datum.

Juni 1830.

Mein hochverehrter Herr und Gönner!

Der Buchhändler Huber in St. Gallen sendet mir zur Einsicht eine Sammlung historischer Volkslieder, die mir ganz in Ihr Fach einzuschlagen scheinen. Zwar kommt darin viel bekanntes vor, und die aus dem Walter von der Vogelweide abgedruckten, doch wohl gewählten Stücke, sind nicht einmal treu abgedruckt, und, was noch auffallender ist, der Name ihres Verfassers ist nicht genannt. Daneben aber ist auch manches Lied aus Flugblättern hier eingetragen und zugänglich gemacht worden. — Wolen Sie das Buch nicht behalten, so senden Sie dasselbe gütigst an Herrn Huber oder an mich zurück; gefällt es Ihnen, so ist kein Schreiben nöthig.

Die vier Jahrgänge des Solothurner Wochenblattes 1816, 1818, 1819, 1821 habe ich bereits durchlesen. Für den Episcopatus Constant. sind viele interessante Urkunden darin; auch die Sänger gehen nicht ganz leer aus. Für meine Thurgovia habe ich die Titel Klingen, Grießenberg, Dießenhofen — daraus bereichert. Sehr angesprochen hat mich der Humor des Verfassers. Die Erzählungen sind in der Regel recht unterhaltend. Wenn er sie auch entlehnt, so ist er doch nicht ohne Verdienst; denn nicht alle, welche borgen wollen, wenden sich an den rechten Mann.

Die ewige Roma des Herrn Zelger möchte kaum Ihnen zu Theil werden, wenn Sie nicht einen dritten dafür zu gewinnen wissen, daß er Ihnen seine Ansprüche abtrete. Müller Friedberg soll dieselbe schon vor einigen Jahren requirirt haben mit dem Bedeuten, das werthvolle Blatt sei ohne sein Vorwissen seinem früheren Platze entnommen worden, und er werde sich etwas Schönes nicht reuen lassen, um es wieder zu erhalten. — Die Erben des Herrn Zelger haben seine ganze

Kunst- und Büchersammlung dem Abt in Einsiedeln antragen lassen; dieser aber erwiederte, die Zeiten seien nicht geeignet, solche Ankäufe zu begünstigen. Wahrscheinlich hat der Einsiedler-Prozeß den Kunstsinn des ehrwürdigen Herrn verdorben.

Die Freienmutsche Abhandlung ist in der Appenzeller Zeitung gar übel gescholten worden. Kein absoluter Monarch hätte sich erfrecht, solche Dinge zu sagen — heißt es dort. Der Thurgauische Landsturm wird aufgeboten, das Thurg. Ungeheuer zu beschwören, und sich gegen den drohenden Schaden zu wahren. Ich habe ein Art Ärger darüber gefaßt; denn warum soll ein Beamter nicht eben so gut seine Meinung sagen dürfen als ein Zeitungsschreiber? Und warum können die Zeitungsschreiber ihre Urtheile nicht mit mehr Ruhe und Würde aussprechen?

Ich glaube, ich habe den Rückenschmerz von Ihnen geerbt; denn letzten Freitag und Samstag konnte ich mich gar nicht bücken, und auch jetzt noch gehts mir schwer. Dessen ungeachtet will ich Morgen nach St. Gallen wandern und mich der schönen Aussicht auf dem Tannenberge freuen. Vielleicht wäre es besser, ich gienge nach Baden.

Zeigt sich Gelegenheit, mir wieder einige Jahrgänge des Wochenblattes zu senden, so vergessen Sie doch meiner nicht; sonst komme ich selbst, sobald diese Woche vorbei ist.

Unterdessen wünsche ich Ihnen bei Ihrem Weißenauer Codex recht viele Freude und bei heiterem Wetter kühle Spaziergänge im dunkeln Buchen- und Eichenwald.

Herzlich der Ihrige.

Pupikofer.

JOHANNES MEYER

PAUL SPERATUS

Der Sänger des evangelischen Sigesliedes „Es ist das Heil uns kommen her" das in Magdeburg, in Heidelberg und Waiblingen seine Wirkung tat, stammt aus Röthlen, einem Flecken zwischen Ellwangen und Dinkelsbühl, stet dem heutigen wirtemb. Oberamte Ellwangen zu. Alle andern Angaben müßen jezt ein für alle Mal aus den Biographien, Litteraturgeschichten entfernt werden. Dem Pfarrer Gustav Bossert in Bächlingen, dem wackeren, zuverläßigen Forscher in fränkischen und schwäbisch-alemannischen Altertuemern, verdanken wir dise Entdeckung. Speratus selbst nennt sich *a Rutilis, von Rotlen*. In der Monographie Dr. J. Ecks von Th. Wiedemann (1865, Regensb.) stet ein Lobgedicht auf J. Eck von *Paulus Speratus Elephangius Prediger in Salzburg*. Unbegreiflicherweise hat das willkürlich erfundene Spreten, Spretter

v. Rottweil die Forscher ganz und gar von *Elephangius* abgefürt, sie waren blind gegen das den Ausschlag gebende Wort. Bossert war es vorbehalten, auch in den Matrikeln von Freiburg, wohin Eck 1502 gekommen war, einen *Paul Offer de Ellwangen* (Württ. Viertelj. Hefte 3, 184 Nr. 736), eingetragen 1503, zu finden. Es ist das unser *Paul Speratus: Hoffer, Offer.* Die Weglaßung des „H" war nichts Seltenes, wie das Gegenteil in *Herpfinger* stat Erpfinger in den Tübinger Matrikeln 1506 beweist. Daß Speratus aus dem „Hoffer" gemacht ward, entspricht jener Zeit und das Particip Passiv mit Aktivbedeutung belegt Bossert (Cosack 278. 293) zweimal aus Sp. Liedern: gesigter d. h. gesigt habender: wir loben dich, *gesigter*, der unsterblich yzt regiert;" wie heute ein ausgedienter Soldat, ein vilgereister Mann. Nun spilt die falsche, möchte sagen Volksetymologie noch herein: wie beim Namen Oecolampadius, „Hausschein," dessen Form „Hußgin" das rheinische fränkische heutige Heusgen ist. Man machte aus der Koseform ein „Schin, Schein". In der Tat ist *Hoffer, Offer* nichts anderes als das alte *hover* = Höcker, Buckel; Nicod. Frischlin hat Offner für Töpfer Nomencl.; Konrad v. Megenberg im Buch der Natur schreibt hoffer; ahd. hovar, angels. hofer zu huf, hiuf, hauf, hup, hiup, haup gehörend. Solcher Familiennamen humoristischer Natur läßt sich eine erkleckliche Zal beibringen. Ob die Hofer v. Lobenstein, das heute noch in Wildestein, OA Crailsheim, *einst* aber auch in Hardt, OA Ellwangen, also bei Röthlen blühende freiherrliche Geschlecht noch Nachkommen jener jedenfalls begüterten Hoffer v. Röthlen sind, stet dahin. Merkwürdig ist es aber doch, und das hat Bossert glücklich mit hereingebracht, daß die Freiherrn schon 1434 da begütert waren. Vermögen muß Speratus von Hause aus gehabt haben, Bildung desgleichen; seine Studien- und Berufsgänge sprechen dafür. Sollte, meint B., der Vater nicht ellwangischer Vogt auf Röthlen-Schloß gewesen sein?

Wenn wir auch alle dise Berichte nicht hätten, so sagt uns Sper. Sprache, daß er in die Grenzgegend des Ostfränkischen und Schwæbisch-Augsburgischen mit seiner Herkunft zu verweisen ist, nie und nimmer aber nach Rottweil. Cosack, der unglückliche Biograph Sper., hat schon ganz richtig auf Hans Sachs, den Franken U. v. Hutten sprachlich verwisen. Ich erinnere auch an die Sprache Lercheimers. Sih unsere Ausgabe 1888, Straßburg, Heitz und Mündel. Bairisches ist nichts bei Speratus zu finden. Bossert hat sich, als im bei genauem Lesen der Oberamtsbeschreibung Ellwangens ein Stern über Röthlen aufgieng, an mich gewandt bezüglich Sper. Sprache; ich nannte im Ostfranken und das hat sich bewarheitet. B. ergieng sich in seinem zweiten Aufsaze über Paul Speratus, seine Herkunft u. seinen Familiennamen (Blätter für Württemb. Kirchengeschichte 1886 Nr. 5) auf dem Gebiete der Grammatik, aber nur ganz kurz. Ich will gleich auf die Hauptsache lossteuern. Das Nest, wo sich die — *ing-* (stat — *ig*) Bildungen haufenweise beisammen finden, ist eben obengenanntes Land. Bei Sper. in Subst. Adj. glaub*ing* (für aller Glaub*ing* sünd) 274; (den glaub*ing* seyn) 300; (der Glaub*ing* dürsten stillt) 310; mecht*ing* (darnach ein mecht*ing* moren hat bekert) 282; ein*ing* (o herr des ein*ing* vatters wort) 297; ferner ew*ing*, allmecht*ing*, blut*ing* usw. Ich habe in meinem Augsb. Wtb. 345 schon eine große Anzal Beispile mitgeteilt (1864) mit der Bemerkung „diß ist vorherschend rießisch." Ich will Einiges ausheben: spizfind*ing*, geiz*ing*, zornl*ing*, fürsicht*ing*, freundl*ing*, kurzl*ing* (kürzlich), led*ing*, einfalt*ing*, rausch*ing*. Aus cgm. 239: wolgevell*ing*. cgm. 572: wird*ing*, unschuld*ing*. cgm. 114: heil*ing*. cgm. 736: mäß*ing* usw. Auffallend sind im nördl. schwæb. Gebiete (Rieß) Meding, Montag, Feierding, Feiertag. Donsting, Freiding, Sonnding, Preding usw. Achilles Jasons Widmann v. Hall Peter Leu (Weimar. Jrb. VI 417 ff) hat stets pred*ing:* von Peters pred*ing*, teilt er sein pred*ing*, hub er sein pred*ing* an, mein bred*ing* ich geteilet han, pred*ing* tue, pre-d*ingen* usw. Vereinzelt alemanisch, Weinhold 170. Meine Alem. Sprache 106. Ein weiteres fränkisches Merkmal ist das chemals biß Straßburg reichende *ei* = *ê, e: seylgen* (die du ges*eylget* hast) 287. (in disen s*eilgen* engeln) aaO. 293. 309. Ferner mitteld. *eu* = *au* hochd. r*ey*ffen, raufen vellere 298 ff. gl*eu*bt 328. *i* = *ie:* lib, Liebe 274; s*y*chen, Siechen; gec*zirt*, geziert 322, wärend die Verb. redupl. lies, hies haben. Bemerkenswert sind die fränkischen zu = zer: czure*y*ssen, zurspre*y*ssen, zuknirscht 296, zuring, zurgangen 302, genau wie noch Herm. Witekind (ALercheimer) in Heidelberg sie hat. Die Schreibungen fo*dd*ert 324, re*dd*t 324, wi*dd*erspiel 341, wi*dd*erstan 286, gelyden 298, la*s* mich 264, lie*s*, hie*s*, que*itt* 323 usw. sind nicht schwæbisch-alemannisch. Die Formen geren, zoren, zwiren sind besonders augsb.

Auch der Wortschaz weist auf fränkisch-augsb. schwæb. Erde, mer doch auf fränkische; das einzige *blangen:* (wem wolt nach dir nit *blangen?*) ist heute noch echt alemannisch. Nicht oberdeutsch ist *schwel* (zerbrach mit starker *schwel*) 253. Ztw. (durch sein schleg *geschwelt*) 298. Auf einen Schwank Hans Sachsens gen die Zeilen:

    Huy wie gefelt euch das:
      der Haſß
    Wil Jeger braten
    Das wird yhm wol geraten 338.
 Unbekannt ist oberdeutsch folgende Redensart:
    Sie müssen fallen
    Got *schmeysst* sie *auff die Schnallen.*
d. h. jagt sie hinaus.

 Ich will hier noch mitteilen, was mir in Cosacks Paulus Speratus Leben und Lieder, Braunschweig 1861, lexikalisch wichtig schin, one Rücksicht auf obige Nachweise. *Abreissen:*

vom Brauch des Sakraments das Volk *abreissen* 85. *Affenweise:*
in Glauben, Gedult nacheifern - neben Geiz, Neid, unlautern
Begierde - ist *Affenweise* 60. *Auslaßen* loslaßen 23 *Beißen:*
bis er mich zuletzt *von sich biß* 13. *Bier:* Hätten wir das
Bier im Faß, wär Sp. wo er wolt mit dem Evangelium 20;
war eine bekannte Redensart zur Reform. Zeit. Irre ich nicht,
so berichtet sie Keim von einem Ulmer Ratsherrn. *Briefle:*
da wär ein *Brieffle* gut bei 84. *Brotesser* verächtlich: sie gehören zu den Käse- und *Brotessern* 372. *Busch:* ist wie andere wirtzburgische Gebot im *Busch ligen blieben* 6. Anmerk.
Gurr: so *Gurr* als Gaul, käme da nicht vil Ehrliches heraus
für den Tempel 21. *Hintergen:* damit mein Zug gegen Ofen
hintergieng 16. *Hinter sich zaufen:* Unser ein Teil hinckte,
zappelte, zweifelte im Glauben, *zauften* hinter sich 20. *Künlich:*
und *künlich* hat gelert (St. Stefan) 285, 319. *Kreuzesflucht* 25.
Laienpelzer, der arme, ist Melchior Hoffmann, ein Schwabe in
Lifland 121; Speratus gegen Briesmann in Riga 1528. *Leichen:*
ja etliche aus unserem Haufen *leychten* mit den feinden 20 ff.
ober- und mitteld. *Lindikeit:* Große *Lindikeit* mit möglichem
Ernst 44 (aus Platners Kronik). *Mummeln:* hie *mummeln* die
Rottengeister, Widdertäufer und Sakramentirer noch immer
von ihren Geistern (Briesmann 1542) 157. *Omnes:* daß der Befehl von dem *Herrn Omnes* namentlich vom jungen Volk geschehen sei gen dem Ungestümm des *Herrn Omnes* zu schäzen
40. In dem gräulichen *Plauderment* der maulfränkischen Chronik (S. Frank) 149; des gottlosen Wesens *Schanddeckel* 21.
Schindschergen und Stockmeister 13. Unser Glaube hat richtige
und *schlichtige* Worte. S. 373. 1524 bezeichnet Sp. den Wiener
Bischof als besonders feindselig gegen in, nur daß derselbig
seinen *Schnabel auf dem Rücken trug*, fürwahr ein seltsamer
Vogel (hinterlistig). *Schnabelschnelles* Bundschuhwesen 17. *Sölen:*
daß ihr halt, Judas der Verräter sey bey unsern Zeiten und
Vorfahren nicht dermassen *gesölt* und beschmiert worden 371
(Joh. Crodius 1531). *Tolke* Dolmetsch, preus.-polnisch öfters da
zu finden 72. Das yhr *verthümlich* letzen an dem find ganz
keyn statt. 273. Dem *lieben Wind befehlen* 206.

ABIRLINGER

SCHELMENLIEDLEIN
VON DER FRÄNKISCHEN GRENZE

Bin a scho' oft lusti gwest,
Geh gera zum Tanz,
Bin a scho' im Zuchthaus g'west
Und uf der Schanz.

Sechs setti Buwen
Sollt mein Vater auch noch hab'n;

Drei, daß ins Wirtshaus gen,
Drei, daß bei de Mädle sten.
Sechs setti Buwen
Sollt mein Vater hab'n.

Bruder, i und du,
Bruder, i und du,
Wir saufe allweil tapfer zu,
Bruder, i und du,
Wir saufe tapfer zu.

Jez geh mer no nit ham.
Biß daß der Kukuk Kukuk schreit;
Der Kukuk, der is g'scheit,
Daß er bei Nacht nit schreit.

Der Wein is gut
I kauf mer noch kein neue Hut,
Der Wein is gut
I kauf mer noch kan Hut.

Schieß' nüber, schieß' nüber,
Schieß nit darneba,
Das is ja dem Weber
Sein Tausendleba.

So lang ich leb und wandele
Sollst mein Trimpeltrampele sein,
Und wann i a mol bin g'storbe,
No trampelst hinte drein.

Geh i die Gasse nauf,
Und tu ein' Schnalzer drauf,
No wacht mein Schazele
Gleich vom Schlaf auf.

Mein Schaz, der is schön,
Es is gewiß und es woahr,
Hat feuerrote Backe
Und e krauselis Hoar.

Eisenbanwägele,
Locomotiv,
Wenn i mein Schäzle seh,
Tu i ein Pfef. (Pfiff.)

I hob ein Schaz von 18 Jor'n,
Der tut so gera Schlitte for'n,
Und durch des Teufels Schlitta for'n
Hat er sein Geld verlor'n.

Trink am Abend Chocolade
Und am Morge den Kaffee,
Küss' und laß di wider küsse,
Is der Weiber ABC.

Margebâwi, nimmer küsse,
Sagst du, willst du deinen Mann,
Doch wirst du gestehe müsse,
Noch schaust du verliebt in an.

Was man einmal gern getriben,
Gibt so schnell man nimmer auf;
Kaffeetrinke, Männerlieben
Ist der Weiber Lebenslauf.

Mädle, heier mi,
I bin a Zimmermann,
Will d'r a Häusle baue
Und a Scheuerle dran,
Will d'r a Wige mache
Und a Kindle drein.
Mädle heier mi,
No bist du mein.

Du darfst mer nit drüber 'nüber,
Drüber' nüber über mein' Fuß,
Biß daß d' mirs versprichst,
Daß d' mi heirata tust.

Jez hast mers versproche,
Daß d' mi heirata tust,
Jezt darfst mer drüber 'nüber,
Drüber 'nüber über mein' Fuß.

Laß alles nur faren,
Schlag alles in Wind
Ein andere Mutter
Hat a a liabs Kind.

Gut Nacht, mein liebs Schäzle,
Komm, gib mir dein Hand,
I muß von dir scheide,
Die Lieb hat a End.

Willst du mi verlaße,
So scher' di nur fort
Und trag dein falsch Herzle
An en andere Ort.

I muß schier verzwazle [1]
Vor Sorg und vor Angst,
Denn i hab es ausgange,
Daß d' mi nimmi verlangst.

Gute Nacht, liebe Freunde,
Gut Nacht mit Manier,
Und i muß von euch scheide
Und ir bleibet hier.

Als auße, als auße [2]
Als auße mit mir;
Mer kann mi nit leide,
Was tu i denn hier?

Lusti, wenn mer ledig sind,
Trauri, wenn mer hause:
Kinder schreie: Vater, Brot,
Mutter, tu mer lause!

---

[1] *verzweifeln.*   [2] *hinauß.*

S' Miele (Mariele) hat g'heiret,
Is 14 Jor alt,
Kann's Küle nit melko; —
Warum heirets so bald?¹)

Jez hast du halt g'heiret,
Jez bist halt a Moun (Mann),
In drei Vierteljore
Hänge d' Windel' am Zoun.²)

Mein Vater tut mause,
Mein' Mutter maust mit,
I bin a klans Mauserle,
Maus a schon a weng mit.

Bäuerle, Bäuerle,
Es regnet in dein Scheuerle.³)

GBOSSERT

DIE UEBERLINGER NACHBARSCHAFTEN UND DER NACHBARSCHAFTSTRUNK

Ueberlingen gehört zu jenen Städten, welche aus der Vegangenheit noch Viles herübergerettet in unsere Zeit und es treu noch heute bewaren. Wir treffen hier nicht nur altertuemliche Gebäude mit Erkern und Wappenschildern, desgleichen Kunstdenkmäler und Geräte aus alten Zeiten, um die gar mancher Kunstkenner und Altertumsfreund uns beneidet. Es gibt hier auch noch verschidene Gebräuche und Einrichtungen, die sich aus alter Zeit biß auf heute fortbehalten. Früher haben wir den sog. „Schwerttanz" als eine Eigentuemlichkeit beschriben. In den lezten Tagen hielten nach uraltem Herkommen die „Nachbarschaften iren Nachbarschaftstrunk," was ebenfalls nirgens mer vorkömmt.

In Ueberlingen bilden nämlich seit Jarhunderten die Hauseigentuemer einer Straße eine sog. *Nachbarschaft* mit ursprünglichem Zwecke, Eintracht und gute Nachbarschaft zu halten, sowie etwaige Zwistigkeiten, welche im Laufe des Jares entstanden, bei einem Glase Wein zu schlichten. Jede Nachbarschaft hat als Vorstand einen sog. Gassenpfleger, welcher zugleich auch Vermögensverwalter ist, denn jede Nachbarschaft besizt Vermögen, das aus Stiftungen, aus Einkaufsgeldern usw. herrürt und dessen Zinsen zur Bestreitung der Kosten des gemeinsamen Versönungsmales, das jeweils *um Johanni* gehalten wurde, der Abhaltung der *Nachbarschaftsmesse* und der gestifteten hl. Messen für die Woltaeter der

---

¹) *In Triftshausen passiert.* ²) *Vater hats vor 50 Jaren an Nachbars Hochzeit gesungen.* ³) *So wird der Gesang des Emmerlings (Emmeriz) gedeutet.*

www.ingramcontent.com/pod-product-compliance
Lightning Source LLC
Chambersburg PA
CBHW020315240426
43673CB00039B/816